经济学原理

主编 冯博宇

西北工业大学出版社

西安

【内容简介】 本书按照经济学总论、微观分析基础、产品市场分析、要素市场分析的架构,对经济学的一些基本理论和专业知识、技术和研究方法进行了深入浅出的介绍,力求突出重点,难易适度,内容实用,帮助学生认识与了解经济学。

本书可作为经管类相关专业教材或参考书,也可供广大统计工作者和经济管理工作人员参考使用。

图书在版编目(CIP)数据

经济学原理 / 冯博宇主编. — 西安:西北工业大学出版社,2023.9
ISBN 978-7-5612-9023-1

Ⅰ.①经⋯ Ⅱ.①冯⋯ Ⅲ.①经济学-研究 Ⅳ.①F0

中国国家版本馆 CIP 数据核字(2023)第 179433 号

JINGJIXUE YUANLI

经 济 学 原 理

冯博宇 主编

责任编辑:陈 瑶	策划编辑:华一瑾
责任校对:万灵芝	装帧设计:侣小玲

出版发行:西北工业大学出版社
通信地址:西安市友谊西路 127 号　　邮编:710072
电　　话:(029)88491757,88493844
网　　址:www.nwpup.com
印 刷 者:兴平市博闻印务有限公司
开　　本:787 mm×1 092 mm　　1/16
印　　张:22
字　　数:549 千字
版　　次:2023 年 9 月第 1 版　　2023 年 9 月第 1 次印刷
书　　号:ISBN 978-7-5612-9023-1
定　　价:128.00 元

如有印装问题请与出版社联系调换

《经济学原理》编写组

主　　编　冯博宇
副主编　　张　楠
编　者　　张净敏　邱辰霖　张晓旭
　　　　　章　磊　王育辉　项华春

前　言

经济学原理是一门研究经济理论和经济政策的科学,其目的在于探索市场经济的普通规律,揭示市场运行的一般机制和通行原则,提供解决经济问题的操作思路和调控政策。本教材参考并吸收了国内外经典教材的优点,按照经济学总论、微观分析基础、产品市场分析、要素市场分析的架构,对经济学的一些基本理论和专业知识、技术和研究方法进行了深入浅出的介绍,力求突出重点,难易适度,内容实用,帮助学生认识与了解经济学。

本教材的主要内容及建议学时如下表:

篇章	课程内容	学时
经济学总论	经济学的基本问题与基本方法	2
	经济运行机制	2
微观分析基础	作为消费者的个人选择	6
	作为生产者的个人选择	6
产品市场分析	完全竞争市场	6
	完全垄断市场	4
	垄断竞争市场	6
	寡头垄断市场	4
要素市场分析	要素市场均衡分析	6
	劳动市场	2
	资本市场	2
	自然资源市场	2
	企业家市场	2
合计		50

本教材有以下特点:

一、突出重点难点

《经济学原理》共有四篇十三章,每章都有需重点掌握的内容,也有一些不易理解的问题。本教材详细列出了重点和难点问题,并做了适当的解释,使读者能迅速抓住课程的关键点。

二、自学自测结合

本书每章都配有同步练习题,供读者巩固和检验所学内容。

三、内容形象概括

本书具有图表化、整体化、概括化、提纲化等特点,帮助读者迅速掌握知识,启发读者思维,使读者将所学的各种理论知识运用到社会实践中去。

在编写本书的过程中,笔者参考了大量相关文献、资料,在此,对其作者深表谢意。

由于水平有限,书中难免有疏漏之处,望广大读者批评指正。

编　者

2023年1月

目　录

第一篇　经济学总论

第一章　经济学的基本问题与基本方法 … 3

　第一节　经济学的基本问题 … 3

　第二节　经济学的基本方法 … 34

　第三节　经济学的学科地位 … 44

　思考题 … 46

第二章　经济运行机制 … 48

　第一节　市场制度 … 48

　第二节　市场需求 … 55

　第三节　市场供给 … 64

　第四节　均衡价格 … 70

　第五节　政府干预 … 76

　第六节　经济运行的效果分析 … 80

　思考题 … 85

第二篇　微观分析基础

第三章　作为消费者的个人选择 … 91

　第一节　消费者个人的满足 … 91

　第二节　消费者个人的预算约束 … 104

　第三节　消费者个人的选择 … 107

　第四节　消费者个人的产品需求曲线 … 109

思考题 114

第四章　作为生产者的个人选择 117

　　第一节　生产者个人的收益 117
　　第二节　生产者个人的成本约束 133
　　第三节　生产者个人的选择 142
　　第四节　生产者个人的要素需求曲线 148
　　思考题 152

第三篇　产品市场分析

第五章　完全竞争市场 157

　　第一节　完全竞争厂商 157
　　第二节　完全竞争厂商的短期均衡 164
　　第三节　完全竞争厂商的长期均衡 170
　　思考题 179

第六章　完全垄断市场 182

　　第一节　完全垄断厂商 182
　　第二节　完全垄断厂商的均衡 186
　　第三节　垄断与福利 189
　　思考题 197

第七章　垄断竞争市场 201

　　第一节　垄断竞争厂商 201
　　第二节　垄断竞争厂商的均衡 204
　　思考题 213

第八章　寡头垄断市场 215

　　第一节　寡头垄断厂商 215
　　第二节　寡头垄断厂商的均衡 217
　　第三节　不同市场结构的效率与福利比较 226
　　思考题 231

第四篇　要素市场分析

第九章　要素市场均衡分析 ⋯⋯ 235
　第一节　要素的需求 ⋯⋯ 236
　第二节　要素的供给 ⋯⋯ 241
　第三节　要素市场均衡 ⋯⋯ 247
　思考题 ⋯⋯ 252

第十章　劳动市场 ⋯⋯ 254
　第一节　劳动市场均衡 ⋯⋯ 254
　第二节　人力资本与劳动市场均衡 ⋯⋯ 260
　思考题 ⋯⋯ 263

第十一章　资本市场 ⋯⋯ 265
　第一节　资本与资本市场 ⋯⋯ 265
　第二节　资本需求 ⋯⋯ 270
　第三节　资本供给 ⋯⋯ 273
　第四节　资本市场均衡 ⋯⋯ 278
　第五节　风险与资产选择 ⋯⋯ 280
　思考题 ⋯⋯ 289

第十二章　自然资源市场 ⋯⋯ 291
　第一节　土地市场 ⋯⋯ 291
　第二节　其他自然资源市场 ⋯⋯ 298
　思考题 ⋯⋯ 304

第十三章　企业家市场 ⋯⋯ 306
　第一节　企业组织 ⋯⋯ 306
　第二节　企业组织的资源配置机制 ⋯⋯ 314
　第三节　企业组织的拓展 ⋯⋯ 326
　思考题 ⋯⋯ 338

参考文献 ⋯⋯ 340

第一篇 经济学总论

本篇以"经济学总论"为题,就是要将经济学的全部内容在本篇作一高度的提炼和概括。主要回答:经济学研究的基本问题是什么,经济学解决其基本问题的基本方法是什么,经济运行的基本机制是什么,以及经济运行效果好坏的判断标准是什么。

本篇共两章。第一章主要介绍经济学的基本问题、基本方法以及经济学的学科地位,指出,经济学旨在探寻人类幸福和谐的经济机制。亚当·斯密认为,"幸福和谐"就是人们"五个层次"需要的协调满足,市场这只"看不见的手"是实现"幸福和谐"的基本机制;"从古希腊智者直到亚当·斯密"内容表明,经济学应该回归到亚当·斯密;边沁和帕累托基于"幸福""和谐"与"主流"的观点表明,经济学应该并且也能够回归到亚当·斯密的思想框架;经济学解决其基本问题的方法是作为"因果关系"数学化形式的经济模型;经济学的逻辑起点或基本前提是理性人假设;经济学的分析工具是边际分析与均衡分析、实证分析与规范分析;经济学是"社会科学的皇后"并且有"经济学帝国主义"的趋势。

第二章概要介绍经济运行的两种基本机制与经济运行效果的判断标准。第一,介绍了市场及其主要特征、市场机制及其主要特征,介绍了"看不见的手"这一概念,并重点介绍了市场有效运行的条件。第二,勾勒了将价值、公平价格乃至市场价格作为公平交换标志与依据的思想历程,为市场价格的决定奠定了思想基础。第三,描述了决定作为公平交换的核心的公平价格即市场价格的供求原理。第四,论述了市场交换、供求平衡等经济运行机制中根本的市场机制。第五,介绍了判断经济运行效果的三条标准:经济剩余最大化,帕累托最优,普通人的普遍富裕、普遍幸福。第六,特别指出自由、自利、竞争既是亚当·斯密提出的创造繁荣和幸福的三个因素,也是"看不见的手"的机制即市场机制的根本特征。无论何种市场,无论市场中的"竞争成分"有多少,只要在政府干预下还允许再由市场来调节,"看不见的手"就能引导并实现互助、互利、互惠于供求双方的全部的自愿交易,并最终实现亚当·斯密和马歇尔的"普遍富裕""普遍幸福"。

第一章 经济学的基本问题与基本方法

任何一门学科的产生与发展都来自人类的社会实践活动,经济学的产生尤其如此。经济活动是人类最为重要、最为基本的社会实践活动。人类生来就面临着最为基本的生存需要,乃至最为高级的自我实现的需要。伴随着人类对于自身需要予以满足的实践,伴随着人类努力实现"幸福和谐"这个终极目标的实践,经济学也就产生了。

本章从探究人类"幸福和谐"这个经济学产生的根源出发,第一节旨在说明经济学研究的基本问题就是实现人类"幸福和谐"的目标。第二节旨在说明经济学为研究实现人类"幸福和谐"的目标所运用的基本方法,即"科学分析方法"的因果关系分析或经济模型分析。第三节旨在说明以"理性人"假设为逻辑起点、以边际分析为主线的经济学的基本原理具有普适性。经济学已经走出了"阴郁的科学",成为"社会科学的皇后",甚至进入了"经济学帝国主义"时代。

第一节 经济学的基本问题

经济学旨在探寻人类幸福和谐的经济机制。

一、人类幸福

1. 经济学与人类幸福

经济学本来就是为了探究人类幸福而产生和发展的。[①]

据说,有一天,古希腊哲学家苏格拉底(Socrates)碰到正在玩耍的名叫色诺芬(Xenophon)的孩子。当苏格拉底问及销售各种生活用品的地方时,色诺芬知道得清清楚楚,逐一道来。末了,苏格拉底问:"孩子,在哪里可以买到'高尚'?"色诺芬愣住了,说:"不知道。"苏格拉底说:"请跟我来吧!我告诉你人如何才能变得'高尚'。"从此,苏格拉底引领色诺芬走上了经济研究之路。

尽管这只是个传说,但是,苏格拉底以前的哲学家关注的是事物的本质及宇宙的生成,而苏格拉底则开始关注人类的幸福。色诺芬的《经济论》第一次提出了"经济"(英语为economy)一词,因此被认为是经济学的开山之作。书中指出:经济研究的基本出发点是人

---

① LUIGINO B, Civil Happiness: Economics and Human Flourishing in Historical Perspective, New York: Routledge, 2006.

类的幸福及其实现。《经济论》的主题是"关于'高尚的人'的生活"(on the life of a "beautiful and good" man)。全书可分为三个部分：人们的幸福生活依赖于财富；"高尚的人"是既"美"且"好"的人(a "beautiful" and "good" man)，"高尚的人"的幸福生活所依赖的财富源于农业这个高尚的事业；成为"高尚的人"的学问是创造财富的学问，即"家政管理学"。

与色诺芬一样，柏拉图(Plato)也是苏格拉底的学生。柏拉图的《理想国》自始至终贯穿着"正义"这条主线，围绕着国家正义和个人正义，描绘了一幅幸福和谐的社会画卷。柏拉图在《理想国》中指出：正义存在于作为社会有机体或者个人有机体的各个部分间的和谐关系之中。国家正义是国家的三个阶层，即治国者、卫国者、劳动者各守其序，各司其职。治国者靠智慧把国家治理好，卫国者凭勇敢保卫好疆土，劳动者以节制搞好生产，从而使国家处于安全稳定之中。个人正义包括三个部分，即理智、意志、欲望。理智以智慧统帅心灵，意志以勇敢保护心灵，欲望以节制为心灵的正常活动提供生理基础。三部分协调配合，使心灵处于和谐安宁之中。国家正义与个人正义密不可分。

亚里士多德(Aristotle)是柏拉图的学生，一生写下的著作众多，而且主题广泛，被称作古代的百科全书。亚里士多德的经济思想主要体现在其《政治学》和《尼各马可伦理学》两部著作之中，旨在回答"如何享有最美好的人生"以及"何为最理想的社会"两大问题。亚里士多德在继承和综合前人探索研究的基础上提出了"德性幸福论"，肯定地答复了上述问题：幸福的人生是最美好的人生，幸福正是人生所追求的终极目标，美德、善良、快乐是幸福不可或缺的三个要素；最理想的社会由幸福的个人所组成，受到有智慧的政治家领导，享有快乐的集体生活。

至18世纪，谋生仍然是每个人的首要问题。人们辛苦劳作，为生存而斗争，但仍只能勉强糊口，只有少数统治者和贵族过着闲适的生活，人们的平均寿命只有40岁，这种生活状况被称作"霍布斯丛林"，即英国哲学家霍布斯(Thomas Hobbes)所描述的"孤独、贫穷、肮脏、兽性和短暂"的生活状况。

为了改善人们的生活现状，许多仁人志士都进行过艰苦的努力。1776年3月9日，伦敦出版商发行了一部长达1 000多页的亚当·斯密的著作——《国民财富的性质和原因的研究》(简称《国富论》)。正是此书提供了解救普通劳动者摆脱"霍布斯丛林"的经济模型。

"经济"一词虽然最初出现于色诺芬的《经济论》之中，但色诺芬并没有因此被认为是经济学的鼻祖。因为直到18世纪中期，由于资本主义工场手工业的高度发展，资本主义一般生产方式和社会结构才明晰了起来。只有在这时，古典经济学家对发达的工场手工业时代的资本主义的内在联系才有了某种系统性的认识。这一时期被视为古典经济学的发展与完成时期，亚当·斯密被誉为经济学的鼻祖。

早年的斯密似乎更多地思考着如何推进人类的进步以帮助人们获得更大的幸福。1759年出版的亚当·斯密的《道德情操论》，阐明的是以"公民的幸福生活"为目标的伦理思想，指出：对我们自己个人幸福和利益的关心，在许多场合也表现为一种非常值得称赞的行为原则"。而且，《道德情操论》第六卷就是关于"幸福"的内容。在《国富论》中，斯密认为人类"对财富的追求"的根本原因是为了实现其"人生的伟大目标"——生活幸福。

2.人类幸福的含义

"幸福"(happiness或happy)一词在《国富论》中出现了28处，在《道德情操论》中出现了 225 处,几乎每章都有出现。同时,可以发现,斯密将"幸福"视为"满足"(satisfaction)的同义词,幸福指的是心理满足感,幸福的重要特质是"快乐"(pleasure)。"satisfaction""pleasure"在《国富论》中分别出现了 33 处、39 处,在《道德情操论》中分别出现了 96 处、148 处。

亚里士多德把欲望及其满足作为经济分析的基础。斯密则在《道德情操论》中将其进一步具体化,指出:个人的身体状况、财富、地位和名誉,被认为是他此生舒适和幸福所依赖的主要对象。斯密还指出了幸福所依赖的另外两个因素:一是安全,二是友情或交往。斯密认为安全是人们首要的和主要的关心对象,人们一般都不会把自己的健康、财富、地位或名誉押出去,而主要采取的是那些避免遭受损失或危险的方法。关于"友情"或"交往"对幸福的作用,斯密在《道德情操论》第六卷里有专门论述,他指出:宽宏、人道、善良、怜悯、相互之间的友谊和尊敬,所有友好的和仁慈的感情,几乎在所有的场合都会博得旁观者的好感。在朋友之中挑拨离间,把亲切的友爱转变成仇恨是一种罪恶。它的罪恶之处,在于扰乱了人们内心的平静,中止了本来存在于人们之间的愉快交往。

斯密进一步指出:明智和审慎的行为会指向比关心个人的健康、财富、地位和名誉更为伟大和更为高尚的目标——英勇、善行、正义。

在界定个人幸福的基础上,斯密还就社会幸福指出:任何政治社会中,下层阶级都占最大部分。大部分成员陷于贫困悲惨状态的社会,决不能说是繁荣、公正、幸福的社会。

综上所述,"人类幸福"最根本的特征是人们追求心理满足的天性以及人们关于幸福的实际体验与直觉感受。因此,我们可以完整地把斯密的"人类幸福"定义为:人们生理的、安全的、交往的、尊重的和自我实现的(美德的、英勇的、善行的)需要这五个层次需要的满足。如果归纳为"两需要"的话,我们可以把斯密的"人类幸福"定义为:人们物质的和精神的需要的满足。我们经常讲"社会生产的目的是满足人们不断增长的物质文化需要",也是这个道理。

3. 人类幸福的实现手段

斯密在认真讨论财富与幸福的关系的基础上指出:物质财富的用处首先是满足人们对身体健康的需要。其次,人们对名誉和地位的追求也在很大程度上依赖于其所拥有的或他人所猜想其所拥有的物质财富,而且,与提供肉体上所需的各种必需品和便利相比,人们获得财富的愿望,更强烈地源于人们对名誉和地位的追求。当然,名誉和地位在很大程度上也依赖于人们的品质和行为,依赖于这些品质和行为在他人心中自然激发出来的信任、尊敬和好意。

斯密指出,人们出于安全的需要,更多考虑的是如何保持自己已经拥有的财富,同时,采取避免损失或规避风险的方式,不是靠强买强卖、虚妄欺骗,而是依靠自己的诚实守信、真才实学、刻苦勤勉、冷静筹划、厉行节约的这种谨慎的美德,去增进自己的财富,保证安定的生活。

斯密认为,没有朋友是不幸的。人们总需要与少数几个久经考验的伙伴建立牢固而真诚的友爱。这种友爱建立在人们之间的谦虚、谨慎、互助、客观公正、顾全大局的行为之上,建立在人们乐于承担自己在团体中应该承担的责任的基础之上。

斯密指出,经济进步和剩余财富是同情和慈善的先决条件。因而,斯密将人们的英勇、善行同正义准则结合在一起,将人们的经济行为与美德结合在一起。正如斯密指出的:对于自己幸福的关心,要求我们具有谨慎的美德;对于他人幸福的关心,要求我们具有正义和仁慈的美德。前一种美德保证我们免受伤害,后一种美德敦促我们促进他人的幸福。

关于财富收入与人类幸福的关系,斯密指出:按照自己的收入来安排生活的人对自己的处境自然是满意的。随着连续不断的小额的财富积蓄,人们会对这种逐步增加的舒适和享受感到倍加满意。劳动工资是勤勉的奖励,越受奖励人们就越发勤奋。然而,人们会因此相互竞争以得到较多的报酬而操劳过度,放弃了休闲娱乐,以至于因疾病而把身体搞垮,反而不幸。

斯密在其两部传世之作里特别强调了"物质财富"或"真实的财富",同时把身体状况、地位、名誉、安全、友情、美德作为人们生活幸福所依赖的对象。因此,本质地讲,斯密是将幸福的经济手段和道德行为结合起来的。斯密认为实现人类幸福的手段是财富,而"财富"既包括了物质财富也包括了非物质财富,其对应的具体形式是满足人们各种基本需要的财富(包括人、知识)。

需要注意的是,需要和欲望是有区别的。人的需要有固定的形式,但欲望却是无穷的。因此,满足欲望的财富的具体形式也就应该是多样的,不断发展变化的。

二、经济和谐

1."道德困境"与社会和谐

在15世纪以前封建贵族统治的中世纪时期,绝大多数欧洲人生活在基于权利和义务的经济社会体系之中,一个人生于一地终于一地,终生充当一种角色。

15世纪中期以来,市场交易不再仅仅是个人行为,而成为社会经济生活的组织系统。新的经济孕育了新的观念。中世纪人们依照传统的行事方式,逐渐被市场导向所影响,他们按照自我价值判断在市场中沉浮。那种封建式的战争和斗争不再有市场,人们开始以商业利润和商业财富为目标。这种以市场为导向的生产方式和分配方式,使人们陷入了两难的"道德困境":一方面,宗教伦理告诫人们,每一个人都要从道义上对他人负责;另一方面,当时市场经济的实践使人们明白,要想在市场经济中求得生存和幸福,就必须比他人精明,要通过竞争而战胜他人。当时,人们认为成功或生活幸福的标志是获取更多的财富。

面对"道德困境",18世纪中期,有些学者提出调和经济生活的自然法则和政府行为与个人自由之间的关系,如边沁(Jeremy Bentham)希望在道德和法律的框架下调和个人主义与政府干预之间的矛盾,但却很少有人成功。

斯密还思考着更为深层的社会制度问题。中世纪,基于权利和义务,终生从事一种职业的社会特征,在像伦敦这样的喧闹城市里已经彻底消失。城市里的活动主要涉及国际贸易、金融和银行业,一切活动都为了挣钱。那么,用什么来代替中世纪固定群体的社会制度?如何建立人们之间的权利和义务关系?社会已经成为大个人主义,每个人都在追求私利时社会可以运转得好吗?在个人主义的无序状态下,人与自然、人与他人、人与社会的关系如何处理?怎样才能实现社会和谐?

斯密在《道德情操论》中指出:"文明社会"的伦理机制源于自然机制,而自然机制源于人与人之间的相互关系;个人通过他人的反应来判断自身行为的恰当与否,于是社会得以自治。同时,斯密花了 12 年的时间写的大部头著作《国富论》,也是他努力寻找的解决"道德困境"的办法,在个人主义无序状态下实现社会和谐的答案。斯密确信他找到了实现普遍富裕的正确的"经济学",并宣称:在这个体系里,每个人都可以得到自由发展,争取自身利益,并且可以实现社会的整体利益,从而很好地回答了"如何在个人主义的无序状态下实现社会和谐"的社会哲学问题。

2. 经济和谐的含义

"和谐"(harmony)指的是自然、秩序、相容、融合、一致、协调等等。

18 世纪,坎梯隆(Richard Cantillion)和魁奈(Francois Quesnay)的著作中就出现了"和谐"观念的雏形。在《国富论》中,虽然"和谐"一词只出现了 1 处,而且还只是"harmony"的同义词"concord",但是,在《道德情操论》中,表达"和谐"的词即"harmony",则出现了 31 处之多,而且有 1 处直接出现的就是"社会和谐"(harmony of the society)这个词语。更为重要的是,在斯密的这两部传世著作里已经出现了"和谐"的思想。

19 世纪中叶,"和谐"一词开始出现在一些著作的书名里,如美国经济学家凯里(Henry C. Carey)的两部著作,一部是 1836 年出版的《自然和谐》,另一部是 1852 年出版的《利益和谐》,以及法国经济学家巴师夏(Frederic Bastiat)1850 年出版的《和谐经济论》。19 世纪后期到 20 世纪,由于要求保证经济效率与经济公平以及主张加强政府干预的呼声,"和谐"理论逐渐受到了批评。20 世纪 60 年代和 70 年代出版的哈耶克(F. A. von Hayek)的《自由秩序原理》等著作对自然秩序进行了重新发现和传播,不过对于推动"经济和谐"思想的当代运用并没有收到预期的效果。

随着公共选择理论的研究进展以及对政府政策提出以"和谐利益"为目标的要求,如今,回归古典经济学,回归亚当·斯密的呼声越来越强烈。

经济和谐是社会和谐的根本。纵观理论的发展,"经济和谐"的含义包括以下五个方面:

(1)自然和谐理论。这种理论来自一种乐观、诚信的态度,认为人类社会与自然界一样存在着自然的秩序。正像开普勒(Johannes Kepler)从天体和谐学说中获得灵感,发现了支配行星运动轨道的定律一样,早期的经济学家也是从社会利益和谐学说中获得灵感,建立经济定律。

事实上,经济学与物理学的发展可以说是形影不离的。斯密就十分推崇牛顿(Isaac Newton)的自然科学模型,认为牛顿的模型是自然的、普遍的、和谐的。受牛顿模型的启发,斯密在《道德情操论》中指出:每一单独的事物都应看作宇宙安排中的一个必需部分,并且有助于促进整体的总的秩序和幸福。同时,斯密在《国富论》中建立的就是普通人普遍富裕的乐观、繁荣模型,并将其命名为"自然自由体系"或"自调节体系"。

(2)利益和谐理论。和谐观贯穿于整个经济学说史。利益和谐理论表明,社会中不同个人之间和不同群体之间的利益是相容的、协调的。斯密等古典经济学家就是如此认为的。斯密的理论学说也被称作市场经济社会中所有成员的正当利益和谐原理,其中有两个关键点:第一,每个人都从维护社会劳动分工中获得利益;第二,市场经济中,消费需求最终引导所有的生产活动。

米塞斯(Ludwig von Misess)把这些思想看作是经济科学的重要成果并广泛地加以运用。他指出:在买者和卖者之间,在生产者和消费者之间,没有什么利益冲突。只有在资源垄断的特殊情况下才可能出现垄断价格,才可能造成垄断者和消费者之间利益的不一致。

(3)作为最大化满足学说的和谐理论。这是新古典经济学家马歇尔(Alfred Marshall)和维克塞尔(Knut Wicksell)的观点。他们基于边际效用学说,得出了福利经济学第一定理的结论:自由市场竞争不仅能够实现个人满足的最大化,而且能够实现社会整体满足的最大化。克拉克(John Bates Clark)发展了这一观点,指出:人们按照边际生产力贡献获得收入是公平、公正的,公平、公正的个人满足最大化以至于社会满足最大化是和谐的。

(4)作为自然秩序传统的和谐理论。这一理论与前面几个有重叠之处,但并不否认利益冲突,并不特别强调福利经济学定理。该理论强调制度的进化,强调社会产出与社会善行是独立活动的个人自然的相互作用的结果,而不是实施任何人为设计的结果。正如哈耶克指出的:支配着人们行为的伟大的、一般的、科学的法则,必须保证人们的行为与其公平的预期利益相一致。所有遵循这一法则的行为都是相互协调的。这样的行为方式会变成人们所认可的习惯,全部习惯就形成了和谐体系。

(5)作为社会政策目标的和谐理论。由于垄断的可能存在、利益冲突的可能存在,人为的、设计的、谨慎的社会政策也是必要的,以进一步促进经济和谐这个社会目标的实现。

以上含义中的前四个都把"经济和谐"视为自由的、自然的,实际上就是对斯密的"自然自由体系"的赞同,而最后一个含义,事实上也是斯密思想的体现。斯密曾形象地把政府比作"守夜人",其职能之一是"设立一个严正的司法行政机构",制裁那些违规者,保证社会自由、公平、公正。况且,政府政策的终极目标也是为了提升国民幸福感。

3. 经济和谐的实现机制

经济和谐的实现机制指的是一种经济机制,是指经济系统内各构成要素之间相互联系和作用的关系及其功能。

斯密在他的两部传世之作里得出了一个伟大的发现:"看不见的手"(invisible hand)可以实现"经济和谐"乃至"社会和谐"。

斯密把"看不见的手"描述为人们对财富的获取欲,对自己需要的满足欲,或者,人们开明的自我利益:人们寻求的只是自身的安全和个人利益,但却同时达成了他本无意达成的目的——为他人创造了利益,为社会创造了繁荣。"看不见的手"受个人情感和爱好所驱使,表现为劳动动机、工作动机或自利动机。斯密发现,国民幸福、国民财富的源泉,既不是商业也不是农业,而是人们的劳动,是人们的劳动动机。斯密指出:财富的生产不依赖于土地的肥沃程度,而依赖于普通人的个人追求。人们对于食物、衣服、住房和舒适等等的需要产生了工作动机。这些需要越强烈,人们的工作动机就越强烈,工作就越卖力,财富的创造力就越大,人类也就越能够更快地达到富足而幸福的社会。

斯密找出了创造财富和繁荣、幸福的三个因素:自由、自利和竞争。自由,即自由生产和交换产品、劳动和资本的权利;自利,即从事自己的事情并迎合他人自我利益的权利;竞争,即在物品和服务的生产和交换中竞争的权利。

斯密强调"看不见的手"的好处。在《国富论》中,斯密指出:我们每天所需的食物和饮料,不是出自屠户、酿酒商或面包师的恩惠,而是出于他们自利的打算。我们不说唤起他们利他心的话,而说唤起他们利己心的话。"看不见的手"在斯密的两部传世之作里各出现了一次。《国富论》第四篇第二章第9段里讲道:像在许多其他场合一样,人们受一只"看不见的手"的引领,在追求自身利益的同时,并非他本意但却有效地促进了社会利益。《道德情操论》第四卷第一章第10段里讲道:富人为了满足自己的欲望,雇用成千上万的人来为自己劳动,但是他们还是能同穷人一起分享他们所作的一切改良的成果。他们受一只"看不见的手"的引导,像土地在全体居民中平均分配一样,对生活必需品做出几乎同样的分配,从而不知不觉地增进了社会利益,并为人类的繁荣提供了生活资料。在构成人类生活的真正幸福之中,穷人无论在哪一方面都不比大大超过他们的那些富人逊色。在肉体的舒适和心灵的平静上,所有不同阶层的人几乎处于同一水平,一个在大路旁晒太阳的乞丐也享有国王正在为之战斗的那种安全感。

斯密强调"看不见的手"但并不宽恕自私和贪婪。斯密指出:"人类几乎随时随地都需要同胞的协助……他如果能够刺激他们的利己心,使有利于他,他要达到目的就容易得多了。"商业鼓励人们成为有教养的、勤俭的和自律的人。"商业引入任何一个国家,都将伴随着人们的诚信和守时。商业越发达的国家,人们越说话算话。这些都归咎于自我利益这个调节人行为的普遍原理,引导人们按照有利的方式行事。商人唯恐一些行为有损自己的人格,因而会严格认真地履行每个合约。欺骗行为一旦显露就会使自己受损失。"同时,斯密特别指出了人们都有被赞扬、被认可、被接纳的需要。社会交往绝不可能在人们之间的相互伤害中发生。为了得到他人的赞扬、认可或接纳,我们"内心的那个人"会成为我们自己品质和行为的公正无私的"旁观者",就会把我们的自我中心主义、自私贪婪的欲望控制在他人期望的程度。

斯密强调自利与同情并行不悖。在《道德情操论》中,斯密写道,"同情"是仁爱的、繁荣的社会的推动力。在《国富论》中,斯密则认为"自我利益"是社会繁荣的主要动力。事实上,斯密在为《道德情操论》第六版写的新增前言中清楚地表明《国富论》是《道德情操论》中所论述的思想的继续发挥,二者并不矛盾。阿玛蒂亚·森(Amartya K. Sen)指出:"同情"实际上也是一种自利行为,是对别人的关注直接影响到自己的利益,是因别人快乐而自己快乐,别人痛苦而自己痛苦。与之相区别,利他行为应该表现为"承担"(commitment)。如果事情并不使你觉得自己受损失但你认为那是错误的并准备要制止它,这就是承担行为。弗里德曼(Milton Friedman)也指出:不读《国富论》不知道什么才是"利己",读了《道德情操论》才知道"利他"才是问心无愧的"利己"。大多数人在发现那些违反社会规范的行为未得到惩罚时会感到不舒服,而一旦公正得以建立他们就会感到轻松和满意。因此,承担、利他行为是内生的,内生于上百万年来的进化赋予人类所特有的同情心、道德感和正义感。

斯密强调自利能够转换为仁爱,他指出:"经济生活中,开明的自我利益能使买卖双方在交易中互利。""请给我以我所要的东西吧,同时,你也可以获得你所要的东西。这就是交易的通义。"斯密最显著的性格特征,可能就是对社会底层最穷苦人民生活的关注。按照科斯(Ronald H. Coase)的阐释,市场的最大优势是它能用自我利益的力量弥补仁爱的微弱,平衡仁爱的偏宠,使那些没有名气、缺少魅力、地位低微之人的需要得以满足。斯密同时指出:在一个自调节的社会中,为了将自我利益转变为仁爱,竞争是绝对必需的。人们为了实现自我利益,因而市场价格越高,生产者、销售者越愿意多生产、多销售,而消费者的需求则越少,反之消费者的需求越多。使生产者、销售者与消费者达成交易,实现由自利到仁爱转变的关键是公平价格即市场价格。人们偏爱较便宜的"自由竞争的价格",而不是垄断势力带来的高价格。竞争意味着较低的价格,意味着有更多的钱购买其他商品,进而意味着更多的工作和更高的生活水平。

斯密强调政府的职责也是实现国民的幸福和谐,指出:首先,政府要建立充足的国防,使人民有一个安全祥和的生活环境;其次,设立严正的法律体系,保护人民不受其他任何人的欺压、欺骗,保证人们的自由权、财产权,保证人们履行合同和偿还债务;最后,实施公共工程和公共事业,促进人的发展和社会进步,进一步增加个人、家庭、国家乃至人类社会的幸福。

有国家严正的法律监管,有人们"内心的那个人"作为公正无私的旁观者的道德约束,人们的自利动机就构成了经济运行的内驱力,市场的自我调节就构成了经济和谐、人类幸福的实现机制。

三、回归亚当·斯密

2001年出版的美国经济学教育基金会主席斯考森(Mark Skousen)的《现代经济学的历程》一书,以"第一人亚当"(It All Started With Adam·Adam Smith, that is)作为全书的开头一章,以表明现代经济学以亚当·斯密为起点。全书以亚当·斯密为主角,并以"斯密博士走向华盛顿:市场经济学的凯旋"(Dr. Smith Goes to Washington: The Near Triumph of Market Economics)作为全书的最后一章。奈特(Frank Knight)、舒尔茨(Theodore Schultz)、斯蒂格勒(George Stigler)、弗里德曼(Milton Friedman)、贝克尔(Gary Becker)等深受人们尊敬的芝加哥大学的经济学家,由于都是亚当·斯密思想传统的继承者而被誉为"芝加哥的斯密"。顺应近年来对亚当·斯密的回归趋势,剑桥大学的蒙特斯(Leonidas Montes)与芝加哥大学的史利塞尔(Eric Schliesser)于2009年修订出版了《重新呼唤亚当·斯密》。《论〈国富论〉》一书的作者,英国《旗帜周刊》的特约编辑欧鲁克(P. J. O'Rourke)于2009年2月17日为英国《金融时报》撰写了题为《亚当·斯密笑到最后》的文章,该文章也发表在2009年3月13日的《经济学消息报》上。

上述所列出的学者和著作都揭示了经济学当今的学科前沿和发展趋势,即现代经济学对于幸福的回归,对于和谐的回归,对于亚当·斯密的回归,对于经济学的"亚当"的回归。

1. 从古希腊智者直到亚当·斯密

古代的幸福和谐理论包括色诺芬、柏拉图和亚里士多德的理论。

色诺芬的《经济论》的思想是丰富的,甚至指出:"一个人如果能从朋友(或仇敌)身上得到好处,这种朋友(或仇敌)对他来说也是财富,能使我们将来过上更好的生活。"但色诺芬的《经济论》的不足之处表现在:

(1) 基于"人权神授"的奴隶制思想,认为只要男男女女守好由"神"所规定的本分,家庭经济就会协调、和谐地进行。

(2) 受限于奴隶主家庭经济,只论述了个人的或者家庭的幸福生活,不涉及从个人幸福到社会幸福的逻辑。

(3) 局限于自然经济,只认识到了农业的重要性。

为了实现国家的正义,达到社会的幸福和谐,柏拉图为他所构想的"理想国"确立了两个基本原则:一是哲学家执政原则,二是整体主义原则。然而,首先,柏拉图提出的哲学家执政主张从孩提时代开始就应当强化统治别人与被别人统治的习惯,这实质上是一种"人治"而非"法治"。其次,他所谓的"创造一个最美好的国家,在那里每个公民都真正幸福"的理想,主张"严格的阶级区别",即统治阶级是"牧人"和"看家狗",而其他人都是"家畜",因而不过是让奴隶与奴隶主相安无事的安慰剂。再次,《理想国》提出的是一种本末倒置的国家构建理论,把幸福放到国家里作为一个整体来考虑,认为只要劝导各个阶级竭尽所能,各尽其责,整个国家就能得到和谐发展,各个阶级也将得到自然赋予他们的那一份幸福。就是说,人们的幸福感不是源于人的天性以及人们关于幸福的体验与直觉,而是来自国家的定义,或者说,来自柏拉图本人的定义。最后,柏拉图将快乐与道德对立起来,否定感官快乐的价值,把快乐排除在幸福之外,其极端形态是禁欲苦行主义。因此,《理想国》严格来讲并非关于人类幸福和谐的学说。另外,熊彼特(Joseph Alois Schumpeter)指出,虽然《柏拉图对话录》并非柏拉图本人所著,但引起我们兴趣的,一是其中的内容与柏拉图的观点一致,二是此乃唯一留存下来的有关柏拉图的专门谈论经济的著作,三是其主要内容是把欲望联系起来研究财富的性质。

亚里士多德的幸福理论影响了西方文化研究幸福问题的方向。虽然不同于柏拉图的观点,亚里士多德把幸福分为个人的与集体的或公共的两类,强调个人幸福是公共幸福的基础。不过,与他的老师柏拉图一样,亚里士多德也着眼于公共幸福,两人都被认为是古代乌托邦主义的代表。他把德性行为作为幸福的必要条件,否认人们生活幸福的基本权利的优先性。比如,亚里士多德指出:"不能说孩子们是幸福的,因为年龄的关系他们没有这样合于德性的行为。"尽管亚里士多德主张"幸福是一种合乎德性的灵魂的现实活动",但他认为幸福具有"最终性和完满性"。

之前的经济理论没有斯密的经济理论完善,是因为斯密归并和发展了其他人有关"价值"的思索,把交换价值(价格)看作是原始均衡系统的核心。

2. 基于价值(价格)的回归

早期的经济哲学家对商品的价值与价格进行了区分。今天,我们认为商品的价值与商品的价格是同义的。人们幸福的体验特征说明,西方经济学的个体理性人假设是科学的。

"基于价值(价格)的回归"是要回答,斯密之后的经济理论实际上是在对斯密体系的发展完善过程中,最终又回归到了斯密关于商品价格组成的"四要素"和关于商品价格决定的"供求原理"。

(1)基于商品价格组成部分的回归。

1)斯密关于商品价格的组成已经有"四要素"的雏形。斯密在《国富论》"论商品价格的组成部分"时指出:在进步社会,劳动工资、资本利润和土地地租这三者都或多或少地成为绝大部分商品价格的组成部分。同时,斯密也谈及了商品价格的四个组成部分:劳动工资、资本利息、自然资源和土地租金、企业家利润。来自劳动的收入称为工资,来自运营(manage or employ)资本的收入称为利润。有资本不自用,而转借他人,借以取得收入,这种收入称为货币的利息或利益(the interest or the use of money)。出借人既然给借用人以获取利润的机会,借用人就应当以利息作为补偿。由借款获得的利润,一部分属于冒险投资的借用人,另一部分属于使借用人有获取利润机会的出借人。完全来自土地的收入称为地租,属于地主。森林地带的树木、田野的草、大地上各种自然产物,在土地共有时代,只需出些力气去采集。而一国土地一旦完全成为私有财产,有土地的地主对土地上的自然产物就会要求地租,作为准许劳动者取得采集这些自然产物的权利的代价。

值得注意,斯密在《国富论》中虽然没有首先提出如今使用的"企业家"(entrepreneur)这个词,但他使用的是"实施者"(undertaker)这个对于"企业家"的定义而言"含义最为准确的词"。斯密在《国富论》中也已经定义了"企业家的特征"与"企业家的报酬":企业家承担投资风险,利润是其承担风险的报酬。并且,他还提醒人们注意,有人可能说利润是监督、指挥这种特殊劳动的工资,在许多大工厂里,此类工作大都委托给一个重要职员——企业家监管,然而,利润和劳动工资绝不相同。

斯密认为,生产性劳动是利润的源泉。他在《国富论》中开宗明义:产出的增加在于生产力的提高,生产力的提高取决于生产要素使用方式上的不断改进,存在于"生产要素"背后的是持续不断的进步倾向,既是狭义的技术进步,又是广义的实践中的创新和改进。

利润可以在三个不同的总量层次(厂商、行业或经济体)上来研究。斯密也谈到了收入、利润的宏观层面,指出:一切赋税,一切以赋税为来源的收入,一切俸金、抚恤金和各种年金,归根到底都是来自上述三个根本的收入源泉。不过,斯密的不足之处在于没有把债权人与股东、利息与利润区分开来。

2)新古典理论对亚当·斯密的回归。以新古典经济学假设前提"萨伊定律"而著称的萨伊最先把斯密的《国富论》传播到法国,并且于1803年出版了《政治经济学概论——财富的生产、分配和消费》,1806年出版了《政治经济学概论》。美国总统托马斯·杰弗逊对萨伊极为欣赏,把萨伊比作"法国的亚当·斯密"。萨伊发明了"企业家"(entrepreneur)一词并指出了企业家的重要作用:"他需要相当准确地估量某一商品的重要性及其需求的可能数量与生产方法。在一个时间,他必须雇用很多工人;在另一个时间,他必须购买或定购原材料,集中工人,寻找顾客并随时严密注意组织和节约。总而言之,他必须掌握监督与管理的技术。他必须愿意承担一定程度的风险,并总是有失败的可能性,但在成功时,这一类生产者将积累最大数量的财富"。

马歇尔把李嘉图的"地租说"推广到其他要素收入上,把利润纳入一般的准租金范畴,并在其1890年出版的《经济学原理》中首先提出了"企业主"(owner)的"正常利润"(normal profits),并将其归入企业的直接成本。马歇尔同时提出了"纯利润"(net profits)但却认为是纯利润吸引人们投资。这不仅导致了要进一步区分正常利润和超额利润(supernormal profits)或纯利润,还产生了把利润当作收入这个有争论的道德和经济基础问题:利润是对资本的回报,还是作为经理或企业家等资本家的薪酬?

此外,新古典理论中,竞争性厂商依据利润最大化来确定产出和投入的水平,条件是产品价格等于边际成本。利润为零既是一个均衡条件,也是产品生产有效率的标志。为了符合这个零利润条件,常常要补充说明"利润最大化"中的"利润"指的是"经济利润"而不是"正常利润","经济利润"为零并不是说没有"利润"而是说获得了"正常利润"。这不仅使正常利润的大小无法确定,①还容易导致利润界定上的矛盾,并使零利润条件成为一种赘述。

克拉克的边际生产率分配理论力图通过边际原理把生产和分配结合起来。某要素的边

---

① 经济学中的"利润"是指经济利润而不是正常利润,经济利润等于收益与(机会)成本之差,正常利润的计算不符合这个计算公式。

际产品价值与其单位价格相等,是一个对称地处理劳动和非劳动投入的原则。在此理论中,资本以设备形态出现,其边际产品收益与其单位价格相等。若人们能进一步使单位资本利润与单位资本价格相一致,那么,资本家的回报(利润)就是资本这一生产要素的报酬(该要素的租金)。这就把利润带到与地租相似的地位。资本家正是拥有资本这一生产要素的人。正是财产权结构和资本这一生产要素二者的结合,才使资本所有者成为资本果实的获得者。克拉克显然也没有正确区分出利息与利润。

3) 熊彼特的创新理论对亚当·斯密的回归。熊彼特1911年出版了德文版《经济发展理论》,把利息与利润区分为"资本利息""企业家利润",并把"资本利息"作为收入,列于劳动工资和土地地租之后的第三种"稳态"分支,将其纳入企业的生产成本之中。熊彼特同时认为:企业家花费劳动的工资,企业家运用自己拥有的土地的租金,企业家承担风险的额外酬金,也属于企业的生产成本。企业家利润是企业的销售收入与生产成本之间的差额。总收入刚好与支出相抵的企业里,只有既不赚取利润又不遭受亏损的"生产者",他们的收入特征完全可以用"经营管理的工资"一词来表述。如果企业有发展,收入大于支出,就有"企业家利润"。

显然,熊彼特的"企业家利润"指的是"经济利润"或"垄断利润"。他认为:利润的源泉是创新;创新可包括引进一种新产品,引进一种新的生产方法,开拓一个新的市场,发现一种新的原材料供给来源,或实行一种新的产业组织。假定在创新发生以前,经济处于一种静止均衡或稳定均衡的状态,企业家推出一种新产品或一种新技术而进行创新。这样一种新产品在获取收益之前可能要有一段酝酿期,因此可能是具有风险的。因此信用在为创新供给资金方面起着积极的作用。这样的信用可能超过现期的商品供给而造成通货膨胀。一旦创新出现于市场,企业家赚得垄断利润,起初产生的信用可从利润中得到清偿。不过,由于前后的连锁反应和对仿效者的吸引,创新造成了进一步的波动。单独地或成群地出现的创新开始了一个长波。在上升阶段,价格、利润和产量都上升,但是最终垄断利润会由于竞争者的争夺而消失,经济体系恢复到均衡状态,利润趋向于零。创新过程是不连续的和不均衡的,它伴随有一个信用高潮和周期向上的时期。创新也是不可预见的。经济处于由创新造成的循环之中时,一旦创新作用耗尽,经济又趋向利润为零的均衡状态。

对熊彼特来说,利润的源泉就是由创新实现的优越的生产率,而创新的代表则是企业家。利润既不是一般实业家创造的,也不是劳动产生的。熊彼特的理论是唯一把赚取利润的企业家明确作为其理论核心的理论。

熊彼特的不足之处在于,关于"利息只有来自也必须来自'企业家利润',是对利润的一种'课税'"的认识,值得商榷。

4) 凯恩斯的《货币论》对亚当·斯密的回归。与熊彼特同年出生的凯恩斯,在其1930年出版的《〈货币论〉上卷·货币的纯理论》第九章开头就对收入、利润进行了区分,指出:关于收入,我们准备用以下三种表达方式来指代完全同一种东西,即社会的货币收入、生产要素的报酬、生产成本。更具体地说,包括在收入中的项目有:①(对应劳动要素)雇员的薪水与工资,其中包括对失业、部分就业或享受年金的雇员所支付的任何款项;②(对应企业家才能要素)企业家的正常报酬(normal remuneration);③(对应资本要素)资本的利息(包括对外投资的利息);④(对应土地与自然资源要素)合法的(regular)垄断收益、租金;等等。普通股持有人即普通股股东的收入一般包括在上述后三项之中。企业家才能本身也是生产要素之一，企业家的正常报酬包括在收入之中，是生产成本的构成部分。"正常报酬"是企业家既没有扩大也没有缩小企业经营规模即保持企业经营规模时的那种酬金。

凯恩斯认为"利润"这个概念具有极为丰富的含义而不赞成使用"超额利润"的概念，并且指出：用销售收入减去上述第①③④项后所得到的是企业家的"实际报酬"，企业家"实际报酬"与其"正常报酬"之间的差额（不论正负如何）就是利润。普通股持有者即普通股东也是利润的分享者。

货币的投机需求虽然是在凯恩斯1934年出版的《就业、利息和货币通论》中才得到了明确，但这个思想在其《货币论》中已经具备并且正是与利润一起论述的，即：现在大部分企业是以股份公司的方式组织的（甚至在合伙经营的时代大部分也可能是这样），普通股票持有人甘冒风险，组合投资，以期获得利润。

凯恩斯理论的不妥之处在于：第一，没有正确区分企业家的正常报酬与经济利润、工资、利息、租金之间的关系；第二，忽视了社会公平。

5) 本教材的结论。通过以上内容可知，争论的焦点主要是利润的概念及其源泉或归属。事实上，在价格的构成要素里，关键是应该辨明不同的资本及其收益。

我们可以按照资本收益率即资本价格的决定机制，把资本分为借贷资本和股份资本。

借贷资本是作为货币资本家的个人或家庭，为了取得利息而暂时以储蓄形式贷给银行这样的职能资本家，以债券形式贷给产业资本家和商业资本家使用的货币资本。借贷资本的利息是银行、产业企业、商业企业利润的一部分。借贷资本的收益率或利率是由市场供求来决定的。

与借贷资本对应的是股份资本。股份资本是经公司章程授权、代表公司所有权的全部股份，既包括普通股也包括优先股。

人们投资股票的收益称作股利，包括股息和红利。它是股份公司按发行的股份分配给股东的利润。股息即股票的利息，是指公司按照票面金额的一个固定比率向优先股股东支付利息。优先股股东可依照优先股股票上所附的赎回条款要求公司将股票赎回。优先股的股息一般不会根据公司经营情况而增减，而且一般也不能参与公司的分红，不影响公司的利润分配。普通股股东的收益为红利，其数额通常是不确定的，随着公司每年可分配盈余的多少而上下浮动。在为优先股股东分派了股息以后，如果公司还有利润可供分配，就可根据情况给普通股股东发放红利。

优先股的固定收益率和普通股的不确定收益率，表面上是由董事会人为决定的股利收益率，实际上也依据的是市场规律。根据"洼地"理论，资金会流向收入较高的领域，从而资金会把股利收益率与储蓄收益率即市场利率扯平。假设股利收益率大于市场利率，那么资金就会从银行流出而流入股市，导致股价升高、股票投资成本升高而股利收益率降低，同时银行也会适当升息以保住资金。因此，理论上讲，股利收益率只有与市场利率相等时，才会平衡。一个描述性的解释是：为了获得公司的股利，人们就得买入公司的股票；买入了公司的股票，就不再享受银行支付的存款利息，因为资金从人们的银行账户转到公司的银行账户。这也就是说，人们得到了获取股利的机会，但却失去了获取存款利息的机会。人们进行股票投资决策的标准便是股利收益率与市场利率相等。因此，与债权人类似，股东投资形成企业资本的决策依据也是市场利率(或利息)。

事实上,证券市场根本的特征是投机。在证券市场上,人们以投机、换取买卖差价的方式为自己赚取收益。因此,投资者是"自我经营",利用低价购进高价抛出赚取差价,只有最终将股票"留在公司里"的投资者获得的才是利息。

但是,现实情况仍如凯恩斯指出的:现在大部分企业是以股份公司的方式组织的(甚至在合伙经营的时代大部分也可能是这样),普通股持有人甘冒风险,组合投资,以期获得利润。然而,公司获利后和分配前的时间间隔过长,而且有些公司也会以某种方式使得股票持有人无法获得这份利润。在我国,上市公司分红时,股民普遍都偏好送红股。其实对上市公司来说,采取送红股的方式与将利润滚存至下一年度或完全不分红等方式并没有什么区别。

综上所述,本教材采用经济学中的"利润"即"经济利润"的概念。首先,正常利润构成了企业家获取经济利润的机会成本,是企业家次优选择的报酬,即熊彼特所讲的作为职业经理人从事"经营管理的工资"。如此也就回归了亚当·斯密关于"利润绝不同于工资"的观点。企业家只能在最优选择与次优选择之中选择其一:要么作最优选择,不断创新,承担风险,甘心等待,一旦成功就获得利润即经济利润这样丰厚的报酬;要么作次优选择,做个职业经理人,不用理会市场风险,总能获得数量上等于"正常利润"额作为企业的成本要素的劳动工资。因此建议不使用"正常利润"这一概念,而只将其作为"劳动市场"上"职业经理人的工资"归入厂商的"生产成本"之中。

其次,所有创新都是由企业家完成的。实际生产中,创新可能来自一线员工,也可能来自研发部门,但是创新的决定是企业家作的,创新的风险是由企业家承担的,企业家组织、运用其他生产要素创造利润。

再次,只有"经济利润"才符合斯密、萨伊、熊彼特提出的"企业家报酬"的特征。如此,商品价格的构成要素便回归到斯密的观点:劳动工资、资本利息、自然资源和土地租金、企业家利润。来自劳动的收入称为工资;来自运用资本的收入称为利润;有资本不自用,而转借他人,借以取得收入,这种收入称为货币的利息或利益(the interest or the use of money);来自土地的收入称为地租。①

(2)基于商品价格决定原理的回归。

1)斯密关于商品价格的决定已经有"供求原理"的雏形。

斯密关于"商品交换以商品的价值为基础"和"商品的价值等于凝结在商品中的劳动数量"的观点,被认为存在着"钻石与水的价值悖论"。水是所有物品中最有用的,钻石几乎没有什么实际用途,但是,水的价格不过是钻石价格的一个小小的零头。为此,在价值概念的基础上,斯密提出了商品所具有的另外两个"价值"的概念:使用价值和交换价值。他指出:价值一词有两个不同的含义。它有时表示某种商品的效用,有时表示对于商品的购买力。前者可叫作使用价值,后者可叫作交换价值。使用价值很大的东西,往往具有极小的交换价值,甚或没有;反之具有极大的价值。

---

① 这也正是现如今产品定价的一种"成本加成法",即以劳动工资、资本利息、自然资源和土地租金这些收入为基础构成企业单位产品的生产成本,另外加上一定比例的(若干成)利润。本教材在第九章~第十三章里对此还有较为详细的论述。

在"交换价值"的基础上,斯密把"价值"概念转换成了"价格"概念,提出市场交换中商品所具有的两个"价格"的概念:市场价格和自然价格。斯密在《国富论》中指出:"商品只能按照被称为'自然价格'的价格销售……准确地说,按照它的价值销售,或按照卖者把它提供给市场时的真实成本销售。当市场中的商品数量低于人们愿意支付的有效需求时……人们需要的商品数量得不到供给……就会有人愿意增大供给。在他们之间就会展开竞争,市场价格就会升高……当市场中的商品数量超过有效需求时,商品就无法全部售给那些想按照地租、利息、工资和利润之和的价格购买的人们,情况就会发生变化。市场价格将下降……'自然价格'就是中心价格,所有商品的价格都围绕这一价格波动。"斯密后的一代又一代经济学家对于供给和需求形成市场价格的基本原理的描述并未发生根本的变化。

斯密指出:在初级社会,劳动才是生产要素,等同于"自然价格"的生产成本仅由工人的工资构成。在具有了私有财产的高级社会,地主的地租和资本家的利润成为生产成本的组成部分,生产成本既包括劳动的工资,也包括支付土地的租金和资本家的利润。① 然而,斯密却对初级社会生产成本仅由工人工资构成的观点,提出了商品价格决定的粗糙的"劳动价值论"。同时,值得注意的是,在高级社会,正是由于地租和利润,生产便成为社会组织的生产,已不仅仅是追求自身利益的人类劳动的自然特征。斯密的"自然自由体系"因此遭到了破坏。

2)古典经济学在对斯密体系的完善过程中误入歧途。

李嘉图于1817年出版了《政治经济学及赋税原理》。他没有注意斯密关于市场价格的供求决定原理,仅仅继承和发展了斯密关于初级社会里生产成本构成的粗糙的"劳动价值论",正式提出了"劳动价值论",选定了商品价格决定的"客观生产成本价值论"——商品价格由生产成本决定,而使经济学误入歧途:经济学走向了一个"阶级冲突"的"分配"模型,其中工人、地主和资本家为争夺经济甜头而大打出手。

跟随李嘉图,对于斯密的"自然自由体系"在高级社会里存在的矛盾,穆勒(John Stuart Mill)也提出了试图解决的途径:实行土地国有化,将没有继承人的个人土地和财产充公,实行工人合作或工人所有的企业制度等。穆勒认为,只要回到劳动的自然属性,只要土地和资本为社会所有,劳动者得到产出的全部价值,社会就能消除地主和资本家的不劳而获现象,就恢复到斯密的"自然状态"。

3)新古典经济学实现了斯密体系的新生。

第一,从边沁回归亚当·斯密。因为边沁,19世纪末新古典经济学完全以功利主义(utilitarianism)②哲学为基础。边沁指出:"效用是指任何客观事物为人们带来利益、便利、快乐、好处和幸福的能力。"他把幸福等同于快乐,认为人是"快乐的机器",幸福、快乐和效用可以互相替换着使用,它们是同一功利主义基本概念的不同表述方式,从而使新古典经济学转向了对个人效用的研究。杰文斯(William Stanley Jevons)因此把经济学定义为"效用的

---

① 商品价格的组成部分与决定原理都很重要,因此本教材在此分别论述了基于商品价格组成部分的回归与基于商品价格决定原理的回归。不过,如此一来,有些概念完善的时间先后上便有交叉,请予谅解。

② "utilitarianism"是边沁造的一个词,即"utility"(效用)+"arianism"(后缀),因此也可以翻译成"效用主义""实用主义"。

科学",幸福以完全等同于快乐、人们的幸福在于最大化个人效用的方式而进入主流经济学。

有人认为斯密的幸福理论与功利主义的幸福理论的联系始终是个谜。事实上,边沁的功利主义理论与斯密的自由主义理论有着千丝万缕的联系。

斯密构建的自由主义理论体系中已经蕴藏着丰富的功利主义思想。斯密是英国公认的功利主义理论的先驱者之一。"效用"这个词最早出现在亚里士多德《政治学》第八卷第三章。它是亚里士多德质疑音乐归入教育时用到的一个词,含义是"必要性,有用性"。效用作为一种主观心理概念可以追溯到斯密 1764 年的《关于法律、警察、税收及军备的演讲》。作为一种客观意义上的"有用性",效用则可以追溯到斯密 1776 年《国富论》中的"使用价值"。不过,斯密在 1759 年的第一版《道德情操论》中就通过"效用"建立起了财富与幸福的联系:财富—效用—幸福。

1760 年,边沁进入斯密曾经就读的牛津大学学习法律,后来致力于哲学与经济学方面的著述。边沁年轻的时候,认真思考着如何借助自己的思想和发现为人类社会作出自己最有益的贡献。在 1776 年,28 岁的边沁出版了他的第一本著作——《论政府部门的构成》。边沁以典型的 18 世纪的方式,通过制定完善的法规实现使人们幸福的目的:在较好的法律约束下,人们的举止就可以变得更为得体,人们据此可以找到自己和别人的幸福。在《论政府部门的构成》的开头,边沁指出:法律的"基本原则"就是"最大程度的幸福原则"或"效用原则"。不过,边沁承认,"效用原则"并不是他首先提出来的。这一原则的精神实质与表达形式,可以在以下两本著作里找到:法国爱尔维修斯(Claude Ardrien Helvetius)的《精神论》和意大利贝卡里亚(C. M. Beccaria)的《论罪行与惩罚》。

边沁显然受到斯密的影响,而且边沁也的确研读过斯密的《国富论》。在其 1780 年出版的《法律和道德原理导论》一书中,依据效用是唯一本原的观点,边沁批评了斯密《国富论》中使用价值与交换价值两分法的观点。与斯密不同,边沁允许有相当多的政府干预。在把政府保卫国民生存与安全的国防和司法认为是政府的干预行为的同时,边沁也极力赞成英国政府对面包价格实施的干预行为,宣称:"让亚当·斯密和其他人权拥护者们……谈论侵犯天赋自由权的问题吧。"除此之外,边沁更多的还是沿着斯密的思路进行研究。他把斯密"看不见的手"表述为"个人决策可以带来最大化的公共福利";他也认识到,政府不干预的情况下,人们会获得更多的幸福。

边沁的不足之处在于:一是跳过了财富到幸福的转换关系,将注意力从手段(财富)转移到了仅仅的目的(效用—快乐—幸福)。二是认为人们的每一个行为都是为了快乐,人类的行为和道德评价是以快乐和痛苦为标准的,这实质上是道德的异化。三是认为国民的生存权和财产权是由国家来保障的,而不是先于国家存在的,这显然是乌托邦主义的观点。四是穆勒批评说,边沁很少重视同情、良心、义务、正义和善举。

研究幸福问题的当代学者大都希望回归边沁或埃奇沃思(Francis Ysidro Edgeworth)。鉴于以上分析,边沁的功利主义与斯密的自由主义虽然有密切联系但又存在着明显的裂痕,本教材认为,现代经济学应该再从边沁回归亚当·斯密。

第二,萨伊对斯密体系的完善。萨伊并不同意劳动价值论,提出了商品价格决定的"主观效用价值论"。萨伊认为:如果个人不需要某件商品,无论生产这件商品耗费了多少劳动或努力,它都将不具有价值。正如历史学家雅各·巴赞(Iacques Barzun)写到的:"珍珠不是因为人们为了它潜水而有价值,人们潜水是因为珍珠有价值。"

第三,"边际革命"对斯密体系的完善。1871年,英国的杰文斯、法国的瓦尔拉、奥地利的门格尔,各自独立地发现了边际理论,领导了"新古典主义"的边际革命,将斯密的自由放任模型和边际价值理论综合了起来。他们拒绝"客观生产成本价值论",也没有采纳斯密的"使用价值"和"交换价值"的概念,而是将"主观效用价值论"和"消费者需求"作为经济学新方法的基石,指出消费需求最终决定了影响生产行为方向的消费品的最终价格。

最终的消费需求(经过反向传递)也确定了各生产要素的价格。简言之,收入不是被分配的,而是在生产过程中按各要素追加的价值生产出来的,从而实现了生产与分配的统一。

市场是有风险的。市场风险也是通过市场需求的变化反向传递并决定着企业家的报酬——利润。利润是企业家承担风险的报酬。奥地利的庞巴维克(Eugen Bohm - Bawerk,1851—1914)是第一个头像被印在货币上的经济学家,他以"等待论"和"风险论"给出了"利润"的边际理论解释:资本家、地主、股票和地产投资商,一句话,生产者在获得支付之前必须"等待",等待他们的商品被加工、销售给客户之后才能获得收入。为获得销售收入可能要等待几个月,甚至几年、十几年,等待的时间取决于商品售出的速度。受雇用的工人,以获得工资或报酬为条件付出一定量的劳动,可以每月或每半个月得到支付,而不用等到企业的商品销售出去以后才得到支付,也不用考虑他们生产的产品是否能售出,不需要为应收款项或应付款项、投资负债和市场变化而担忧。假定他们的雇主是诚实而有偿付能力的,工人将有规律地得到支付。企业家还要承担"风险"。他们将劳动、资本和土地结合起来,创造了在市场上竞争的商品,然而其商品也许有利可图也许没有。市场回报企业家这一附加风险的办法就是,通过利润把相当一部分的商品价值补偿给企业家。这种生产中的每一环节都需要劳动、资本、土地和自然资源、企业家的密切合作的理论,就抛弃了李嘉图的"阶级冲突"模型,回归到了斯密的"利益和谐"模型。斯密的"自然自由体系"因此得以新生。

边际理论还发现了边际效用递减原理:个人拥有某一物品的数量越多,他们对该物品的任一既定单位的评价就越低。边际理论因此解决了"钻石与水的价值悖论":如果到处都有大量的水,新增一杯水就会相对便宜;因为钻石稀少,所以价格很高,物以稀为贵。

第四,马歇尔与克拉克对供求原理的回归。马歇尔将斯密的"自然自由体系"发展成为数量化的科学,创造了推进斯密体系的发动机——供求原理。

马歇尔从斯密与李嘉图的古典模型以及边际革命中各抽取了一些合理的成分,实现了现代经济学发展历程中的第一次综合。从边际革命中,马歇尔抽取了商品价格决定的"主观效用价值论",形成了商品价格的"需求决定论";从古典模型中,马歇尔从李嘉图那里抽取了商品价格决定的"客观生产成本价值论"观点,从斯密那里抽取了"生产成本包括支付的劳动的工资、资本的利息、土地和自然资源的租金、股东的利润"的观点,形成了商品价格的"供给决定论"。如此,马歇尔综合了古典成本(供给)经济学和边际效用(需求)经济学,明确了斯密关于商品的市场价格决定的供求原理,奠定了现代经济学的重要基础,并将经济学原理普及于日常消费和商业事务之中。

商品的市场价格或成交价格是由市场上的供求来决定的。事实上,即便是厂商单方面对自己商品的定价也符合供求原理。厂商一般是先把市场价格反映的市场需求趋势,反向分摊为各个生产环节、各种零部件或原材料的成本,如果销售收入超过生产成本即厂商预期有利可图,并且因此产生的预期利润足以弥补企业家的贡献,则厂商生产商品并向市场供给。生产成本是相应生产要素的价格与数量之积的总和。克拉克把边际效用理论和供求原理运用到要素市场之中,并且指出:生产要素的价格对应于劳动、资本、自然资源或土地的工资、利息、租金或地租,都是由相应市场的供给与需求来决定的。

如此,关于产品市场价格的决定和要素市场价格的决定,就回归到了斯密关于商品的市场价格决定的供求原理。

4)宏观经济学对供求原理的回归。

宏观长期分析本身强调的就是价格机制,解决经济增长、失业、通货膨胀问题的理论就是供求原理的体现。比如,经济增长的外生理论认为,经济增长的长期均衡条件是储蓄供给转化为投资需求并正好平衡了作为资本减少项的平衡投资,储蓄供给转化为投资需求就是供求均衡。经济增长的内生理论认为,劳动供给内生是关于劳动充分就业的供求平衡,资本积累内生和技术进步内生都是关于储蓄转化为投资并转换为产出。失业理论本身就是劳动供求原理。作为通货膨胀或通货紧缩治理对策的"货币规则"实际上要求的是货币的供给与需求一致。开放经济中,无论多么高深的汇率理论最终也摆脱不了供求原理。

宏观短期分析中,政府政策(乘数)作用的发挥最终落脚在市场机制上,政府政策只有遵循市场规律才能发挥作用。凯恩斯理论因为 AS-AD 模型而得以"复活"。弗里德曼指出了 AS-AD 模型的内在矛盾并提议用维克塞尔的"自然利率模型"予以替代。凯恩斯在《货币论》中就是以"自然利率模型"解释经济周期的。凡此种种,就都回归到了斯密的供求原理。

3. 基于"幸福"的回归

(1)"幸福约简"的争论与回归。把亚里士多德的"eudaimonia"翻译成英语的"happiness"其实语义上已经弱化了。在希腊语中,"eudaimonia"是指人类的终极目标,即人们通过相应的行为可以获得的所有好处中的最大者。它包含这样三层基本意思:幸福是人们生活的终极目标,是人类生活的最高利益,达到了最高的自足状态以至于其他任何事情都无法再增加其价值;幸福与身体力行的实践密不可分;除自我利益外,幸福可以作为美德之类的非工具行为方式的副产品来实现。

亚里士多德指出:幸福是指生活优裕,行为美好。幸福是世界上最美好、最高尚、最愉快的事情。幸福是人们生活的终极目标,也是政治科学研究的终极目标。不同的人对幸福的认识是不同的,庸俗的人或大多数人把"幸福"(happiness)等同于"快乐"(pleasure)而沉溺于最低层次的衣、食、住、行,政治家把幸福等同于荣誉与美德,哲学家则把幸福等同于追求真理。幸福的人为人善良并很会交友,热爱自己,乐于助人,同时也都有利于自己。快乐仅反映了行为具有善的价值但却不是行为的终极目标。因此,就幸福的特质而言,包括美德、善良或者美德、善良其中的一项与快乐的结合,美德(高尚)、善良、快乐是幸福的三个不可分割的特质。

依据亚里士多德的观点,意大利经济学者布吕尼(Luigino Bruni)批评说:从边沁到杰文斯(William Stanley Jevons)的边际主义经济学家,依据经济学的功利主义方法,把"幸福"约简为"快乐"并进一步约简为"效用","效用原理"成为边沁体系的基础,幸福、快乐、效用替换着使用,从而完全丢弃了幸福与美德、善良等社会传统的联系,并抛弃了亚里士多德的幸福观。的确,"幸福"与"效用"是不同的概念。不过,后面我们要讲,功利主义把"幸福"约简为"效用",只是从量化分析的角度转换命题的结果。

亚里士多德认为幸福是一种自足状态,因此,斯密关于"幸福是一种满足感""快乐是幸福的重要特质"的观点就是成立的。第一,斯密研究的是现实经济生活中的普通人,关心的是普通人的普遍富裕和普遍幸福,而普通人包括亚里士多德所称的庸俗的人、政治家和哲学家。普通人把幸福等同于快乐,而斯密认为普通人在社会中占绝大部分,普通人幸福了的社会才能算作是幸福的社会。第二,不同于亚里士多德,斯密没有把不同的需要对应于不同类型的人。第三,与亚里士多德的观点一致,斯密认为同一个人也有不同的需要,健康、安全、友谊、荣誉、美德与追求真理都是人们幸福生活的依靠。

可见,较之于亚里士多德,斯密的幸福观是较为完善的,而且斯密的幸福观还弥补了亚里士多德未能关注人们安全需要的空白。因此,我们可以跟踪亚里士多德的精神直至亚当·斯密,边际主义把幸福约简为快乐的观点应该并且也能够回归到亚当·斯密的幸福观。

(2)"人际互依"的争论与回归。亚里士多德对于人们幸福的社会本质的强调说明,经济社会中人与人之间是相互依存的。布吕尼据此认为,斯密的"自然自由体系"特别强调自然律而未体现社会相互作用。

18世纪,意大利经济学家杰诺韦西(Antonio Genovesi)、斯密等古典经济学家都把牛顿的自由落体(地球引力)理论应用于各自的哲学体系之中,并且都认为人们的一些激情表现为"自爱"(self-love)。对应牛顿的地球引力,斯密由"自爱"推出"自利"的理解是正确的。但是,杰诺韦西则认为:任何现象,无论是人类的、社会的,还是物理的,都可以解释为两种相反而相等的力相互作用的"平衡";社会机器是向心力和离心力的平衡,是"自爱"与"爱他人"的统一,并据此批评利己主义哲学。

在人际互依方面,布吕尼认为贝克尔的人类行为互动理论和博弈论具有优越性。布吕尼认为:博弈中的参与者是直接的相互作用,是"一个活的(有个性、有情感、有情操的)利益最大化者直接面对着另一个活的利益最大化者"。不过这样一来,带来的却是"幸福最大化"计算上的极端复杂性。

的确,如今大都认为博弈论研究的是人们之间的相互作用,而传统微观经济学把人们的行为都总结在一个参数(价格)里而不是视为面对着另外一个人。这个问题的实质就是物理学历史上"超距作用"与"近距作用"的争论。

经济学几乎是伴随着物理学的发展而发展的。手推桌子是通过手和桌子直接接触而把力作用到桌子上,此乃"接触作用",也称"近距作用"。纤夫通过长长的绳索去拖曳船只,尽管他们并未接触船只,但通过绳索这个中间媒质一段一段的弹性形变而最终与船只"接触作用"式地把作用力传递了过去,这种情况也属"近距作用"。

按照万有引力定律,两个相互作用的物体隔着一定的距离,其间可以有介质(如空气),也可以是"真空"(但有物质存在)。围绕这种情况下的力的传递,历史上有过长期的争论。整个18世纪和19世纪的一大半,占统治地位的是牛顿的追随者主张的"超距作用",即认为相隔一定距离的两个物体之间存在着直接的、瞬时的相互作用,不需要任何媒质来传递。牛顿本人并不赞同"超距作用",指出:"很难想象没有别种无形的媒介,无生命无感觉的物质可以无须相互接触而对其他物质起作用和产生影响……没有其他东西为媒介,一物体可超越距离通过真空对另一物体起作用,并凭借它和通过它,作用力可从一个物体传递到另一物体。在我看来,这种思想荒唐至极,我相信从来没有一个在哲学问题上具有充分思考能力的人会沉迷其中。"相对论的思想用一种新的"近距作用"的观点,即"场"的观点,取代了"超距作用"的观点。场由时空中存在的物质所决定,或者,场就是物质在时空中的分布,更广泛地讲,场是能量在时空中的分布。借助于场,作用力从一个物体传递到了另一物体。值得注意的是,即便是手推桌子,推力的作用点是手与桌子相接触的点,但力心显然位于人的肩关节,人的推力是通过其胳膊和手传递给桌子的。

市场是一种中介、媒介,由组织、人、物、信息等等构成。较为普遍接受的市场定义是买卖双方的相互作用就形成了市场。人们之间相互的市场作用力,比如相互的需求力、相互的供给满足力,就是通过市场这个"媒介"而"近距作用"式地、"接触作用"式地传递的。就人们之间面对面的直接谈判而言,为了达到交流沟通的目的都需要借助法律文本、文字支撑材料。退一步讲,就是口头交流式的谈判,总需要文字语言、肢体语言。文字语言本身就是一种工具,一种媒介;人们之间交流沟通用的肢体语言,如眼神,其传递也必然符合物理学"近距作用"或"场"的原理,否则,就是不科学的。就是说,博弈论研究的相互作用或互动关系也必须符合科学原理,也属于近距作用,只不过其显著的特征:一是更直接的接触,二是相互作用的媒介是包括价格信号在内的更多、更丰富、更直接的共享知识、传统,以及人、财、物、信息、组织等。知识或信息,从经济学角度讲,显然都具有能量。

1974年,贝克尔发表了《社会相互作用理论》,被认为是重新确立了"社会相互作用"在社会科学中的中心地位。事实上,贝克尔指出,早期经济学家所强调的问题,尤其是他们对于人与人之间的相互作用的突出强调,值得我们严肃认真地对待。比如,边沁提到"与他人保持良好关系的快乐""声誉的快乐""因为善举对象的快乐而快乐";西尼尔(Nassau Senior)指出,人们追求出众的欲望是普遍的、永恒的,时时刻刻影响着每一个人,而且伴随人们一生,因而可以说是人类感情中最为有力的了;马歇尔也曾强调人们追求出众的欲望,并通过分析人们的衣、食、住、行和生产活动来说明它的影响力。

贝克尔接着指出:由于异乎寻常的精确化趋势,出众、声誉或善举等等变量在消费者需求理论中越来越失去了存在的空间。但是,个体之间的相互作用也不是因此就完全被忽视了;庇古(Arthur Cecil Pigou)、费雪(Irving Fisher)等作过努力,只是这些努力尚未使经济学的先贤倡导的社会相互作用赢得应有的瞩目。倒是社会学家长久以来比较注重强调相互作用的重要性。凡勃伦(Thorstein B. Veblen)就指出:"来自邻居们的尊重是人们自尊心的基础。"当代的"社会交换"也是对于社会相互作用的强调。

可以看出,虽然贝克尔所列的"早期的经济学家"包括边沁、杰文斯、瓦尔拉(Léon Walras)、马歇尔、门格尔(Carl Menger)等,但是贝克尔对于社会相互作用的论述却根本地回归到了经济学的第一人——亚当·斯密。

斯密在《道德情操论》开篇第一句话就是:"无论某人被认为是如何的自私,在其天性中总是明显地存在着这样一些准则,这些准则使他关心别人的命运,把别人的幸福看成是自己的事情,虽然他除了看到别人幸福而感到快乐以外,一无所得。"同时,《道德情操论》第六卷中指出:个人的身体状况、地位和名誉,被认为是他生活舒适和幸福所依赖的主要对象;宽宏、人道、善良、怜悯、相互之间的友谊，都会博得旁观者的好感。在朋友之中挑拨离间是一种罪恶。它中止了本来存在于人们之间的愉快交往。这种交往，就连普通人也会感到它对幸福的重要性。同情共感、友好交往，都是一种相互作用。有生命、有感觉的参与人之间的交往，一般要通过媒人或介绍人；即便是两个面对面的陌生人要自由地相互认识并交往，也先需要通过网络、电话聊天的形式，或者通过眼神、语言以至互赠礼物等形式。交往是人们满足生活和生产需要的一种形式。交往本身也具有中介性、接力性。交往是人们相互作用的媒介。

作为媒介的市场交换、市场交易，正是斯密两部传世之作的核心。"请给我以我所要的东西吧，同时，你也可以获得你所要的东西"的市场交易通义，显然是对社会相互作用、人际互依的本质的强调。

(3)工具主义的争论与回归。布吕尼指出，20世纪以来，工具主义成为经济学的主流方法。帕累托(Vilfredo Pareto)也批评早期的新古典功利主义经济学家杰文斯、埃奇沃思等所宣称的观点：可以不要幸福、快乐和行为动机(无论是利己的还是利他的动机)这样的概念，整个经济理论只需建立在"选择行为"的基础之上。虽然帕累托指出，"当我们说到'效用'时，是把它当作物质'福利'(well-being)看待并将其作为科学进步和道德进步的独特标准"，但他强调的以"工具理性"(instrumental rationality)为基础的选择，把经济学的研究领域转向了对于逻辑行为的研究。经济学理论变成了工具主义的王国。在这个王国里，表现的不是人与人之间的相互作用，而是"人与物"之间的相互关系。

布吕尼的这种质疑，仍然是一种"超距作用"观点。他只看到了"人—物"的联系，而没有看到"人—市场(人、物、信息、联系)—人"的联系。何况，布吕尼也赞成杰诺韦西这样的观点：市场是社会文明的工具。工具就是媒介、手段。推而广之，我们每一个人及其拥有的各种财富，每一个组织及其拥有的各种财富，都是实现社会幸福的"工具""媒介""场元"。

事实上，在苏格拉底的引领下，色诺芬、亚里士多德都致力于回答人如何才能变得高尚(美德、善良和快乐)。这实际上就是关于幸福的实现途径或手段问题。

亚里士多德认为，人是一种社会生物，本质特征之一是要与他人相处，包括朋友和陌生人。尽管拥有了其他所有的商品，但是，没有朋友，人们是无法生活的。如果没有向朋友施善和展示美德的机会，自己的成功有何用处？没有朋友，我们的成功怎能保证，怎能维持？因而，幸福的人需要朋友，朋友也是人们实现幸福的手段。

遵循亚里士多德的研究方法论，杰诺韦西指出：幸福与积极的人际关系(interpersonal relationships)密不可分，人们的幸福同时建立在使他人幸福的基础之上；市场得以建立的基本规律就是人们之间的相互帮助、互惠互利；社会生活真正的本质是人们之间进行有益于对方的交换，即人们之间相互给予，以实现生活幸福这个终极目标；市场是社会文明的工具，也是体验真实人际关系的场所。布吕尼据此批评道：受霍布斯、曼德维尔、休谟等人的非社会传统的影响，斯密打破了美好生活与真实社会关系之间的联系；美好的社会仅仅需要的是正确的制度以便把个人恶念(自利)变成社会美德。

亚里士多德认为幸福所依赖的因素，既包括美丽、友谊和美德这些原发性的东西，也包括其他的如物质财富、健康等工具性的东西。高尚美德的行为是自我满足、自我实现幸福的。自我满足也属于广义的私利。杰诺韦西所讲的是，积极的人际关系和使他人幸福有益于相互交换和给予,最高尚的行为莫过于善举。但杰诺韦西同时也讲过,市场是公共美德的工具。斯密则指出,经济进步和剩余财富是美德、善举、同情的先决条件。人们的善举不应该只是说好听话,仅表示同情心而已,应该建立在拥有行善之"物"的基础之上;科学家、哲学家探索真理自然是高尚之举,但毕竟需要具备基本的生活条件和工作条件才行。

亲密朋友之间的互助、赠予是存在的,但也属亚里士多德讲的为维护友谊并以此作为实现自己幸福的手段。普通人之间相互依存、互生繁荣的途径,显然应该是斯密指出的,基于自利的诚实守信、公平合理、互惠互利的市场交换,而且市场交换实际上是以"欲利己先利他"的方式进行的。同时,斯密强调自利与同情并行不悖,公平交易可以实现由自利(恶念)到仁爱(美德)的转换,"看不见的手"并不宽恕自私和贪婪,政府的职责也在于增加国民的幸福。意大利经济学家维克(Giambattista Vico)1725年提出了"目的自然发生原理",布吕尼认为这类似于斯密的"看不见的手"。

作为苏格兰启蒙运动的领袖之一,斯密的理论体现了用科学、理性和经济自由主义对宗教、迷信和贵族势力的替代。启蒙运动的重要成果是对于科学、分析的重视,对于人类幸福这个终极目标的具体实现途径的重视。因此,尽管斯密在《国富论》主要强调了物质财富这个增加人们幸福的主要途径,虽然"收入"(revenue)也是斯密《国富论》的主线,但他同时也指出,幸福依赖的因素包括物质财富、健康、安全、友谊、荣誉、道德与真理。可见,斯密关于幸福的手段,既包括了物质财富也包括非物质财富,从而斯密的幸福思想很好地体现了人文关怀与科学精神的统一。

当然,因为帕累托的工作而脱离了"幸福",经济学就等于忘却了自己赖以产生的根本,就迷失了应有的终极目标;抛弃了"利己心",不关注、不需要人们的工作动机,经济学就只是自欺欺人地对斯密发现的社会幸福和谐的根本动力视而不见而已。

4. 基于"和谐"的回归

(1)和谐利益的争论与回归。杰诺韦西认为,社会的文明和谐要求社会财富的公平分配。

帕累托最优是关于社会财富分配的效率与公平的理论,并可通俗地表述为各种生产要素按照边际贡献获得利益时最有效率且最为公平,照此分配也最为和谐。

事实上,斯密认为:各种产品的生产环节,无论是原材料挖掘、产品制造、批发贸易,还是最终产品的零售,都需要劳动、资本、土地资源和管理要素一起合作才能完成,各要素所有者按照贡献获得利益是和谐的。因此,关于利益和谐的争论,也应回归到亚当·斯密。

(2)和谐机制的争论与回归。杰诺韦西就公共幸福、社会幸福指出:学习如何获得个人的幸福是每个人的天职。个人组成政治团体,只要不侵害其他社会团体的利益,整个政治团体及其每个成员都有义务履行自己的职责,都应该懂得并为公共幸福作出贡献。因此,社会成员每人都有两种职责:一是为了个人的利益,一是为了团体的利益。维克则认为:文明法律制度可以把残忍转换为军队和国防力量,把贪婪转换为商业和富裕,把野心转换为政策和政府的艺术,从而通过文明法律制度可以把三种"恶"转换为公共幸福。

显然,关于个人幸福与社会幸福的关系,斯密的理论更为完善。因为在斯密的理论中,不仅包括政府职责的司法体系,还包括诚实守信的市场交易。斯密的不同在于,利己是内驱力,市场组织、政府组织是机制,个人幸福、社会幸福、人类幸福是目标。没有内驱力,仅仅有机制,是无法实现目标的。杰诺韦西和维克的"自然发生"原理,缺陷就在于他们没有发现而斯密发现了"自然发生"的内驱力——"自爱"或"利己心"。

的确,20世纪50年代以前,经济学家关于人类行为的经济分析都以"经济人"为假设前提。经济学原理表明,"看不见的手"能够促进社会的和谐。然而,20世纪60年代的经济实践,一次又一次地对"看不见的手"实现社会和谐的效率提出了质疑。尤其到了20世纪60年代末期,西方社会发生的经济不景气、犯罪、战争等,一个又一个的不幸事件提醒经济学家:仅仅依靠人们的"自利"动机无法实现社会和谐。随之,一些经济学家便开始了"非自利"行为对于促进社会和谐的作用的研究。

对于非自利行为的研究始于对慈善事业的经济分析。20世纪50年代初期,由于美国财政手段的滥用和政治献金的原因,私人基金的税收状况遭到了批评。至20世纪50年代后期,鲁塞尔基金会(Russell Sage Foundation)的总裁唐纳德·扬(Donald Young)委托受其基金会资助的美国国家经济研究所的主任法布里坎特(Solomon Fabricant)组织专家进行慈善活动的经济贡献研究。成立的慈善事业顾问委员会的成员包括美国北伊利诺斯大学的经济学教授迪金森(Frank G. Dickinson),以及其他年轻的学者。1959年10月召开了首次顾问委员会会议,作为美国国家经济研究所成员之一的贝克尔也参加了此次会议。会上,迪金森宣读了自己的研究成果:慈善行为一直没有进入主流经济学的分析视野。①

这次顾问委员会会议还决定将召开关于慈善事业的专题研讨会。征集的会议论文陆续以内部刊物的形式在美国国家经济研究所圈内交流。受第一次顾问委员会会议的启发,不少学者都撰写并递交了相关论文,比如,法布里坎特撰写了《慈善事业的经济学观点》一文,指出了"经济人"这个概念的不足。

尽管内部刊物的发行量不大,但却在美国国家经济研究所圈内十分有名,引起了很大的反响,贝克尔因此受益,并于1961撰写了《慈善事业的经济分析评注》(*Notes on an Economic Analysis of Philanthropy*)。这篇不起眼的论文虽然一直没有公开发表,只是在美国国家经济研究所的内部刊物上交流,但却是对非自利行为经济理论的首次贡献。

受税收改革及其使慈善事业险遭威胁逆境的刺激,1962年召开了"慈善事业专题研讨会",希望借征集来的论文鼓励人们重视私人慈善活动对社会进步的重要作用,并希望弥补经济学的慈善行为缺环。在此基础上,1968年贝克尔又撰写了仍然是在美国国家经济研究所内部交流的论文——《互依偏好:慈善、外部性和收入税》。

10年后的1972年,第二次专题研讨会召开。这次会议,同样是在税收改革法案通过之后,慈善事业遭遇威胁的逆境中召开的。不同的是,会议内容不再局限于非自利行为,而扩大成更一般的利他行为。会议主题定为"利他主义理论专题研讨会",目的是要奠定利他主义经济理论的第一个里程碑。贝克尔也应邀参加了这次会议。

会议主题的改变,要归功于当时刚到哥伦比亚大学经济系任职不久的菲尔普斯(Edmund Phelps)。他于1971年向时任鲁塞尔基金会总裁的布里姆(Orville Brim Jr.)递交了一个项目申请,请求资助拟于1972年在纽约召开"利他主义专题研讨会"。

事实上,最早提出"利他"(altruism)这个词的是19世纪法国哲学家、现代实证主义的

---

① 因为主流经济学只研究交换行为而不研究慈善行为。

奠基人孔德(Auguste Comte)。而且，自埃奇沃思1881年出版《数学心理学：论数学在道德科学中的应用》一书开始，利他主义就被定义为"效用互依"。

菲尔普斯对于这次会议的建议，基于这样三点考虑：第一，基于对犯罪和战争事实的观察，认为"利他主义经济学"是对经济学领域的拓展；第二，20世纪60年代末70年代初出现了悲观主义，当时经济学家以及社会政治观察家对于古典自由主义和尼克松"自运行国家"的主张持有怀疑态度；第三，在放松完全信息假设的当时，经济学家可能会向非自利行为投入更多的目光并可能以此作为应对不完全信息条件下的机会主义的药方。菲尔普斯因此认为，建立利他主义理论的时机已经到来，并应该通过召开一个专题研讨会为这个理论铺设红毯。

令如今的经济学家可能感到惊讶的是，参加这次会议的是完全不同的两类学者，一类是经济学家，一类是社会学家。可想而知，当初称作"利他主义"的，实际上是关于人类行为分析的两种完全不同的认识的混合体。而且，尽管在菲尔普斯的建议下研讨会的主题确定为"利他主义专题研讨会"，但是当时甚至连菲尔普斯本人也不清楚什么是"利他主义"。

事实上，自从第一次慈善专题研讨会之后，大约15年的时间里，虽然经济学家大都对利他主义行为表现出了极大的兴趣，但仍然缺乏一致的理论。

20世纪70年代中期以前，贝克尔、布坎南(James Mcgill Buchanan)等已经成功地将非自利理论合成到了效用最大化的框架之内，但是却未能进入到主流的经济分析之中。随着缪勒(Dennis C. Mueller)、霍奇曼(Harold M. Hochman)、罗杰斯(James D. Rodgers)等人的论文于1974年在《美国经济评论》上发表，非自利行为的研究才公开地出现在了经济学的视野之中。

构成非自利行为理论分水岭的一个标志是1972年专题研讨会后，1975年出版的会议论文集中菲尔普斯的论文——《利他主义、道德和经济理论》。这是对利他理论的重要贡献，旨在认识非自利行为的各种类型和各种动机。

尽管如此，论文集中收集的论文都反映出了利他主义的复杂性，以至于大都乐于保持自利模型，或者把道德情操视为自利动机。阿罗(Kenneth J. Arrow)对于献血行为及其动机区分出了以下几种情况：从受捐人获得的满足中获得满足，从自己对受捐人获得满足的贡献行为中获得满足，每一个人都以旨在提高所有人的满足程度的方式为他人履行了义务。阿罗也承认，个人可能是为了完成某种规定性的任务，但他补充说："像许多其他经济学家一样，我不会过多地指望用道德规范代替自利动机。"迈金(Roland N. Mckean)虽然也强调道德规则的重要性，但并不愿意将其与利他主义联系在一起，而且他只知道利他主义的定义是"效用互依"或者"开明的自我利益"。结合"撒马利亚人困境"(Samaritan's dilemma)——越是没有工作的人越需要帮助，然而，提供的帮助越多则被帮助的人越是不去努力工作，布坎南则指出：对他人导向行为的期望会导致受益者的机会主义行为，而这却是利他行为者所不期望的结果。哈蒙德(Peter J. Hammond)考察了自利行为产生非自利行为的可能性，并且发现这个假设从某种程度上是成立的。波尔尼克(Bruce Bolnick)指出：个体行为的动机，既可能直接迫于社会的压力，也可能出于对某个特定的人群或特定的团体的认同，而不论他与该人群或团体是否有直接的关系。

阿玛蒂亚·森(Amartya K. Sen)则认为："同情"是一种自利行为，是对别人的关注直接影响到自己的利益,是因为别人快乐而自己快乐,别人痛苦而自己痛苦。与之相区别,利他行为应该表现为"承担"(commitment)。如果事情并不使你觉得自己受损失但你认为那是错误的并准备要制止它,这就是承担行为。你是出于责任而做某事,尽管不负责任会带来后悔,可是你确实是出于责任这样做,而不是为了避免后悔。的确,曾经有人提出过"斯密悖论",认为:斯密在《道德情操论》中强调的是利他动机,而在《国富论》中则强调的是利己动机。斯密也曾否定这种说法。如今有人又找出了反面的证据说:斯密在《道德情操论》中很好地阐明了自利动机,而在《国富论》中则很好地阐明了利他动机——以自利为动机的交易,会使商业社会中最贫困的人比非商业社会中的国王都生活得更好。尽管菲尔普斯等人进行过多次试图超越自利模型的努力,最终连"承担模型"的大体特征也未能清楚地勾勒出来。

截至目前,对利他行为的研究,有从利他行为的直接效用角度进行理论解释的,也有从利他行为的间接效益角度进行理论解释的,包括亲缘理论、互惠理论、声誉理论、群体选择理论。但是,已有的研究成果表明:利他是为了利己,或者,利他是利己的手段;与传统经济学所揭示的利己比较,只是精神满足与物质满足、间接满足与直接满足、未来满足与当前满足的差异而已。当然,也要注意,利己的利他手段也是重要的。尽管利他不是最终目的,不是根本的工作动机,但是,"利他"却是实现"利己"这个最终目的的重要的"桥"和"船"。利他是为了利己,或者,利他是利己的手段,都说明了"欲利己先利他"。

事实上,布坎南和图洛克(Gordon Tullock)1962 年出版的《同意的计算》一书指出:政治家与商人一样都以自我利益为动机,他们为了连任而制定政策。亚里士多德指出:政治学最大的考虑就是让国民过上好生活并表现出美好的行为,因而幸福也是政治科学追求的目标。因此,无论政治家如何为了竞选连任而制定政策,其目标必须是国民的生活幸福。选民的意愿及其实现程度则形成了对政治家行为的一种激励约束机制。

撇开利他是手段,利己是目的不谈,就利他主义目前的研究成果来看,基于社会和谐的机制的研究,最终也回归到了经济学的第一人——亚当·斯密。因为斯密在《道德情操论》中论述了开明的(enlightened)目标和利益,"看不见的手"事实上又称作"开明的自我利益"。斯密同时认为,自利能够转换成仁爱,幸福包括了归属感、责任感的满足。

自利假设并不否认利他主义行为的存在,是出于对经济社会的根本机制的考虑。首先,自利假设能够体现机制的自运行特征,即人们都有积极性自觉、自愿、自动地遵守相应的规则。其次,自利假设会导致"好"的结果。自利假设先把人当成"坏人",设计的制度都是对利己主义行为的规范。"坏人"的行为得以规范,剩下的就是"好人"了。结果,培养人们不敢违法、不敢违规的好习惯,形成了人人遵纪守法的良好风尚。相反,以利他为假设,认为人都是"好人",认为人都是特殊材料做成的,因而设计的制度都鼓励的是"好人",因而疏于监管,结果为"坏人"提供了钻空子、搭便车的机会,培养出来的是漠视法律的坏风气,久而久之,"好人"也因此变成了"坏人",到后来再采取措施治理,已经晚了。

5. 基于主流的回归

志在攻读经济学专业研究生的同学,一定要注意这部分内容。这部分内容实际上回答的是,本教材与传统教材关于经济学起点的不同之处。

(1)由经济学称谓的演进回归。主流经济学名称的演进大概有如下五个过程。

色诺芬以"Oikovouikos"为书名,中译名为《经济论》,希腊语的意思是"家庭管理"或"家庭经济学"。

1615年,法国经济学家蒙克莱田(Antone De Montchretien)出版了著名的《献给国王和王后的政治经济学》一书,第一次使用了"政治经济学"这个名词。但与我们一般使用的"政治"一词的概念不同,这里的"政治"指的是国家范围或社会范围的意思。"政治经济学"研究的就是国家范围和社会范围的经济问题,因此突破了以往研究社会经济问题只是研究家庭经济或庄园经济的局限。

为了使经济学成为像物理学、数学或其他精确知识体系一样的正式科学,以确认影响经济的是自然规律而非国家政策,马歇尔以《经济学原理》为名出版了其著作,从此"政治经济学"被改成了"经济学"。

经济学的"微观"与"宏观"之分与综合,始于20世纪30年代。挪威经济学家弗里希(R. A. K. Frisch,1895—1973),1933年发表了《动态经济学中的扩散问题和冲击问题》一文,首次清楚地使用了"micro-dynamic analysis"和"macro-dynamic analysis"。荷兰经济学家沃尔夫(P. De Wolff)1941年发表了一篇论文,题目为《需求的收入弹性:一个微观的和一个宏观的解释》,第一次使用了"micro-economic"和"macro-economic"两个词。目前认为,"macroeconomics"一词首先出现于英国经济学家博尔丁(K. E. Boulding)1948年出版的《经济分析》一书,指出:"现代经济分析有两个基本分支,称它们为'微观经济学'(micro-economics)和'宏观经济学'(macroeconomics)可能是合适的。"

1947年,萨缪尔森(Paul Samuelson)出版了《经济分析基础》,把微观理论和宏观理论综合在了一起,构筑了现代流行的主流经济学的思想体系,其主要特征是,新古典经济理论是特例而凯恩斯(John Maynard Keyens)经济理论是通论。1998年,曼昆(N. Gregory Mankiw)出版了《经济学原理》,遵循主流经济学的思想体系,但却颠覆了萨缪尔森的体系,其主要特征是,回归亚当·斯密,新古典经济理论成了通论而凯恩斯经济理论成了特例。

顺便说一下,"西方经济学"是我国学者20世纪80年代最终确定的正式称谓,以区别于马克思主义政治经济学。"西方经济学"内容包括以配第(William Petty)、斯密和李嘉图(David Ricardo)为代表的"古典经济学",以马歇尔为代表的"新古典经济学",以萨缪尔森为代表的"新古典综合经济学",以及当代西方各种经济学流派并包括了西方的主流经济学和非主流经济学。

(2)由财富的稀缺性回归。主流经济学的内容目前始于对稀缺性的研究,以至于不少人以为稀缺性就是西方经济学产生的前提。

"稀缺性"(scarcity)是瓦尔拉(Léon Walras)在给"社会财富"(social wealth)即"经济物品"(economic goods)进行定义时提出的。他说:社会财富是指所有物质的和非物质的东西,一方面它们对我们有用,另一方面它们相对于我们数量有限因而是稀缺的。"对我们有用",是指它们能满足我们的欲望(wants);"数量有限"或"稀缺"是指它们相对于满足我们的欲望而言是不足的。瓦尔拉还举例说:像空气、阳光等我们每个人都可以随意获取的物品,可以称作"自由物品"(free goods)但不能称作"社会财富"。只有当它们变得稀缺时才称作"社会财富"或"经济物品"的一部分。

显然,瓦尔拉所指的稀缺性是就社会财富(包括物质的以及非物质的)相对于人们的欲望而言的,是就社会财富与人们欲望的满足程度相比较的结论。

那么,为什么要就社会财富与人们的欲望进行比较呢?结合上面的内容,答案显然是:人们的需要、欲望与其实现手段的比较,是社会财富相对于人们欲望的满足而言的,就是相对于实现人们生活幸福这个终极目标而言的。

社会学家超越了国内生产总值(GDP),把人类的幸福等同于人们的"生活质量"。但是,他们所依赖的则是经济学家阿玛蒂亚·森关于人们生活质量的指标,包括民主、社会资本(友谊互助)、健康、权利、自由、工作条件和基本工作素质。在阿玛蒂亚·森的成果的基础上,20世纪90年代,学者进一步提出了"人类基本需要列表"。联合国的人类发展指数(HDI)正是以此"列表"为基础提出的。这就进一步证明:幸福就是人们生活需要的满足感,或者,幸福就是人们各种需要的满足。

人们并不仅仅希望满足基本的需要(比如吃、喝、睡),通常是,一种需要满足了,其他的需要就会随之出现,总有满足不完的感觉。

稀缺性是财富相对于人们欲望的满足而言的。因此,我们把亚里士多德将欲望及其满足作为经济分析基础的精神一路追踪到亚当·斯密,同时西方经济学产生的前提也就因此回归到了本来的原点——"人类幸福"。

"需要"和"欲望"既有联系也有区别。"需要"(needs)是人类对于生活的基本要求,比如人们对于衣、食、住、行等等的基本要求。"欲望"(wants)是人们希望得到更深层次满足的特定的需要。比如,吃的需要实际上可以由任何食物来满足,但是由于人们所处的社会文化环境不同,总是希望用特定的食物来满足。比如:美国人希望吃西餐,中国人希望吃中餐;同样是中国人,北方人希望吃饺子,南方人希望吃汤圆;等等。不同文化环境中的人,也可能尝试新的食物,但也只是满足人们一时的新鲜感而已,除非经过相当长时间的文化积淀形成了对新的食物的偏好。因此,需要是有限的但欲望是无穷的。按照斯密的话说:生理上的需要是可以得到满足的,而欲望"似乎都是永无止境的"。人类的欲望的不断形成和再形成受其社会文化的影响。

马斯洛(Abraham H. Maslow)在其《动机与人格》一书指出:人的"需要"(马斯洛用的词是"needs")分五个层次,由低到高顺序是:第一个层次是人的基本生理需要,包括人们对衣、食、住、行等基本生存条件的需要,是人的最基本的需要;第二层次是安全需要,主要指对现在与未来生活安全感的需要,是生理需要的延伸;第三个层次是归属和爱的需要,是指人在自己的团体里获得一席之地,以及与别人建立友情,是人的社会性的体现;第四个层次是尊重的需要,包括自尊与来自别人的尊重,自尊包括对获得信心、能力、本领、成就、独立和自由等的愿望,来自别人的尊重包括威望、承认、接受、关心、地位、名誉和赏识;第五个层次是自我实现的需要,是成长、发展、利用自己潜在能力的需要,包括对完善自己的追求,以及实现自己理想与抱负的需要,这是人的最高层次的需要。

"五个层次"需要理论就是关于人们生活幸福的理论。而且,在达尔文(Charles Robert Darwin)提出了生存的价值的基础上,马斯洛继续提出了"成长的价值"并且指出:对于价值理论,人性自身就有答案,如我怎样才能富有成就,我怎样才能成为善,我怎样才能幸福。对于个体来说,不仅生存是好的,而且,努力去发展完美的人性,使人的潜力得到发挥,走向超越,获得对现实更丰富、更准确的认识,追求更大的幸福,也一定是有益的。

马斯洛的需要理论是人本理论,因而与主流经济学的前提是一致的。不过,马斯洛的需要理论也有其不足,比如,人们不一定都按五个层次的顺序满足其需要,有的人(如学者等)可能在解决了基本的生理需要之后,就直接跃迁到对于美德、英勇、善行或自我实现需要的追求等等。尽管如此,相比之下,亚里士多德可能缺少对于人们安全需要的关注;斯密的需要理论只有部分的层次区分,比如,斯密讲道:"身体的保养和健康状况如饥饿和口渴、热和冷等等是每一个人应当首先关心的对象""安全是人们首要的和主要的关心对象""获得名誉和地位的愿望,或许是我们所有的愿望中最强烈的",英勇、善行、正义行为是"较高级的谨慎",等等。可见,通过马斯洛的需要理论可对亚里士多德的需要理论和斯密的需要理论予以规范。

因此,人类幸福可定义为人们通过物质的和非物质的财富实现自己各层级需要的满足。

(3)由效用最大化回归。帕累托承认心理学是经济学甚至是全部社会科学的基础,但基于当时心理学还不成熟的实际,认为经济理论仅需要"纯事实的选择",从而排除了经济学中每一个可能的心理学分析。帕累托还进一步引入了一个新词——"满足度"(ophelimity,即pleasure),以此作为对"效用"的替代物。帕累托用"满足度"表示"事物具有的满足人们需要或欲望的便利关系",经济学因此成为关于"满足"的科学。但是,帕累托认为"效用"仍然与"福利"有太多的联系,便把自己引入的"满足度"也从经济学中去掉了,并且宣称:整个经济理论可以建立在选择的基础之上。基于"纯事实的选择",帕累托重建经济学计划的第一步是从经济学中去除效用、快乐、福利、幸福,而把它们划归社会学的研究范畴。

研究幸福问题的当代经济学者和心理学者,试图通过回归边沁或埃奇沃思,以找回帕累托之后在选择理论中丢掉的心理学维度。以边沁为代表的效用主义者,把幸福约简为快乐、效用,幸福、快乐和效用可以互替,主流经济学因此认为幸福就是最大化个人的效用。值得注意,"效用"这个词可以追溯到亚里士多德的《政治学》,而作为一种主观心理概念时则可追溯到斯密《国富论》之前的《关于法律、警察、税收及军备的演讲》一书。因此,从回归幸福来讲,从找回经济学的心理学维度上讲,我们都应该回归到亚当·斯密。

事实上,主流经济学认为:幸福、效用可以相互替换着使用,幸福就是个人效用的最大化。萨缪尔森为了表明人们幸福的实现途径与实现程度,提出了"幸福方程式"。有人认为萨缪尔森的"幸福方程式"为"幸福=效用/欲望",也有人认为萨缪尔森的"幸福方程式"是"幸福=消费/欲望"。不过,贝克尔的确构造出了这样的个人效用函数:$U_i = f(z_1, z_2, z_3, \cdots, z_m)$。其中,$z_1, z_2, z_3, \cdots, z_m$ 是对应基本欲望(wants)或者是满足对应基本欲望的商品数量,欲望比如可以是边沁提出的 15 种欲望。事实上,埃奇沃思早就把效用看作是所有商品的一般函数。显然,贝克尔把"幸福"等同于"效用","满足基本欲望的商品"指的是"财富",而且包含了物质"财富"和非物质"财富"。

色诺芬指出:财富是实现幸福的手段,是一个人能够从中得到利益的东西。意大利的加里亚尼(Ferdinado Galiani)指出:效用是实现幸福(happiness)的商品属性。瓦尔拉关于"社会财富"或"经济物品"的"有用性"指的是它们能够满足人们的欲望。"满足"是"幸福""效用"的同义词,也可以是投入与产出比较的结果。

可以看出,萨缪尔森的"幸福方程式"与贝克尔的"个人效用函数",两者本质上是一致的,只是萨缪尔森用的是"投入—产出"的表示方式,贝克尔用的是"函数"的表示方式而已。

综上分析,贝克尔的"个人效用函数"、萨缪尔森的"幸福方程式"可以变换成:"幸福=财富/欲望"。其中,财富既包括物质的也包括非物质的;欲望之所以能够代替投入,是因为欲望产生动机,动机产生行为,人们为了满足相应的欲望而产生了劳动行为,通过劳动获得财富并通过消费而获得满足或幸福。

"欲望"本身就是一种"需要",只是更深层次的"需要"而已。帕累托曾经指出:"商品具有满足人们的'需要'(needs)或'欲望'(wants)的能力。"萨缪尔森、曼昆在其教科书中几乎都采用了"需要"和"欲望"同时出现的形式:"需要和欲望"。实际上,现代西方社会已经不再对需要和欲望进行区分。因此,"幸福方程式"也可以表述为幸福=财富/需要。

厂商投入的生产要素可以有完整的劳动 L、资本 K、土地和自然资源 N、企业家才能 E 四种,假设厂商投入要素的数量分别为 l,k,n,e,则厂商的产量函数可对应地为 $q_i = f(l,k,n,e)$。满足"需要"的商品的完整形式包括满足生理需要的 Z_1、安全需要的 Z_2、交往需要的 Z_3、尊重需要的 Z_4、自我实现需要的 Z_5 五种。假设 $z_1, z_2, z_3, \cdots, z_m$ 是满足对应需要的商品数量,则贝克尔的个人效用函数也可有这样的形式:$U_i = f(z_1, z_2, z_3, z_4, z_5)$。不同的是,无穷的欲望要用无穷多个变量来表示,而"需要"只有五种固定类型,只要用五个变量即可。"五个"层次需要螺旋上升的动态变化(变量)便可体现出更深层次需要的欲望的无穷性。

事实上,斯密在 1759 年第一版《道德情操论》中就通过"效用"建立起了"财富—幸福"的联系:财富—效用—幸福。因此,萨缪尔森的幸福方程式、贝克尔的效用函数,实际上就是斯密人类幸福观的数学形式化,应该回归到也能够回归到亚当·斯密。

在萨缪尔森的幸福方程式里,由于欲望的无限性,无论效用多么大也趋于零幸福。事实上,欲望的无限性就使我们可以只把考察的重点放在效用之上。根据假设的方法,为了重点考察效用,尽管欲望是无穷的,我们仍然可以假设欲望是既定的。

当然,这样解释可能更为方便:幸福=财富/需要。需要是既定的,因而幸福就等同于财富,其中的财富既包括物质的,也包括非物质的;财富乃经济物品,对人们的有用性体现为效用;因为"需要"是既定的,就那么五种,所以研究幸福的命题就可转换为研究财富,其中的财富既包括物质的,也包括非物质的。财富乃经济物品,对人们的有用性体现为效用。在"需要"既定这样的假设之下,关于幸福的命题就转换为效用。如此,研究人类行为的终极目的幸福就变成了研究效用或财富。虽然可能有人因此把经济学称作"效用的科学"或"财富的科学",但本教材认为应该回归幸福。

需要注意,效用、财富与幸福是不同的概念,把经济学表述成"效用的科学""财富的科学",认为"理性人的幸福在于最大化个人的效用",这些都只是假设需求、需要和欲望既定的条件下转换命题的结果。

(4) 由幸福的实现途径回归。根据"幸福=财富/需要",假设需要是既定的,与人们的需要相比,财富是稀缺的。因此,提高人们幸福程度的关键就集中在"财富"上,其途径可有三条:一是获取财富的文明方式,事关诚信交易、公平交换;二是现有财富的有效配置,是关于"满足人们物质文化需要"的问题,事关财富的有效配置;三是未来财富的充分增长,是关于"满足人们不断增长的物质文化需要"的问题,事关充分就业(人尽其才、物尽其用)。

1) 获取财富的文明方式。亚当·斯密指出:人们获取财富的方式是公平交换,依赖的是人们诚实守信、真才实学、刻苦勤勉、冷静筹划、厉行节约的这种谨慎的美德,而不是接受恩赐、乞讨、耍懒、强买、强卖、欺诈、抢劫等违反道德的或者有害的行为。"接受恩赐"与利他手段的"慈善"不同,"慈善"是捐献人对他人表达同情或自我价值的实现行为,"接受恩赐"显然不应该是人们获取财富的文明途径。试图通过乞讨、欺骗、抢劫等违反道德的或者有害的行为"致富"显然也不文明,一来行为者个人不会因此心安理得,不会幸福,二来这些行为也应该是政府规制的对象。2008年的金融危机产生的主要原因是,金融衍生品及其二级市场的快速发展使得交易中的义务与责任变得难以追溯,加之监督与监管不力,造成了人们之间互信与信心的缺失。斯密等古典经济学家是在为新的商业社会奠定了社会学、伦理学基础之上开展自己的研究的,他们指出:没有公共道德,就不会有市场经济;只有在善于合作、诚实守信的人们中间,市场才能够良好地运行,才能带来财富和幸福。

关于交换,亚里士多德从公平这一规范出发,最早提出了公平价格的思想,指出:价格是交换的比率,关键是以什么样的价格进行交换才是公平的。这也就是对于相应微观经济行为能够以价格特征进行模型抽象的现实基础,或者,这也是价格决定成为微观经济学核心问题的原因。阿奎纳(Thomas Aquinas)援引亚里士多德的见解,认为存在两种不同形式的交换,一种是满足生活需要的交换,另一种是以牟利为目的的交换。前者因为有利于自然的需要而应该加以肯定,而后者也不都是有害的或者违反道德的。

政府的职能也在于保证公民能够公平而自由地交换。斯密指出:政府职能首先是建立充足的国防,保护本国社会中的人不受其他社会的暴行与侵略,以实现本国公民真正的交换自由;其次,设立一个严正的法律体系,制定公民在进行经济和社会活动时应遵守的规则,以便利自愿而公平的交换;再次,建立并维持某些公共事业和公共工程是政府应当肩负的一项正当义务,因为通过严格的自愿交易生产公共物品和服务的成本太大,而通过政府却能够在大大降低成本的前提下实现个人原有的自愿交易的愿望。

2) 现有财富的有效配置。人们总是用现有财富购买满足需要的商品。现有财富以财富既定或者财富是常量为假设前提。财富是稀缺的,为了追求幸福,人们就会考虑现有财富的利用效率,即现有财富的有效利用或有效配置(或分配)。现有财富的有效配置(或分配)是指:在现有财富条件下实现个人效用、幸福的最大化,条件是交易达成时各个物品或服务的边际效用与其均衡价格(即市场价格或公平价格)成比例,或者,要素的边际产出与其均衡价格(即市场价格或公平价格)成比例。

为了实现人类幸福这个终极目标,有效利用现有的财富,就要回答这样三个问题:生产什么?如何生产?为谁生产?

"生产什么"要解决的问题是,选择配置现有的财富来生产哪些物品和服务以及生产多少物品和服务,以获得最大收益。财富往往具有多种用途,比如土地既可以用来耕种,也可以用来放牧,还可以用来修筑道路。在现有土地上,即在土地数量既定的条件下,一种用途占用土地增加了,就必然限制了别的用途。人们就需要在现有财富的多种用途上进行权衡,根据自己各种需要的轻重缓急,寻找能够获得最大收益的产品生产配置方案。

"如何生产"要解决的问题是,运用哪些资源,采用什么样的生产技术,即选择哪种生产方式来生产产品,以保证成本最低。现有生产要素的不同构成就形成了不同的生产方式,比如多用资本少用劳动的资本密集型生产方式和少用资本多用劳动的劳动密集型生产方式。选择"生产什么"必定产生成本,这就需要在生产同一种产品的许多种不同的生产方式中选择成本最低者。当然,这既需要从经济角度考虑,也需要从技术角度考虑。

"为谁生产"是指按照什么原则分配生产成果。在边际思想的基础上,克拉克提出,每种投入都贡献它的边际产品。因此,在竞争条件下,每种生产要素按其边际产品(贡献)而得到支付。克拉克将他的竞争分配理论称为"公正"的"自然规律",即"自由竞争给工人以劳动所得,给资本家以资本所得,给企业家以协调生产功能之所得。"这也是斯密"和谐利益"理论的体现。

生产者、政府的终极目标或商品生产与政府政策都是为了人类幸福的增加。因此,为了实现人类幸福这个终极目标,有效利用现有的财富,生产什么,如何生产,为谁生产,是消费者、生产者以及政府都应回答的三个问题。比如,"生产什么"对于消费者而言则是"消费什么"以满足相应的需要,即消费者有效地配置自己的现有财富以实现(或"生产")幸福;生产者有效配置自己现有的财富,在满足消费者幸福所依赖的"五个层次"需要产品需求的同时,实现(或"生产")自己最大化的利润;因为通过严格的个人自愿交易生产公共物品和服务的成本太大,而由政府有效配置现有的财富引导市场生产供给。关于"为谁生产"的问题,对于消费者而言,是自己的现有财富有效地配置于满足各个层次需要的物品和服务;对于生产者来说,就是关于按要素贡献的原则进行财富(不仅仅是收入)分配;对于政府来说,就是为增加国民幸福而把掌握的现有财富有效配置于公共工程、公共事业,以及为保护弱者、促进社会公正等等的再分配。

需要指出,企业组织要提高效率,就要注意对各个要素所有者进行激励,而人们的需要正是有效激励作用的前提。心理学认为,每一个人,只要全身心地投入到工作之中,都会感受到同样的自我表现欲望、自我满足感,幸福无比。因此,企业组织对人们的收入激励的确是一个重要的方面,但还应该包括对于人们交流、交往、地位、自我实现欲望的满足。

3)未来财富的充分增长。稀缺的社会财富因为具有满足人们需要的能力,能够生产制造出来并可成倍增长,所以财富的生产或增长必然成为经济学的重要课题之一。杰诺韦西(Antonio Genovesi)也指出:幸福与就业密不可分,一个称其为富裕和幸福的国家的唯一条件是每一个国民都有一份像样的工作,满足自己及其家庭的需要。这也就从幸福的角度,强调了充分就业、财富充分增长的重要性。

斯密在《国富论》中就开宗明义:产出的增加、财富的增长在于生产力的提高,生产力的提高取决于生产要素使用方式上的不断改进,存在于"生产要素"背后的是持续不断的进步倾向——既是狭义的技术进步,也是广义的实践中的创新和改进。斯密同时认为,家庭需求最终引导所有的生产活动。在物品与服务市场上,厂商出于利润最大化的目的,根据消费者的需求供给物品和服务,通过市场交换获得了相应的财富或收入;在要素市场上,要素所有者出于效用、幸福最大化的目的,根据厂商组织的需求供给生产要素,通过市场交换获得了相应的财富或收入。接着需要回答的问题便是,如何实现社会财富的充分增长?因此,这也就是宏观经济现实为什么能够以财富或收入为特征进行模型抽象,"财富决定"或"收入决定"成为宏观经济学核心问题的原因。

宏观分析的微观基础是:$\sum$个体产出=总产出≡总财富=$\sum$个体财富,即宏观分析具有个人动机的微观基础。

宏观分析的理论体系之一是:基于长期分析的斯密的"自然自由体系",旨在回答如何促进财富的长期增长,强调内生增长,由市场自然自由地实现财富的持续增长;只承认存在自然失业,经济能够实现充分就业因而能够实现财富的充分增长;反对政府干预,认为只要货币供给稳定,通货膨胀就不会发生,因而市场能够保证财富的实质增长;自由贸易有利于实现贸易双方财富的开放增长。

宏观分析的理论体系之二是:基于短期分析的凯恩斯的"中间道路",旨在回答如何消除短期财富增长的波动以保证财富的稳定增长,强调当市场运行出现不良现象时,政府需要实施干预。不过,吸收了预期因素,以供给理论对作为凯恩斯理论重要组成部分的菲利浦斯曲线提供了坚强的理论支持,以及以 AS - AD 模型作为短期分析的结尾,因为即使短期内凯恩斯的需求政策也是失效的,并因此回归到了亚当·斯密。

4)经济运行的效果评价。无论是商品的生产还是政府的政策,一句话,经济运行的目的,都是为了增加国民的幸福。国民幸福程度实现得如何,一来需要评价,二来需要根据评价结果进行调整。

主流经济学认为幸福最大化即效用最大化。帕累托最优是评价效用最大化的标准,也称为帕累托效率,体现了效率与公平的有机统一。帕累托最优或帕累托效率是指从社会财富中获得的产出最多,是投入与产出之比,或者是因变量值与自变量值之比。对应市场中的三个行为主体——消费者、生产者、政府,其各自实现幸福或效用最大化的条件如下:

消费者行为的帕累托最优条件是:各单位产品的投入与单位产品的效用之比(MU_i/P_i,即第 i 种产品的边际效用与该产品的价格之比)相等,消费者据此对现有财富进行实现效率与公平的配置,以消费完整的、协调的满足"五个层次"需要的产品,实现其幸福的最大化。

生产者行为的帕累托最优条件是:各单位要素的投入与单位产品的产出之比(MP_i/w_i,即第 i 种产品的边际产出与该要素的价格之比)相等,生产者据此对现有财富进行实现效率与公平的配置,以投入完整的四生产要素,实现其利润的最大化。

政府行为的帕累托最优条件是:各种政策性投入(Policy,PO)的变化量与其引起的产出变化量之比相等。比如 $\Delta Y_i/\Delta PO_i$,就是指政府第 i 种政策性投入的变化量与其引起的总产出的变化量之比,也即对应政府购买、税收、转移支付、货币供给政策的政策乘数,具体的可以是 $\frac{\Delta Y_G}{\Delta G}$、$\frac{\Delta Y_T}{\Delta T}$、$\frac{\Delta Y_{Tr}}{\Delta Tr}$、$\frac{\Delta Y_M}{\Delta M}$ 等等。同时,可以看出乘数实际上就是广义的效率。政府据此对现有的各种政策进行实现效率与公平的配置,实现社会幸福的最大化。

社会生产与交换的一般均衡包含了生产可能性曲线与交换契约曲线,并都体现了帕累托最优。生产可能性曲线表明的是财富充分增长的最大可能,交换契约曲线表明的是既定财富的有效利用。因此,帕累托最优既实现了财富的充分增长与财富的有效利用的有机统一,又指出了实现幸福最大化的社会财富分配的调整方向。

布吕尼指出:贝克尔的社会互动关系以及博弈论,将是人类幸福研究方法的发展方向。不过,当代经济理论已经包含了人际互动或社会互动关系,因而可以顺利地与博弈论相衔接。

博弈论中出现的参与人这类活的经济变量使得人类幸福的研究更为复杂。但是,当今世界总体乐观繁荣的现实,既说明了斯密理论的成功,也说明了非合作博弈"两败俱伤"的结果真正给人们的启示是:人们会通过自我学习、利他手段、文化传统、社会责任、自我承担等,逐渐实现帕累托改进以至于帕累托最优,最终实现个人幸福并促进社会整体幸福。

综上分析,经济学内容之间的逻辑联系如下:从终极目标上讲,因为幸福=财富/需要,而把财富的获取方式、财富的有效利用和财富的充分增长逻辑地统一了起来;从内部联系上讲,因为整体产品市场的总产出是各局部产品市场产出的加总,整体要素市场的财富(收入)是各局部要素市场上财富(收入)的加总,因而局部经济到整体经济也因此逻辑地统一了起来;从评价方法上讲,帕累托最优标准把财富的获取方式、财富的充分增长与财富的有效利用逻辑地统一了起来,同时,帕累托最优可以就收入性财富(商品)与非收入性财富(商品)对人类幸福的贡献进行评价,从而把幸福经济学整合到了主流经济学之中,也使经济学回归到了亚当·斯密。

经济学理论的内在逻辑如图1.1所示。图中,方框表示的是外部力量或评价标准或过程说明。

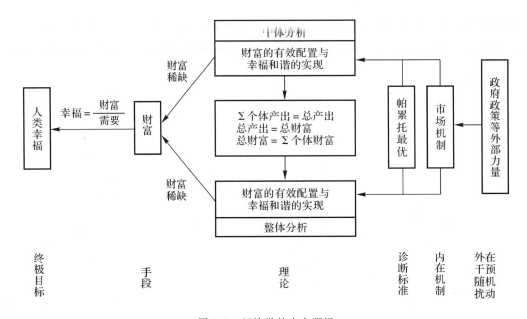

图1.1 经济学的内在逻辑

在回归亚当·斯密这一小节的最后,我们以阿玛蒂亚·森2009年3月16日发表在英国《金融时报》上以《重读亚当·斯密:我们不需要新主义》为题的文章节选来结束。"今天的经济困局并不需要某种'新主义',而需要我们以开放性思维来理解有关市场经济的能力范围及其局限性的旧观念;我们首先需要清醒地认识到不同体制是如何运作的,同时还要了解各种组织(从市场到国家机构)如何能够齐心协力,创造出一个更美好的经济世界!"

第二节 经济学的基本方法

经济学以人类幸福和谐为终极目标。我们自然要问:为了实现这一目标,经济学有什么样的逻辑起点、思维方式和技术工具?

一、理性假设

经济学的逻辑起点指的是经济学的基本假设或者根本假设。因此,经济学探寻人类幸福和谐的全部经济学理论,就是由此正式开始的。

"假设"的英文词为"hypothesis",原意为"前提"。因此,经济学的基本假设构成了全部经济理论的基础或前提。没有前提就没有结论,没有前提的争论毫无意义,没有基础的理论犹如空中楼阁。

1. 理性人的由来

经济学是一门社会科学,是关于人的科学,是关于人为了实现其幸福和谐而从事的选择行为与交换行为的科学。行为有其动机,动机是人性的核心,因此经济学的基本假设就是关于人性的基本假设。经济学关于人性的假设,经历了从"自利人"到"经济人"再到"理性人"这样的几次历史变迁。

"自利人",或者准确地讲应该是"自利动机",是由斯密提出来的,指的是决定人们行为的利己心或者利己动机,其英语词是"self-love""self-interest"或"one's own interest"。"self-love"在《国富论》里出现了 2 处,在《道德情操论》里出现了 31 处;"self-interest"在《国富论》里仅出现了 1 处,在《道德情操论》里出现了 10 处;"one's own interest"在《国富论》里出现了 35 处,在《道德情操论》里出现了 8 处。

西尼尔定量地确立了个人经济利益最大化公理,穆勒(John Stuart Mill)在此基础上总结出了经济人假设,帕累托将"经济人"这个专有名词引入经济学之中。"经济人",又称作"经济人假设",其希腊语是"homo oeconomicus",英语是"economic man",指的是人的思考和行为都是工具理性的,试图获得的经济好处是物质性补偿的最大化。

历史发展到今天,经济学关于人性的假设又回归到了斯密的"理性人"。斯密在提出"自利动机"的同时,也提出了"理性人",其英语是"rational creatures/beings"。这个词在《国富论》里出现了 2 处,在《道德情操论》里出现了 7 处。"理性人",也称作"理性人假设""理性假设""理性行为"。

2. 理性人的含义

在确定的条件下,"理性人"有两层含义:一是内在一致,二是自我利益。

以内在一致界定理性人的思想源于埃奇沃思。埃奇沃思认为理性人存在一个自己的良态偏好,在给定约束条件下最大化自己的偏好,并且最大化自己偏好的选择行为没有不一致的表现。这个含义指的是,理性人的偏好有这样三个性质:良好品(goods)而非厌恶品(bads)的偏好,偏好具有完备性,偏好具有传递性。这些内容将会在第三章"作为消费者的个人选择"里详细介绍。

以自我利益界定理性人的思想源于斯密。人们通常认为斯密将人看成是在不懈地追求他们各自的私利。事实上,经济思想史里的这种观点是值得怀疑的。斯密坚信经济交换等领域中人类行为的动机是利己心。但是,斯密同时也深信,在人类的一般行为中,其他动机也是非常重要的。

理性人的自我利益是其内在一致的一个特例。一方面,如果人们追求自我利益,其行为将是内在一致的,这也是给定约束条件下人们的行为函数(比如效用函数)极大化所必需的。另一方面,人们行为的内在一致并不必然要求最大化狭义的自我利益,因为人们可能追求某种道德价值、社会责任或政治目标。

事实上,理性人的自我利益是在一定社会的制度或规范下实现的。文化、传统属于制度的范畴,并且是人们自我治理长期实践的结果。反文化、反传统的行为会使行为者遭受损失。市场制度是人们生活实践中形成的重要制度。市场交易是互惠互利的,能够和谐地实现作为理性人的交易双方的自我利益。

因此,理性人与自私人不同。理性人可能是利己的,也可能是利他的。正如贝克尔指出的:家庭成员之间通常具有利他行为,因为利他行为可以提高自我生存的机会。家庭之外也可能出现利他行为,因为人既有物质的需要也有非物质的社会承认和荣誉等精神的需要。家庭之外的利他行为,如慈善性捐款、义务服务等,可以满足人们对于精神方面的需要。

进一步讲,回归到斯密对于人类幸福的定义,若将狭义上的自我利益扩大到追求不断增长的全部"五个层次"需要的满足,或者将利他视作手段、利己视作目的,则理性人的自我利益就与内在一致完全一致而无特例一说。

3. 理性人的实验证明

对"理性人"这个经济学假设的怀疑、否定始终存在,如小农非理性、有限理性等。同时,经济学一直被认为是仅依赖真实经济数据的非实验性科学,这也构成了经济学进一步科学化的关键障碍。当然,经济学家一直进行着对"理性人"的否定之否定,也一直努力着使经济学进一步科学化。

主流经济学没有否定过非理性行为的存在,只是认为非理性行为不常规而且依据目前的科学手段难以分析,因而侧重于理性行为假定下的经济学分析。从上一个问题中我们已经知道,经济学如此假设,一具有抓主要矛盾的哲学基础,二满足罗宾逊夫人关于经济学假设合理性的两条标准,三符合经济学假设的方法,而且,幸运的是,基于理性行为假设的经济学理论实际上能够解释绝大多数人类的经济行为。

进一步讲,经济学研究实现人类幸福和谐这个终极目标,必然涉及心理因素。罗宾斯(Lionel C. Robbins)指出,如果想成为经济学家,想充分解释经济学必然包含的内容,就必须把心理因素包括在内。直到丹尼尔·卡尼曼才把心理学的研究成果与经济学融合到一起,架设起了心理学和经济学研究之间的桥梁,为经济学的研究奠定了坚实的心理学基础,他也因此获得了2002年度诺贝尔经济学奖。前面讲的是确定条件下理性人的含义。卡尼曼用认知心理学方法研究人类的判断和选择行为,发现了人们选择行为的不确定性,对经济学中期望效用理论提出了修正。基于实验,卡尼曼发现,人们面临获益时,其行为是风险规避的;面临损失时,其行为则是风险偏好的。这就有效地解释了许多以前无法解释的行为,弥补了主流经济学理性假设仅仅是确定性情况下的不足。

弗农·史密斯(Vernon L. Smith)开创了实验经济学的新领域,与卡尼曼同时获得了2002年度诺贝尔经济学奖。20世纪50年代中期,史密斯做了这样的实验:将学生分成两部分,一半学生是购买者,另一半学生是销售者,允许每个学生对同一种产品出价,最终确定产品的价格。结果,学生得出与竞争条件下标准模型相似的需求曲线与供给曲线。更重要的是,史密斯发现了一个有趣的现象:当他把实验中的购买者和销售者人数减少到很少时,产品的最终价格与存在大量的买者和卖者时得到的竞争价格几乎相同。这个实验证实了斯蒂格勒(George Joseph Stigler)等其他芝加哥学派成员的早期工作:即使只有少数几个大企业,竞争仍然会很激烈,世界似乎是完全竞争的。同时,由于本企业的工会与跨行业工会的作用①,尤其仅就目前网络的功能、速度和信息量来看,市场似乎也是完全信息的。

二、经济模型

简·丁伯根(Jan Tinbergen)被誉为经济计量模型之父,他把统计应用于动态经济理论,最早建立了经济周期模型,被誉为计量经济学奠基人的拉格纳·弗里希(Ragnar Frisch)则建立了分析经济进步的动态模型,两人因此获得了1969年首届诺贝尔经济学奖。劳伦斯·克莱因(Lawrence R. Klein)致力于数学与经济学的结合,他根据现实经济中的实有数据进行的经验性估计,建立起了经济体制的数学模型,因此获得了1980年的诺贝尔经济学奖。

凯恩斯说过:"经济学是一门按照模型进行思维的科学。"他回答了这样几个问题:经济学的思维方式是经济模型,运用经济模型思维是科学的,经济学是一门科学。

1. 经济模型是科学方法

科学是系统知识的有组织的积累,其目的是解释或预测。通过对发生了什么事情以及它如何发生、为什么发生等等这种事件、现象、关系和原因的解释,能够提高我们有条件的预测能力和解决问题的能力。

科学和自然史曾一度研究因果关系:是什么引起太阳升起? 一场战役失败的原因是什么? 亚当·斯密以《国富论》开创的经济学,探究的是国民幸福及其财富手段的因果关系。休谟(David Hume)倡导的因果关系就是事件之间的关系,导致了知识增长的一种全新方式,科学变成了"解释",解释则变得依赖于模型,假设解释结论,理论或模型则解释现象。保罗·萨缪尔森(Paul A. Samuelson)的研究涉及经济学的全部领域,他将经济科学提高到新的水平,因此获得了1970年的诺贝尔经济学奖。

自然科学是解释自然现象的,旨在把握自然规律,以改造自然,征服自然;经济学是一门社会科学,就应该依据经济假设,把握经济规律,解释经济现象,保证经济的良好运行,实现人类的幸福和谐。

在科学发展史上,模型扮演着十分重要的角色。人类对于大自然运动规律的认识很多是通过模型来表达的。著名的开普勒行星运动定律、牛顿万有引力定律、基尔霍夫电流定律、电压定律,乃至爱因斯坦的相对论等,都是通过模型表达的。

运用经济理论解释经济现象时,不仅需要进行因果关系分析,还需要进行定量分析。为了进行定量分析,不仅需要依赖模型,还需要构建并运用经济数学模型。以失业问题为例,经济学运用模型解释、解决失业问题的思维方式是从问题开始的,比如,"是什么导致失业率上升?"这一问题也可表达为"如何解释失业率的变化?"以及"如何定量地控制失业率水平?"面对这样的因果关系问题,经济学家都会专业地把不同的经济假设结合在一起,建立一个就

---

① 工会使完全竞争、完全信息市场具有现实性,将在第十三章第二节里详述。

业(失业)模型。对该模型进行分析时会指出,若假设是正确的,失业率则依赖于或相关于某些经济变量,比如可表达为"失业率依赖于国内私人总投资支出、实际货币供给"等等。依据就业(失业)模型,就可以分析失业率的影响因素与失业率的变化规律,最终制定出相应的对策或政策使失业率达到自然失业率水平。显然,一个人关于事件因果关系的知识越丰富,理解得越深刻,他解释经济现象的能力也就越强。

综上分析,经济学的思维方式与经济理论、经济规律、经济模型之间是等价的。经济理论是科学,经济模型是一种科学方法。

如今称作经济模型的是指经济数学模型。综合上述分析可知,经济模型、经济数学模型,实际上就是经济现象因果关系的数学形式化。

2.经济模型的主要形式

从经济学的发展来看,表述经济理论或者经济现象因果关系的方式不止数学模型一种,实际上总共有以下三种:

(1)叙述法。这是经济学最初普遍采用的基本形式。虽然偶然也用简单的数字来说明,但主要用的还是文字、概念的分析、推理。随着经济研究的不断深入,各种纷繁复杂的经济现象难以仅靠文字说明或推理来表达清楚,特别是经济学中所要总结的经济理论或经济预测,往往要求得出现实经济运行过程或经济现象中各种变量的因果关系和数量关系,因而这种分析方法便显得不足。

(2)图表法。经济学家在经济学的普及过程中和阐述一些经济学基本原理时,多采用图表工具作为辅助手段,以便使经济学原理形象化、通俗化,为更多的人所接受。

(3)模型法。自从19世纪以后,这种分析工具已普遍出现。特别是数学的发展为经济学家提供了方便。大量的数学符号和算式推导,使经济过程和经济现象的表述更为简洁、清晰。不可否认,数理分析的方法要比纯文字的说明、推理更方便,更精确,有时也更能说服人。正如马歇尔指出的:"数学训练的重要性在于它可以使各种关系的表达和经济学的推理变得更加简洁、严谨和清晰。"

依据方程式的类型,经济模型可以区分为如下的三类:

1)定义方程式:在两个具有完全相同含义的不同表达式之间建立恒等式。比如,利润(n)被定义为总收入(TR)与总成本(TC)之差,即 $n \equiv TR - TC$。

2)行为方程式:它表达了某一变量随其他变量而相应变化的情况。其中的行为可能属于人类行为,比如收入变化时总消费模式的变化;也可能不属于人类行为,如厂商的总成本随产量的变化而变化等。

3)均衡方程式:模型中包含了均衡概念,比如 AS-AD 模型。

依据是否向模型中并入数据,经济模型可以区分为以下两类:

1)理论模型。在一个具有特定目的的模型中没有并入数据的模型。我们教材中的经济模型基本上都是理论模型。

2)经验模型。在一个具有特定目的的模型中并入了数据的模型。经验模型又分为计量经济模型、最优化模型和模拟模型。

①计量经济模型是随机分析模型,运用允许有一定误差的概率来估计关系和参数;计量经济模型也是实证分析模型,运用实际现象本身产生的数据,对各种关系和参数进行估计。

②最优化模型是规范分析模型,根据一组特定的目标或"希望的"目标函数给出答案,如线性规划模型、边际分析模型。

③模拟模型按其模拟现实的目的讲是实证分析模型,但因为它们本质上是人为的构建,不是来自所观察的现象,因而不同于计量经济模型。最优化模型和模拟模型的典型含义是,无须统计假设检验,在无法直接观察所研究的现象时,常常是最有效的。

应该注意,各种模型并不相互排斥。例如,计量经济模型有时提供关系值的估计,估计的关系值又反过来用于数学模拟。

3.经济模型的构建步骤

我们见到的地图就是一种模型。模型是现实的抽象。现实也只有被抽象以后,才能够被人们所认识,所研究,所利用。试想:1:1的地图有用吗?答案是否定的:没用!

不过,不同的地图用途却也不同。最为明显的是军用地图与民用地图的区别。因为人们关于地图用途的不同,对同一地区所描绘的地图就不同,是以所关心的不同的地理特征对同一地区的现实进行抽象的结果。我们离很远就能辨别出男女,认出某位熟人,根据的也是他们的不同特征。

(1)假设的作用、标准与方法。科学方法是假设解释结论,模型解释现象。假设不合理,前提不成立,结论就不能成立,模型也无法解释现象。因此,假设的作用、标准与方法应做首先而特别的学习。

1)假设的哲学。要认识复杂而多变的现实经济现象,就必须抓住其本质,把握其特征,就必须舍弃掉无关的或次要的因素。假设的力量就在于能够省略与研究无关的细节,使得经济学家能够把重点放在他们要弄清楚的现实经济现象的基本特征上。这种认识,显然是有哲学基础的,即抓主要矛盾或矛盾的主要方面的哲学思想。

2)假设的作用。首先,现实经济现象错综复杂,只就经济现象的基本因素或者最本质的因素及其相互联系进行研究,经济理论才能说明经济现象的主要特征和基本因素之间重要的因果关系。比如,影响需求的因素很多,但通过分析可知,价格是其主要的特征因素,就可以构建出需求关于价格的经济模型或需求函数。其次,由于假设的不同,同一现象可能有不同的结论或形成不同的理论。比如,基于价格自由伸缩的长期分析,形成了新古典宏观经济理论;基于价格黏性的短期分析,形成了凯恩斯宏观经济理论。再次,任何时候,人的认识总是有局限性,不可能在进行理论分析时就知道未来可能出现的所有情况,因此必须假设"在其他因素不变的条件下"。

3)假设的依据。一来自对构建模型目的的认识,二来自对问题的内在规律的把握,三来自对数据的分析。

4)假设的标准。科学方法是假设解释结论。假设不合理,结论就不可能成立,模型也不可能解释现象。因此,进行经济学假设时,应该遵循罗宾逊夫人提出的判断经济学假设合理性的两条标准,一是易处理性,二是现实性。复旦大学苏步青教授也讲过:"数学永远是现实的抽象。"此外,经济学假设还有一种形式上的标准,即"在……条件下……"

5)假设的方法。博尔丁把假设的方法描述为"顺序减少信息"的过程。就是说,依据现实经济现象的主要特征或我们关心的变量,通过构建经济模型,把大的、复杂的经济问题分解为小的、逐一加以解决的简单问题。先从简单情况开始,逐步加入复杂因素,通过考察加入因素产生的影响,逐渐达到对现实经济现象更根本、更具体的认识。

(2)经济模型的构建过程。

1989年诺贝尔经济学奖得主特里夫·哈维默(Trygve Haavelmo)建立了现代经济计量学的基础性指导原则,指出:经济计量学可用来估算经济变量之间的关系;检验经济理论时,要具备经济理论、检验方法以及用于检验经济理论的实际数据这三项条件。

经济模型的构建过程主要包括以下六个步骤:

1)模型准备。建立经济模型之前,应尽可能详细地了解研究对象的实际背景,明确建立经济模型的目的,建立模型的数学方法,尤其要努力弄清楚研究对象的主要特征,并以此为基础搜集必要的信息或数据,查阅有关技术资料或作一些相关的实地考察。

2)模型定义。就是要定义所观察到的实际问题及其影响因素,或者是对于变量的界定。比如,某种特定的经济行为为什么发生,是如何发生的?经济环境发生变化时,决策者的行为如何调整,这些调整会产生什么影响?其中,变量包括内生变量和外生变量及存量和流量。内生变量是一种理论内所要解释的变量;外生变量是一种理论内影响其他变量,但本身由该理论外的因素所决定的变量。存量表示某一时点上的经济变量,如家庭的存款量、企业的资本量等;流量表示某一时期的经济变量,如家庭的收入量、企业的投资量等。可以这样直观地理解内生变量与外生变量:数学模型里或函数曲线图中出现的影响因变量的变量即为内生变量,数学模型里或函数曲线图中没有出现的影响因变量的变量即为外生变量。

3)模型假设。任何经济现象都是由许多复杂的因素和变量决定的,这些因素之间的联系错综复杂,有时还很难弄清楚。如果把这些因素全部都反映到模型之中,模型往往特别复杂,很难建立,即使建立了也难在数学上求解。因此,在建立模型时,应该根据实际问题的主要特征和建模的目的,对问题的诸多因素作必要的、合理的简化假设。只有舍弃掉大量无关要紧的、非本质的、外在的因素和信息,才能发现经济现象本质的、内在的、主要的东西。

4)模型构成。就是利用实际问题的主要特性和相适应的数学工具,用某种数学结构来描述各变量之间的关系,对事件的因果关系进行尝试性或试验性解释。比如,厂商根据边际收益等于边际成本的原则确定其产量;商品的需求量与商品的价格负相关等,都是经济学家提出的重要模型。

5)模型求解。依据模型对现实作出解释或预测。比如,根据供求定理,人们可以预测,如果未来下大雪,蔬菜价格将会上升;政府在通过立法对农产品实行价格支持的同时,将不得不处理食品剩余问题。就是说,模型解释了为什么这些影响会在过去发生,并且可以预测将来在同样环境下会再次出现。

6)模型检验。根据检验结果放弃、修改或接受模型。经济模型的有效性和有用性取决于其是否能够成功地解释和预测它旨在解释和预测的经济现象。根据这一检验标准,可能有部分经济模型被接受,部分被放弃,还有部分经济模型需要经过修改或进一步完善。检验和完善经济模型的过程对于经济学发展成一门科学至关重要。

三、分析工具

明确了经济学的逻辑起点即基本假设之后,在进入经济学理论或经济模型的主要内容之前,还必须掌握经济学的分析工具。

1. 边际分析与均衡分析

(1)边际与边际分析。经济学中,"边际"是指一个微小的增量带来的变化。比如"边际效用"指的是,在现有财富的条件下,每增加一个单位物品和服务的消费所带来的总效用的增量,或者说,增加最后一个单位物品和服务的消费所带来的效用的增加量。

边际分析就是运用"边际"的概念对经济活动进行分析的一种方法。它构成了整个经济学大厦的重要基础,是经济学教学中要重点介绍并重点运用的方法,此处不再多讲。不过,此处需要说明无差异分析、最优化分析与边际分析之间的关系。

无差异分析与边际分析是殊途同归的。希克斯(John Richard Hicks)指出:马歇尔运用边际分析,描绘出了现有财富条件下消费一种产品的总效用曲线;在马歇尔的基础上,帕累托把一种产品的效用曲线推广到两种产品的效用曲线,并运用经验数据和刻度的方法描绘出了无差异曲线,形成了无差异分析方法;希克斯则从理论上推导出了两产品的效用曲线——无差异曲线。两种产品足以表达全部产品。无差异分析与边际分析的这种殊途同归关系,也说明序数效用下的无差异曲线并没有脱离人类行为的心理学基础。

进一步讲,国内把"无差异曲线"称作"等效用曲线"的情况比较多。其实,无差异曲线是由埃奇沃思发明的。他是通过心理学和物理学的类比,推导出了等效用点的轨迹并最先将其命名为无差异曲线。帕累托借用了埃奇沃思的概念,指出:无差异曲线实际上是等高线,即等效用曲线,表明不同的消费品组合对于消费者来说是无差异的或是相等的。

边际分析与最优化分析的联系极为密切。最优化分析的基本思想是:每个经济主体在一定约束下,通过现有财富的最优配置和利用,实现自身利益的最大化目标。用数学语言来表述,边际分析指的是关于"因变量对其自变量的导数"。可见,边际分析与最优化方法是等价的。经济学中的边际值,等同于因变量关于自变量的变化率。边际值为正,表明因变量随着自变量的增加而增加;边际值为负,说明因变量随着自变量的增加而减少;边际值为零,说明因变量达到了极大值或极小值。这种求极值的方法,正是最优化方法。

(2)均衡与均衡分析。"均衡"是物理学上的概念,1769年由斯图亚特(James Steuart)引入经济学之中。"均衡"可以有如下两个方面的理解:

第一种是最初级的理解,均衡表示事物处于静止状态时存在的力量平衡或者力量相等,比如,市场的供给与需求均衡指的是供给与需求两种力量之间的平衡;也可以表示事物没有内生变化倾向的一个点即变动的净趋向为零的状态,比如,供给与需求可能出现的一个个静止或稳定的状态,或者每一个新的位置上的一种新的平衡状态。

值得注意的是,根据均衡的概念,市场供给与需求的均衡所决定的经济量为实际量。比如,产品市场的供求均衡决定的是产品的实际价格与实际产量,劳动市场的供求均衡决定的是劳动的实际工资与实际交易量,资本市场的供求均衡决定的是资本的实际利率与实际交易量,等等。

第二种是比较高级的理解,均衡表示特定经济过程趋向的结果,或者,动态地观察,均衡表现为经济现象的均衡路径,是两个均衡状态之间的变化过程,其中包含了预期的概念。比如,供给与需求从一个均衡状态(位置)变化到另一个新的均衡状态(位置)的过程。这种思想的先驱者是缪尔达尔(Gunnar Myrdal)和哈耶克。

均衡分析,就是运用"均衡"这个概念分析经济现象的方法。由于均衡概念有静态的含义和动态的含义两种,因此均衡分析也分为两种:均衡静态分析和均衡动态分析。均衡静态分析一般简称静态分析,均衡动态分析一般简称动态分析。

(均衡)静态分析,一般是在假定外在因素已知或既定条件下,考察内在因素达到均衡状态的条件和在均衡状态下的情况。现实中,外界条件不断变化,均衡可能转瞬即逝,也可能需要较长时间才能达到,也可能永远无法达到。不过,在(均衡)静态分析中,我们只假设并考察达到均衡的情况。静态分析下的经济均衡,是指这样一种状态:各个经济决策者,或者是消费者或者是生产者等等,所作出的决策正好相容,并且在外界条件不变的情况下,每个人都不会愿意再调整自己的决策或不再改变各自的经济行为。例如,生产者选择理论中,生产者均衡就是指,生产者有效配置自己现有的财富,以追求利润最大化为目标对生产要素产生了需求;在要素市场上,作为要素所有者的家庭,根据生产者对生产要素的需求,以实现效用最大化为目标供给生产要素,要素市场达到均衡。就是说,在目前要素价格条件下,买方和卖方的决策是相容的,即买方愿意购买的数量恰好等于卖方愿意销售的数量,买方和卖方都认为如果改变这个数量就会给自己带来损失。因此,在外界条件(比如技术条件等等)改变之前或者既定时,买卖双方达成交易的要素价格和数量就静止下来,达到均衡。此时,生产者获得了利润,要素所有者按照自己的贡献分配获得了相应数量的财富(收入)。

(均衡)动态分析,一般是假设在外界条件发生变化后,经济活动从原来的均衡状态达到新的均衡状态所需的时间、经过的路径等等。比如,用箭头表示的供给曲线或需求曲线变化的过程等。现实经济中,在受到外界干扰时,有的经济活动偏离原来的均衡状态后,会迅速收敛,重新达到新的均衡状态;有的需要相当漫长的调整;还有的可能再也无法达到新的均衡状态,而或者是呈周期性上下波动,或者是向外发散以至于越来越背离均衡点,比如"蛛网模型"。

2. 实证分析与规范分析

边际分析和均衡分析,可以说明个人追求财富最大化以实现个人效用最大化或幸福最大化。但是,就各阶层通过交换获得的财富分配而言,人们可能会提出如下两类问题:

第一,财富分配差距在各阶层之间的分布情况是什么样的?纵向或横向比较,造成财富分配差距变化的因素有哪些?

第二,财富分配差距在各阶层之间的如此分布是否合理?哪些阶层的财富分布过多,哪些过少?哪些阶层之间的差距过大,哪些阶层之间的差距过小?

以上两类问题代表了两种不同的分析方法:第一类问题代表的是实证分析,第二类问题代表的是规范分析。

(1)实证分析。实证分析旨在回答经济社会现象"是什么""为什么""怎么样",旨在探寻经济社会现象的内在规律或机理。

就财富分配差距问题而言,若就某个国家或地区的财富分配差距情况进行实证分析,则可能的程序是,在收集相关实际资料的基础上,用洛伦兹曲线描述或者用基尼系数描述出该国家或地区的财富分配差距的实际分布情况;就该国家或地区的财富分配差距进行纵向比较,或者与可比的国家或地区的财富分配差距进行横向比较;分析造成财富分配差距变化的纵向因素或横向因素,指出调整财富分配差距的方向等。

实证分析包含理论实证和经验实证这样两个互相联系的阶段。联系到财富分配差距问题,通常的程序是:首先,对实际数据进行分析和归纳,概括出一些基本假设。比如,根据数据分析结果,理出可能的影响因素,并在此基础上,根据经济学假设的标准,把不易于处理的或者次要的因素假设掉,形成主要的影响财富分配差距的基本因素假设以及影响财富分配差距的因素与财富分配差距之间的技术经济关系假设等。其次,依据相关理论,进行逻辑推导,得出相应结论,形成基本假说。这两个步骤属于理论实证阶段。

经验实证,是运用实际数据,对上述理论实证阶段得到的假说进行检验的过程。如果经验实证对理论假说作出了肯定的回答,比如证实某些假设的因素与财富分配差距的形成关系成立,则可以把理论假说当作正确的结论来加以运用。若经验实证对理论假说作出了否定的回答,则需要修正或重新进行理论实证。

经验实证对理论假说只能证伪而不能证实的问题是存在的。但是,这并不影响经验实证的应用,因为只要经验实证证伪了,推翻理论假说就是了;若不能证伪,人们就可暂且把理论假说当作正确的结论来尝试着利用。

(2)规范分析。关于财富分配问题,仅仅弄清楚财富分配差距在各阶层之间的分布情况,仅仅弄清楚造成财富分配差距变化的因素是哪些,显然是不够的。因为人们自然会问:什么样的财富分布是合理的?以什么样的标准能够为进一步的财富分配调整指明方向?哪些阶层的财富分配过多或过少?哪些阶层之间的差距过大或过小,调大或调小多少才是公平合理的?这就要涉及价值判断的规范分析。

规范分析旨在回答经济社会现象"应该是什么",涉及价值判断的标准。就社会财富的分配差距而言,不仅包括不同人群或阶层之间分配的人际分配,也包括区域之间分配的区际分配,而且包括父父子子、子子孙孙之间分配的代际分配。

就判断社会财富分配差距的标准而言,一般有效率标准和公平标准。我国多强调公平,对应地有人际公平、区际公平和代际公平。可持续发展源于技术进步、制度变迁、人力资本素质的提高等,这些变化随时间推移而发生,从而,侧重于时间维度并强调代际公平。西方多强调效率。实际上,效率与公平是有机统一的,实现效率标准与公平标准有机统一的标准是帕累托最优标准。

(3)实证分析与规范分析不可偏废。经济学是用模型思维的一门科学。经济模型就是经济现象因果关系的抽象。因果关系分析是一种科学方法。但是,我们不是为了分析因果关系而分析因果关系,分析因果关系的最终目的是为了寻求解决经济现象存在问题的对策。其中,分析因果关系、构建模型、制定对策,都是实证分析,但是经济现象是否存在问题就是规范分析的问题了。

因此,就经济学的科学思维方式而言,实证分析与规范分析是不可偏废的。比如,对某个国家或地区的财富分配差距进行实证分析,目的是提出实现财富分配差距合理化的建议。因此,必然涉及合理的财富分配差距的判断标准,这也就必然涉及规范分析。

第三节 经济学的学科地位

一、经济学是社会科学的皇后

萨缪尔森说过,"经济学是社会科学的皇后。"

社会科学包括经济学、政治学、社会学、心理学等,研究的是个人和组织的行为与社会发展规律的科学。无论是个人行为还是组织行为或者是社会发展,都以经济为基础,都以经济为中心。因此,研究个人、组织和社会经济行为的经济学,必然成为其他社会科学的基础理论。

在科学方法上,与数学、物理、化学等所有自然科学一样,在所有社会科学中只有经济学是公理性的。经济学是公理性的,是指经济学具有无须证明或不可辩驳的逻辑起点,是指经济学的基本假设是具有公理性的理性假设。因为是公理,本身无须证明,更重要的是对于自我利益、内在一致的规定不容许有例外。不能说一个人有时争取自我利益的最大化,有时不争取;也不能说,有些人争取,有些人不争取。如果没有理性人这个假设前提,如果容许有例外,作为一门科学,经济学就不可能具有解释能力了。这与自然科学没有两样,只是经济学解释的是人的行为,自然科学解释的是物的行为,研究的现象不同,运用的方法却相同。

理性假设既适用于市场经济社会,也适用于非市场经济社会。长期以来,传统小农行为被认为是非理性的,因为他们把超过维持生存以外的部分剩余收入用于似乎无谓的消费方面,缺乏现代企业家的储蓄意愿。舒尔茨(Theodore W. Schultz)则认为:传统小农没有储蓄习惯,不是因为非理性,相反,这正是他们面临约束条件下作出的理性决策;由于传统农业缺乏有利的投资机会因而不值得增加储蓄,小农会在外部投资条件改善后增加储蓄。因此,在不同经济制度下,人们的行为存在着差异,但差异不是有无"理性",只是理性的表现形式不同而已。

二、"经济学帝国主义"

遵守着经济学的公理与理论,把解释的范围推广至人类的所有行为中去,就可以把萨缪尔森的"社会科学的皇后"提升为"社会科学的皇帝"了,因而就出现了"经济学帝国主义"。

许多表面看来与财富无关的行为,却可以同样用经济理论作解释的这种"经济学帝国主义"的行为观点,同样可以追溯到斯密的《国富论》。

当然,现代要首推的人是加里·贝克尔(Gary S. Becker)。他于20世纪50年代,从以《种族歧视的经济分析》为题的博士论文开始,遵守着经济学的公理与逻辑,进入了包括种族歧视、犯罪、家庭、婚姻等的社会学领域,并因此获得1992年的诺贝尔经济学奖。20世纪60年代,詹姆斯·布坎南(James Buchanan)等以经济理论分析了政治行为,并因此获得1986年的诺贝尔经济学奖。

弗里德曼的《自由选择》认为，市场可以有广泛的理解。他在运用经济学理论对教育质量进行了深入分析的同时，指出：在其他领域里，也同样是在每个人追求自身利益而同其他人合作的时候，自然而然地产生出了错综复杂的结构。比如，语言的发展变化也是由于个人之间自愿的相互作用产生的，不过在这里相互谋求交换的是思想、信息或传闻，而不是货物或劳务。物理学是思想自由市场的产物，社会价值准则、文化、社会习俗也都是通过自愿交换和自发合作发展起来的。各学科的结构，包括物理学、化学、气象学、哲学、人类学、社会学、经济学，并不是任何人深思熟虑的产物，也不是固定不变的，而是随着各种需要的发展而变化。

弗里德曼特别指出，"个人利益"或"私利"的概念也是广义的。狭隘地专注于经济市场，导致了人们狭隘地解释"私利"，说私利就是目光短浅的自私自利，只关心直接的物质报酬。经济学受到斥责，被说成只是依靠与现实完全脱节的"经济人"来得出一般性的经济结论，而这个"经济人"不过是一台计算机，只对金钱的刺激作出反应。"这是巨大的误解。"私利不是目光短浅的自私自利。"只要是参与者所关心的、所珍视的、所追求的，就都是私利。科学家设法开拓新的研究领域，传教士设法把非教徒变成教徒，慈善家设法救济穷人，都是在根据自己的看法，按照他们认定的价值追求自己的利益。"

以理性人为假设研究经济社会生活中的各种现象，也对经济学提出了更高的要求和更高的标准。比如，人们在外部条件允许的情况作出了最佳选择，当发现其行为与社会最优不一致，要改变其行为时，就应当从改变限制个人选择的外部条件着手，而不能采取直接改变其行为的硬性干预，否则，立意再好的政策也是徒劳的。

这个观点也适合促进社会财富增长的宏观分析。基于斯密"自然自由体系"的宏观长期分析中，尽管出现了财富持续增长的内生化趋势，但就目前而言，政府的储蓄率政策仍然是促进财富增长的一个重要途径。然而，哈耶克指出，只要不是人为地干预利率，就不会对经济有害。

宏观短期分析中的凯恩斯理论也称作"中间道路"，即仅当市场运行出现不良现象时，政府才需要干预。值得注意的是，政府财政政策中的税收、转移支付手段，是通过影响市场里家庭部门的消费行为而起作用的；政府的货币政策手段，是通过影响市场里企业部门的投资行为而起作用的。因此，政府应该认真研究市场，政策应该顺应市场的需要，遵循市场规律。

政府支出用于建立并维持某些公共事业和公共工程，是引起争议最多的方面。因为严格的个人自愿交易生产公共产品的成本太大，相信由政府实现这些目标是最有效的方法。或者，通过政府来生产公共产品和服务，能够在大大降低成本的前提下实现个人原有自愿的市场交易。如此，与张五常指出的企业不是市场的替代物而是用要素市场取代产品市场类似，政府实际上是公共产品市场的代理。政府受国民的信任和重托，代表人民的利益，应该严格把关责任，对提议建立并维持某些公共事业和公共工程要详加考察，权衡得失，认真定夺。进一步讲，首先，公共事业和公共工程的公共决策，依据的是经济社会的需求，公共事业和公共工程所需要的人、财、物等都需要市场来供给；其次，政府代表人民配置现有财富（政策资源）于公共事业和公共工程的效率与公平需要通过市场（民众）来评价。就是说，政府的决策应该是市场客观规律的反映。与此形成鲜明对照的是,凯恩斯强烈要求的那种"把从威斯敏斯特到格林尼治的整个南部伦敦都拆掉,然后再漂亮地建起来","在地上挖窟窿""支出就是支出,不管有无目标,只要增加 GDP",大搞"拉链工程"以解决就业,拉动经济增长,其后果只能是国民幸福的减少。巴师夏"破碎的玻璃"的故事可以回击凯恩斯的这种"怪论"。

政府干预最终也是通过市场来实现的。1972 年的诺贝尔经济学奖得主约翰·希克斯(John Richard Hicks)是宏观经济学微观化的最早开拓者。他详细地论证了凯恩斯理论是微观经济学的一个特例,修正了凯恩斯的理论倾向,指出:政府干预的方式和力度必须建立在市场机制的基础之上。弗里德曼指出,"政府主要履行的是实施法律,维持秩序,提供制定行为准则的手段,裁决争端,方便交通运输,以及监督货币的发行。"

需要说明的是,"法经济学"是经济学价格理论在法学领域中的应用。因此,尽管罗宾逊夫人提出的判断经济学假设合理性的两条标准把"易处理性"标准放在了第一位,但不能因此就否认经济学原理的普适性。

思 考 题

一、名词解释

幸福　和谐　看不见的手　社会财富　自由物品　经济物品　稀缺性　需要　欲望　公平价格　经济模型　理性人　理性假设　内生变量　外生变量　存量　流量　边际分析　均衡分析　实证分析　规范分析

二、简答题

1. 经济学研究的基本问题是什么?
2. 道德困境的含义是什么?
3. 亚当·斯密的幸福观包含哪几个层面?如何与马斯洛的需要层次对应?
4. 经济和谐包含哪些层面?实现机制是什么?
5. 斯密认为创造繁荣、幸福的三种成分是什么?
6. 主流经济学怎样定义"幸福"?
7. 以人类幸福实现手段的财富为联系,实现人类幸福的三个途径是什么?
8. 经济模型有哪些主要形式?
9. 经济学假设的哲学、作用与方法是什么?
10. 经济学假设的依据、标准是什么?
11. 什么是主流经济学?
12. 简述建立经济模型的步骤。
13. 请谈谈回归亚当·斯密的思路。
14. 以稀缺性为起点,谈谈经济学的内在逻辑。
15. 以人类幸福为起点,谈谈经济学的内在逻辑。

16. 为什么说经济模型是科学方法？

扩展阅读

我们要运用马克思主义政治经济学的方法论，深化对我国经济发展规律的认识，提高领导我国经济发展能力和水平。面对错综复杂的国内外经济形势，面对形形色色的经济现象，学习领会马克思主义政治经济学基本原理和方法论，有利于我们掌握科学的经济分析方法，认识经济运动过程，把握经济发展规律，提高驾驭社会主义市场经济能力，准确回答我国经济发展的理论和实践问题。

——《正确认识和把握中长期经济社会发展重大问题》(2021年《求是》第2期)

面对极其复杂的国内外经济形势，面对纷繁多样的经济现象，学习马克思主义政治经济学基本原理和方法论，有利于我们掌握科学的经济分析方法，认识经济运动过程，把握社会经济发展规律，提高驾驭社会主义市场经济能力，更好回答我国经济发展的理论和实践问题。

——《不断开拓当代中国马克思主义政治经济学新境界》(2020年《求是》第16期)

第二章 经济运行机制

经济运行机制包括市场制度和政府干预。如果"自利"是经济的驱动力,那么经济运行机制就是市场制度。政府干预是以市场制度为基础同时存在着政府政策调控的一种制度。

"自由、自利、竞争"既是斯密提出的创造繁荣和幸福的三种成分,也是"看不见的手"的机制即市场机制的根本特征。无论何种结构的市场,无论市场中的竞争成分有多少,只要政府干预下还允许再由市场来调节,"看不见的手"就能引导并实现互助、互利、互惠于供求双方的全部的自愿交易,并最终实现斯密和马歇尔的"普遍富裕""普遍幸福"。

本章是关于经济学原理的概要,由三部分构成。第一部分包括第一节到第四节,讲述市场制度。作为这一部分的重点,第一节首先介绍了市场及其主要特征;其次介绍了市场机制及其主要特征,并在尽力澄清"看不见的手"的概念的基础上,重点介绍了市场有效运行的条件;再次,通过简要回顾斯密粗糙的劳动价值论和供求原理、李嘉图的生产供给决定论、边际革命的消费需求决定论和马歇尔的供给-需求决定论,勾勒了作为公平交换标志与依据的公平价格即市场价格决定的思想历程,为本章第二节到第四节关于市场价格的决定奠定了经典的思想基础。第二节到第四节,捕捉了现实经济中的需求定理与供给定理,描述了决定公平交换的公平价格即市场价格的供求决定原理,为以后各篇章奠定了重要基础。第五节为本章的第二部分,介绍了政府干预的价格效应。第六节为本章的第三部分,是关于经济运行的效果分析。在简要分析市场制度和政府干预下经济运行的市场效率的同时,简要介绍了判断经济运行效果的三条标准:经济剩余最大化、帕累托最优和普通人的普遍富裕、普遍幸福。

第一节 市场制度

一、市场

市场几乎与人类历史同样古老。市场建立起了人们之间的贸易链。作为贸易活动的副产品,市场在人们之间传播了新的思想、文化和发明。大约 5 000 年前,两河流域就出现了记录经济信息的手段——账本。同时,数学也作为买卖的一种辅助手段而出现。今天的"地球村"把市场设在了互联网上,网络可以快速而廉价地把世界上任何地方的人们连接起来,让那些没有办法见面的消费者和生产者进行交换。可以这么说,在任何一家博物馆,你都能够看到人类文明历程中的市场烙印。

如果有人想买东西而又有人想卖东西,市场就出现了。经济学对市场的定义有多种。市场最初被理解为商品交换的场所。较为抽象的市场是指买卖双方交易关系的总和,是指供求关系的总和,即市场是把买卖双方联系到一起并提供便利交换的条件。生产和销售相同或相似产品的厂商集合构成行业,行业可以构成市场;类似地,具有相同或相似需要或欲望并愿意而且能够通过交换满足其需要或欲望的顾客群,也可以构成市场。如今,较为普遍接受的概念是:买卖双方的相互作用形成了市场。"买卖双方的相互作用"就是"交易",因而一般也把"市场"与"市场交易"替换使用。

值得注意的是,此处还需要揭示上述"市场"定义中的两个主要特征,这两个主要特征正是斯密特别强调的创造繁荣和幸福的三种成分中的两种。

(1)自由。在市场上,交换是自愿进行的。买卖双方都是独立的个体,可以拒绝任何一项交易,不受制于其他任何人,只受制于资源约束和市场规则。不是自由、自愿的"交易"也就不是"市场交易"。当然,对于低收入的人来说,市场所给予的自由是有限的。但这受制于资源约束的问题。

(2)竞争。严格来讲,竞争并不是市场交易的主要特征,但因为竞争实际上强化了自由、自愿,所以也可以作为市场的主要特征之一。竞争不仅限制了任何参与交换的人的权力,而且在大多数市场中可以阻止任何人对整体的交易结果施加决定性的影响。经济学家就是这样依据市场对决定产品价格和数量的影响,将市场划分为两类:一类是完全竞争市场,其中的消费者和生产者都是根据市场决定的价格来决定买或卖;另一类是不完全竞争市场,其中的买卖双方拥有足够的市场势力,能够影响市场的价格和产量,并为其销售的或购买的物品或服务确定最有利于自己的价格。一个竞争性的市场意味着人们自由选择余地的存在。

值得一提的是古代智者和古典经济学家对于市场的认识。亚里士多德指出:"如果没有向朋友施善和展示美德的机会,自己的成功有何用处?没有朋友,我们的成功又怎能保证,怎能维持?"基于亚里士多德的观点,以杰诺韦西为代表的意大利经济学家认为:市场是体验真实人际关系的场所,是塑造公共美德的工具,是经济发展的根本源泉。斯密则把亚里士多德的观点推广到了关系疏远的人、陌生的人或普通人之间,并指出普通人之间相互依存、互惠互利的途径是自由、公平的市场交换。因此,斯密指出:市场建立了体验自由、真实的人际关系的条件,在这个人际关系中,真正的友谊以及美德、善举等其他关系产品得以繁荣发展。市场社会与现代人文主义联系的基础是"自由、平等、友谊"。

如果认可经济是从自然发生的交换开始的,那么社会经济仅仅通过市场运行的假设就不是很牵强的了。事实上,市场是改善人类福利、实现人类生活幸福的最有效的手段。对于贫穷的国家来说,市场给它们提供了最可行的摆脱贫困的手段;对于富裕的国家而言,市场则是它们维持并提高现有生活水平所不可或缺的链条。

二、市场机制

有了市场的概念,我们还需要掌握市场是如何运行的。这是关于市场机制的问题。

市场机制(market mechanism)的定义目前有多种:市场机制是把市场作为资源配置手段的一种机制,是通过价格引导市场主体的行为而实现资源配置的机制,是具体通过供给、需求、价格、竞争等市场的基本要素自动实现资源配置的机制,是供求规律,等等。美国经济学家平狄克(Robert S. Pindyck)对市场机制给出了一个比较完善的定义：自由市场中的价格不断变化并趋于市场出清(供给量等于需求量)。

机制(mechanism)一词的含义有：机器的构造和工作原理，有机体的构造、功能和相互关系，泛指一个复杂的工作系统或某些自然现象的规律。从上述市场机制的诸多定义中不难发现：资源配置的"自动"实现以及"价格不断变化并趋于市场出清"解决的是市场动力问题；"自由市场""竞争"是市场结构问题；"供给""需求""价格不断变化并趋于市场出清"是市场规则问题。

无论如何，经济学界都公认"看不见的手"的机制就是市场机制。把"看不见的手"定义为价格，把"看不见的手"的机制定义为价格机制，是不准确的。

18世纪，曾经有人试图用超自然的力量来解释他们非同寻常的发现：市场可以在无人组织的情况下自动运行。斯密在《道德情操论》中提出"看不见的手"的时候，的确讲道："当上帝(providence)把地球分给少数贵族地主的时候，他既没有忘记也没有抛弃那些在这种分配中似乎被忽略了的人。这些似乎被忽略了的人也享用着他们在全部土地产品中所占有的份额。"

指导市场自动运行的"手"可能是看不见的，但实际上并不是超自然的力量。斯密在《国富论》第四篇中讲道："他只是盘算他自己的安全……他所盘算的也只是他自己的利益。像在其他许多场合一样，在这种情况下，他受一只看不见的手的指导，去尽力达到一个并非他本意想要达到的目的。"在《国富论》第四篇讨论国内贸易和对外贸易的时候，斯密干脆用"个体利益和个人欲望"代替了"看不见的手"一词。经济学家一度信奉的神秘的力量，在此由斯密本人将其化成了平常人的能力。

1. 市场机制的特征

值得注意的是，斯密在《道德情操论》中讲的"看不见的手"与《国富论》中讲的"看不见的手"本质上是一致的，都体现了以下三个主要特征：

(1) 自利。这是"看不见的手"的机制的动力源泉。斯密在《国富论》中讲的"看不见的手"，被其描述为人们对财富的获取欲和对自己需要的满足欲，表现为人们的劳动动机或者自利动机。自利是斯密特别强调的创造繁荣和幸福的三种成分中的又一种。

(2) 交易互利。市场交易是互助互惠的。这是"看不见的手"的机制的结果，但却也是目前在讲"看不见的手"时被忽视了的。因为，关于"看不见的手"，斯密在《道德情操论》中讲："这些似乎被忽略了的人也享用着他们在全部土地产品中所占有的份额……一个在大路旁晒太阳的乞丐也享有国王正在为之战斗的那种安全感。"在《国富论》中讲："他追求自己的利益，往往使他能比在真正出于本意的情况下更有效地促进社会的利益"。

(3) 竞争。竞争指的是市场结构，比如平狄克关于"市场机制"的定义中的"自由市场"就是指完全竞争市场。因此，按照"机制"的定义，竞争可以不算作市场交易的主要特征，但却是构成了市场机制的重要特征。竞争也称作竞争机制，是市场机制或"看不见的手"的机制的支持机制。只有竞争，才能保证商品价格普遍地、快速地下降，才能保证消费者获得更多的利益。

总之，正是因为自利动机的驱动，或者，正是因为自利动机，供求双方追求着各自的利益，才能保证自由(竞争)市场中价格不断变化并趋于市场出清，并最终实现供给者和需求者之间的互利乃至社会利益的最大化(将在本章第六节中详细介绍)。

虽然有了市场自动运行的自利动力,市场又是消除贫困、推动人类繁荣幸福的最有力的发动机,但只有在市场能良好运行的条件下才能实现如此的目的。为了保证市场的良好运行,为了把市场的全部优势发挥出来,为了消除贫困,推动人类繁荣幸福,还需要一整套规则、习惯和制度等的支持。

2. 市场机制的规则

市场规则也是市场机制的支持机制,主要包括以下三个方面的规则:

(1)只有在人们彼此建立了信任之后,市场才能有效地运行。18世纪的经济学家就是在为新的商业社会奠定新的人类学、伦理学基础之上开展自己的研究的。他们确信:没有公共道德,就不会有市场经济;只有在善于合作、诚实守信的人们中间,市场才能够良好地运行,带来财富和幸福。许多商品的品质是看不见的,因此必须找到某种方法,使消费者确信商品的质量。如果得不到其他人会信守诺言的保证,人们是不会进行交易的。信任、信誉、诚信,是市场良好运行必需的一个稳固的平台。

(2)只有在能够保持信息畅通时,市场才能有效地运行。信息不对称会阻碍谈判的进行与合约的达成。信息的传递与交流需要可靠的工具。

(3)只有在交易费用降到足够低时,市场才能有效地运行。交易费用是指交易过程中各种各样的摩擦,包括花费在商务过程中的时间、精力和金钱。交易费用名目繁多,会吞噬很多资源,并可能导致市场失灵。开始寻找贸易伙伴时,比较、选择就会产生交易费用;为了达成一项协议,需要进行谈判等,将会出现更多的交易费用;协议达成之后,还有许多其他的交易费用,如监督工作、执行合同、解决争端中发生的交易费用。

市场规则大部分是市场的参与者自己发明的,也有一部分是政府建立的。政府的一个基本任务是明确或保障公民的财产权,因为摧毁市场的最简单的方法就是破坏人们对于自己财产安全的信念。政府还要建立货币信誉,并且,随着新技术(比如互联网技术)的发展,还需要准备好随时完善市场规则,建立健全从立法、司法到监管的机构并保证其能有效运行。

现代经济学家探讨了许多关于市场机制的话题。博弈论的研究方法引入经济学之后,经济学家开始分析交换的过程,关注诚信的建立、信息的畅通、摩擦的控制等等。

至此可以看出,本教材之所以说平狄克关于市场机制的定义只是比较完善,是因为它没有特别指出上述市场机制或"看不见的手"的机制的三个主要特征,只是说明了价格的变化趋势而未能揭示市场机制的互助互惠之本质。

综上分析,直观地讲,市场机制就是市场动力、市场结构、市场规则(包括道德、传统、习惯、规范、制度、法规等)的有机统一体。如果以平狄克关于市场机制的定义为基础,就应该再加上"看不见的手"的三个主要特征和市场规则,这才是完善的市场机制的定义。

三、市场价格

市场的有效进行还取决于交换的公平。亚里士多德最早提出了"公平价格"的思想,指出:价格是交换的比率,关键是以什么样的价格进行交换才是公平的。直到中世纪,随着商品经济的进一步发展,出现了市场,商品价格的决定问题才受到了人们的关注。16世纪西班牙经院学者认为:公平价格只是通常的市场价格。因为,市场价格是买卖双方自愿达成交易,因而是公平交易的价格,即公平价格。但是,现实经济中,垄断价格也是存在的,因此,孟德斯鸠补充指出:市场竞争使商品有了公平价格。市场价格是公平价格的理论依据,在本教材的后面章节中还要详细论述。

公平价格就是商品的市场价格,那么市场价格是如何确定的呢?

早期的经济哲学家对商品的价值与价格进行了区分。今天,我们认为商品的价值与价格是同义的。因此,关于市场价格决定的历史就是经济价值论的发展史。

1. 斯密:粗糙的劳动价值论与供求原理

为了探讨商品交换的公平价格,斯密首先指出:商品交换是以商品的价值为基础的,商品的价值等于凝结在商品中的劳动数量。因而钻石与水的悖论引起了他的注意,他加快了对于公平价格的研究步伐,在交换价值的基础上,进一步提出了市场交换中商品所具有的两个价格的概念:市场价格和自然价格。斯密指出:市场价格是指商品销售时的真实价格;自然价格指的是生产成本,包括土地和自然资源的租金、劳动的工资、资本的利息、股东的利润,还包括员工的培训费用等。这就是斯密最先提出的商品价格决定的粗糙的劳动价值论。

不过,斯密也同时在《国富论》中提出了商品价格决定的供求原理:"当市场中的商品数量低于人们愿意支付的有效需求时……人们需要的商品数量得不到供给,市场价格就会升高……就会有人愿意增大供给。当市场中的商品数量超过有效需求时,市场价格将下降……。"斯密之后的一代又一代经济学家对于供给和需求形成市场价格的基本原理的描述并未发生根本的变化。

2. 李嘉图:生产供给决定论

李嘉图的《政治经济学及赋税原理》继承了斯密的粗糙的劳动价值论,并通过被称作"李嘉图恶习"式的数学推理,得出结论:商品价格是由生产成本(供给)决定的。但是,李嘉图认为生产成本是劳动数量而不是劳动工资。

3. 边际革命:消费需求决定论

萨伊与李嘉图是密友,被誉为"法国的亚当·斯密",1803年推出了《政治经济学概论》,到1821年修订了第四版。对于商品价格的决定,他不赞成劳动价值论而赞成主观效用价值论(subjective utility theory of value)。萨伊认为:效用,即消费者主观评价商品价值的方式,决定其生产。生产者通过将投入变成产出,创造价值或效用,按足以弥补成本的价格出售。萨伊的确已经接近了是效用而不是成本决定商品最终价格的认识。

1871年,边际革命的领导者,英国的杰文斯、法国的瓦尔拉、奥地利的门格尔,将主观效用价值论和消费者需求作为经济学新方法的基石,指出:在真实世界中,人们是在偏好的基础上做出选择的,(机会)成本只不过是放弃了的选择;消费需求最终决定商品的价格并影响生产行为的方向。没有消费需求的商品,其价格显然为零。

4. 马歇尔:市场价格的供给-需求决定论

马歇尔1890年出版的《经济学原理》指出:决定商品价格和产量的时候,供给和需求都是必需的。它们就像剪刀的两个刀刃。关于价格到底是由成本还是由效用决定的争论,就像争论剪开一张纸是由上面的刀刃作用的还是下面的刀刃作用的一样。

为了把供给和需求结合起来,从边际革命中,马歇尔抽取了商品价格决定的"主观效用价值论",创造了反映消费者边际效用的需求曲线;从古典模型中,马歇尔从李嘉图那里抽取了商品价格决定的"客观生产成本价值论",从斯密那里抽取了"生产成本包括支付劳动的工资、资本的利息、土地和自然资源的租金、股东的利润"的观点,创造了反映生产者边际成本的供给曲线。马歇尔第一个描绘并普及了供给-需求图,如图2.1所示。其中,DD'为需求曲线,SS'为供给曲线。供给曲线和需求曲线分别反映了生产者和消费者的交易愿望,因此,供求曲线共同决定的产品价格就是交易双方认为是公平的价格,即公平价格。

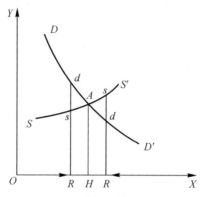

图 2.1 马歇尔的供给-需求图

克拉克把边际效用理论和供求原理运用到要素市场之中,并且指出:生产要素的价格,即相应于劳动、资本、自然资源或土地价格的工资、利息、自然资源的价格或地租,都是由相应市场的供给与需求来决定的。

值得一提的是,供给与需求相等只是市场价格决定的必要条件而非充分条件,就是说供给与需求相等可以决定出商品的市场价格,但商品有市场价格时其供给与需求却并不一定相等。换句话说,即使市场没有出清但商品仍可能有市场价格。

无论如何,正是马歇尔的供给-需求图,成功地揭示了斯密"自然自由""普遍富裕"理论的奥秘(详见本章第六节),并因此才有了这样的理论命名:斯密-马歇尔的"普遍富裕"理论。

作为经济学原理概论,本章的内容正是依据这样的逻辑来展开的:市场制度(市场需求—市场供给—市场价格或均衡价格的决定)、政府干预(对于市场价格的影响)、市场制度和政府干预下斯密-马歇尔的"普遍富裕""普遍幸福"的实现。

四、微观经济的循环流图

在正式学习经济学原理之前,我们还是先回到我们生活的经济现实之中,了解并回忆一下经济运行的图像。

斯密指出:人生的终极目标是生活幸福。第一章里讲过,斯密界定的人类幸福就是人们通过财富这个手段对于整体"五个层次"需要的满足;获取财富的文明方式是诚实守信的公平交换。交换就有市场与市场主体。

现实经济中,市场主体包括一个个家庭(或个人)、一家家企业(或厂商)和一级级政府(比如各级政府有其财政税收、补贴等对相应家庭与企业产生影响)。斯密界定的政府的职能主要是为了保证市场的良好运行,因而市场是基础。如此,我们就可以假设把政府这个主体及其主要经济行为去掉,仅剩下家庭、企业这两类主体及其主要经济行为。

家庭和企业通过商品或服务市场和要素市场来实现各自的目标。商品或服务市场上,作为家庭,其主要经济行为是对商品或服务的需求;作为企业,其主要经济行为是对商品或服务的供给。家庭对商品或服务的需求和企业对商品或服务的供给,共同决定了商品或服务的市场价格和数量。要素市场上,作为企业,其主要经济行为是对要素的需求;作为要素所有者的家庭,其主要经济行为是对要素的供给。企业对要素的需求和家庭对要素的供给,共同决定了要素的市场价格和数量。

市场价格就是公平价格,是公平交换的标志。商品或服务市场的供给和需求决定了各种商品或服务的市场价格,它构成了企业可以获得的单位产品的收入;要素市场的供给和需求决定了各种生产要素的市场价格,比如劳动—工资、资本—利率、土地和自然资源—租金、企业家才能—利润分别对应,它们构成了家庭可以获得的单位要素的收入(报酬、财富)。于是,通过公平的市场定价,企业为满足家庭和社会的需要贡献了力量,家庭为生产提供了生产要素,获得了财富,满足了需要,实现了幸福。

微观经济学是关于个量的,比如与一个家庭、一家企业、一种产品、一种要素相关的具体价格和实物产量等等,以体现斯密体系的个人主义基础。为了分析的直观性,以上面描述的家庭、企业及其主要经济行为为特征,对经济现实进行抽象,我们单独抽出一个家庭、一家厂商,并假设这一个家庭和这一家厂商刚好构成了交易循环,就可构建出如图 2.2 所示的微观经济的循环流图。

图 2.2 反映出现实经济运行中有两个流程:实物流程和货币流程。

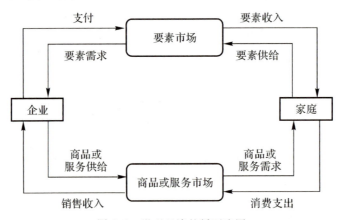

图 2.2 微观经济的循环流图

(1)实物流程:家庭为了满足自己的需要,追求自己的幸福,并根据企业对于生产要素的需求,以要素所有者的身份向要素市场提供各种生产要素;企业为了满足自己追求利润最大化的需要,从要素市场雇用这些要素,根据家庭的需求,生产商品或服务并在商品或服务市场上销售给家庭。

(2)货币流程:随着实物流程,有一个方向相反的货币流程。家庭因为满足了企业的需要获得了要素收入,并以要素收入作为消费支出从商品或服务市场购买商品或服务,满足自己的需要,实现自己的幸福;企业因为满足了家庭的需要获得了销售收入,并对作为生产要素所有者的家庭进行支付,其中的支付包括了企业家创造并应得的利润。

微观经济的循环流图是经济分析的重要基础,贯穿经济学始终。

第二节 市场需求

一、需求与需求函数

讨价还价是日常生活中的基本经济现象。讨价还价时,人们经常会问:"买多了能再便宜一些吗?""再便宜一些我就多买一些。"这其中,就隐含了市场需求的概念。

1. 需求和需求量

人类活动的终极目标是生活幸福。人类的生活幸福是其整体"五个层次"需要的协调满足。市场经济的核心是市场交换。人们的需要必须通过市场交换才能得到满足。因此,人们有不足之感,有求足之愿,还必须具有一定的货币支付能力,通过市场交换才能得到满足。同时,人们具有了一定的货币支付能力,也不是随意地购买或消费,而是主要依据商品价格的不同而购买不同数量的商品。

市场需求(以下简称"需求",demand)是指在特定时期内,在每一价格水平上,人们愿意并且能够购买的商品的数量。

理解需求这个概念时,应该注意的是,需求与需要是不同的。需求是购买欲望和支付能力的统一,缺少任何一个条件都不能成为需求。只有购买欲望,表明人们具有不足之感和求足之愿,因而有购买动机或需要,但还不能成为需求。要成为需求,人们还必须具有一定的货币支付能力。

需求也不同于需求量(quantity demanded),它们是两个相互联系而又不同的概念。需求量是指按照某种给定的价格,人们愿意并能够购买的商品的数量,是关于具体价格下的特定数量。需求不是单一的数量,而是不同的价格及其对应的需求量之间的关系,是价格与需求量之间一一对应的关系。

需求可以分为个人需求与市场需求。个人需求是指单个家庭或单个人对某种商品的需求。为了仅仅表明原理,一般地,把不同价格下对某一种商品的个人需求简单加总,就可得到该商品的市场需求。个人的需求量与市场的需求量之间的关系也有类似的情况。

2. 需求量的影响因素

我们在此处主要介绍市场机制,关心的是市场需求(量)。市场上,一家家企业相互竞争,一个个家庭讨价还价,最终达成各自的交易。好在市场需求(量)是由个人需求(量)简单加总出来的。简单加总并不改变需求(量)的性质,从而影响个人需求(量)的因素也就是影响市场需求(量)的因素。具有相同或相似需要或欲望并愿意而且能够通过交换满足其需要或欲望的顾客群,构成市场。因此,为避免理解上的混淆,下面用"消费者"概括一个个家庭并作为市场需求的主体,以与单个家庭或单个人相区别。

市场上,一种商品的需求量是随着各种条件的变化而变化的,它要受到很多因素的影响。

(1) 商品自身的价格。商品自身的价格是影响需求量的一个最重要、最灵敏的因素。通常情况下,需求量随价格的变化而作相反方向的变化。在其他条件不变的情况下(如消费者的收入、偏好等),商品的需求量随着价格的上涨而减少,随着价格的下降而增加,这就是需求定理(law of demand)。需求定理对于一般商品来说是普遍适用的,但它说明的是在假设需求量只受价格影响而不受其他因素的影响的情况下,价格与需求量之间的相互关系。在某些特殊的商品市场上,这一定理是不适用的,后面我们会加以说明。

(2) 相关商品的价格。某种商品的相关商品可以分为两种类型,即替代品和互补品。替代品(substitutes)就是指两种商品之间具有某种程度的相似性,即在某些方面具有相同或相似的使用价值,可以相互替代使用,比如馒头和包子、羊肉和牛肉、咖啡和茶叶等等。一般而言,替代品之间具有正相关关系,即一种商品的需求量与其替代品的价格正相关。在其他条件不变的情况下,如果牛肉的替代品羊肉的价格上涨,则羊肉的需求量下降,人们就会把需求转移到牛肉上去,从而使牛肉的需求量增加;反之亦然。互补品(complements)是指两种商品之间存在着某种消费依存关系,即一种商品的消费必须与另一种商品的消费相配合,比如眼镜架与镜片、香烟与打火机等等。一般而言,互补品之间具有负相关关系,即一种商品的需求量与其互补品的价格负相关。在其他条件不变的情况下,如果眼镜架的互补品镜片价格上涨,会引起镜片需求量的减少,从而也会使眼镜架的需求量减少;反之亦然。

(3) 消费者的收入水平。一般而言,需求量和消费者的收入水平正相关。当消费者的收入水平提高时,消费者购买商品或服务的能力增强,购买的数量会增多,即需求量增加;反之,消费者的收入水平下降,需求量减少。例如,随着我国经济的发展,人民的收入水平提高,出现一种新的经济现象,称为假日经济,表现为在节假日如"五一""十一"和春节等重大节日期间,消费者对旅游及其配套服务的需求量增加。

(4) 消费者的偏好(preference)。除了客观因素对商品的需求量有影响外,主观因素对商品的需求量也有影响。消费者的爱好或偏好即是一种主观因素。人们的偏好会因为商品的风格变化而变化,也会因为品位、时尚和习惯的变化而变化。在其他变量保持不变的情况下,消费者对一种商品的偏好增加,会提升市场上此类商品的需求量;消费者对一种商品的偏好降低,会导致此类商品的市场需求量减少。例如,皮装在我国20世纪90年代非常流行,一路走俏,但现在消费者时尚观发生了变化,人们对皮装的偏好降低,需求量减少。人们的爱好和选择不是固定不变的,因此我们需要经常研究这种变化,根据这种变化来改进老产品与开发新产品,只有这样才能经常保持人们对产品的高需求量。

(5) 广告费用支出。广告费用支出会影响人们对产品的需求量。一般来说,广告费用支出越大,人们对某商品的需求量也就越大。但这里有一个限度,因为起初增加广告费的投入会使产品的需求量增加较多,但当广告费增加到一定程度以后,因增加单位广告费而引起的需求量的增加将会递减,这时再增加广告费就不一定合算了。

(6) 消费者对未来的预期。消费者对自己的收入水平和商品价格水平的预期(anticipation)往往会改变他们当期的购买决策。若预期未来收入水平上升,商品价格也看涨,则当期需求量通常会增加;反之,当期需求量通常会减少。例如,若消费者预测房价会下降,则不太可能在现阶段去购房。消费者预测某些生活用品的价格将上涨,则会在涨价前多买一些回来,结果导致需求量急剧上升。

(7)人口。在其他条件相同的情况下,人口与需求量成正相关关系,人口数量的增加必然增加市场需求量;反之需求量降低。例如,随着人口数量的增加,我国必将增加住房、衣服、食品、家庭汽车等商品的需求量。

(8)政府的经济政策。政府的经济政策是改变经济环境的重要因素,经济环境发生变化常常会影响消费者的需求量。例如,调高所得税会抑制消费者的需求量;反之,鼓励消费的消费信贷制度则会刺激消费者的需求量。

以上只是影响商品需求量的一般因素,不同的商品往往还有影响需求量的特殊因素。如雨具、啤酒、空调等商品的需求量往往与季节有关。

3. 需求函数

如果把影响市场需求量的各种因素作为自变量,把需求量作为因变量,则可以用函数关系来表示影响需求量的因素与需求量之间的关系。这种函数称为"需求函数",其一般意义的数学形式可记为

$$Q_D = f(p, p_e, p_r, m, T, A, \cdots) \tag{2.1}$$

其中,Q_D 为市场上对某商品的需求量,p 为该商品本身的市场价格,p_e 为该商品的预期市场价格,p_r 为与该商品相关的商品的市场价格,m 为消费者的收入水平,T 为消费者的偏好,A 为广告费。

需求函数是需求量与影响需求量的诸因素之间多维关系的数学描述。不过,为由浅入深地进行分析,开始时常用一元函数表明一般的经济原理。实际上,一种商品本身的市场价格也的确是决定其需求量最基本的因素,市场交易的公平与否根本地取决于商品的市场价格。因此,假设其他因素保持不变,只考虑商品本身的市场价格 p 对该商品市场需求量 Q_D 的影响,则该商品基本的需求函数(一元函数)可记为

$$Q_D = f(p) \tag{2.2}$$

例如,假设某台灯的市场需求函数是

$$Q_D = 1\ 800 - 20p + 0.6m - 50p_r$$

为了得出需求函数 $Q_D = f(p)$,变量 m 和 p_r 必须要确定不变,即取定值。假设消费者的收入 $m = 20\ 000$ 元,相关商品的价格 $p_r = 250$ 元,代入上式中,得到:

$$Q_D = 1\ 800 - 20p + 0.6 \times 20\ 000 - 50 \times 250 = 1\ 300 - 20p$$

这样,该种台灯的市场需求函数就可表示为线性方程:$Q_D = 1\ 300 - 20p$。

二、需求曲线及其变动

1. 需求表与需求曲线

式(2.2)所示的基本需求函数(一元函数)描述了一种商品的需求量与其价格之间的一一对应的关系,这是在保持除其市场价格外的其他所有因素不变的条件下得出的。这种函数关系可以分别用商品的需求表和需求曲线来加以表示。以上述例子中的需求函数为例,台灯的需求表如表2.1所示。

表 2.1　台灯的需求表

价格-数量组合	A	B	C	D	E	F	G
价格/元	65	60	50	40	30	20	10
需求量/台	0	100	300	500	700	900	1 100

从表 2.1 可以清楚地看到商品价格和需求量之间的函数关系。以表 2.1 中对应的价格和需求量数据为坐标画图,并且把这些点用直线连接起来,得到图 2.3。它就是与需求函数 $Q_D=1\,300-20p$ 相对应的线性需求曲线。需求曲线是表示商品价格和需求量之间的函数关系的几何图形。这条需求曲线完全满足关于需求函数的定义。曲线上的各点反映了台灯的价格与需求量之间的关系。例如,当每台价格为 40 元时,需求量为 500 台。

事实上,商品的价格和需求量之间的关系可以是线性关系,也可以是非线性关系。当二者之间存在线性关系时,需求曲线是一条向右下方倾斜的直线,直线上任意一点的斜率都相等,如图 2.3 所示。当二者之间存在非线性关系时,需求曲线是一条向右下方倾斜的曲线,就是一般意义的需求曲线,是非线性的曲线,曲线上各点的斜率是不同的,如图 2.4 所示。一般地,在其他条件不变的情况下,商品的价格提高,需求量下降,商品的价格降低,需求量增加,体现了需求定理。需求定理所说明的需求量与价格反方向变动的原因可以用替代效应与收入效应来解释(详见第三章)。

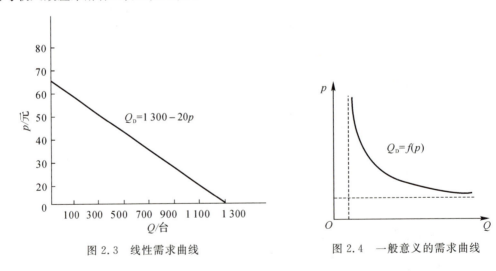

图 2.3　线性需求曲线　　　　　图 2.4　一般意义的需求曲线

现实生活中,绝大多数商品的需求曲线是一般意义的需求曲线,这说明在一般情况下,商品价格再低,也不会降到零,需求曲线的一部分以与数量轴平行的直线为渐近线(图 2.4 中所示的水平虚线),即"天下没有免费的午餐";当商品数量极少时,该商品的价格就具有古董的价格特征。需求曲线的一部分以与价格轴平行的直线为渐近线(图 2.4 中所示的垂直虚线),即"物以稀为贵"。为了更具有普适性,本教材以后章节尽可能采用一般意义的需求曲线,并且一般用 D 代替 $Q_D=f(p)$ 对市场需求曲线的名称进行标注。

需求曲线也存在如下特例。

(1)吉芬商品。1845年英国经济学家吉芬(S. Robert Giffen)发现,在爱尔兰发生灾荒时,马铃薯的价格虽然不断上涨,但消费者的需求量并没有按照需求定理那样相应的减少,反而是增加了。吉芬认为,马铃薯属于低档品,在饥荒发生时,虽然马铃薯的价格上涨,但消费者不得不在有限的收入内增加对这类生活必需品的需求来维持生计。一则是因为灾荒担心马铃薯的价格进一步上涨,二则是因为消费者无力消费其他商品,所以当马铃薯价格上涨时消费者的需求量不跌反增。因为这种情况由吉芬首先发现,所以这种低档商品或劣质商品(inferior goods)被称为吉芬商品(Giffen goods),这种现象被称为吉芬效应(Giffen goods effect)。对于吉芬商品,消费者会随着其价格上涨而增加对其的消费数量,所以其需求曲线表现为向右上方倾斜,如图2.5所示。

(2)炫耀性商品。炫耀性商品(conspicuous goods)的概念是美国经济学家凡勃伦(Thorstein B. Veblen)在其著作《有闲阶级论》中提出来的。在经济社会中,人们有时需要一些高档商品来显示其身份地位而达到某种满足,如名贵珠宝、高档别墅等。这些商品的价格越高,有经济能力的消费者的购买欲望就越强,因为这样高昂的价位代表着一般人无法拥有,从而突显了购买者的财富和地位。但如果这类商品价格下降,就不能符合购买者的这类需求,于是其需求量便会下降。但是,任何理性的消费者也不会当价格无限上涨时还增加对这类商品的需求。也就是说,当价格上涨到一定程度时,价格再上涨时需求量就会下降。如图2.6所示,某炫耀性商品一开始需求量随着价格上涨而上涨,但当价格上涨到 p_0 以后,需求量随着价格的上涨反而下降。

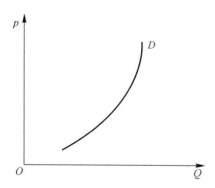
图2.5　向右上方倾斜的需求曲线

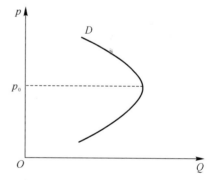
图2.6　向后折弯的需求曲线

此外,在某些投机性强的市场上(例如,股票市场、债券市场和邮票市场等),受人们心理和预期的影响,商品价格发生波动时,需求呈现出不规则的变化,有时甚至出现"追涨杀跌"的现象,即价格上涨时反而抢购,价格下跌时反而抛出。

2.需求曲线的变动

在理解需求曲线的变动时,需要区分两个概念:需求量的变动与需求的变动。

前面介绍了影响需求量的八个因素。基于式(2.2)所示的基本的需求函数(一元函数),分别介绍影响需求量的每一个因素时,都暗含有这样的假设:其他因素不变的情况下,该因素的变化所引起的商品需求量的变化。这种分析,是把该因素作为影响需求量的内生变量(即"该因素的变化"),把其他因素作为影响需求量的外生变量(即"其他因素不变")。

把某一个因素作为影响需求量的内生变量时,需求量的变化在需求曲线上表现为沿曲线上的点移动(点移动)。如图 2.7 所示,在需求曲线 D_1 上,商品本身的价格 p 这个内生变量由 p_1 降低到 p_2,导致需求量由 Q_{11} 增加到 Q_{12},表现为在需求曲线上由 A 点移动到 B 点,即需求量的变动;反之,若价格由 p_2 上升到 p_1,导致需求量由 Q_{12} 减少到 Q_{11},表现为在需求曲线上由 B 点移动到 A 点。

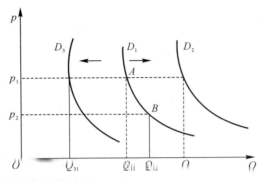

图 2.7　需求量的变动与需求的变动

与需求量的变动相对应的是需求的变动。把某一个因素作为影响需求量的外生变量时,这个因素的变化(由模型以外的因素引起)引起的是整个需求关系的变化即引起的是需求的变动。这意味着,在商品价格这个内生变量的每一水平上,消费者所愿意并且有能力购买的商品数量都与原来的不一样了。在需求曲线图形上,表现为整个需求曲线的位移,即代之以新的需求曲线,形成需求曲线的线移动(线移动)。如图 2.7 所示,由于某商品本身的价格 p 这个内生变量以外的某个因素(外生变量)的变化,比如消费者的收入增加,需求曲线由 D_1 向右移动到 D_2,则在同一价格水平 p_1 下,需求量由 Q_{11} 增加为 Q_{21};反之,由于商品本身价格以外的某个因素的变化,比如消费者的收入减少,需求曲线由 D_1 向左移动到 D_3,则在同一价格水平 p_1 下,需求量由 Q_{11} 减少为 Q_{31}。①

可见,在同一条需求曲线上,点向上方移动是需求量减少,点向下方移动是需求量增加;在同一坐标系中,需求曲线向左方移动是需求减少,需求曲线向右方移动是需求增加。

三、需求弹性

"需求弹性"是马歇尔受物理学"弹性"(elasticity)概念的启发而发明的经济学术语。

弹性表示一个变量对另一个变量变化的敏感程度。就具体数值而言,它是分析一个变量变动引起另一变量变化的百分比。弹性大小可以帮助我们了解变量之间相互影响的程

---

① 因为此处依据的是式(2.2)所示的需求函数形式,商品本身的价格在函数中出现了,因而是内生变量,没有在函数中出现的商品本身价格以外的因素就是外生变量。如第一章所述,外生变量可以直观地理解成,在坐标图中没有出现的因素,即既不是纵坐标所指的因素也不是横坐标所指的因素。比如,图 2.7 中,收入既不是纵坐标所指的因素也不是横坐标所指的因素,因而是外生变量。此处,收入这个外生变量就是影响需求而非影响需求量的因素,引起的是需求曲线的平移即线移动。内生变量引起的是曲线上的点移动。

度。弹性数值可以有正负,正值表示两变量变化方向相同,负值表示两变量变化方向相反。在一般表达中,通常使用绝对值,同时说明变化方向。

1. 需求价格弹性

需求价格弹性(price elasticity of demand)是指某商品价格变化引起该商品需求量变化的百分比。它表明了这一商品需求量对其价格的敏感程度。若以 Q 和 p 分别表示某一商品的市场需求量和市场价格,以 E_D 表示该商品的需求价格弹性,则需求价格弹性公式为

$$E_D = \frac{\frac{\Delta Q}{Q}}{\frac{\Delta p}{p}} = \frac{p}{Q} \frac{\Delta Q}{\Delta p} \tag{2.3}$$

式(2.3)中的 $\Delta Q/Q$ 和 $\Delta p/p$ 分别表示需求量和价格的变化百分比。

当然,需求价格弹性通常为负值,即 $E_D < 0$,表明正常商品的需求量与其价格的变化方向相反。一般地,我们只说需求价格弹性的绝对值,即只说 $|E_D|$ 的值,$|E_D| \geqslant 0$。

一般来讲,需求价格弹性越大,需求曲线的倾斜度越平缓;反之越陡峭。如图 2.8 所示,金刚石的需求价格弹性比食盐的大,所以金刚石的需求曲线就比食盐的需求曲线平缓。

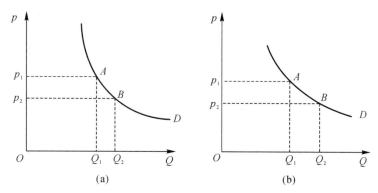

图 2.8 需求价格弹性与需求曲线
(a)食盐; (b)金刚石

需求价格弹性有两种计算方法:弧弹性与点弹性。

(1) 弧弹性。弧弹性是根据需求曲线上两点的相应价格与需求量计算的。如图 2.8 中的 A、B 两点。如果价格由 p_1 下降到 p_2,需求量就从 Q_1 增加到 Q_2,需求曲线上的点从 A 移动到 B,那么,其弧弹性公式为

$$|E_D| = \left| \frac{\frac{Q_2 - Q_1}{Q_1}}{\frac{p_2 - p_1}{p_1}} \right| = \left| \frac{Q_2 - Q_1}{p_2 - p_1} \frac{p_1}{Q_1} \right| = \left| \frac{Q_2 - Q_1}{p_2 - p_1} \right| \frac{p_1}{Q_1} \tag{2.4}$$

但是,弧弹性有一个缺点,那就是虽然所取的两点相同(即价格变化幅度相同),但如果选取的起点和终点相反(即价格变化方向相反),所计算的弧弹性就不同。与式(2.4)相比,如果价格 p_2 上升到 p_1,需求量就从 Q_2 减少到 Q_1,需求曲线上的点从 B 移动到 A,那么,其弧弹性公式就变为

$$|E_D| = \frac{\left|\frac{Q_2-Q_1}{Q_2}\right|}{\left|\frac{p_1-p_2}{p_2}\right|} = \left|\frac{Q_1-Q_2}{p_1-p_2}\frac{p_2}{Q_2}\right| = \left|\frac{Q_1-Q_2}{p_1-p_2}\right|\frac{p_2}{Q_2} \quad (2.5)$$

我们比较式(2.4)和式(2.5)，$\left|\frac{Q_2-Q_1}{p_2-p_1}\right|$ 和 $\left|\frac{Q_1-Q_2}{p_1-p_2}\right|$ 是相等的，但是，由于 p_1 与 p_2、Q_1 与 Q_2 的值是不同的，因此，一般来说最后的值也就不同，那么根据式(2.4)和式(2.5)计算 $\frac{p_2}{Q_2}$ 与 $\frac{p_1}{Q_1}$ 的弧弹性就不等，有时差距还很大。

弧弹性可以克服这一缺点。弧弹性是取两点的均值计算，不论从哪一点计算，其弧弹性都是一致的，即

$$E_D = \frac{\frac{\Delta Q}{\frac{Q_1+Q_2}{2}}}{\frac{\Delta p}{\frac{p_1+p_2}{2}}} = \frac{\Delta Q}{\Delta p}\frac{p_1+p_2}{Q_1+Q_2} \quad (2.6)$$

(2) 点弹性。克服上述缺点的另一种方法是求点弹性。点弹性从弧弹性延伸而来，即当计算弧弹性的两点之间的距离取极限时，就接近于一点，由此计算的需求价格弹性就是点弹性。

$$E_D = \lim_{\Delta p \to 0}\frac{\Delta Q}{\Delta p}\frac{p}{Q} = \frac{dQ}{dp}\frac{p}{Q} \quad (2.7)$$

如果需求函数为 $Q_D = f(p)$，式(2.7)就可变换为一般表达式：

$$|E_D| = \left|\frac{\Delta Q_D}{\Delta p}\frac{p}{Q_D}\right| = \left|\frac{df(p)}{dp}\frac{p}{f(p)}\right| \quad (2.8)$$

例如，若某商品的需求函数为 $Q_D = f(p) = 100 - 2p$，那么，当 $p = 10$ 时的需求价格弹性就可计算为

$$|E_D| = \left|\frac{df(p)}{dp}\frac{p}{f(p)}\right| = |-2| \times \frac{10}{10-2\times 10} = 0.25$$

一般地，如果不特别规定，我们说某商品的需求价格弹性都是指其点弹性。根据式(2.8)，在同一条需求曲线上，各点的需求价格弹性一般是不相同的。如图2.9所示，A、B、C 三点的需求价格弹性都不一样。

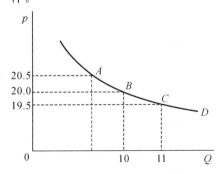

图 2.9 需求曲线上点的弹性

不同商品的需求价格弹性是不同的,为分析方便,一般可以将其划分为

1) $|E_D|>1$,称作需求富有弹性;
2) $|E_D|=1$,称作单元需求弹性;
3) $0<|E_D|<1$,称作需求缺乏弹性;
4) $|E_D|=0$,称作需求零弹性或完全缺乏弹性,此时需求曲线呈垂直状态;
5) $|E_D|\to\infty$,称作需求弹性无穷大或完全富有弹性,此时需求曲线呈水平状态。商品的需求价格弹性与许多因素有关,表2.2反映了它们之间的关系。

表2.2 影响商品需求价格弹性的因素

影响因素	$\|E_D\|$变化趋势
商品的必须程度	反向关系:越必需,$\|E_D\|$越小
商品的可替代性	正向关系:越可代替,$\|E_D\|$越大
时间跨度	正向关系:时期越长,$\|E_D\|$越大
商品支出在总支出中的比重	正向关系:比重越大,$\|E_D\|$越大
商品耐用程度	正向关系:越耐用,$\|E_D\|$越大
商品类别	反向关系:类别越大,$\|E_D\|$越小
……	……

需求价格弹性可以帮助生产者考虑利用价格变化促进产品销售,也可以探知消费者需求的变动趋势。例如,当某商品的原有价格和需求量分别为 p_1 和 Q_1 时,销售收入为 R_1,生产者若提价为 p_2,需求量就减为 Q_2,即 $p_2>p_1$,$Q_2<Q_1$,那么,这一决策是否有利呢?可以从生产者的销售收入变化来判断。

$$\Delta R = R_2 - R_1 = p_2 Q_2 - p_1 Q_1 = (p+\Delta p)(Q_1+\Delta Q) - p_1 Q_1 =$$

$$p_1 \Delta Q + \Delta p Q_1 + \Delta p \Delta Q = \left(\frac{\Delta Q}{\Delta p}\frac{p_1}{Q_1}+1\right)\Delta p Q_1 =$$

$$(E_D+1)\Delta p Q_1 \begin{cases} >0, & \text{若}|E_D|<1 \\ =0, & \text{若}|E_D|=1 \\ <0, & \text{若}|E_D|>1 \end{cases}$$

注:$\Delta p \Delta Q$ 很小,可以忽略不计。

显然,若该商品需求缺乏弹性,生产者提价可以提高销售收入;若该商品需求富有弹性,生产者提价反而会使销售收入下降;若该商品的需求价格弹性为单元弹性,生产者提价或降价都不会影响销售收入。

2. 需求的交叉价格弹性

商品的需求量还与其他商品的价格变化有关。需求的交叉价格弹性就是反映某商品需求量受其他相关商品价格变化的敏感程度或影响程度的指标。假设有两种商品1、商品2,若用 E_C 表示商品2的价格 p_2 变化引起商品1的需求量 Q_1 的变化的交叉价格弹性,则需求的交叉价格弹性公式为

$$E_C = \frac{\frac{\Delta Q}{Q}}{\frac{\Delta m}{m}} = \frac{\Delta Q}{\Delta m} \frac{m}{Q} \qquad (2.9)$$

假设商品 1 的价格为 p_1，商品 2 的价格为 p_2，若商品的需求函数为 $Q_1 = f(p_1, p_2)$ 且连续可导，那么，交叉价格弹性公式为

$$E_C = \lim_{\Delta p_2 \to 0} \frac{\Delta Q_1}{\Delta p_2} \frac{p_2}{Q_1} = \frac{\partial Q_1}{\partial p_2} \frac{p_2}{Q_1} \qquad (2.10)$$

很明显，互补品之间的交叉价格弹性值为负，替代品之间的交叉价格弹性值为正；如果两种商品之间毫无关系，那么它们之间的交叉价格弹性为 0，如牛奶与汽车之间的交叉价格弹性几乎为 0。

3. 需求的收入弹性

需求的收入弹性是指消费者收入变化所带来的商品需求量变化的百分比，它反映了消费者的收入对商品需求量的影响程度，或商品需求量对消费者收入变化的敏感程度。如果以 m 表示消费者的收入，以 E_m 表示需求的收入弹性，那么，其公式可表示为

$$E_m = \frac{\frac{\Delta Q_S}{Q_S}}{\frac{\Delta p}{p}} = \frac{\Delta Q_S}{\Delta p_2} \frac{p}{Q_S} \quad \text{或} \quad E_m = \frac{dQ_S}{dp} \frac{p}{Q} \qquad (2.11)$$

可以根据需求收入弹性将商品划分为以下几种：

（1）奢侈品。此时 $E_m > 1$，即当消费者收入增长 1% 时，此类商品需求量增长大于 1%，如名牌服饰、手表、珠宝、钻石、名车等等。

（2）必需品。此时 $0 < E_m < 1$，即当消费者收入增长 1% 时，此类商品需求量增长小于 1% 但大于 0，如衣、食、住、行等日常用品、必需用品，以及粮食、食盐、学生的纸笔等等。

（3）低档品或劣质品。此时 $E_m < 0$，即当消费者收入增长 1% 时，此类商品需求量反而降低了，即随着人们收入水平的不断提高，人们对这类商品的需求量降低了。如低档服装、低档自行车、便宜的手表等等。

第三节 市场供给

一、供给与供给函数

1. 供给和供给量

人类活动的终极目标是生活幸福。生活幸福所依赖的是财富收入。市场经济的核心是市场交换。人们必须愿意供给他人有用的东西，与他人进行市场交换才能获得相应的财富收入。人们具有供给欲望和供给能力时，也不是随意地供给销售，而是依据商品价格的不同而供给不同数量的商品。这就是供给的概念。

市场供给（简称"供给"，supply）是指，在一定时期内，在每一价格水平上，生产者愿意而且能够提供给市场的商品的数量。供给也是供给欲望与供给能力的统一。供给能力既可以

是当期新生产出来的产品,也可以是存货。

类似于需求与需求量之间的关系,供给量(quantity supplied)与供给不同,供给量是指在某一价格水平或特定价格意义上供给市场的商品的具体数量,供给则反映的是价格与生产者的供给量这两个变量之间的一一对应关系。

供给也分厂商供给与市场供给。一般地,把不同价格下对某一种商品的厂商供给简单加总,就可得到该商品的市场供给。厂商的供给量与市场的供给量之间的关系也有类似的情况。

2.供给量的影响因素

简单加总不会改变供给(量)的性质,因此影响厂商供给(量)的因素也就是影响市场供给(量)的因素。生产和销售相同或相似产品的厂商的集合即行业,构成市场。因此,为避免理解上的混淆,下面用"生产者"概括一家家企业或厂商并将其作为市场供给的主体,以与单个企业或单个厂商相区别。

市场上,一种商品的供给量是随着各种条件的变化而变化的,要受到很多因素的影响。

(1)商品自身的价格。由于生产者的目标是追求利润最大化,在其他条件不变的情况下,如果某种商品的价格上涨,生产者就会减少其他产品的生产而将生产资源更多地投入到这种商品的生产,从而生产者对这种商品的供给量就会增加;反之,生产者就会将生产资源转用于其他相对价格较高的商品的生产,从而该商品的供给量减少。换言之,在其他因素不变的情况下,商品的供给量与其价格之间存在正向的依存关系,即商品价格越高,生产者向市场提供的商品数量越多;反之越少。这种现象普遍存在,被称为供给定理或供给法则(law of supply)。

(2)相关商品的价格。在两种互补品之间,一种商品价格下跌会减少另一种商品的供给量;在两种替代品之间,一种商品的价格下跌会使另一种商品的供给量增加。例如,一块耕地可用来种小麦也可种玉米,当小麦价格下跌时,农民就会不种或少种小麦而增加玉米的种植量,从而玉米的市场供给量就会增加。

(3)生产要素的价格。生产者生产各种产品要投入生产要素。生产要素是决定生产者生产成本的重要因素。生产要素价格上升,会使产品成本提高,若产品市场价格不变,生产者的利润就会降低,则其供给量就会相应减少;反之,供给量会增加。

(4)生产技术的变动。在资源既定的条件下,生产技术的提高会使资源得到更为充分的利用,使生产过程更为经济有效,从而使供给量增加。

(5)生产者对未来的预期。若生产者对未来是乐观的预期,则会增加供给量;反之,生产者对未来是悲观的预期,则会减少供给量。比如,新冠疫情期间,生产口罩的生产者预期口罩价格上升就会增大口罩的生产,从而口罩的供给量就会增加(这个例子特别的地方在于口罩价格上升,需求量也会增加,这是出于新冠疫情的特殊环境)。但有一种可能是生产者可能预期在今后一段时间内某商品价格上涨,其在提高产量的同时也可能选择囤积居奇,待价而沽,这样该商品的供给量反而短时间内会下降。但是,从长远看来,供给量还是会增加的。

(6)厂商的数目。在一个行业即市场里,如果厂商数目增加,产品市场供给量就会提高;反之,如果厂商数目减少,产品市场供给量就会下降。如春节前的花炮焰火厂商都由原来不开工或少开工纷纷转为开足马力生产,厂商的增多促使市场花炮焰火供给量大大增加。中秋节后的大多月饼厂商停产,市场中的月饼供给量自然很快减少。

(7)政府的政策。若政府采用鼓励投资和生产的政策(例如实行减税、降低利率等政策),就可以刺激生产,增加产品供给量;反之,若政府采用抑制投资和生产的政策(例如实行增税、提高利率等政策),则会抑制生产,减少产品供给量。

另外,如自然条件、社会条件、政治制度等因素也可能影响到供给量的变动。

3. 供给函数

把供给量作为因变量,则以上影响供给量的各种因素就是自变量,就可以用函数关系来表达影响供给量的因素与供给量之间的关系,这种函数便称为供给函数,其一般意义的数学形式可记为

$$Q_S = f(p, p_e, p_r, w_j, \cdots) \tag{2.12}$$

其中,Q_S 代表某种商品的供给量,p 代表该商品的市场价格,p_e 代表该商品的预期市场价格,p_r 代表相关商品的市场价格,w_j 代表生产要素的市场价格。

同需求量一样,价格也是决定一种商品供给量的最基本的因素。假定其他条件不变,只研究某种商品的供给量与其市场价格之间的关系,则基本供给函数可记为

$$Q_S = f(p) \tag{2.13}$$

二、供给曲线及其变动

1. 供给表与供给曲线

如上所述,影响供给量的因素是很多的。实际中,生产者关心的是市场上商品自身价格的高低。为简化分析,假设影响商品供给量的只有市场上商品本身的价格这一个因素。

通过实际观察发现,商品价格越高,生产者的供给积极性越高,供给量越多;反之越少。通过观察谷物的供给量随其市场价格的变化情况,可以形成表2.3所示的供给表。

表 2.3 谷物的供给表

价格/美元	供给量/吨
5	100
4	80
3	60
2	40
1	20

因此,某商品的供给表是用表格形式列出的供给量与价格之间的一一对应关系。用图示的方法把上述供给表表现出来,即得到了该商品的市场供给曲线 $Q_S = 20p$,如图 2.10(a) 所示。

实际经济生活中,当价格很低接近成本时,生产者就会停止该商品的供给,这时供给量为0。因此,一般来说,供给曲线都与纵轴相交于一个最低价格。供给曲线也不可能无限向右上方延伸,因为生产者的生产资源有限,社会的购买力有限,不可能出现无限供给的情况。

供给曲线的形状通常是向右上方倾斜的,表明价格与供给量同方向变动。价格和供给量之间的关系可以是线性关系,也可以是非线性关系。当二者之间存在线性关系时,供给曲线是一条向右上方倾斜的直线,直线上任意一点的斜率都相等,图2.10(a)的供给曲线便是如此。而当二者之间存在非线性关系时,供给曲线是一条向右上方倾斜的曲线,曲线上各点的斜率是不同的,图2.10(b)就是一般意义上的供给曲线。

一般意义上的供给曲线的现实意义是:价格再低,也不可能低到零,即"任何生产不可能没有成本",则供给曲线的一部分以与数量轴平行直线为渐近线[图2.10(b)中所示的水平虚线];短期内生产规模①是有限的,即供给曲线的一部分以与价格轴平行直线为渐近线[图2.10(b)中所示的垂直虚线]。为更具有普适性,本教材以后章节尽可能采用一般意义的供给曲线,并且一般用 S 代替 $Q_S=f(p)$ 对市场供给曲线的名称进行标注。

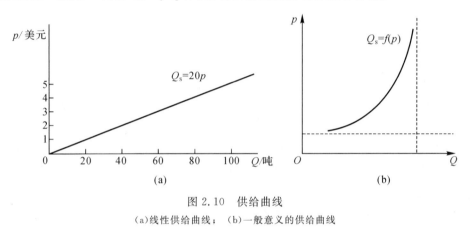

图2.10 供给曲线
(a)线性供给曲线; (b)一般意义的供给曲线

同样,供给曲线也存在特例。

(1)某种无法再生产的商品。有一些商品即使价格再高,也无法增加供给量,比如土地、文物、古玩、名家字画等,其供给曲线如图2.11(a)所示。大家都知道梵高(Vincent Willem van Gogh)的名画《向日葵》,该幅作品世界上只有一件真品,所以其价格可以不断变化,但供给量却固定不变。

(2)成本下降大于价格下降的商品。随着人类社会的进步,社会生产力也在不断进步。某些商品原来只能以手工单件生产或较小规模生产,但随着技术进步,现在可以大规模生产。在规模经济下,成本大幅下降。虽然该商品的价格也下降,但是其成本下降得更多,所以市场上的供给量反而提高(只要有需求的话)。比如,1990年我国十位数字计算器每台150元,1995年价格下降到每台50元,但销售量(供给量)却增加到了3倍。这就是技术进步使得成本下降了更多,促使供给量上升。其供给曲线如图2.11(b)所示。

(3)劳动的供给。在经济学中,劳动也是一种商品。劳动的价格可用工资率(即单位劳动的工资)来表示。在工资率较低的时候,劳动的供给符合供给定理,随着工资率(劳动价格)的上涨,劳动者愿意牺牲闲暇时间提供更多的劳动。但是当工资率达到一定程度时,闲

---

① 生产规模即产品生产量、供给量,后面的"短期内规模不变"也是这个含义。

暇就相对宝贵了。这时候继续提高工资率,劳动者或许就不愿意牺牲更多的闲暇来赚钱,反倒会减少劳动供给,劳动的供给就随着工资率的提高而减少(或者不变),劳动的供给曲线就会表现为向后弯曲,其供给曲线如图 2.11(c)所示。这部分内容将在第十章详细讲解。

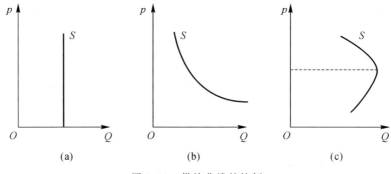

图 2.11 供给曲线的特例

2. 供给曲线的变动

与需求量的变动和需求的变动一样,供给量的变动与供给的变动也是两个不同的概念。

依据式(2.13),商品的供给量是该商品价格的函数。因此,供给量的变动是指,在其他条件不变的情况下,商品本身价格变化所引起的供给量的变化。供给量的变动在图形上表现为在一条既定的供给曲线上点的位置的移动(点移动)。在图 2.12 中,对于供给曲线 S_1,价格由 p_1 下降到 p_2,导致供给量由 Q_{11} 减少到 Q_{12},即在 S_1 上由 A 点移动到 B 点;反之,价格由 p_2 上升到 p_1,供给量由 Q_{12} 增加到 Q_{11},即在 S_1 上由 B 点移动到 A 点。

依据式(2.13),供给的变动是指,由于商品本身价格以外的其他因素的变化所引起的供给的变化。供给的变动在图形上表现为整条供给曲线的移动(线移动)。在图 2.12 中,假设由于商品价格以外的因素变化,比如生产要素价格 w 下降因而生产成本下降,供给曲线从 S_1 向右移动到 S_2,这时候在同样的价格 p_1 下,供给量从 Q_{11} 增加到 Q_{21};反之,比如生产要素价格 w 上升因而生产成本上升,供给曲线从 S_1 向左移动到 S_3,这时候在同样的价格 p_1 下,供给量从 Q_{11} 减少到 Q_{31}。

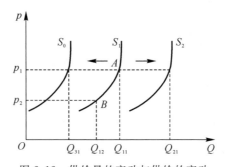

图 2.12 供给量的变动与供给的变动

可见,在同一条供给曲线上,点向上方移动是供给量增加,点向下方移动是供给量减少;供给曲线向左方移动是供给减少,供给曲线向右方移动是供给增加。

三、供给弹性

供给的价格弹性(用 E_S 表示)表示了某商品价格变化所引起的该商品市场供给量变动的百分比。E_S 与 E_D 是完全对称的,E_S 公式可以表示为

$$E_S = \frac{\frac{\Delta Q_S}{Q_S}}{\frac{\Delta p}{p}} = \frac{\Delta Q_S}{\Delta p_2} \frac{p}{Q_S} \quad \text{或} \quad E_S = \frac{dQ_S}{dp} \frac{p}{Q_S} \tag{2.14}$$

根据供给法则,一般而言,商品的供给量与价格是正相关关系,故 $E_S \geqslant 0$。

与需求价格弹性 E_D 类似,不同商品的供给价格弹性 E_S 也是不同的,我们可以将其划分为以下几种。

(1) $E_S > 1$,称作供给富有弹性;
(2) $E_S = 1$,称作单元供给弹性;
(3) $0 < E_S < 1$,称作供给缺乏弹性;
(4) $E_S = 0$,称作供给零弹性或完全缺乏弹性,此时供给曲线呈垂直状态;
(5) $E_S \to \infty$,称作供给弹性无穷大或完全富有弹性,此时供给曲线呈水平状态。

可以用线性供给曲线来说明供给弹性的有关规律。如图 2.13 所示,点 A 和点 B 的弹性是不一样的,$E_{SA} < E_{SB}$。

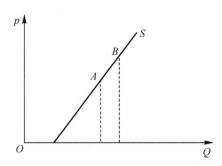

图 2.13 线性供给曲线的点弹性

同样,商品的供给价格弹性也受许多因素影响,表 2.4 反映了它们之间的关系。

表 2.4 影响商品供给价格弹性的因素

影响因素	E_S 变化趋势
商品市场进入的难易程度	反向关系:市场越难进入,E_S 越小
商品供给类别	反向关系:考察范围越大,E_S 越小
时间	正向关系:考察时期越长,E_S 越大
商品市场总产量	反向关系:市场总量越大,E_S 越小
生产技术进步的程度	正向关系:技术进步越快,E_S 越大
……	……

第四节 均衡价格

一、均衡价格及其决定

前已述及,公平交换的关键在于公平价格,公平价格即市场价格,市场价格由商品的市场供给与需求共同决定。就是说,需求说明了某一商品在任一价格下的需求量,供给说明了某一商品在任一价格下的供给量,只有把该商品的供给和需求结合起来考虑,才能确定该商品的价格。在竞争性的商品市场上,对于某种商品的任一价格,其相应的需求量和供给量不一定相等,但在该商品各种可能的价格中,必定有一价格能使需求量和供给量相等,从而使该商品市场达到一种均衡状态(market equilibrium)。因此,均衡价格是指在此价格下消费者对某种商品的需求量等于生产者所提供的该商品的供给量。在均衡价格下的交易,称为均衡交易量或均衡产量。

市场均衡状态表明:在目前的价格水平上,供求双方的决策是相容的,即消费者愿意购买的数量恰好等于生产者愿意供给、销售的数量,供求双方都认为如果改变这个数量就会给自己带来损失。

依据以上分析,我们将需求曲线与供给曲线结合在一起,就能够看出供求双方在同一价格上的需求量或供给量。根据供给曲线与需求曲线的特性,可以得到供求相等时所对应的唯一价格和商品量(即市场交易价格和交易量)。如图 2.14 所示,若市场需求曲线 D 与市场供给曲线 S 既定,它们就共同决定了市场均衡点 E,对应的均衡价格为 p^*,均衡数量为 Q^*。

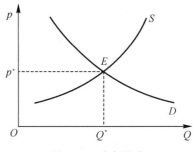

图 2.14 市场均衡

消费者与生产者的行为会自动地使市场力量向均衡状态发展。为了说明如何形成市场均衡,首先考虑当市场价格不等于均衡价格时的情况。

假设有某种商品的市场价格高于均衡价格,如图 2.15(a)所示。如果该商品的价格现在为 p_H,此价格对应于需求曲线上的 A 点,这时消费者希望购买 Q_D 单位的该商品。同时,p_H 对应于供给曲线上的 B 点,表示生产者希望生产 Q_S 单位的该商品。因此,当价格为 p_H 时,该商品的供给量 Q_S 超过了需求量 Q_D,存在过剩(surplus),即在现行价格 p_H 处,生产者生产的产量超过了它们所能卖出的产品数量。

当市场上存在过剩时,生产者的反应是降低销售价格。价格下降增加了需求量,并减少了供给量。在价格没有降到 p^* 之前,商品的过剩将一直存在,生产者也会继续受到降价的压力。当价格下降到 p^* 时,供给量等于需求量,市场达到了均衡。

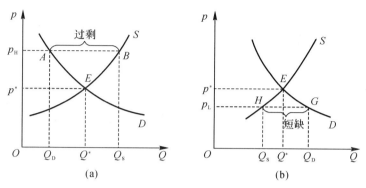

图 2.15　非均衡的市场
(a)超额供给；　(b)超额需求

假设某商品的市场价格低于均衡价格,如图 2.15(b)所示,其价格为 p_L。此价格对应于需求曲线上的 G 点,这时消费者希望购买的数量为 Q_D。同时,p_L 对应于供给曲线上的 H 点,表示生产者希望生产的数量为 Q_S。因此,当价格为 p_L 时,需求量 Q_D 超过了供给量 Q_S,存在短缺(shortage),即在现行价格处,消费者的需求量超过了他们所能买到的数量。

当市场上存在短缺时,生产者可以提高销售价格且不会降低销售量。随着价格上升,需求量减少,供给量增加。在价格没有升到 p^* 之前,商品的短缺将一直存在,生产者可以继续提价。当价格上升到 p^* 时,供给量等于需求量,市场达到了均衡。

因此,市场上买卖双方的行为及其相互作用最终将把市场价格推向均衡价格。一旦市场达到均衡,需求和供给的市场力量就达到了平衡,所有消费者和生产者都得到满足,也就不再存在提高或降低价格的激励。在大多数市场上,过剩与短缺都只是暂时的,最终都要到达均衡价格和数量。经济学家称这种现象为供求定理(law of supply and demand):通过物品价格的调整,市场最终将会达到均衡状态。这就是说,如价格与它稍有背离,将有恢复的趋势,像钟摆沿着它的最低点来回摇摆一样。也就是说,市场均衡具有"自稳态"。

但有时因为受各种因素的影响,市场会出现较长一个时期的供不应求或供过于求,即走向均衡的时间很长。这时,会出现有价格但市场并没有实现供求均衡的情况,即会出现有价格但供求不一定均衡的情况。

二、均衡价格的变动

前面分析了在需求曲线和供给曲线不变的情况下,需求与供给如何共同决定市场均衡。如果不发生需求或供给的变动,均衡价格和均衡数量将保持不变。但是,当某些事件,例如,消费者收入变化或者生产者产量下降,使这些曲线移动时,市场上的均衡就改变了。经营者需要了解如何运用需求与供给工具来分析市场条件的变化对均衡价格和均衡数量的影响。

在运用需求与供给工具进行均衡变动分析时,一般按以下三个步骤进行:
(1)确定该事件是使需求曲线移动还是使供给曲线移动,或者使两种曲线都移动;
(2)确定曲线移动的方向;

(3)比较原来的均衡与新形成的均衡,研究在两种均衡状态时价格和数量的变化。

1. 需求变动

为了显示当供给不变时,需求的变动对市场均衡的影响,假设有橙汁的供求情况如图2.16所示。D_1 表示初始的需求曲线,E_1 点为初始的市场均衡点,初始均衡价格为 p_1,初始均衡数量为 Q_1。假设天气开始变热,应该如何分析均衡的变动呢?

遵循以下三个步骤:

(1)天气变热改变人们对橙汁的需求外部条件,即天气的变化改变了人们在每一种价格时想购买的橙汁数量。供给曲线 S 不变,因为天气并不直接影响销售橙汁的生产者。

(2)由于天气变热,人们想喝更多的橙汁,所以,需求曲线向右方移动,从 D_1 移动到 D_2。这种移动表明,在每种价格时,橙汁的需求量增加了。

(3)正如图2.16所示,需求增加使市场均衡点由 E_1 变为 E_2,均衡价格由 p_1 上升到 p_2,均衡数量由 Q_1 增加到 Q_2。

通过图2.16可以清楚地看到,如果其他条件不变,天气的变热将使橙汁需求扩大,均衡价格上升,均衡数量增加。

2. 供给变动

当一个或多个供给影响因素发生变化时,同样会改变市场均衡状态。如图2.17所示,仍然以 D 表示初始的需求曲线,E_1 点为初始的市场均衡点。现在假设生产橙汁的投入要素价格上升了,这时,市场将发生什么样的变化呢?

遵循以下三个步骤:

(1)橙汁的投入要素价格的上升影响供给曲线。通过增加生产成本和减少边际利润,减少了生产者在每种价格处愿意生产的橙汁数量。需求曲线 D 没变,因为投入要素的价格上升并不会直接影响消费者希望购买的橙汁数量。

(2)供给曲线向左移动,因为在每个价格时,生产者的供给量减少了。图2.17中,供给曲线由 S_1 移动到 S_2,供给减少了。

(3)供给曲线的移动使市场均衡点由 E_1 变为 E_2,均衡价格由 p_1 上升到 p_2,均衡数量由 Q_1 减少到 Q_2。通过图2.17可以清楚地看到,如果其他条件不变,投入要素价格的上升将使供给减少,均衡价格上升但均衡数量减少。

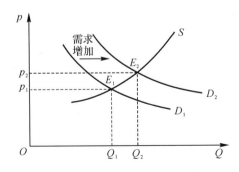

图2.16 需求变动如何影响市场均衡

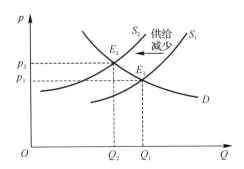

图2.17 供给变动如何影响市场均衡

3. 需求和供给同时变动

在实际经济中,常常会出现一些导致需求与供给同时发生变动的事件。为了分析这些事件的影响,现在假设天气变热和生产橙汁的投入要素价格上升同时发生。

(1)根据前面的分析可以确定,两条曲线都将移动,如图2.18所示。

(2)这两条曲线移动的方向与以前的分析中它们的移动方向相同:需求曲线由 D_1 向右移动到 D_2,供给曲线由 S_1 向左移动到 S_2。

(3)正如图2.18所示,有两种可能的结果,这取决于需求与供给移动的相对大小。在这两种可能中,均衡状态由点 E_1 变动到点 E_2,均衡价格都上升。

在图2.18(a)中,需求大幅度地增加,而供给下降很少,因此均衡数量增加了,即此时 $Q_2 > Q_1$。与此相比,在图2.18(b)中,供给大幅度减少,而需求增加很少,因此均衡数量减少了,即此时 $Q_2 < Q_1$。但是,我们可以看到,需求与供给如假设的变化发生后,均衡价格变化趋势却是相同的——是上升的,即两种情况下都是 $p_2 > p_1$。

一般说来,需求与供给同时发生变动时,在均衡价格和均衡数量中,只有一个均衡量的变化能被确定,另外一个变量的变化则取决于需求和供给变动的相对幅度。

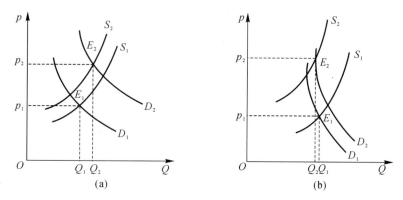

图2.18 需求和供给同时变动如何影响市场均衡
(a)价格上升,均衡量增加; (b)价格上升,均衡量减少

三、均衡价格的动态效应:蛛网模型

从上述内容中我们似乎看到,市场供求双方总能达到均衡状态。但是,现实经济中很难看到市场供求状况始终维持在一个稳定的均衡水平上。正所谓市场均衡是偶然的,市场非均衡却是常态。有些商品市场甚至就不可能达到均衡状态。因此,随着时间的变化,市场始终处于供求双方力量影响过程中,市场状态总是在供求双方的力量共同作用下变动着,市场力量共同的变动轨迹形成周期性波动,这种变动轨迹表示在坐标图上就如蜘蛛网一样,因此人们就形象地称其为"蛛网周期"(cobweb cycles)或"蛛网模型"(cobweb models)。

蛛网模型一般可分三种类型。

1. 循环周期

循环周期(eternal cycle)是指图2.19所示的一种市场交易变动状态。

(1)假若开始时由于某种原因市场均衡状态发生改变,使市场需求量变化为 Q_1,即在需求曲线 D 上的 A 点,此时消费者愿意出价为 p_H。

(2)当生产者注意到消费者愿意出价为 p_H 时,生产者愿意提供供给量 Q_2,即供给曲线 S 上的 B 点。

(3)一旦生产者向市场供给量为 Q_2 时,消费者根据自身的需求曲线只愿意出价为 p_L,即对应于需求曲线 D 上的 C 点。

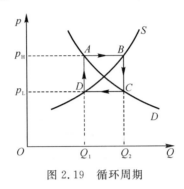

图 2.19　循环周期

(4)当生产者发现消费者只愿意出价 p_L 时,他就只愿意提供市场供给量为 Q_1,即对应供给曲线 S 上的 D 点。

(5)一旦生产者只向市场提供商品量为 Q_1 时,消费者就愿意最高出价 p_H 购买商品,市场交易点又回到了 A 点……循环往复。这样,我们发现,当其他条件不变时,随着时间推移,这种商品市场中生产者若始终以上期数据进行决策的话,永远达不到稳定的均衡状态,市场交易点可能始终处于循环状态。这也称作"封闭型蛛网"。

实际上,循环周期的形成主要在于需求曲线与供给曲线的倾斜度相等(或价格弹性的绝对值相等)。即当有某种原因导致原有均衡量发生变化时,需求量与供给量都变化相同比例,与原有均衡点始终既不远离也不接近,保持着循环过程。

2. 发散周期

发散周期(explosive cycle)是指一种市场交易点逐渐远离原有均衡点的变动状态,如图 2.20 所示。

(1)假若开始时由于某种原因市场均衡状态发生改变,使市场需求量变化为 Q_1,即在需求曲线 D 上的 A 点,此时消费者愿意出价为 p_1。

(2)当生产者注意到消费者愿意出价为 p_1 时,生产者愿意提供供给量 Q_2,即供给曲线 S 上的 B 点。

(3)一旦生产者向市场提供商品量为 Q_2 时,消费者根据自身的需求曲线只愿意出价为 p_2,即对应于需求曲线 D 上的 C 点。

(4)当生产者发现消费者只愿意出价 p_2 时,他就只愿意提供市场供给量为 Q_3,即对应供给曲线 S 上的 D 点。

(5)一旦生产者只向市场提供商品量为 Q_3 时,消费者就愿意出价 p_3 购买商品,市场交易点变为 E 点……这样,我们发现,当其他条件不变时,随着时间推移,这种商品市场中生产者在以上期数据进行决策的时候,供需双方的交易点越来越远离原有均衡点,交易轨迹呈发散状态。

发散周期的形成主要在于需求曲线的倾斜度比供给曲线的倾斜度陡峭(或需求价格弹性的绝对值小于供给价格弹性的值)。即当有某种原因导致原有均衡量发生变化时,需求量变动幅度小于供给量的变动幅度,造成交易点轨迹不断远离原有均衡点呈发散状态。

3. 收敛周期

收敛周期(damped cycle)是指一种市场交易点逐渐接近原有均衡点的变动状态,如图2.21 所示。

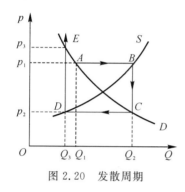

图 2.20　发散周期

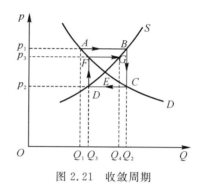

图 2.21　收敛周期

(1)假若开始时由于某种原因市场均衡状态发生改变,使市场需求量变化为 Q_1,即在需求曲线 D 上的 A 点,此时消费者愿意出价为 p_1。

(2)当生产者注意到消费者愿意出价为 p_1 时,生产者愿意提供供给量 Q_2,即供给曲线 S 上的 B 点。

(3)一旦生产者向市场提供商品量为 Q_2 时,消费者根据自身的需求曲线只愿意出价为 p_2,即对应于需求曲线 D 上的 C 点。

(4)当生产者发现消费者只愿意出价 p_2 时,他提供市场的供给量降为 Q_3,即对应供给曲线 S 上的 D 点。

(5)一旦生产者只向市场提供商品量为 Q_3 时,消费者就愿意提价为 p_3 购买商品,但 $p_3 < p_1$,对应需求曲线 D 上的 F 点。

(6)当消费者愿意提价为 p_3 购买商品时,生产者就会增加供给量到 Q_4,对应供给曲线 S 上的 G 点……这样,我们发现,当其他条件不变时,随着时间推移,这种商品市场中生产者在以上期数据进行决策的时候,供需双方的交易点越来越接近原有均衡点,交易轨迹呈收敛状态,最终会收敛到原有稳定均衡点 E。

收敛周期的形成在于需求曲线的倾斜度比供给曲线的倾斜度平缓(或需求价格弹性的绝对值大于供给价格弹性的值)。即当有某种原因导致原有均衡量发生变化时,需求量变动幅度大于供给量的变动幅度,造成交易点轨迹一步一步地接近原有均衡点呈收敛状态。

在上述三种蛛网模型中,只有具有收敛周期的商品才能达成稳定的均衡状态,所以其市场均衡是稳定均衡(stable equilibrium),即若有其他因素打破其均衡状态,市场供求力量会重新回到均衡。具有其他两类模型特性的商品市场均衡受到其他因素影响后,就不会重新回到均衡状态。现实中的市场形态往往不是纯粹的哪一种,通常掺杂了多种因素。

蛛网模型形象地描述了市场均衡的动态过程,反映了市场上的理性人(不论是消费者还是生产者)在实际经济决策时,具体决策都存在时滞,说明人们都是以已有的经验数据进行决策。同时,也可能是由于某些商品不能及时或长久保存,只能限期生产供应,如蔬菜、肉食品、粮食等等。在现实经济分析中,蛛网模型常常用于农产品价格波动的分析。

第五节 政府干预

亚当·斯密奉行市场自由主义。在现代经济中,经济活动日趋复杂多样,政府已经成为对市场机制运行进行外部影响的重要因素。加之,政府存在天然的父爱主义(paternalism)倾向,政府经济政策已经渗透到市场机制运行的许多方面,试图对市场机制进行干预,提高经济运行效率。

下面我们从微观角度介绍几种政府干预市场机制运行的常用手段。

一、最高限价

最高限价(price ceiling)是由于战争、自然灾害、社会动荡、物价剧烈波动等多种原因,政府为了保持价格稳定以追求社会公平等目的对某种商品规定的最高销售价格。政府对市场的这种干预措施最终会打破市场的均衡可能性,造成市场失衡。

假设某种商品的需求曲线为 D,供给曲线为 S,如图 2.22(a)所示。根据市场供求规律,市场可能的均衡点在 E 点,均衡价格为 p^*,均衡产量为 Q^*。但是,如果政府规定了最高限价后,比如 p_C,那么,$p_C < p^*$,该商品市场就会出现短缺,即供不应求现象,短缺量为 $(Q_B - Q_A)$。

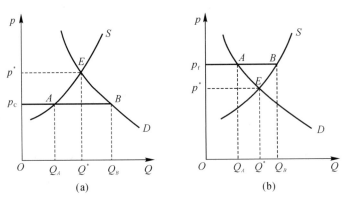

图 2.22 政府对市场的干预:最高限价与支持价格
(a)最高限价; (b)支持价格

可能出现如下现象:

(1)政府实行配给制,发放票证定量供给商品。政府成为相关经济资源配置的命令者。

(2)黑市出现。出现地下市场,民众从正规渠道购买不到商品,只能用高价从倒买倒卖渠道获取,出现另一种形式的社会不公平。

(3)经常出现排队现象,即在商品短缺情况下,人们在拥有相同票证下实行"先到先得"规则获得商品。为了购买到商品,民众花费大量时间、精力排队购买,造成社会资源的浪费。

(4)可能造成生产或提供该类商品的厂家或民众利益损失。如食品最高限价可能影响到面包商、面粉厂、养殖场等的收益损失,最终也很难保证商品质量的提高。

二、支持价格

支持价格(price floor)是为扶持某一行业的发展、保障行业人员收入或就业,扩大资本对该行业的投资,增强该行业抗击经济波动的冲击,加快此类产品的生产技术更新等原因,政府为扶持某一行业而规定某一商品的最低价格即价格下限,商品不能低于该价格进行交易。通常情况下,政府对农产品市场实行支持价格,这样能够保证农民有稳定的收入,维持农产品生产的积极性。支持价格同样会破坏市场可能形成的均衡,如图2.22(b)所示。

当商品如玉米的市场需求曲线为D,供给曲线为S时,根据市场供求规律,玉米市场可能的均衡点在E点,均衡价格为p^*,均衡产量为Q^*。

如果政府规定实行支持价格p_f后,那么,$p_f > p^*$,该商品市场就会出现过剩,即供大于求现象,过剩量为$(Q_B - Q_A)$。

但是,支持价格同样具有负面的影响:

(1)由于政府力主扶持,因此常由政府购买过剩产品,长期如此,必然会造成政府沉重的财政负担。

(2)过剩产品由政府购买后,由于卖不出去,许多产品储存在政府仓库里,甚至腐烂、变质,造成资源浪费。

(3)对于那些消费这类商品的民众来说,增加了消费支出。从这个角度来讲,支持价格是政府扩大了财政支付或相应民众支付较高价格扶持了该行业,支持价格一定程度上实现收入分配作用。

三、配额与许可证制度

配额与许可证制度也是政府干预对经济活动的重要手段,有些运用在国内经济活动,更多的是运用在对外经济活动中。

1.配额

配额(quota)是对市场上供需不等或各方利益不同的有限资源的一种平衡性管理和分配。在国内经济活动中,配额是指对供求压力的缓解或调整,如旅游景点、博物馆的旅游人数的配额控制,某种稀缺商品的供给控制,等等。在国际经济活动中,配额主要指一个国家或地区为了保护本国产业(如我国的汽车行业、农业等)免受进口产品恶性竞争的伤害或扶持该类行业的发展,或者为了防止本国或本地区商品过度出口(如我国的稀土资源等战略资源出口)而主动或者被动地控制进出口数量或者价值。配额有进口配额(import quotas)和出口配额(export quotas)。

如我国商务部根据我国加入世贸组织承诺、《中华人民共和国货物进出口管理条例》、《化肥进口关税配额管理暂行办法》和商务部公告《2009年化肥关税配额进口总量、分配原则和申请程序》(2008年第81号),于2009年1月20日公布了2009年化肥进口关税配额分配情况:2009年化肥进口关税配额总量为1 365万吨。其中,尿素330万吨,磷酸二铵690万吨,复合肥345万吨。

图2.23表明了配额对市场均衡的影响。如果该国或该地区此类商品需求曲线为D,本国或本地区生产者的供给曲线为S,若没有对外贸易,那么市场均衡点就为E_1点。但是,在存在自由的对外经济交往后,若国际商品价格或全国商品价格为p_0,那么,当地商品需求量为Q_B(即相当于线段AB的长度),当地生产者只愿供给Q_C的量,将有Q_B-Q_C的商品量(即相当于线段BC的长度)都由国外或地区外进口或进入当地弥补这一供给缺口。

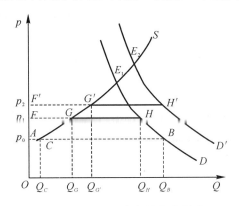

图2.23 配额对市场均衡的影响

若该国或该地为扶持这一行业的商品生产制定进口配额为Q_H-Q_G的量(即相当于线段GH的长度),那么,当地商品市场的价格就提升为p_1,当地生产者就可以提供Q_G的产量。

若由于某些原因当地需求扩张,如需求曲线右移到D',那么,此时进口配额仍是$Q_H Q_G$的量的话,商品价格就会提升为p_2,本地生产者就可以增加供给到$Q_{G'}$。

从上述分析可知,配额使本地商品价格提升了,尤其是与国外或外地价格相比较高。因此,配额一般都会产生商品市场的短缺现象,造成国内或地区内该商品价格高于其他国家或地区,其结果当地会出现黑市买卖、走私贩卖猖獗等等。

2.许可证

许可证(licence)是指一个国家通过法律规定或政府行政文件规定许可进口或出口某些商品或资源的证明、文件等。它也是对商品进出口进行一种限制,有了许可证才能进口或出口。颁发许可证的目的也是为了保护本国某些资源、行业、国民利益等等。

例如中华人民共和国商务部、中华人民共和国海关总署根据《货物自动进口许可管理办法》(商务部、海关总署令2004年第26号),决定自2009年8月1日起对鲜奶、奶粉和乳清实施自动进口许可管理并附有《2009年货物自动进口许可目录》等。

许可证制度对市场的影响与配额的影响接近,此处不再详解。

四、税收

有时,政府会对一些商品征税,这一行为会对这些商品的市场均衡产生影响。通常,税收可分为两大类,一类是向消费者征收,一类是向生产者征收。

1. 向消费者征税

如图 2.24 所示,不妨假设政府要求汽油的消费者为他们购买的每千克汽油支付 0.5 元的税。这项政策会如何影响汽油市场的均衡呢?可以用供求原理,遵循三个步骤来考察:①确定该政策影响的是供给曲线还是需求曲线;②确定曲线移动的方向;③考察市场新的均衡。

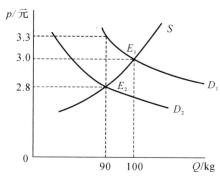

图 2.24 向买方征税对市场均衡的影响

为了说明税收的影响,可以比较原来的均衡与新的均衡。可以在图 2.24 中看到,汽油的均衡价格下降,均衡数量减少。可见,政府征税使汽油市场规模变小。虽然消费者向政府支付了全部税收,但实际上生产者与消费者共同分摊了税收负担。由于税收的存在,市场价格下降,生产者比没有税收时的收入减少了,因此,生产者也支付了税收。消费者虽然付给生产者较低的价格,假定为 2.8 元/升,但包括税收在内的均衡价格从税收前的 3 元/升上升为 3.3 元/升,因此,消费者也支付了税收。可见,在新的均衡时,消费者为该物品支付得多了,而生产者得到的也少了。

2. 生产者征税

现在考虑政府向生产者征税。假设政府要求汽油的生产者每出售一千克汽油向政府支付 0.5 元。最初这种政策会影响汽油的供给,增加了生产者的销售成本,使生产者在每一价格水平下供给的数量变少了,供给曲线向左移动,而需求曲线不变,如图 2.25 所示。

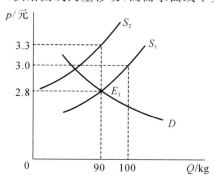

图 2.25 向卖方征税对市场均衡的影响

政府征税后,任何一种汽油的市场价格下,生产者实际的价格即他们在纳税之后得到的实际收入是市场价格减去 0.5 元。例如,如果市场价格正好是 3 元,生产者得到的价格是 2.5 元。无论市场价格是多少,生产者仿佛是在以此市场价格低 0.5 元的价格供给汽油。或者说,为了保证生产者的供给量和原先一致,市场价格必须比征税前高 0.5 元。这样,如图 2.25 所示,税收使供给曲线从 S_1 移动到 S_2,其移动幅度正好是税收量(0.5 元)。

消费者与生产者又一次分摊了税收负担。由于市场价格上升,消费者支付的单位价格比纳税前多了 0.3 元。生产者得到的收入高于没有税收时的收入,但均衡价格(在纳税之后)从 3 元下降为 2.8 元,生产者的单位收入比没有税收时少了 0.2 元。

对比图 2.24 和图 2.25,得出的结论是:对消费者征税和对生产者征税是相同的。在这两种情况下,供给曲线和需求曲线的相对位置发生了移动。在新均衡时,消费者和生产者分摊税收负担。对消费者征税和对生产者征税的唯一差别是谁把钱交给政府。

第六节 经济运行的效果分析

前面我们介绍了两种基本的经济制度:市场制度和政府干预。我们紧接着自然要问:哪种制度最好?要回答这个问题,我们既要定义何谓"最好",又要给出判断经济制度"最好"的标准。

一、经济剩余最大化

经济学的基本假设是理性人,其显著的特点是追求偏好或好处的最大化。因此,经济运行效果的判断标准是包括消费者剩余、生产者剩余在内的经济剩余的最大化。

1. 消费者剩余

马歇尔创造了消费者剩余的概念。消费者剩余是消费者消费一定量的商品或服务最高愿意支付的价格与实际市场价格之差,是衡量消费者满意程度的一种方法。

不同的人对商品的效用判断不同,讨价还价能力不同,愿意支付和实际市场价格也就不同。比如说,虽然人们都知道联想公司的电脑质量和性能不错,但不同的人对电脑的效用判断不同,愿意支付的价格也就有差异。购买同样性能指标的一台联想电脑,可能出现甲愿意出 9 000 元,乙愿意出 8 700 元,丙愿意出 8 300 元的情况。

假如现在有 3 台同样性能指标的联想电脑出售,通过充分的市场竞争,以 8 300 元的相同价格卖出。我们可以发现,除了丙没有得到消费者剩余之外,其他两个人都不同程度地获得了消费者剩余。其中最多的当然是甲,他获得了 700 元的消费者剩余,乙获得了 400 元的消费者剩余。不过,丙虽然没有获得消费者剩余,但也并没有觉得自己吃亏,因为他没有以高于自己愿意的价格去购买。

当联想电脑价格为 $p=8\,300$ 元时,3 台联想电脑的消费者剩余总和是 1 100 元。不过,用需求曲线计算消费者剩余只是一种简便的方法。我们假定电脑只能整台买卖,因此需求曲线就不再如同前面所讲的光滑的曲线,而是阶梯状的折线,如图 2.26 所示。

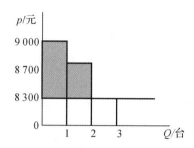

图 2.26 阶梯状需求曲线的消费者剩余

需求曲线上的每一点代表消费者对一定数量的商品所愿意支付的最高价格。所以,甲对电脑愿意支付 9 000 元,乙愿意支付 8 700 元,丙愿意支付 8 300 元。因此,3 台电脑带给的消费者总收益为

总收益＝9 000＋8 700＋8 300＝26 000(元)

由于每台电脑需要支付的市场价格都同样是 8 300 元,3 台电脑的总成本为

总成本＝8 300×3＝24 900(元)

消费者从 3 台电脑中得到的净收益或消费者剩余就为

消费者剩余＝总收益－总成本＝1 100(元)

消费者剩余相当于图 2.26 中阴影部分的面积。显然,第一台电脑带给消费者的剩余最大,而最后一台电脑带给消费者的剩余为零。

我们可以将上述原理推广到光滑的需求曲线。如图 2.27 所示,以 $Q_D=f(p)$ 代表光滑的需求曲线,则消费者购买商品时所获得的消费者剩余为需求曲线、均衡价格线和价格轴围成的面积。

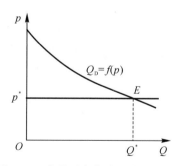

图 2.27 光滑需求曲线的消费者剩余

需求曲线上的每一点也代表消费者对一定数量的商品的评价,称作消费者的主观评价,购买一定数量的商品所支付的价格称作消费者的实际支付,则消费者剩余的计算公式为

$$消费者剩余＝消费者的主观评价－消费者的实际支付 \quad (2.15)$$

市场价格或均衡价格是不断变化的,因此我们得出如下结论:

(1)若市场价格上升,则消费者剩余减少;反之,若市场价格下降,则消费者剩余增加。

(2)若需求曲线是水平的,则因为与市场价格重合而消费者剩余为 0。

无论如何,消费者剩余概念的提出告诉消费者:通过市场交易,收益总是多于付出。人

们总能在自愿的市场交易中获取额外的利益,人类社会的福利总能在市场交易中不断增长。

2. 生产者剩余

生产者剩余等于生产者由其物品得到的量减去它们的生产成本,衡量生产者从参与市场中得到的收益。

生产者剩余的关键是计算生产者的成本。假如有3家成本不同的电脑供应商,IBM的成本是7 800元,惠普的是7 500元,联想的是7 000元。如果都按照8 000元的价格出卖,那么他们出售1台电脑将分别获得200元、500元和1 000元的生产者剩余。同时,如果生产者采取新的技术和管理措施使成本进一步下降,那他们可以获得更多的生产者剩余。

类似于消费者剩余,如图 2.28 所示,$Q_S = f(p)$ 代表光滑的供给曲线,则生产者能够获得的生产者剩余为供给曲线、均衡价格线和价格轴围成的面积。

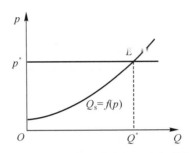

图 2.28 光滑供给曲线的生产者剩余

供给曲线上的每一点代表生产者生产一定数量的商品的成本,称作生产者的实际成本,销售一定数量的商品的价格称作生产者得到的收入,则生产者剩余的计算公式为

生产者剩余＝生产者得到的收入－生产者的实际成本

同样地,市场价格或均衡价格是变化的,我们得出如下结论:

(1)若市场价格上升,则生产者剩余增加;反之,若市场价格下降,则生产者剩余减少。

(2)若供给曲线是水平的,则因为与市场价格线重合而生产者剩余为0。

生产者剩余概念的提出也告诉生产者:通过市场交易,收益总是多于付出。人们总能在自愿的市场交易中获取额外的利益,人类社会的福利总能在市场交易中不断增长。

3. 完全竞争市场的经济剩余

消费者剩余和生产者剩余表示的实际上是买卖双方在交易过程中所得到的收益。消费者剩余是消费者在购买过程中从市场上得到的收益,生产者剩余是生产者在出售过程中从市场上得到的收益,市场上的经济剩余(economic surplus)是消费者剩余和生产者剩余之和,是两者社会的全部收益。于是,我们可以得出:

经济剩余＝消费者的主观评价－消费者的实际支付＋

生产者得到的收入－生产者的实际成本 (2.16)

由图2.29可见,消费者实际支付的等于生产者得到的收入,二者互相抵消,于是式(2.16)就可以简写为

经济剩余＝消费者的主观评价－生产者的实际成本 (2.17)

在完全竞争市场上,因为消费者追求消费者剩余或收益、生产者追求生产者剩余或收益,因而自愿而互利的市场交易会一直进行到市场实现供求均衡、经济剩余达到最大之时。此时,经济剩余是价格轴、供给曲线、需求曲线到均衡点所围成的面积,如图 2.29 所示。消费者剩余是需求曲线以下、均衡价格以上和价格轴围成的区域;生产者剩余是供给曲线以上、均衡价格以下和价格轴围成的区域。

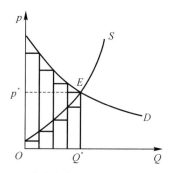

图 2.29　来自交换的相互利益与经济剩余

在完全竞争市场上,自愿互利的市场交易使消费者剩余与生产者剩余的总量即经济剩余最大化。也就是说,市场中"看不见的手"指引着消费者和生产者有效地配置资源,市场交易一直进行到双方既不获利也不受损失又各自获得自己所需要的产品时为止。

总之,在人们可以改善自己福利的机会消失之前,市场价格一直会升升降降。但通过市场价格的变化,需求和供给相互作用最终会使商品的价格确定在需求量等于供给量的水平上,市场自动走向均衡。此时,既没有供给过剩,也没有需求过剩,市场正好出清。市场均衡和市场出清意味着所有市场参与者的行为都是相互协调、相互兼容的。

二、帕累托最优

前面我们介绍了两种基本的经济制度,即市场制度和政府干预。市场制度又分为完全竞争的市场制度和不完全竞争的市场制度。

很显然,与完全竞争市场下的经济剩余相比,对于生产者而言,越是具有垄断行为,越是因为差别定价而具有更多的剩余,可以获得更多的收益。相反,政府干预的最高限价条件下,与完全竞争的市场制度相比,生产者剩余最少,获得的收益最差。对于消费者而言,市场供给的垄断成分越多,意味着需要支付的价格越高,消费者剩余越少。即使在政府干预的最高限价条件下,消费者并不都能获得最多的剩余。因为,最高限价条件下存在着短缺,获得了需求满足的消费者也同时获得了最多的剩余,但是没有获得需求满足的消费者的境况就差得多。相反,政府干预的支持价格条件下存在着供给过剩,生产者获得了最多的剩余,但是,纳税人却既要承担因为政府收购过剩的产品而额外支出的货币成本,又要承担因为政府处理这些过剩产品所花的费用。

因此,分析经济制度的运行效果时,我们必须把社会中的每一个成员都考虑在内。同时,经济制度既有市场的也有政府干预的,市场制度又分为完全竞争的和不完全竞争的。为了科学地判断经济制度的运行效果,就需要依据与经济剩余有关但比经济剩余更为严格、更为普适的标准——帕累托最优。

帕累托最优也称作帕累托效率或经济效率。按照帕累托最优标准,在至少不损害其他人利益的情况下,某些人境况的任何改善都是一种进步,称作帕累托改进。经济学家认为,社会应当寻求那些至少不损害其他任何人的利益而能改善某些人境况的改变。如果满足这一条件的改变都得以实现,即没有再做此类改变的任何余地,再也不存在至少在不损害其他任何人利益的情况下改善某些人境况的改变,这种状态被称作帕累托最优状态。

帕累托最优是经济学中的一个重要概念。因为本章概论的需要,我们在这里把上述帕累托最优的定义转换成另一个直观的定义,即:所有的自愿交易都得以实现并获得了其中的全部收益。

如此分析,显然,完全竞争市场的结果是帕累托最优的,因为其结果是不存在任何能够进一步获益的交易。完全垄断市场也是帕累托最优的,因为每一个自愿支付超过对应于完全竞争市场均衡价格的人,都通过此交易得到了满足自己需要的产品。不过,最高限价的结果却不是帕累托最优的。因为由于短缺的存在,没有获得需求满足的消费者中会有愿意支付超出最高限价的人。就是说,政府干预的最高限价条件下,一旦由市场机制来协调,就会有继续进行的自愿交易,使交易双方都受益并且不损害其他任何人的利益。

因此,市场通常会实现有效状态。市场经济内嵌的"看不见的手"的机制,通常能够确保被有效利用,会使人们改善福利的机会不被浪费;在市场经济中,在选择该消费什么和该生产什么上,每个个体都有完全的自由,相互增益的机会通常会被抓住。如果能有一些方法使部分人的状况得到改善,人们通常会利用这个机会,从而使每个人状况得到改善的所有机会都能够被利用殆尽。

当然,个人行动会有副作用,市场中通常存在垄断现象,还有涉及公共产品的地方,都会出现市场失灵现象。此时,政府的干预能够改善社会的福利。也就是说,当市场作用不利的时候,一种设计恰当的政府政策,通过改变社会资源的利用方式,有时会把社会更进一步地推向有效率的即帕累托最优状态。

三、普通人的普遍幸福

主流经济学的主线是关于满足人类对于财富、繁荣和幸福的追求,旨在寻找更好地服务于普通人的经济模型。

亚当·斯密的《国富论》是为普通人通过诚实劳动追求生活幸福所写的书,而不是为贵族和国王武力掠夺他人财富而写的书。他为普通人而呐喊,抨击重商主义,痛斥贸易壁垒,反对享有特权的商人习以为常的"卑鄙的贪婪"和"卑鄙的独占心理"。他发现了普通人普遍富裕、普遍幸福的"钥匙"——自由、自利和竞争,揭示了普通人普遍富裕、普遍幸福的"内驱力"——看不见的手,即自爱、利己心、工作欲望、开明的自我利益。马歇尔发展了斯密的模型,创造了普通人普遍富裕、普遍幸福的"发动机"——供求原理。不同社会分工的人们,为了过上幸福生活而努力地工作,诚实地、"欲利己先利他"式地生产和交换。生产者为了追求利润最大化,会不断地研究消费者的需求,不断地生产出更加便利、更好满足消费者需要的产品。人们因为为生产者提供了要素而财富收入不断提高,在支付能力提高的同时又会把剩余的财富收入用于储蓄。生产者因此可以扩大生产供给,并可以获得更新技术、改进生产工艺的资本支持。人们自由购买,生产者自由竞争,政府对垄断等不法行为进行规制,在供求机制作用下,新产品将层出不穷,产品价格将不断降低,最终每个人都能获得生活便利、幸福所依赖的物品和服务。如此,就实现了自利到仁爱(利他)的转换,并最终实现普通人的普遍富裕、普遍幸福。

比如,20世纪80年代末期的台式计算机,P089台式计算机,主频4.77 MHz,内存只有16 K,没有硬盘,当时的价格在3万元以上。个人买不起,一般单位也就一台。再比如,当时的手机("大哥大""大姐大"),每部2万元左右。要知道,当时普通人的月收入也就50元左右。当时拥有"大哥大""大姐大"就是金钱和身份的象征。随着时间的推移,需求量不断增加,生产者扩大生产而供给量不断增加,价格就会随之普遍下降,以至于手机最低能够下降到百元左右。如此,市场机制就把过去的奢侈品变成了如今的生活必需品。只用了20年时间,"今人的生活质量个个都比过去皇上高"的说法一点也不为过。正如斯密所讲:"一个在大路旁晒太阳的乞丐也享有国王正在为之战斗的那种安全感。"有人会说:"话不能这么讲,毕竟经济、社会发展了嘛!"其实,随着经济的发展,人类社会越来越繁荣、和谐、幸福,这正是我们的答案。

思 考 题

一、名词解释

市场　机制　市场机制　市场价格　生产成本决定论　主观效用决定论　供求决定论　弹性　需求价格弹性　交叉价格弹性　最高限价　支持价格　消费者剩余　生产者剩余　经济剩余　帕累托最优

二、简答题

1. 市场的主要特征是什么?
2. 市场机制的主要特征是什么?
3. 市场规则体现在哪几个方面?
4. 经济学的人类学、伦理学基础是什么?
5. 什么是"钻石与水的悖论"?
6. 经济运行效果的判断标准有哪些?
7. 交易的本质是什么?
8. 马歇尔是如何实现经济学发展历程中的第一次综合的?
9. 市场机制是如何实现普通人的普遍富裕、普遍幸福的?

10. 市场机制是如何实现自利到仁爱(利他)的转换的?

11. 为什么说交易是互助互利互惠的?

12. 弹性、需求价格弹性、需求的收入弹性对于分析市场供求有何意义?

13. 请举出政府干预市场机制运行常用的几种手段。

三、计算题

1. 某商品的市场需求曲线为 $p=100-2Q$,供给曲线为 $Q=2p-100$,p 是价格,Q 是需求量:

(1) 试求该商品在 $p=60$ 时的需求价格弹性和供给价格弹性。

(2) 如果该商品市场需求扩张了,在 $p=60$ 处的需求价格弹性如何变化?为什么?

(3) 如果该商品由政府定价为 80 元,该市场均衡状况如何?

(4) 如果该商品有了某种替代品,现已投入市场,该商品需求曲线如何变化?为什么?

2. 某地煤气需求曲线为 $p=20-Q$,供给曲线为 $Q=2p-10$,p 是煤气价格,Q 是煤气需求量。

(1) 试求该地区煤气市场的均衡价格和均衡数量各是多少?

(2) 该地区煤气的消费者剩余是多少?

(3) 假定该地区政府规定的煤气价格为 5 元,该地区市场均衡如何变化?消费者是有损失还是获益?为什么?

3. 某产品在三个地区的需求曲线如下:

地区 1:$Q_1=307-5p$

地区 2:$Q_2=204-3p$

地区 3:$Q_3=500-9p$

求出三个地区总的需求曲线。

4. 某商品的需求函数为

$$Q=34-8p+20p_r+0.04m$$

式中,p 为该产品本身的价格;p_r 为相关产品的价格;m 为居民收入。

当 $p=10$ 元,$p_r=20$ 元,$m=5\,000$ 元时:

(1) 该产品的价格弹性是多少?

(2) 该产品的交叉弹性(其他相关产品的价格变动对该产品需求量的影响程度)是多少?两种产品是互补还是可互相替代?

(3) 该产品的收入弹性是多少?该产品是正常货还是低档货?

5. 公司甲和公司乙是机床行业的两个竞争者。这两家公司现在的销售量分别为 100 单位和 250 单位,其产品的需求曲线分别为:$p_甲=1\,000-5Q_甲$,$p_乙=1\,600-4Q_乙$。

(1) 求这两家公司当前的点价格弹性。

(2) 假定公司乙降价,使销售量增加到 300 单位,这一行为导致公司甲的销售量下降到 75 个单位,甲公司产品的交叉价格弹性是多少?

(3) 假定公司乙的目标是谋求销售收入最大,你认为它降价在经济上是否合理?

> **扩展阅读**

发展社会主义市场经济是我们党的一个伟大创造,关键是处理好政府和市场的关系,使市场在资源配置中起决定性作用,更好发挥政府作用。

——在中央全面深化改革委员会第二十三次会议上的讲话(2021年12月17日)

建设更高水平开放型经济新体制是我们主动作为以开放促改革、促发展的战略举措,要围绕服务构建新发展格局,以制度型开放为重点,聚焦投资、贸易、金融、创新等对外交流合作的重点领域深化体制机制改革,完善配套政策措施,积极主动把我国对外开放提高到新水平。

——在中央全面深化改革委员会第二次会议上的讲话(2018年5月11日)

第二篇 微观分析基础

西方经济学是以个体理性人为基础的。个人可表现为不同的身份,即:作为消费者的个人、作为生产者的个人、作为要素提供者的个人和作为政治家的个人。本篇旨在研究,作为微观个体的消费者个人和生产者个人,为了实现自己利益最大化的目标,如何对自己的现有财富进行有效配置。消费者个人和生产者个人的财富是通过市场交易获得的(第三篇和第四篇的内容)。"现有财富"指的是本篇中假设消费者个人和生产者个人已经拥有的既定财富。"利益最大化"对于消费者个人而言,指的是效用最大化或幸福最大化;对于生产者个人而言,指的是利润最大化。

本篇由相互联系的第三章和第四章两章构成。消费者个人是通过购买、消费数量 q_i 的相应产品来实现的效用最大化或幸福最大化,该相应产品的数量 q_i 需要由生产者个人投入相应的生产要素来生产。第三章是关于作为消费者的个人选择,即作为个人的消费者,以追求效用最大化或幸福最大化为目标。根据自己的现有财富,对于各种产品有其自己的需求规律。我们旨在据此推导出消费者个人的产品需求曲线:消费者个人可能消费的相应产品的市场价格 p_i 与相应产品的数量 q_i 之间的一一对应关系。第四章是关于作为生产者的个人选择,即作为个人的生产者,以追求利润最大化为目标。根据自己的现有财富,为了生产、供给消费者个人需要的数量 q_i 的相应产品,而对于各种要素有其自己的需求规律。我们旨在据此推导出生产者个人的要素需求曲线:为供给数量 q_i 的相应产品,生产者个人可能投入的相应要素的市场价格 w_i 与相应要素的数量 x_i 之间的一一对应关系。

值得注意的是,本篇与第二章不同。首先,第二章里的需求曲线与供给曲线是市场需求曲线与市场供给曲线,是把一个个家庭与一家家厂商概括为"买方"与"卖方"并作为市场需求与市场供给的主体,本篇中的需求曲线与供给曲线是关于"作为消费者的个人"与"作为生产者的个人"的需求曲线与供给曲线,而市场需求曲线是由个人需求曲线推导的。其次,由于第二章只是概要介绍市场机制,因此市场需求及其曲线和市场供给及其曲线,是通过定义、个例或运用联系实际的观察法描绘出来的,只是"知其然";本篇的个人需求曲线,依据的是第一章所讲的理性人假设、效用理论、生产理论、边际分析与均衡分析推导出来的,是一种关于个人需求曲线的理论推导,在于"知其所以然",以此为整个经济学大厦奠定个人主义基础,体现亚当·斯密体系中"看不见的手"这样的内驱力机制。由此可见,本篇才是经济学的正式起点,介绍的是基于个体理性假设进行理论推导的科学方法。

此外,本篇以消费者个人的偏好为开端,依据希克斯的方法推导无差异曲线并推广到等产量曲线的推导,实现边际分析与无差异分析的有机统一,为无差异分析奠定重要的心理学基础,重新建立了被帕累托割裂了的经济学与心理学之间的逻辑联系。

第三章 作为消费者的个人选择

上一章介绍了市场需求曲线和市场供给曲线的基本特征,但并没有说明形成这些特征的具体原因。市场是由个体构成的。西方经济学是以个体理性为基础的。因此,在经济学的微观分析里,构造市场需求曲线和市场供给曲线是分别以对消费者个人的行为和生产者个人的行为的分析作为基础的。本章将分析市场需求曲线背后的消费者个人的行为。消费者个人以追求效用最大化或幸福最大化为目标,根据自己的现有财富,对各种产品有其自己的需求规律,据此我们推导出消费者个人的产品需求曲线。

具体来说,本章从消费者个人的效用函数出发,分析消费者个人的偏好,也就是消费者个人选择的主观愿望;在讨论消费者个人的预算约束也就是消费者个人选择的客观条件的基础上,研究消费者均衡问题,即分析消费者个人在客观条件允许的基础上如何使自己的主观愿望得到最大程度的满足。

上一章我们用"消费者"概括一个个家庭并作为市场需求的主体。本章讲述的是"消费者个人",也会使用以下与其等同的称谓:家庭、个人、人。

第一节 消费者个人的满足

人类幸福最根本的特征是人追求心理满足的天性以及人关于幸福的实际体验与直觉感受。实际体验与直觉感受的程度取决于消费者个人所消费的东西。效用是对消费者个人从商品和服务的消费中所能够获得的满足程度的度量。因此,主流经济学家认为:理性人的幸福即是在约束条件下最大化自己的效用。那么,在个人追求幸福这个终极目标之下,我们首先要学习一下效用理论。

一、效用理论

效用理论在经济学中具有极端重要的地位。培根(Francis Bacon)说过:"史鉴使人明智。"因此,还是有必要花费一些时间回顾一下效用理论的历史变迁。

1. 效用理论的历史变迁

从亚里士多德的《政治学》首次出现"效用"一词,经过一代一代传播,1738年,瑞士的伯努里(D. Bernoulli)在其《测定风险新理论之解说》一文中指出:一物的价值是以其带来的效用为基础的。一物的效用取决于评价该物的人的特殊情况。"一千元的收益对于一个穷人比对一个富人无疑具有更大的意义。"

意大利的加里阿尼(F. Galiani)在其1750年出版的《货币论》中指出:效用是一物带来福利的能力。人是由各种情欲构成的,这些情欲以一种合力推动着他。情欲的满足是享乐,享乐的获得是福利。

斯密在《国富论》里把"效用"作为一种客观意义上的"有用性"等同于商品的"使用价值"。"效用"作为一种主观心理概念则追溯到斯密《国富论》之前的《关于法律、警察、税收及军备的演讲》一书。

边沁在研读斯密《国富论》的基础上,在1780年出版的《道德与立法原理导论》第一版中指出:效用是事物具有为人带来利益、便利、快乐、好处、幸福,或者避免损失、妨碍、痛苦、不幸的能力。边沁认为,经济学应以最大化幸福原理和效用原理为基础,同时,他还提出了效用递减法则。

德国的戈森(H. Gossen)在其1854年出版的《人类交换规律与人类行为准则的发展》中提出了效用变化法则,该法则被称作"戈森第一定律"。

在边沁的效用观的基础上,杰文斯于1871年出版了《政治经济学理论》,首先发现并肯定了戈森的效用变化法则,与门格尔、瓦尔拉一起领导了"边际革命",完全从主观感受的角度解释效用,并提出了边际效用递减规律。杰文斯认为:凡是能引起快乐或避免痛苦的东西都可能有效用。效用是事物以某种方式服务于人类的能力。进一步地,他认为:效用虽是事物的一种性质,但不是事物的内在性质,它最好被看作是事物的一种情况,即事物与人的需求关系引起的情况。为此,效用的有无或变化,都是以事物与人的需求之间的关系而转移的。

新古典经济学一直把效用比作物理学中的能量。埃奇沃思在其1881年出版的《数学心理学》中指出:物理研究的主要目标是能量的累积或时间的积分。与此类似,快乐的累积是通过每一时刻的快乐或效用相加而成的时间的积分。

奥地利的庞巴维克(E. V. Bohm-Bawerk)在其1884年出版的《资本与利息》中指出:人的欲望及其满足是一切经济活动的出发点,因而也是价值论的出发点。物品能满足人的欲望的性质就是物品的效用。效用即欲望的满足,它是主观的。

关于效用的人际比较问题,门格尔和瓦尔拉都认为毫无困难。马歇尔于1890年出版的《经济学原理》,完全接受了基数效用理论,指出:效用如果不能在人与人之间进行比较,那么,肯定可以在集群之间进行比较。20世纪30年代,大多数经济学家在效用的人际比较以及如何衡量的问题上感到越来越不满意。1934年,希克斯与艾伦的撰文《价值理论的再思考》对满足也仅进行了序数比较。

值得注意的是,在古典和新古典经济学文献中,效用的外延较为宽泛,既可以描述人的物质追求,也可以描述人的精神追求。例如,穆勒、杰文斯和马歇尔等人阐述效用时,都十分自然地提到人对尊严、荣誉、自豪感、成就感甚至道德感的追求。这是一种广义的效用范式。在现代经济学文献中,效用被定义为"一个人从消费一种物品或服务中得到的主观上的享受和有用性",其外延日趋狭窄。这种狭义的效用范式引起当代经济学家的批判。

2. 效用的概念

"效用"一词可概括为行为主体在实现自身需要的任一行为过程中所获得的心理或生理上的满足状态。对消费者个人而言,我们可以从消费的主体与消费的客体两个方面讨论效用。从消费的主体来讲,效用是消费者个人从自身消费行为中得到的满足;从消费的客体来讲,效用是商品满足人的欲望或需要的能力。

显然,这是一个把经济现象与心理现象联系、融合在一起的心理物理概念,也是把心理学分析引入经济现象的结果。

需要说明的是:

(1)效用是一个相对概念,只有在同一物品的前后满足程度之间或不同物品的满足程度之间相互比较时才有意义。

(2)效用有无或效用大小取决于个人主观心理评价。同一物品有无效用或效用大小,对不同的人来说是不同的。

(3)效用本身不具有伦理学意义。一种商品是否具有效用,要看它是否能满足人的欲望或需要,而不涉及这一欲望或需要的好坏。例如,吸毒从伦理上讲是坏欲望,但毒品能满足这种欲望,因此它具有这种效用。

(4)与效用概念意义相反的概念是负效用,是指某种东西所具有的引起人的不舒适感或痛苦的能力,如失恋的打击等。

(5)同一物品对于不同的人的效用是不同的。因此,除非给出特殊的假定,否则效用是不能在不同的人之间进行比较的。例如,辣椒对于有此偏好的人来说,其效用是很大的,反之则很小甚至为0。

3. 效用函数

主流经济学把消费者个人抽象为一个"黑箱",以一个幸福方程式、幸福函数即效用函数来代替消费者个人而不理会其内部结构与生理机制,仅分析消费者个人消费的商品(投入)与其获得的满足(产出)之间的关系。[①]

函数是因果关系的数学形式。效用函数就是关于消费者个人的幸福即效用与其主要影响因素之间因果关系的数学表达形式。

"效用"是人的需要所获得的满足状态。需要层次理论提出人类经济活动的最终目的是满足自身的需要,而人的需求偏好是复杂多样的,影响人类生存和发展的因素都会影响其需求偏好。

事实上,贝克尔在研究家庭经济行为时提出的"扩展的效用函数"(extended utility function),阿玛蒂亚·森提出的把道德变量引入现代福利经济学的"复合效用"(plural utility),澳大利亚莫纳什大学黄有光的"快乐理论"等,都从不同层面、不同角度触及效用的

---

① 主流经济学把消费者个人抽象为一个"黑箱"或效用函数并非脱离实际,其中的原因详见第十三章。

广义性质。就是说,人类追求的幸福目标是一个多元的效用函数。

埃奇沃思在其1881年出版的《数学心理学》中研究的就是人的幸福的计算,并把效用看作是所有商品的一般函数。贝克尔也构造了如下的个人效用函数:

$$U_i = U_i(z_1, z_2, \cdots, z_m) \tag{3.1}$$

其中,$z_1, z_2, \cdots, z_m$ 是满足对应基本欲望的商品的数量。

在第一章已讲过,主流经济学家几乎是把"需要"与"欲望"并列使用的,就是说,可以用"需要"代替"欲望"。"需要"的完整形式包括生理的需要、安全的需要、交往的需要、尊重的需要、自我实现的需要五种。根据第一章的结论,可以把式(3.1)表示的贝克尔的个人效用函数中的变量归类成 z_1, z_2, z_3, z_4, z_5 这样5个。假设满足消费者个人完整"五个层次"需要的商品 Z_1, Z_2, Z_3, Z_4, Z_5 的消费量分别为 z_1, z_2, z_3, z_4, z_5,则消费者个人的效用函数可有如下形式:

$$U_i = U_i(z_1, z_2, z_3, z_4, z_5) \tag{3.2}$$

既然效用是用来表示消费者个人在消费商品时所感受到的满足程度的,于是,就产生了对这种"满足程度"即效用或幸福的度量问题。在这一问题上,主流经济学家先后提出了基数效用(cardinal utility)和序数效用(ordinal utility)的概念,并在此基础上,形成了分析消费者个人行为的两种方法,它们分别是基数效用论者的边际效用分析方法和序数效用论者的无差异曲线分析方法。

二、基数效用论与边际效用递减:一种产品效用的表现方法

在19世纪至20世纪初期,西方经济学家普遍使用基数效用的概念。基数效用论者认为,效用如同长度、重量等概念一样,可以具体衡量并加总求和,具体的效用量之间的比较是有意义的。表示效用大小的计量单位被称作效用单位。例如,对某一个人来说,吃一顿丰盛的晚餐和看一场高水平的足球赛的效用分别为5效用单位和10效用单位,则可以说这两种消费的效用之和为15效用单位,且后种效用是前种效用的2倍。

1. 总效用

总效用(total utility,简称 U),(传统教材简称为 TU,本教材为前后逻辑一致,简称 U)是指消费者个人在一定时间内,消费一定数量的某一种商品,所得到的效用量的总和。随着消费量的增加,消费者个人获得的总效用也在不断地增加。总效用概念的理论依据是埃奇沃思、费雪基于物理学能量原理的"效用的积分"。

需要注意的是,第二章里我们已经讲过,商品之间的联系是普遍的,即商品之间存在着替代与互补的关系,一种商品会有其替代品和互补品。消费者个人消费一种商品所获得的总效用,会因为替代品而减少,会因为互补品而增加。

比如,茶水和白开水是替代品。仅有茶水或者白开水 JF,人能够分别获得解渴的满足。但是,当同时有茶水和白开水时,偏好一种商品的人从另一种商品中获得的效用满足就会减少。

当然,此处介绍总效用的概念,是关于效用表现方法的开始,为了分析的由浅入深,我们先假设仅消费"某一种商品",即假设的前提是商品之间的效用互不影响。

假定消费者个人消费一种商品 Q[①] 的数量为 q[②] 以获得效用或体验幸福,则总效用函数就有如下形式:

$$U = f(q) \tag{3.3}$$

2. 边际效用与边际效用递减规律

边际效用(marginal utility,MU)是指消费者个人在现有财富条件下,每增加一个单位商品和服务的消费所带来的总效用的变化或增量,或者说,增加最后一个单位商品和服务的消费所带来的效用的变化或增量。

依据式(3.3),边际效用为

$$\mathrm{MU} = \frac{\Delta U(q)}{\Delta q} \tag{3.4}$$

当商品的增加量趋于无穷小,即 $\Delta q \to 0$ 时有:

$$\mathrm{MU} = \lim_{\Delta q \to 0} \frac{\Delta U(q)}{\Delta q} = \frac{\mathrm{d}U(q)}{\mathrm{d}q} \tag{3.5}$$

边际效用递减规律(law of diminishing marginal utility)是指,在一定时间内,在其他商品的消费数量保持不变的条件下,随着消费者个人对某种商品消费量的增加,消费者个人从该商品连续增加的每一消费单位中所得到的效用增量即边际效用是递减的。

据基数效用论者解释,边际效用递减规律成立的理论依据是戈森第一定律和韦伯-费希纳定律,即可以是由于随着相同消费品的连续增加,从人的生理和心理的角度讲,从每一单位消费品中所感受到的满足程度和对重复刺激的反应程度是递减的;还可以是由于在一种商品具有多种用途时,消费者个人总是将第一单位消费品用在最重要的用途上,第二单位消费品用在次重要的用途上,等等。这样,消费品的边际效用便随着消费品的用途重要性的递减而递减。

通常被用来证明该规律的例子如下:在一个人很饥饿的时候,吃第一个包子给他带来的效用是很大的。以后,随着这个人所吃的包子数量的连续增加,虽然总效用是不断增加的,但每一个包子给他所带来效用增量却是递减的。当他完全吃饱的时候,包子的总效用达到最大值,而边际效用却降为零。如果他还继续吃包子,就会感到不适,这意味包子的边际效

---

① 采用亨德森与匡特的方法如此以 Q 对商品命名,是为了突出市场上供给与需求的逻辑联系纽带,即:市场上消费者需求的商品与市场上生产者供给的商品,其数量正是 Q。

② 如同目前流行教材中设定市场上有某商品 X 同时又设定其市场需求量也为 X 一样,本教材采用美国流行的亨德森与匡特的教材上的标注方法:以 Q 标注市场上某商品的名称以及该商品的市场需求量或市场供给量,以 q 标注某个人对商品 Q 的需求量和消费量,或某个厂商对商品 Q 的生产量和供给量。这样命名的目的是,让读者经常有市场交换或市场交易实现的概念,同时也为了让读者注意把握经济学原理中从个人、厂商(由本章开始)到市场交易实现(在本教材上册最后一章结束)的逻辑联系:个人通过交换,对商品 Q 的需求量与消费量为 q,以实现幸福或效用 U 最大化,即 $U=f(q)$,厂商(若)投入数量为 x 的生产要素,对商品 Q 的生产量与供给量为 q,即 $q=f(x)$,个人与厂商的交易实现时有"$U=f(q) \leftarrow q=f(x)$";市场交易实现时,市场上所有个人的需求量 q 加总=市场上所有厂商的供给量 q 加总=Q。

用进一步降为负值,总效用也开始下降。

3. 一种商品的效用曲线

假设消费者个人消费一种商品 Q 的数量为 q,同时假设这一种商品的效用 U 不受其他相关商品的影响。

消费者个人消费商品的数量是物理量,是可以触摸或感受到的量;消费者个人从消费的商品中获得的效用是一种心理量,是一种主观的评价。从消费者个人消费到满足,显然隐含着消费量(物理量)到效用或幸福(心理量)的转换问题,也就是斯密关心的"财富—幸福的转换问题"。现在人们称此为"幸福的技术",类似下一章要讲的"生产技术"。

依据总效用的概念可知,随着消费者个人消费量(物理量)的增加,其总效用水平(心理量)增加。根据边际效用递减规律可知,每增加一个单位商品和服务的消费所带来的总效用的增量是递减的。因此,我们可以描绘出如图3.1和图3.2所示的一种商品的总效用曲线和边际效用曲线。总效用曲线 U 凹向横轴。

总效用曲线和边际效用曲线的描绘也可通过直接经验观察来进行。以某人消费橙汁为例,橙汁的消费量(物理量)与效用(心理量)和边际效用之间的关系见表3.1。

表3.1 橙汁的效用表

商品数量(1)	总效用(2)	边际效用(3)
0	0	—
1	10	10
2	18	8
3	24	6
4	28	4
5	30	2
6	30	0
7	28	—2

由表3.1的第(1)(2)和(3)栏可见,当商品的消费量由0增加为1时,总效用由0增加为10效用单位,总效用的增量即边际效用为10效用单位(因为10-0=10)。当商品的消费量由1增加为2时,总效用由10效用单位上升为18效用单位,总效用的增量即边际效用下降为8效用单位(因为18-10=8)。依此类推,当商品的消费量增加为6时,总效用达最大值为30效用单位,而边际效用已递减为0(因为30-30=0)。此时,消费者个人对商品的消费已达到饱和点。当商品的消费量再增加为7时,边际效用会进一步递减为负值即-2效用单位(因为28-30=-2),总效用便下降为28效用单位。

根据表3.1所绘制的总效用曲线和边际效用曲线见图3.1和图3.2。

图3.1、图3.2中的横轴表示商品的数量,纵轴表示效用量,U 曲线和 MU 曲线分别为总效用曲线和边际效用曲线。由于边际效用被定义为消费品的一单位变化量所带来的总效用的变化量,所以 MU 曲线上的每一个值都记在相应的两个消费数量的中点上。

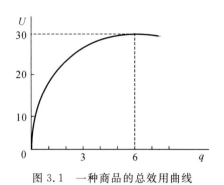

图 3.1 一种商品的总效用曲线

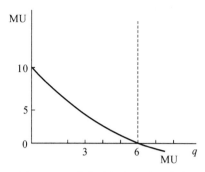

图 3.2 一种商品的边际效用曲线

在图 3.2 中,MU 曲线是向右下方倾斜的,它反映了边际效用递减规律,相应地,U 曲线是以递减的速率先上升后下降的。当边际效用为正值时,总效用曲线呈上升趋势;当边际效用递减为零时,总效用曲线达最高点;当边际效用继续递减为负值时,总效用曲线呈下降趋势。从数学意义上讲,如果效用曲线是连续的,则每一消费量上的边际效用值就是总效用曲线上相应的点的斜率。这一点,也体现在边际效用的定义公式(3.4)中。

边际效用递减规律,也可以用数学语言来表达:

$$\mathrm{MU} = \frac{\mathrm{d}U(q)}{\mathrm{d}q} > 0; \quad \frac{\mathrm{dMU}}{\mathrm{d}q} = \frac{\mathrm{d}^2 U(q)}{\mathrm{d}q^2} < 0 \tag{3.6}$$

效用函数的一阶导数即边际效用大于零,表示随着 q 的增加,总效用也相应增加;效用函数的二阶导数小于零,则表示随着 q 的增加,边际效用是递减的。

三、序数效用论与等效用曲线:两种产品效用的表现方法

1934 年,希克斯与艾伦在论文中提出:效用作为一种心理现象是无法计量的,因为不可能找到效用的计量单位。人们同时消费多种商品,比如,实际生活中,人不可能只消费一种商品,如只吃主食不吃菜,只追求精神享受不讲求物质满足。商品之间是普遍联系的,一般具有替代或互补关系。因此,消费者个人在市场上所做的并不是权衡商品效用的大小而只是在不同的商品之间进行排序,这就是所谓的序数效用论。

序数效用论者认为,商品的效用只能用顺序或等级来表示。他们提出消费者偏好的概念,取代了基数效用论者的关于效用的大小可以用"效用单位"来表示的说法。

1. 消费者偏好

序数效用论者指出:消费者个人对于各种不同的商品组合的偏好(即爱好)程度是有差别的,这种偏好程度的差别决定了不同商品组合的效用的大小顺序。具体地讲,对于 A、B 两个商品组合,若某消费者个人对 A 组合的偏好程度大于对 B 组合的偏好程度,则可以说 A 组合的效用水平大于 B 组合,或者说,A 组合给消费者个人带来的满足程度大于 B 组合。

序数效用论者对消费者偏好的分析基于以下假设条件:

(1)偏好具有完备性,即消费者个人能够按照其偏好而对所有可供选择的商品组合进行排序。例如,对于任何两个商品组合 A 和 B,消费者个人总是可以做出,而且也仅仅只能做出以下三种判断中的一种:对 A 的偏好大于对 B 的偏好,对 A 的偏好小于对 B 的偏好,对

A 和 B 的偏好相同。对 A 和 B 具有相同的偏好,也被称作 A 和 B 是无差异的。

（2）偏好具有传递性,即消费者个人能够以无矛盾的方式在各种可供选择的商品组合中进行选择。例如,对于任何三个商品组合 A、B 和 C,如果某消费者已经做出判断：对 A 的偏好大于(或小于、等于)对 B 的偏好,对 B 的偏好大于(或小于、等于)对 C 的偏好,那么,该消费者必须做出对 A 的偏好大于(或小于、等于)对 C 的偏好的判断。

（3）偏好满足"无餍足"公理,即如果两个商品组合的区别仅在于其中一种商品的数量的不同,那么,消费者个人总是偏好于含有这种商品数量较多的那个组合。这意味着,消费者个人对每一种商品的消费都处于饱和以前的状态。

2. 等效用曲线

第一章里讲过,消费者个人消费满足整体的"五个层次"需要的商品。商品之间的效用是相互影响的。要分析五种商品的效用是相当复杂的。事实上,两种商品足以表达全部商品,因为可以把其中的一种商品看作其他所有的商品。这似乎过于抽象。其实,过去的教材中经常使用"大炮——黄油"这两个商品模型,与我国西汉时期桓宽所著的《盐铁论》类似,分别代表满足人的安全需要的商品和生理需要的商品。如今,该模型被进一步完善成"面包——电影"这样的商品模型,分别表示人为了追求幸福这个终极目标而追求自己整体的"物质需要"和"精神需要"满足的两类商品。这就是说,可以从现实经济中抽象出用两种商品代表消费者个人消费的全部商品。

两种商品足以反映出商品之间的替代关系或互补关系。仍然举例饭与菜这两种商品。前已述及,饭与菜是互补的。但是,因为一个人的饭量有限,多吃菜就少吃饭,多吃饭就少吃菜,饭与菜又具有替代关系。当然,替代是有限度的。尽管有人试图通过只吃菜不吃饭来减肥,实际上这有损健康。从更一般意义上讲,人需要同时消费物质商品与精神商品,两种商品互补,人才能幸福快乐。但是,物质商品与精神商品也具有替代关系,因为任何人的财富收入在一定时期内都是稀缺的、有限的。不过,物质商品与精神商品之间的替代是有限度的,人不能靠"喝西北风"生活,也不能过"行尸走肉"的生活。

事实上,在一种商品效用曲线的基础上,可以很方便地推导出代表全部商品、体现商品之间替代与互补关系的两种商品的效用曲线或等效用曲线,即无差异曲线。序数效用论者正是如此,在力图避免效用可以直接被计量这种尴尬假设的同时,为经济学提供了一种新的分析方法,即无差异曲线分析。

埃奇沃思首先把电磁场理论应用于经济学之中,借用其中的等势面而发明了无差异曲线。帕累托进一步地把"无差异曲线"作为一种统称,并具体命名了各种无差异曲线,比如,无差异曲线(indifference lines, indifference curves)、消费者无差异曲线(consumer's indifference lines)、生产者无差异曲线(producer's indifference lines)、偏好无差异曲线(indifference lines of tastes)、预算约束无差异曲线(indifference lines of obstacles),等等。

美国流行教材用的是"等高线"的概念,日本学者则直接指出"无差异曲线也就是等效用曲线"。

为了避免帕累托关于多种无差异曲线可能造成的混淆,为了与后面的等预算线、等产量曲线、等成本曲线等等保持一致,本教材保留物理学"等量面"(等量面包含等势面)原本的含义,不采用"无差异曲线"而采用"等效用曲线"的称谓。不过,此处提醒同学,一定要注意这个重要的同一概念的不同用词。

关于等效用曲线的描绘,传统教材上遵循了帕累托依据"直接的经验事实"描绘序数效用下等效用曲线的方法。但是,如此则失去了心理学基础,也偏离了亚当·斯密"财富-幸福"的逻辑联结。

假设消费者个人消费代表全部商品的两种商品 Q_1、Q_2 的数量分别为 q_1、q_2,则其效用函数 U 为

$$U = f(q_1, q_2) \tag{3.7}$$

前面,我们根据一种商品的效用函数式(3.3)描绘了如图 3.1 所示的一种商品的效用曲线,这是基数效用下一种商品的效用曲线。以基数效用下一种商品的效用曲线为基础,约翰·希克斯(John Richard Hicks,1904—1989)提出从理论上逻辑地推导两种商品的效用曲线的新方法,获得 1972 年诺贝尔经济学奖,其方法如图 3.3 所示。

如图 3.3 所示,先画一根纵轴表示效用水平,再画两根横轴表示消费两种商品的数量分别为 q_1 和 q_2,则消费商品 Q_1、Q_2 获得的总效用曲线分别为 U_{q_1}、U_{q_2}。空间中的任何一点 P 代表消费两种商品 Q_1 和 Q_2 的一定数量的组合(PA,PB)。从 P 点出发,平行于纵轴,得到等效用水平的 PP 直线,PP 直线的运动轨迹就构成了一个"效用曲面",该效用曲面与 q_1、q_2 坐标相切并与 U_{q_1}、U_{q_2} 相交。

我们也可以用一个平面图代替三维图。用两根横轴表示消费两种商品 Q_1、Q_2 的数量 q_1、q_2,就可以在 $q_1 - q_2$ 平面上得到 PP 运动轨迹所构成"效用曲面"的投影,如图 3.3 中的弧形虚曲线。这条曲线就是等效用曲线。它对应的第三维度上的等高线,就是把对应第三维度上所有相同高度的点连成的一条曲线,也就是把效用水平相等的点连成的一条曲线。对照图 3.4,设 P 和 P' 在同一条等效用曲线上,则表示从消费 PA 数量的 Q_1 商品和消费 PB 数量的 Q_2 商品所获得的总效用,与消费 $P'A'$ 数量的 Q_1 商品和消费 $P'B'$ 数量的 Q_2 商品所获得的总效用是相等的。因此,无差异曲线也称作等效用曲线。

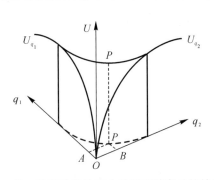
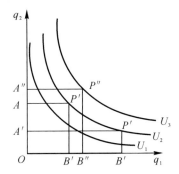

图 3.3 从一种商品的效用曲线到两种商品的效用曲线　　图 3.4 等效用曲线

类似地,可以在 $q_1 - q_2$ 平面上画出许多这样的曲线,如图 3.4 所示。设 P'' 在第三个维度上位于比 P 更高的地方,因而位于更高位置的等效用曲线上,那么消费 Q_1、Q_2 商品的数量组合($P''A''$,$P''B''$)获得的总效用水平,就比消费 Q_1、Q_2 商品的数量组合(PA,PB)获得的总效用水平要高。

两种商品足以表达全部商品,因此,图 3.4 所表示的也就是全部商品的效用曲线或等效

用曲线。

由此可见,等效用曲线可从一种商品的效用曲线推得。因此,无差异分析与边际分析是殊途同归的。就是说,依据希克斯的方法推导等效用曲线,就实现了基于基数效用的边际分析与基于序数效用的无差异分析的有机统一,从而说明序数效用下的无差异曲线并没有脱离人类行为的心理学基础,也因此回归到了亚当·斯密的"财富-幸福"联结的逻辑。

我们也可以把图3.3所示的希克斯的效用三维空间几何图形变换成如图3.5所示的效用三维空间几何图形。

图3.5中,水平面的两个坐标轴Oq_1和Oq_2分别表示商品Q_1和商品Q_2的数量,高度坐标轴表示效用水平。q_1SVZ曲线表示消费Q_2获得的总效用的曲线,q_2RTZ曲线表示消费Q_1获得的总效用的曲线。由水平面上的任何一个q_1和q_2的组合点,都可以在效用曲面Oq_1Zq_2上找到一个相应的效用水平高度。例如,在商品Q_1的数量为Oq_{11}和商品Q_2的数量为Oq_{21}的组合P'点上,相应的效用水平为PP'。如果由商品组合P'点出发,在保持效用水平不变的条件下,用商品Q_1去替代商品Q_2,或者用商品Q_2去替代商品Q_1,于是,就可以得到水平面上的曲线$R'P'S'$。该曲线上所有的商品组合,都可以产生相同的效用水平,即有$RR'=PP'=SS'$。可见,水平面上的$R'P'S'$曲线是可以给消费者个人带来一个相同效用水平的所有q_1和q_2的组合的轨迹。因此,该曲线就是一条等效用曲线。图3.5中的$T'Q'V'$曲线是另一条等效用曲线,它代表的效用水平高于等效用曲线$R'P'S'$。于是,仍然可以得出图3.4所示的等效用曲线。

等效用曲线一般具有以下特点:

(1)离原点越近的等效用曲线代表的效用水平越低,离原点越远的等效用曲线代表的效用水平越高。由于通常假定效用函数具有连续性,于是在同一坐标平面上的任何两条等效用曲线之间,存在着无数条等效用曲线。或者说,可以有无数条等效用曲线覆盖整个坐标平面。如图3.4中,离原点最近的等效用曲线U_1代表的效用水平最低,离原点最远的等效用曲线U_3代表的效用水平最高,等效用曲线U_2代表的效用水平居中。

(2)在同一坐标平面上,任意两条等效用曲线不会相交。这一点可以用图3.6说明。

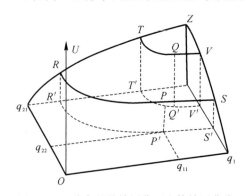

图3.5 两种商品的效用曲面和等效用曲线

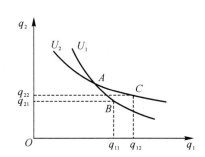

图3.6 违反偏好假定的等效用曲线

在图3.6中,两条等效用曲线U_1和U_2相交于A点。这说明等效用曲线U_1上的B点的效用水平与等效用曲线U_2上的C点的效用水平由于都等于相交点A点的效用水平而彼此相等,即消费者个人认为 B 点和 C 点是无差异的。但是,由于 C 点的商品组合所代表的两种商品的数量都大于对 B 点的商品组合,根据消费者偏好的第三个假定,消费者个人对 C 点的商品组合的偏好必定大于对 B 点的商品组合的偏好。这样一来,消费者个人在认为 B 点和 C 点无差异的同时,又认为 C 点优于 B 点,这就违反了消费者偏好的第一个假定。以此,两条等效用曲线相交是错误的。

(3)等效用曲线是凸向原点的,也称作偏好是凸型的。凸型偏好指的是关于良好品(goods)而非厌恶品(bads)。从图 3.4 可见,等效用曲线不仅是向右下方倾斜的,即该斜率是负值,而且等效用曲线是凸向原点的,即随着 q_1 的数量的连续增加,等效用曲线的斜率的绝对值是递减的。等效用曲线的这一特点是由商品的边际替代率递减规律所决定的。

2. 不同性质商品的等效用曲线

为后面分析方便,此处再介绍其他一些等效用曲线。

(1)完全替代品。如果消费者个人愿意按固定的比率用一种商品代替另一种商品,那么这两种商品是完全替代品。完全替代品的最简单的例子是消费者个人愿意在 1∶1 的基础上替代商品。假设要在红、蓝两种铅笔之间进行选择,若消费者个人喜欢铅笔但一点儿也不在乎铅笔的颜色,那么红、蓝两种铅笔就是完全替代品。完全替代品等效用曲线为向右下倾斜的直线,偏好增加的方向朝着右上方,如图 3.7 所示。

(2)完全互补品。完全互补品是始终以固定的比例一起消费的商品。从某种意义上说,这些商品是相互"补充"的。一个非常恰当的例子是右脚的鞋子和左脚的鞋子。消费者个人喜爱鞋子,而且总是左、右脚一起穿的。一双鞋只要少了一只,对消费者个人就毫无用处了。完全互补品的等效用曲线呈 L 形,偏好增加的方向朝着右上方,如图 3.8 所示。

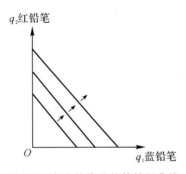
图 3.7 完全替代品的等效用曲线

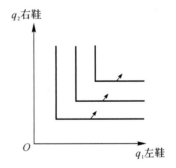
图 3.8 完全互补品的等效用曲线

(3)良好品和厌恶品。良好品(goods)是消费者个人希望多多益善的商品。假设两种商品都是良好品,则其等效用曲线凸向原点,偏好增加的方向朝着右上方,如图 3.4 所示。

厌恶品(bads)是消费者个人不喜欢的商品。假设有烤肠和臭豆腐两种商品,某个消费者喜欢烤肠而不喜欢臭豆腐。我们再假设在烤肠和臭豆腐之间存在着替换的可能。也就是说,当消费者个人不得不消费一定量的臭豆腐时,可以得到一些烤肠作为补偿。这样,消费者个人的等效用曲线必定是向右上方倾斜,如图 3.9 所示。偏好增加的方向指向右下方,即朝着臭豆腐消费减少和烤肠消费增加的方向,如图 3.9 中箭头所示。

(4)中性商品。中性商品是消费者个人无论从哪方面说都不在乎的商品。如果某个消费者正好对臭豆腐持中立态度,在这种情况下,该消费者的等效用曲线是一条垂直线,如图 3.10 所示。该消费者只关心他能得到多少烤肠,而毫不关心他将得到多少臭豆腐。他得到的烤肠越多越好,但增加一些臭豆腐对他没有任何影响。

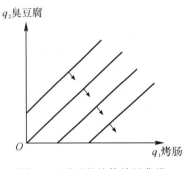
图 3.9 厌恶品的等效用曲线

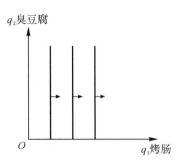
图 3.10 中性商品的等效用曲线

(5)餍足品。餍足品(satiation),即对于消费者个人来说有一个最佳的消费组合,就他自己的偏好而言,越接近这个消费组合越好。例如,假设某消费者有某个最偏爱的消费组合 (q_{10}, q_{20}),离这个消费组合越远,他的情况就越糟。此时,就可说 (q_{10}, q_{20}) 是一个餍足点或最佳点(bliss point),消费者个人的等效用曲线就有如图 3.11 所示的情形。最佳点是 (q_{10}, q_{20}),远离该最佳点的点都处于较低的等效用曲线上。

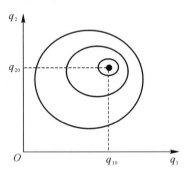
图 3.11 餍足品的等效用曲线

显然,当消费者个人拥有的两种商品都太少或太多时,等效用曲线的斜率为负数;当他拥有的其中一种商品太多时,等效用曲线的斜率为正数,但这种商品就成了厌恶品,减少对厌恶品的消费会使他更接近最佳点。如果他拥有的两种商品都太多,那么这两种商品都是厌恶品,减少对这两种商品的消费会使他接近最佳点。

但是,消费者个人一般不会自愿地选择过多地拥有他所消费的商品。从经济学选择的观点来看,令人感兴趣的领域是消费者个人拥有的东西往往少于他想要的。大多数商品都是这样。

四、边际替代率递减

等效用曲线是凸向坐标原点的。为了从理论上解释等效用曲线为什么具有这样的形状,希克斯在以序数效用论代替基数效用论的同时,用边际替代率概念取代了边际效用概念,又以边际替代率递减规律取代了边际效用递减规律。

1. 边际替代率

边际替代率(marginal rate of substitution,MRS)指在保持消费者个人效用不变的条件下,一种商品能够被另一种商品替代的比率。如果把消费的商品 Q_1 增加 Δq_1 所能够替代的商品 Q_2 的数量 Δq_2 称为商品 Q_1 对商品 Q_2 的边际替代率,记为 $\text{MRS}_{1,2}$,那么边际替代率用公式可表示为

$$\text{MRS}_{1,2} = -\frac{\Delta q_2}{\Delta q_1}$$

考虑其微分形式,在 $\Delta q_1 \to 0$ 时,有

$$\text{MRS}_{1,2} = -\frac{dq_2}{dq_1} \tag{3.8}$$

其经济含义为:为了保持总效用不变,增加 1 单位商品(Q_1)可以相应减少的另一种商品(Q_2)的数量。从几何含义上看,边际替代率就是 -1 乘以等效用曲线上各点切线的斜率。

设商品 Q_1 的边际效用为 MU_1 $\left(\text{MU}_1 = -\frac{dU}{dq_1}\right)$,商品 Q_2 的边际效用为 MU_2 $\left(\text{MU}_2 = -\frac{dU}{dq_2}\right)$,那么,当商品组合沿着等效用曲线向右下方变动时,商品 Q_1 消费增加 Δq_1 个单位,所增加的效用为($\Delta q_1 \text{MU}_1$),同时商品 Q_2 的消费减少了 Δq_2 个单位,减少的效用为 $\Delta q_2 \text{MU}_2$。由于同一条等效用曲线上效用不变,所以有

$$\Delta q_1 \text{MU}_1 = -\Delta q_2 \text{MU}_2$$

由此可得:

$$-\frac{\Delta q_2}{\Delta q_1} = -\frac{\text{MU}_1}{\text{MU}_2} \tag{3.9}$$

当 $\Delta q_1 \to 0$ 时,有

$$\text{MRS}_{1,2} = -\frac{dq_2}{dq_1} = -\frac{\text{MU}_1}{\text{MU}_2} \tag{3.10}$$

式(3.10)表明,边际替代率实际上等于一种商品(Q_1)的边际效用与另一种商品(Q_2)的边际效用之比。

2. 边际替代率递减规律

当一种商品的消费量不断增加,在总效用不变的条件下,每单位这种商品能够替代的其他商品的数量不断减少,就是边际替代率递减规律(law of diminishing marginal rate of substitution)。等效用曲线凸向原点,表明其切线斜率的绝对值沿着横轴的方向递减,这一特征就是由边际替代率递减规律所决定的。

图3.12中的等效用曲线能使我们更清楚地看出,在效用不变的条件下,增加一种商品来替代另一种商品的情况。假设效用不变($U=U_0$),从 A_1(1个单位 q_1 和5个单位 q_2 的组合)开始增加 q_1 消费,当 q_1 消费增加到2个单位时,q_2 消费减为3个单位(A_2 点),即增加的1个单位的 Q_1 商品可以替代2个单位的 Q_2 商品,Q_1 商品对 Q_2 商品的边际替代率为2。当 q_1 继续增加到3个单位时,q_2 降到2个单位(A_3 点),1个单位的 Q_1 商品只能替代1个单

位的 Q_2 商品，Q_1 商品对 Q_2 商品的边际替代率降为 1。如果 q_1 消费再进一步增加，Q_1 商品的边际替代率将继续下降。这表明，为了使效用保持不变，当 q_1 消费不断增加时，每单位 Q_1 商品能够替代的 Q_2 商品数量不断减少，也就是说，Q_1 商品的边际替代率是递减的。

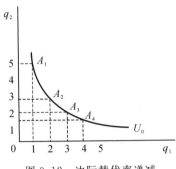

图 3.12　边际替代率递减

3. 边际效用递减规律与边际替代率递减规律

边际效用递减规律反映了当其他商品不变时，一种商品（Q）变动与其效用变动之间的关系。边际替代率递减规律则反映了当效用不变时，两种商品变动时的相互替代关系。虽然二者在定义上有所区别，但事实上它们又有着密切的联系。

边际效用递减规律表明，在其他商品不变的情况下，随着一种商品消费的增加，其边际效用越来越小。在这里，当 Q_1 商品消费不断增加时，其边际效用不断减少，Q_1 商品的效用降低，从而需要更多的 Q_1 商品来替代 Q_2 商品才能保持总效用不变；当 Q_2 商品消费不断减少时，其边际效用不断增加，Q_2 商品的效率提高，从而仅需要较少的 Q_2 商品来交换 Q_1 商品就能使总效用不变。因此，在两种商品同时变动而效用不变的情况下，边际效用递减规律就表现为边际替代率递减规律。

从式（3.10）中可以看出，由于边际效用递减规律的作用，随着 Q_1 商品消费的增加，分子 MU_1 在递减，而 Q_2 商品消费的减少使分母 MU_2 递增，所以 $\frac{MU_1}{MU_2}$ 的值随着商品 Q_1 的增加而减少，等效用曲线斜率的绝对值也随着商品 Q_1 的增加而减少。也就是说，等效用曲线越来越平坦，表现为等效用曲线凸向原点。

第二节　消费者个人的预算约束

前面讲过，消费者个人的满足要通过消费商品才能获得，而要消费商品就必须首先用现有的财富收入去购买商品，即便贷款也是如此。就是说，消费者个人的幸福或满足最大化，在分析了商品的效用之后，要受到消费者个人现有财富收入预算的约束。

一、预算线

预算线又称为预算约束线，表示在消费者个人收入和商品价格既定的条件下，消费者个人的全部收入所能购买到的两种商品的不同数量的组合。

假定某个消费者个人有一笔收入为 80 元,全部用来购买商品 Q_1 和商品 Q_2,商品 Q_1 的价格为 4 元,商品 Q_2 的价格为 2 元。那么,全部收入都用来购买商品 Q_1 可得 20 单位,全部收入都用来购买商品 Q_2 可得 40 单位。由此做出的预算线为图 3.13 中的 AB 线段。

在图 3.13 中,预算线 AB 把平面坐标图划分为三个区域:预算线 AB 以外的区域中的任何一点,如 C 点,是消费者个人利用全部收入不可能实现的商品购买的组合点。预算线 AB 以内的区域中的任何一点,如 D 点,表示消费者个人的全部收入在购买该点的商品组合以后还有剩余。只有预算线 AB 上的任何一点,才是消费者个人的全部收入刚好花完所能购买到的商品组合点。

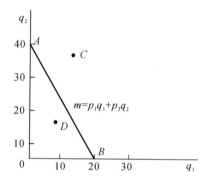

图 3.13 预算线

如果以 m 表示消费者个人的既定收入,以 p_1 和 p_2 分别表示已知的商品 Q_1 和商品 Q_2 的价格,以 q_1 和 q_2 分别表示消费商品 Q_1 和商品 Q_2 的数量,那么预算线的方程为

$$m = p_1 q_1 + p_2 q_2 \tag{3.11}$$

式(3.11)表示:消费者个人的全部收入 m 等于他购买商品 Q_1 的支出与购买商品 Q_2 的支出的总和。

由式(3.11)可得,消费者个人的全部收入购买商品 Q_1 的数量为 $\dfrac{m}{p_1}$,它是预算线在横轴的截距,即为图 3.13 中 OB。消费者个人的全部收入购买商品 Q_2 的数量为 $\dfrac{m}{p_2}$,它是预算线在纵轴的截距,即为图 3.13 中 OA。预算线的斜率为

$$-\frac{OA}{OB} = -\frac{\dfrac{m}{p_2}}{\dfrac{m}{p_1}} = -\frac{p_1}{p_2} \tag{3.12}$$

这说明预算线的斜率可以表示为两商品价格之比的负值。当然,式(3.11)的预算线方程也可改写为

$$q_2 = -\frac{p_1}{p_2} q_1 + \frac{m}{p_2} \tag{3.13}$$

很清楚,式(3.13)中 $-\dfrac{p_1}{p_2}$ 为预算线的斜率,$\dfrac{m}{p_2}$ 为预算线在纵轴的截距。

二、预算线的变动

既然预算线表示在一定的收入 m 的限制下,当两种商品的价格为 p_1 和 p_2 时,消费者个人可以购买到的两种商品的各种组合,所以,消费者个人的收入 m 或商品价格 p_1、p_2 发生变化时,便会引起预算线的变动。这一变动可以归纳为以下四种情况:

(1) 当两种商品的价格不变,消费者个人的收入发生变化时,预算线的位置会发生平移。这是因为,商品的价格不变,则预算线的斜率 $-\dfrac{p_1}{p_2}$ 不变。于是,收入的变化只能引起预算线的截距 $\dfrac{m}{p_1}$ 和 $\dfrac{m}{p_2}$ 的变化。如图 3.14(a) 所示,假定原有的预算线为 AB,若消费者个人的收入增加,则使预算线由 AB 向右平移至 $A'B'$。它表示消费者个人的全部收入用来购买其中任何一种商品的数量都因收入的增加而增加了。若消费者个人的收入减少,则使预算线由 AB 向左平移至 $A''B''$。它表示消费者个人的全部收入用来购买其中任何一种商品的数量都因收入的减少而减少了。

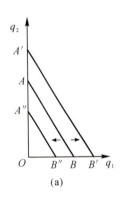 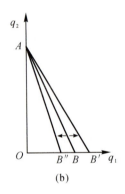 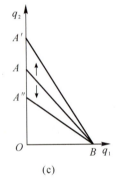

(a)   (b)   (c)

图 3.14   预算线的变动

(2) 当消费者个人的收入不变,两种商品的价格同比例同方向变化时,预算线的位置也会发生平移。这是因为,两种商品价格同比例同方向的变化并不影响预算线的斜率 $-\dfrac{p_1}{p_2}$,而只能引起预算线的截距和 $\dfrac{m}{p_2}$ 的变化。仍以图 3.14(a) 说明:若两种商品的价格同比例下降,则预算线 AB 向右平移至 $A'B'$;若两种商品的价格同比例上升,则预算线向左平移至 $A''B''$。前者表示消费者个人的全部收入用来购买其中任何一种商品的数量都同比例于价格的下降而增加,后者则表示都同比例于价格上升而减少。

(3) 当消费者个人的收入不变,一种商品的价格不变而另一种商品的价格发生变化时,不仅预算线的斜率 $-\dfrac{p_1}{p_2}$ 会发生变化,而且预算线的截距 $\dfrac{m}{p_1}$ 或 $\dfrac{m}{p_2}$ 也会发生变化。以图 3.14(b) 来说明:假定原来的预算线为 AB,若商品 Q_1 的价格 p_1 下降,则预算线由 AB 移至

AB',它表示消费者个人的全部收入用来购买商品 Q_1 的数量因 p_1 的下降而增加了,但全部收入用来购买商品 Q_2 的数量并未受到影响。同理,若商品 Q_1 的价格 p_1 提高,则预算线由 AB 移至 AB''。

类似地,在图 3.14(c) 中,商品 Q_2 的价格的下降与提高,分别使得预算线由 AB 移至 $A'B$ 和 $A''B$。

(4) 当消费者个人的收入和两种商品的价格都同比例同方向变化时,预算线不发生变化。这是因为,此时预算线的斜率 $-\dfrac{p_1}{p_2}$ 不会发生变化,预算线的截距 $\dfrac{m}{p_1}$ 和 $\dfrac{m}{p_2}$ 也不会发生变化。这说明消费者个人的全部收入用来购买其中任何一种商品的数量都是不变的。

第三节 消费者个人的选择

消费者个人的选择一般也称作"消费者均衡",是指消费者个人一旦实现了其效用、幸福最大化目标,其决策行为就不会再作改变的一种状态。

一、消费者个人的目标

在第一章中我们指出,理性人的幸福就在于最大化个人的效用。作为微观个体的消费者个人,以实现自己利益最大化为目标,对自己的现有财富进行有效配置。"现有财富",指的是假设消费者个人已经拥有财富因而财富既定;"利益最大化",对于消费者个人而言,指的就是效用最大化或幸福最大化。

二、消费者个人的最优选择

等效用曲线代表的是消费者个人对不同商品组合的主观态度,反映效用水平的高低,预算线则显示了消费者个人有支付能力的商品消费的客观条件,反映现有财富的大小。将二者放在一起,就能决定消费者个人的最后选择。

图 3.15 给出了预算线 MN 和数条等效用曲线 U_1、U_2 和 U_3。由于有预算约束,消费者个人只能在 OMN 围成的三角形区域内进行选择,又由于假设消费者个人没有储蓄,所有收入均用于消费,那么消费者个人只是在 MN 线上寻找一个均衡点。根据假定,消费者个人是追求"自我利益"的理性人,因此他总是试图尽可能地达到最大化的效用水平以实现幸福。如果消费者个人选择 U_3 上的 C 点,虽然 U_3 曲线的效用水平高于 U_2 和 U_1,但 C 点是消费者个人的收入无法承担的,超出了消费者个人选择的客观条件,消费者个人可望不可即。如果消费者个人选择 A 点,A 点在预算线上,是消费者个人的收入可以承受的。在 A 点,消费者个人消费的食品数量是 q_{1A},衣服数量是 q_{2A},得到的效用水平是 U_1。但是,他还没有做到效用最大化,因为如果他沿着 MN 线向下移动,通过减少衣服消费量、增加食品消费量来改变商品组合,可以和更远的等效用曲线相交,从而提高自己的效用水平。同样的道理也适用于 B 点。消费者个人在 B 点的商品组合 (q_{1B},q_{2B}) 得到的效用同样为 U_1,他可以沿着 MN 线向上移动,通过增加衣服消费量、减少食品消费量来和更远的等效用曲线相交,达到提高效用水平的目的。

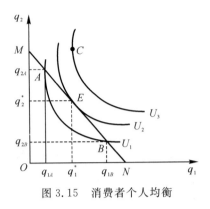

图 3.15 消费者个人均衡

从图 3.15 中可以看到,追求效用最大化的消费者均衡点应该是预算线可能"碰"到的最高水平的等效用曲线的交点,也就是与预算线相切的那条等效用曲线 U_2 上的切点 E。此时,消费者个人消费的食物数量为 q_1^*,衣服数量为 q_2^*。这时如果消费者个人在 E 点改变自己的组合,不论是通过减少衣服消费量、增加食品消费量的方法,还是通过增加衣服消费量、减少食品消费量的方法,都只能与效用水平较低的等效用曲线相交,降低自己的效用水平。因此,在 MN 线上,E 点代表了消费者个人能够达到的最高效用水平。也就是说,均衡点 E 是消费者个人的最优选择,消费者个人在约束条件的限制下达到了效用最大化,也即在客观条件允许下使自己的主观愿望得到了最大限度的满足。

下面,我们来看一下消费者个人最优的选择——消费者均衡点 E 的特点。由于 E 是预算线 MN 和等效用曲线 U_2 的切点,因此 MN 线和 U_2 线在 E 点的斜率是相同的。由预算线和等效用曲线的知识可知,预算线 MN 的斜率为两种商品的价格之比,即 $\frac{p_1}{p_2}$;等效用曲线 U_2 的斜率为两种商品的边际替代率,等于两种商品的边际效用之比,即 $\mathrm{MRS}_{1,2}=\frac{\mathrm{MU}_1}{\mathrm{MU}_2}$。所以,在 E 点,消费者均衡的条件为

$$\mathrm{MRS}_{1,2}=\frac{\mathrm{MU}_1}{\mathrm{MU}_2}=\frac{p_1}{p_2} \tag{3.14}$$

即在消费者均衡点上,两种商品的价格之比等于边际替代率,即等于两种商品的边际效用之比。如果把商品的价格之比看作市场对商品的客观评价,把边际效用之比看作消费者个人对商品的主观评价,那么当客观评价与主观评价相符时,消费者个人达到效用极大化。

有时,我们也把消费者均衡条件 $\frac{\mathrm{MU}_1}{\mathrm{MU}_2}=\frac{p_1}{p_2}$ 这一结论写成下面的形式:

$$\frac{\mathrm{MU}_1}{p_1}=\frac{\mathrm{MU}_2}{p_2} \tag{3.15}$$

用文字表述就是:当两种商品的边际效用与其价格之比彼此相等时,消费者个人达到均衡。这一结论可以推广至 n 种商品,即消费者个人在 n 种商品的消费中进行选择,实现效用极大化的条件即消费者均衡条件为

$$\frac{\mathrm{MU}_1}{p_1}=\frac{\mathrm{MU}_2}{p_2}=\cdots=\frac{\mathrm{MU}_n}{p_n}=\lambda \tag{3.16}$$

所有商品边际效用与各自价格之比都等于 λ，λ 的经济意义就是货币的边际效用。这可以理解为：当消费者个人达到均衡时，他花在所有商品上的最后一单位货币的边际效用应该相等，否则，消费者个人总能通过改变货币支出在不同商品之间的分配进一步提高效用水平。

第四节 消费者个人的产品需求曲线

从消费者均衡分析中可以看到，消费者个人总是在预算约束所允许的范围内选择能带来最高效用的商品组合。现在，我们要通过分析收入或价格的变化对消费者均衡的影响，以更好地理解如何通过效用最大化行为得到消费者个人的产品需求曲线。[①]

一、需求效应

在第二章关于需求曲线的分析中，我们指出，一种商品价格的变化会引起该商品需求量的变化。这种变化可以被分解为替代效应和收入效应。在本节中，我们将区分正常商品和低档商品，分别讨论二者的替代效应和收入效应，也即价格变动所引起的需求效应。

一个普遍的现象是，当消费者个人的口袋越来越鼓时，他就越来越在意消费商品的档次：在有能力"鸟枪换炮"的时候，消费者个人通常不会浪费这种能力。据此，我们可以把商品分为两种：正常商品与低档商品。对前者的消费会随消费者个人收入的增加而增加，对后者的消费则恰恰相反。简单来说，所谓正常商品，即需求随消费者个人收入上升而上升的商品；而低档商品，则是随消费者个人收入上升，需求反而下降的商品。

首先来看正常商品的情况。在图 3.16 中，在原价格条件下，预算线为 AB。Q_1 的价格下降后，预算线变为 AB'，对 Q_1 的需求量从 q_{11} 上升到 q_{13}，需求效应为 $q_{11}q_{13}$，它可以分为如下两个部分：

（1）为了完全独立地考察相对价格变化带来的影响，先假定消费者个人的真实收入没有变，即效用水平不变。这相当于画一条与新的预算线平行，又与原等效用曲线相切的预算线，意味着按照变化后的相对价格和变化前的真实收入水平（在同一条等效用曲线上）应有的预算线，如图中的 $A''B''$ 线。此时，均衡点为 E_2，对 Q_1 的需求为 q_{12}。因此，$q_{11}q_{12}$ 就是替代效应，即仅由相对价格变化引起的，消费者个人多消费便宜商品、少消费昂贵商品的结果。

（2）现在，让预算线从 $A''B''$ 向外平移至 AB'，即相对价格没有变，而收入有所上升，这是由商品价格的下跌而带来的消费者个人真实收入的上升。此时，消费者个人可以从原效用水平 U_1 达到更高的效用水平 U_2，同时，对 Q_1 的消费量从 q_{12} 上升到 q_{13}。因此，$q_{12}q_{13}$ 是收入效应。

由此可见，当 Q_1 的价格下降时，均衡点从 E_1 点移到 E_3 点，Q_1 的需求量相应增加 $q_{11}q_{13}$（从 q_{11} 增为 q_{13}），包括替代效应 $q_{11}q_{12}$ 和收入效应 $q_{12}q_{13}$。

[①] 进而推导出市场的产品需求曲线，即基于个人幸福、效用最大化推导出市场的产品需求曲线，这个内容将在第五章中介绍。

综上所述，当价格变化时，其对商品消费量的影响实际上导致两个结果：一是在效用或真实收入不变情况下，商品的价格下降意味着该商品相对便宜，消费者个人会用相对便宜的商品去替代相对昂贵的其他商品，从而产生替代效应；二是在另一商品价格不变的情况下，商品的价格下降意味着消费者个人的收入上升，消费者个人在一般情况下会增加所有商品的消费，从而产生收入效应。

再来看低档商品的情况。在图 3.17 中，Q_1 商品的总价格效应为 $q_{11}q_{13}$，其中替代效应为 $q_{11}q_{12}$。注意：无论是正常商品还是低档商品，价格下跌带来的替代效应总是正的，因为等效用曲线斜率始终为负。在同一条等效用曲线上，相对价格变化后的均衡点与原均衡点相比，必然是相对昂贵的商品需求下降，相对便宜的商品需求上升。低档商品的特殊之处在于，它的收入效应为负，收入上升后的均衡点 E_3 与 E_2 相比，对 Q_1 的需求量反而下降了（由 q_{12} 降为 q_{13}）。由于需求效应是正的替代效应和负的收入效应之和，我们很难判断其符号。价格下降时，在一般情况下，低档商品替代效应绝对值要大于收入效应，因而需求效应仍为正，如图 3.17 所示。

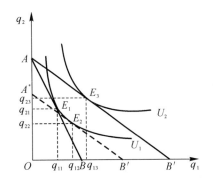

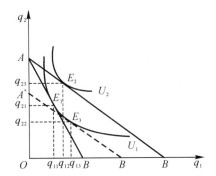

图 3.16　正常商品的替代效应与收入效应　　图 3.17　低档商品的替代效应与收入效应

低档商品中的特例——吉芬商品则是负的收入效应超过了正的替代效应，结果需求效应也成了负值，如图 3.18 所示。在图 3.18 中，随着 Q_1 的价格下降，对 Q_1 的需求量反而由 q_{11} 减为 q_{13}，这是因为负的收入效应 $q_{12}q_{13}$ 的绝对值大于正的替代效应 $q_{11}q_{12}$ 产生的结果。

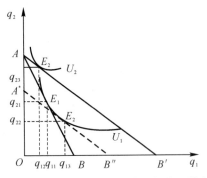

图 3.18　吉芬商品的替代效应与收入效应

吉芬商品的特殊性引起许多经济学家的兴趣,但是现实中人们很难找到吉芬商品的实例。这是什么原因呢?以马铃薯为例来看吉芬商品负的需求效应是如何产生的。马铃薯是一种低档商品,同时它在农民的收入中占很大的比重,马铃薯价格下降就会使农民的实际收入上升很多,从而农民能购买更多的质量较高的商品,如面包,而相应减少马铃薯的消费量。从中我们可以看到,吉芬商品必须具备两个条件:一是它是低档商品,随着收入的上升需求量下降;二是它必须在消费者个人的总开支中占很大的比重,才能使收入效应大到足以抵消替代效应。但是,低档商品一般是范围很窄的商品,消费者个人很容易找到替代品,因此替代效应是比较大的;同时,这样的细类商品不可能在总支出中占有很大比重。因此,要使收入效应超过替代效应是不太可能的。我们有理由相信,需求法则是普遍成立的,吉芬商品只是一种离现实很远的可能。

为了便于比较正常商品、普通低档商品、吉芬商品的异同,表 3.2 中列举了三种商品需求效应的分解情况。

表 3.2　不同商品需求效应的分解(当价格下降时)

	所有商品		
	正常商品	低档商品	
		普通低档商品	吉芬商品
代替效应	大于零	大于零	大于零
收入效应	大于零	小于零	小于零
需求效应	大于零	大于零	小于零

二、恩格尔定律

现在,我们假定消费者个人的偏好和商品的价格不变,来研究收入变化对消费者均衡的影响。不难理解,收入变化改变了消费者个人能够支付的商品组合范围。从图 3.19 上看,收入上升将使预算线向外平移一定距离。

如图 3.19(a)所示,消费者个人初始收入水平为 m_1,均衡点为 E_1;当收入上升到 m_2 时,预算线向外平移至 $A'B'$,均衡点也移至 E_2;若收入进一步上升至 m_3,那么预算线平移至 $A''B''$,均衡点移至 E_3。限于篇幅,这里仅列举三种情况。如果让收入连续地、无限微小地变化,我们将所有均衡点连接起来,就能得到一条曲线,这就是收入-消费曲线,简称 $m-C$ 曲线。

为了更加直接地将收入和商品 Q_1 的消费量联系起来,我们在图 3.19(b)中用横轴衡量商品 Q_1 的消费,纵轴衡量收入。从图 3.19(a)中我们知道当收入为 m_1 时,商品 Q_1 的消费量为 q_{11},这样就确定了图 3.19(b)中的 E_1 点,类似地,E_2 和 E_3 也用同样的方法确定,最后可得出一条联系收入变化和 Q_1 消费量变化的曲线,称之为恩格尔曲线(Engel curve)。这是以德国十九世纪后期统计学家恩格尔(East Engel)的名字命名的。在图中,恩格尔曲线由左下朝右上倾斜,表明随着收入的增加,Q_1 的消费量也随之增加。

恩格尔一直致力于研究家庭收入和各项支出之间的关系。1857 年,他提出了著名的恩格尔定律(Engel's law),即随着收入上升,食品在总支出中的比重是下降的。从统计结果看,世界各地小至家庭,大至国家基本都遵循这一定律,因此我们常将恩格尔系数,即食品在总开支中的比重作为衡量经济发展水平的参考指标。通常认为,恩格尔系数超过 50% 的经济尚处于维持温饱的生计经济,而小于 30% 的则是富裕经济。当然,这一标准并不是绝对的,个别经济在一定时期内可能会出现经济发展与恩格尔系数背离的情况。恩格尔还发现,随着收入提高,衣着、住房在总开支中的比重基本维持不变,而奢侈品、教育、娱乐、储蓄等的比重是上升的。

根据正常商品和低档商品的定义,不难理解,正常商品的 $m-C$ 曲线和恩格尔曲线应该是从左下朝右上倾斜的,如图 3.19 所示。而低档商品则相反,收入上升反而需求下降,从而 $m-C$ 曲线和恩格尔曲线都是从左上朝右下倾斜的,如图 3.20 所示。需要特别指出的是,在同一条恩格尔曲线上,消费者个人的偏好和商品价格必须保持不变。

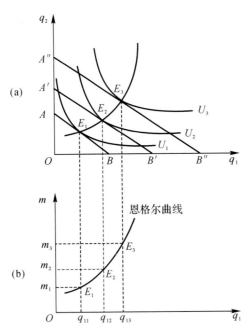

图 3.19 收入变化和消费者个人选择:正常商品的恩格尔曲线

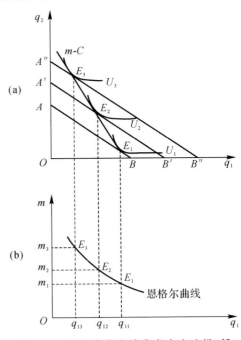

图 3.20 收入变化和消费者个人选择:低档商品的恩格尔曲线

三、产品需求曲线

消费者个人以追求个人的效用、幸福最大化为目标,根据自己的现有财富,对于各种产品有其自己的需求规律或曲线。

从消费者个人的选择即消费者均衡分析中可以看到,消费者个人总是在预算约束所允许的范围内选择能带来最高效用的商品组合。现在我们需要考虑,如果商品价格变化了,消费者均衡会如何相应地变化,从这些变化中,能够推导出产品需求曲线。

图 3.21(a)显示了 Q_1 商品价格变化对其消费量的影响。图中横轴代表 Q_1 商品的消费量 q_1,纵轴代表 Q_2 商品的消费量 q_2。在一开始的价格水平 p_1 下,预算线为 AB,均衡点为 E_1。现 Q_1 的价格下降了,价格为 p_2,表现为预算线绕 A 点向外转到 AB',均衡点也相应移到 E_2;如果价格进一步下降到 p_3,预算线继续向外转到 AB'',均衡点为 E_3。如果我们让 Q_1 的价格连续地、无限渐近地变化,将所有的均衡点连接起来就能得到一条曲线,我们称之为价格-消费曲线,即 p-C 曲线。

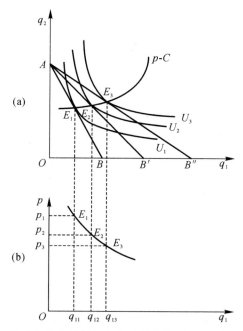

图 3.21 价格变化和消费者个人选择变化:产品需求曲线的导出

为了更直接地观察价格变化与其消费量变化之间的关系,在图 3.21(b)中我们用纵轴来衡量商品 Q_1 的价格,在 p_1 价格水平下消费者个人的需求量为 q_{11},这样图 3.21(a)中的 E_1 点就对应于图 3.21(b)中的 E_1 点,E_2、E_3 点也可同样导出。由此可以得到一条从左上朝右下倾斜的曲线 d[①],这就是消费者个人的产品需求曲线。

显然,图 3.21 中导出的产品需求曲线与第二章中的"需求法则"是相符的。产品需求曲线由左上向右下倾斜,表明随着商品价格的降低,消费者个人愿意购买的商品数量增加。

但是,是不是具有正常形状(符合本章第一节介绍的等效用曲线的主要特征)的等效用曲线都能导出向下倾斜的需求曲线呢?图 3.22 给出了反例。

---

① 为了体现经济学的个人主义基础或个体理性基础,本教材此处及后续章节,关于本教材对个人的、市场的、社会的需求曲线与供给曲线分别采用不同的名称标注:d、D、AD 与 s、S、AS。

图 3.22 中的等效用曲线向下倾斜,凸向原点,两两不相交,具备了等效用曲线的基本特征。但是从消费者个人的选择来看,在商品价格下降后,需求量反而下降了,从而导出了一条向上倾斜的消费者个人的需求曲线。这便是吉芬商品。

无论如何,消费者个人的产品需求曲线实际上反映的是消费者个人最优选择的结果。因为从以上分析中可以看出,在产品需求曲线的每一点上,都代表着消费者个人在预算约束条件下达到了幸福、效用最大化。因此说,产品需求曲线是消费者个人的幸福、效用最大化的产品价格与需求量组合点的轨迹。

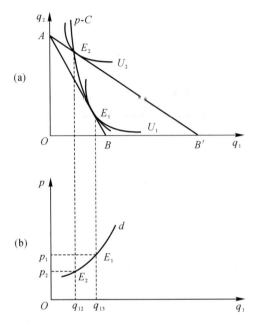

图 3.22 吉芬商品的 $p\text{-}C$ 曲线和需求曲线

思 考 题

一、名词解释

效用　基数效用论　序数效用论　总效用　边际效用　边际效用递减规律　无差异曲线　等效用曲线　边际替代率　边际替代率递减规律　预算线　消费者均衡　恩格尔定律　吉芬商品

二、简答题

1. 试分析边际效用递减规律与边际替代率递减规律之间的区别与联系。
2. 等效用曲线与无差异曲线的关系怎样? 等效用曲线的特征是什么? 等效用曲线为什

么有不同？如何从等效用曲线看出消费者个人对某种商品的喜好程度？

3. 消费者均衡的实现需要哪些条件，为什么？

4. 需求效应包括哪些内容？如何分解需求效应？

5. 不同商品的恩格尔曲线为什么不同？

6. 利用消费者均衡推导产品需求曲线过程说明了什么？

7. 替代品和互补品分别投入市场后，会对原有的消费者均衡有何影响？为什么？

8. 请思考并分析：

(1)在日常生活中，为什么人们经常赠送友人各种礼物而不是直接送现金？

(2)在现今，人们参加婚礼为什么流行送现金红包而不是送各种礼品？

三、计算题

1. 某市煤气公司对消费者个人实行分段购气计划，50 m³ 之内的煤气收费为每立方米 1.6 元，大于 50 m³ 后每立方米煤气收费 2.0 元。

(1)若消费者个人月均收入为 2 000 元，请画出该市代表性消费者个人购买煤气和其他商品的预算线。

(2)如果消费者个人月用煤气超过 50 m³，所有煤气收费都是 2.0 元，此时的预算线如何变化？

(3)如果消费者个人的效用函数为 $U=4q_1q_2$，在(1)(2)情况下，消费者个人的选择分别是多少？

2. 假定预算约束线的方程已知为：$q_2=1\,000-5q_1$，这里，q_1 和 q_2 代表两种物品的数量。一般情况下，等效用曲线是向原点凸出的，但在本题我们假定它是线性的，斜率是个常数，为 -2。

(1)请画出预算约束线（q_2 在纵轴上）。

(2)画出一组等效用曲线，并标出效用最大化点。

(3)如果等效用曲线的斜率为常数 -6，效用最大化点应在何处？

3. 所有收入用于购买 Q_1、Q_2 两种商品的某消费者个人的效用函数为 $U=q_1q_2$，收入为 100，Q_2 的价格为 10，当 Q_1 的价格由 2 升至 8 时，其补偿收入（为维持效用水平不变所需的最小收入）是多少？

扩展阅读

从消费需求看，过去，我国消费具有明显的模仿型排浪式特征，你有我有全都有，消费是一浪接一浪地增长。现在，"羊群效应"没有了，模仿型排浪式消费阶段基本结束，消费拉开档次，个性化、多样化消费渐成主流，保证产品质量安全、通过创新供给激活需求的重要性显著上升。随着我国收入水平提高和消费结构变化，供给体系进行一些调整是必然的，但我国有十三亿多人，总体消费水平还不高、余地还很大。我们必须采取正确的消费政策，释放消费潜力，使消费继续在推动经济发展中发挥基础作用。

——《在中央经济工作会议上的讲话》(2014 年 12 月 9 日)

中国经济呈现出新常态,有几个主要特点。一是从高速增长转为中高速增长。二是经济结构不断优化升级,第三产业、消费需求逐步成为主体,城乡区域差距逐步缩小,居民收入占比上升,发展成果惠及更广大民众。三是从要素驱动、投资驱动转向创新驱动。新常态将给中国带来新的发展机遇。

——《谋求持久发展,共筑亚太梦想》(2014年11月9日),《人民日报》2014年11月10日

第四章　作为生产者的个人选择

上一章已经介绍,消费者个人购买、消费数量 q_i 的相应产品以实现个人的效用、幸福最大。数量 q_i 的相应产品需要由生产者个人投入相应的生产要素来生产。在本章中,生产者个人将以作为实现幸福最大化手段的利润最大化为目标而生产、供给消费者个人需要的数量 q_i 的相应产品。就是说,作为生产者的个人即第十三章中的企业家,根据自己的现有财富——利润,除了用作自己作为消费者的个人而生活消费以外,其余的现有财富则用于生产消费并对各种生产要素有其自己的需求规律。据此我们将推导出生产者个人的生产要素需求曲线:为了生产、供给数量 q_i 的相应产品,相应生产要素的市场价格 w_i 与生产者个人可能投入的相应生产要素的数量 x_i 之间的一一对应关系。

具体来说,本章将从生产者个人的产量为 q 的生产函数出发,以一种可变生产要素的生产函数考察短期生产规律和不同生产阶段的特点;运用等产量曲线、等成本线等分析工具,以两种可变生产要素的生产函数考察为实现利润最大化,生产者个人为生产、供给消费者个人需要的产量 q_i 的相应产品而投入的生产要素组合。

第二章我们用"生产者"概括一个个厂商或企业以作为市场供给的主体,本章讲述的是生产者个人,主要使用以下与其等同的称谓:厂商、工厂、企业。

第一节　生产者个人的收益

生产者个人是以作为实现幸福最大化手段的利润最大化为目标而生产的。我们先学习生产理论。

一、生产理论

1. 生产者

"生产"在经济学中是一个具有普遍意义的概念。经济学意义上的生产不仅意味着制造一台机床或是纺织一匹布,还包含了其他各种各样的经济活动,如经营一家商店或证券公司、为他人打官司、剧团的演出、为病人看病、出租车的客运服务等。这些活动都为某个人或经济实体提供产品或服务,并得到他们的认可。因此,生产并不仅限于物质产品的生产,还包括金融、贸易、运输、家庭服务等各类服务性活动。一般来说,任何创造价值的活动都是生产。生产过程所对应的产出包含了幸福和谐所依赖的满足整体的"五个层次"需要的产品,至少包括物质的、精神的产品。

生产者个人是指,能够作出统一的生产决策的单个经济单位。厂商可以是生产产品的,也可以是提供服务的。因此,厂商可以是指工厂、农场、银行,甚至是指医院、学校等。作为一种经济决策单位,除了消费者个人与政府以外,其余的经济组织都是厂商。

厂商主要可以采取三种组织形式:个人企业、合伙制企业和公司制企业。

(1)个人企业指单个人独资经营的厂商。个人企业家往往同时就是所有者和经营者。个人企业的利润动机明确、强烈,决策自由、灵活,企业规模小,易于管理。但个人企业往往资金有限,限制了生产的发展,而且也较易破产。

(2)合伙制企业指两个人以上合资经营的厂商。相对个人企业而言,合伙制企业的资金较多,规模较大,比较易于管理;分工和专业化得到加强;多人所有和参与管理,不利于协调和统一;资金和规模有限,在一定程度上不利于生产的进一步发展;合伙人之间的契约关系欠稳定。

(3)公司制企业是一种重要的现代企业组织形式,具有法人资格。法人是相对于自然人(如张三、李四等每一个具体的人)而言的,是具有独立财产并能独立承担民事责任的组织机构。

公司制企业实行法人治理结构,即形成由股东会、董事会、监事会和经理层组成并有相互制衡关系的管理机制。其中,股东会是公司的权力机构;董事会是股东选出的代表股东利益和意志,对公司经营作决策的机构;经理层是董事会聘任的负责公司日常经营管理的人员;监事会是公司的监督机构。公司制企业是一种非常有效的融资组织形式,它主要利用发行债券和股票来筹集资金,因此公司制企业的资金雄厚,有利于实现规模生产,也有利于进一步强化分工和专业化。而且公司的组织形式相对稳定,有利于生产的长期发展。但公司组织往往可能由于规模庞大,给内部的管理协调带来一定的困难。公司所有权和管理权的分离,也带来一系列问题,特别是管理者在经营上能否符合所有者意愿的问题。

2. 生产理论的历史变迁

对生产理论的研究大致可以分为三个阶段:传统企业理论、新古典企业理论、现代企业理论。

传统企业理论产生于18世纪后期,起初是以手工场和工厂为研究对象形成了劳动分工理论。亚当·斯密在《国富论》中论证了分工对工厂的决定性作用,认为分工是工厂形成的原因。劳动分工理论强调劳动者个人之间的分工和企业生产过程中的分工,以及分工带来的劳动生产率的提高,并把企业看作是一个将徒弟、技术、劳动力、资本等生产要素投入转化为产出,从而增加社会财富的生产单位。

新古典微观经济学的研究对象是市场机制下单个经济单位的经济行为,即市场、企业、个人之间的相互关系。新古典学派对企业的认识,是在传统企业理论基础上的延续和发展,他们赋予企业以"经济人"的含义,使得企业在经济活动中具有完全的理性,并掌握完全的信息,不断追求利润最大化。从边际学派到马歇尔,他们对企业的研究都以上述假定为前提条件,探寻在完全竞争市场条件下,企业如何确定其价格与产量。新古典学派的企业理论用生产函数和投入成本构造模型,并且使企业的实际行为以边际原理为准则,以此来决定企业的最优生产选择如何随着投入和产出价格的变动而变动,进而获得短期的最大利润。

所谓现代企业理论,指从契约分析出发来研究企业组织及各种生产要素之间的相互关系的理论。包括研究制度环境和制度安排的产权理论、事前安排的代理理论和事后处置的交易成本理论。现代企业理论的研究对象是市场经济中的企业。这些,将会在第十三章中详述。

3. 生产函数

(1)生产函数的定义。生产过程中生产要素的投入量和产品产出量之间的关系,被称作生产技术,研究的是投入-产出的转换问题。主流经济学把厂商视为一个"黑箱",并把厂商完全抽象为生产函数,仅仅涉及厂商的投入要素和产出之间的关系,而完全不涉及厂商作为一种生产性组织的内部结构、组织的具体运作以及生产的具体工艺过程。[①]

生产函数表示在一定时期内,在技术水平不变的情况下,生产中所使用的各种生产要素的数量与所能生产的最大产量之间的关系。生产函数中的投入和产出关系,亦或投入-产出的转换问题,取决于投入的设备、原材料、劳动力等诸要素的技术水平。因此,任何生产方法(包括技术、生产规模)的改进都会导致新的投入-产出关系。不同的生产函数代表不同的生产方法和技术水平。

假定在生产某种产品的过程中,厂商投入 n 种生产要素 $X_1, X_2, \cdots, X_n$ 的数量分别为 $x_1, x_2, \cdots, x_n$,厂商所能生产该产品的最大产量为 q,则厂商的生产函数可写成

$$q = f(X_1, X_2, \cdots, X_n) \tag{4.1}$$

式(4.1)表明,在既定的生产技术水平下,厂商投入生产要素组合(x_1, x_2, x_3, x_4)所能生产的最大产量为 q。

主流经济学家认为,生产中需要的生产要素有四种,分别是劳动(L)、资本(K)、土地和自然资源(N)、企业家才能(EA)。然而,在经济学的分析中,为了由浅入深地进行,先假设生产是简单的,不需要企业家的组织与协调;同时,生产中土地和自然资源的使用数量取决于生产中劳动的数量和资本的数量及其最优配合比例,因而土地和自然资源要素也可因此假设掉。就是说,简单生产中,劳动和资本两种要素足以代表全部要素。假设 l 代表厂商投入的劳动数量,k 代表投入的资本数量,则厂商的生产函数可写为

$$q = f(l, k) \tag{4.2}$$

生产函数表示生产中的投入量和产出量之间的依存关系,这种关系普遍存在于各种生产过程之中。估算和研究生产函数,对于经济理论研究和生产实践都具有一定意义。这也是很多经济学家和统计学家对生产函数感兴趣的原因。

(2)两种典型的生产函数。因为后面的章节要用到如下的两个生产函数,又因为这两个生产函数也特别典型,特在此予以介绍。

1)柯布-道格拉斯生产函数。美国数学家柯布(C. W. Cobb)和经济学家道格拉斯(Paul H. Douglas)构造出了经济学中最普遍应用的柯布-道格拉斯生产函数,即:

$$q = A l^\alpha k^\beta \tag{4.3}$$

其中:q 表示厂商的产品生产量;l 和 k 分别是厂商投入的劳动数量和资本数量;A 称作全要

[①] 主流经济学把厂商抽象为一个"黑箱"或生产函数并非脱离实际,其中的原因详见第十三章。

素,是投入要素的质的体现;α、β 为投入要素的产出弹性系数,分别表示劳动投入、资本投入的变化引起产量的变化的速率。一般地,$\alpha+\beta=1$。

2) 里昂惕夫固定投入比例生产函数。瓦西里·里昂惕夫(Wassily Leontief,1906—1999 年)发展了投入-产出方法,因此获得了 1973 年诺贝尔经济学奖。固定投入比例生产函数也以他的名字称作里昂惕夫生产函数。该函数指在每一个产量水平上,任何一对生产要素投入量之间的比例都是固定的。比如,工人用铁锹挖地基,一个工人只能用一把铁锹,假设不是为了备用,则每个工人再多一把铁锹也是无用的。

假设厂商生产一单位产品需要固定比例的劳动投入量和资本投入量,劳动投入量 l 和资本投入量 k 之间固定的生产技术系数分别为 u 和 v,厂商的产量为 q,则厂商的里昂惕夫固定投入比例生产函数的通常形式为

$$q = \min\left(\frac{l}{u}, \frac{k}{v}\right) \tag{4.4}$$

该生产函数表示产量 q 取决于两个比值 $\frac{l}{u}$ 和 $\frac{k}{v}$ 中较小的那一个,即使其中的一个比例数值较大,也不会提高产量。在这里,q 的生产被假定为必须按照 l 和 k 之间的固定比例进行。就是说,当一种生产要素的数量不能变动时,另一种生产要素的数量再多,也无法增加产量。

需要注意,该生产函数中,通常假定生产要素投入量 l、k 都满足最小的要素投入组合的要求,并且有

$$q = \frac{l}{u} = \frac{k}{v} \quad \text{或者} \quad \frac{k}{l} = \frac{v}{u} \tag{4.5}$$

式(4.5)说明了该生产函数的固定投入比例的性质。固定投入比例等于两种要素的固定的生产技术系数之比。对于一个固定投入比例生产函数来说,当产量发生变化时,各要素的投入量以相同的比例发生变化。因此,各要素投入量之间的比例是维持固定不变的。

关于固定投入比例生产函数的这一性质,可以用图 4.1 来说明。

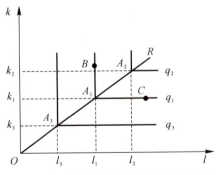

图 4.1 里昂惕夫固定投入比例生产函数

图 4.1 中,横轴、纵轴分别表示投入的劳动数量 l 和资本数量 k。分别以 A_1、A_2 和 A_3 为顶点的三条直角形的实线,分别表示生产既定的产量 q_1、q_2 和 q_3 时的要素组合。以生产 q_1 的产量而言,A_1 的数量组合 (k_1, l_1) 是生产产量 q_1 的最小要素投入量组合。以 A_1 点为顶点

的两条直角边上的任何一点(不包括 A_1 点),都不是生产 q_1 产量的最小的要素投入组合。比如,B 点表示资本投入量 k 过多,C 点表示劳动投入量 l 过多。若产量由 q_1 增加为 q_2,或由 q_1 减少为 q_3,则最小要素投入量组合相应地会由 A_1 点移至 A_2 点,或由 A_1 点移至 A_3 点。其中,劳动与资本的投入量以相同的比例增加或减少,两要素的投入比例保持固定不变,即有

$$\frac{k_1}{l_1}=\frac{k_2}{l_2}=\frac{k_3}{l_3}=\frac{v}{u} \tag{4.6}$$

因此,从原点出发,经过 A_1、A_2 和 A_3 点的射线 OR,即固定比例投入线,表示了这一固定投入比例生产函数的所有产量水平的最小要素投入量组合的轨迹。

(3)生产函数的特征。生产函数具有以下基本特征:

1)若生产要素的投入量不同,则产品的产出量也不同。一般来讲,更多的投入一定会得到更多的产出。

2)厂商采用的生产技术决定厂商生产函数的具体形式,生产技术与生产函数之间存在对应关系。一旦生产技术水平发生变化,原有的生产函数就会发生变化,从而形成新的生产函数。新的生产函数可能是以相同的生产要素投入量生产出更多或更少的产量,也可能是以变化了的生产要素投入量进行生产。

为了生产某种产品,厂商通常可以选择不同的生产技术,因此厂商面临的生产函数总是有好几种。但是,不论厂商选择哪一种生产函数,一旦采用,就确定了厂商产量可能的最大限度。在任何时候,如果厂商希望增加产出,它就必须进行更多的要素投入。在这个意义上,我们可以说,这里的"技术"是对厂商这个"黑箱"的生产特性的一种综合性描述。因此,我们常常用不同的生产函数来表示不同的生产技术,也用生产函数的改变来反映生产技术的改变。

(4)短期与长期。生产函数给定了厂商为了达到某个产量可采取的各种生产要素投入的组合。但是,有些时候,并不是所有这些组合都可供厂商自由选择。例如,某服装厂商的订单突然激增,需要在下个月将产量翻一番,此时多半厂商只能采取增雇工人、加班加点的方法,而要在一个月内增建一座厂房并增添一倍机器是不太现实的。因此,我们在经济学中要区分厂商的短期决策和长期决策。

所谓短期,指的是至少无法改变某些生产要素投入的那段时期,其中无法改变投入量的那些生产要素投入称为固定投入。它们的投入量之所以在短期内固定,并不是因为这种改变完全没有可能,而是因为在很多情况下作出改变的风险和成本实在太高,以至于在短期内没有人愿意这样做。在上面的例子中,厂房和机器就是固定投入,厂商不会轻易增加这些投入,因为一方面增加这些投入需要时间和成本,另一方面他不知道订单的增加是暂时现象还是长久现象。

在短期中,根据要素的可变性可以将所有生产要素投入分为两大类:固定投入和可变投入。固定投入是指在一定的时期内,其数量不随产量的变动而变化的要素;而可变投入则相反,在一定时期内,其数量随着产量的变动而变化。一般来讲,固定投入是指厂商的机器设备、厂房等相对稳定难以迅速改变的投入,而可变投入则是指劳动、原材料、易耗品等容易改变的投入。在两种生产要素的场合,我们往往把资本(以机器设备、厂房为主)定义为固定投入,把劳动定义为可变投入。

所谓长期,则是指在这段期限内厂商可以改变所有的投入,不仅可以增减劳动力、原材料、燃料等要素,也可以增减机器、厂房等要素。总之,长期意味着厂商可以改变工厂的生产规模,甚至进入和退出某一行业。在长期中,不存在固定投入,厂商的一切生产要素投入都可以改变,也就没有固定投入和可变投入的区别。因此,固定投入和可变投入的区别仅仅局限于短期。在式(4.2)中,假定资本投入量 k 不变,劳动投入量 l 可变,生产函数就称为短期生产函数;如果两个要素同时可变,那么生产函数就是长期生产函数。由于厂商的生产技术在很大程度上是由其使用的机器设备所决定的,因此厂商在短期内也就很难改变其生产技术。厂商生产技术的改变主要与其长期决策相联系,也就是说,厂商只有在长期才存在着选择不同生产函数的可能。

需要指出的是,短期和长期的划分并没有一个具体时间界限,不能用年、月、日等具体时间表示出来,而是以厂商能否改变全部生产要素投入的数量即工厂规模作为标准。如果能够改变工厂规模,就是长期;不能改变,就是短期。对于不同的产品生产,短期和长期的时间是不相同的。譬如,改变一个大型核电厂的规模可能需要几年的时间,而改变一个手工刺绣作坊的规模可能仅需要一个月的时间。另外,这里所说的长期只涉及工厂规模的改变,而不涉及技术的变化。也就是说,工厂规模的扩大或缩小都只是固定资产投入数量的增减,并不涉及这些要素的质量改善。例如,一个厂商把机床数目从 50 台增加到 100 台,使工厂规模扩大了一倍,但这新增的 50 台机床与现有的 50 台机床在质量和生产效率上是相同的。因此,这里所作的长期分析仍然是一种静态的分析,是以技术不变为假定前提的。

二、短期生产:一种生产要素产量的表现方法

为了分析的由浅入深,我们需要先研究厂商投入一种生产要素 x,产量为 q 的生产函数,即把表示一般意义生产函数的式(4.1)具体化为 $q=f(x)$。

事实上,任何厂商的生产都必须有劳动要素。在短期生产函数中,厂商的劳动投入 l 是可变的,资本投入 k 可视为固定的并假设其为固定数量或常量 k_0,则式(4.2)可表示为

$$q=f(l,k_0) \quad 或 \quad q=f(l) \tag{4.7}$$

1. 总产量与平均产量

总产量(total product,简称 q)是指,投入一定量的某一种生产要素(比如劳动)以后,所得到产出量的总和。随着该要素投入量的增加,厂商获得的总产量也在不断地增加。式(4.7)就是指劳动投入量 l 与产品总产量 q 之间的一种技术关系。

为了进一步分析这种技术关系,除厂商生产的总产量外,我们还要了解厂商生产的平均产量这个概念。平均产量(average product,AP),是指每单位生产要素投入的平均产出量,等于总产量 q 除以劳动投入量 l,即

$$AP=\frac{q}{l} \tag{4.8}$$

需要注意的是,生产要素之间的联系也是普遍的,即生产要素之间也存在着替代与互补的关系。一种生产要素会有其替代品和互补品。厂商投入一种生产要素所获得的总产量,会因为替代品而减少,会因为互补品而增加。比如,日常生产中,厂房、场所、机器设备、生产工具、办公设施等等总是要有的,即总要有资本这个生产要素。然而,即使完全实现了生产

的自动化,产品的研发、销售总是需要人的,即生产中也一定需要劳动这个生产要素。就是说,劳动、资本与企业家对于生产来说具有互补关系。同时,劳动与资本也具有替代关系,比如,自动生产流水线就是对人工劳动的替代。

当然,此处介绍的总产量的概念,既是关于短期生产,又是关于产量表现方法的开始,是为了分析的由浅入深,假设仅投入"某一种生产要素",即假设的前提是生产要素之间的产出量相互不影响。

2. 边际产量与边际生产力递减规律

边际产量(marginal product,MP)是指,每增加一个单位的生产要素所带来的总产量的增量,或者使用最后一个单位生产要素所带来的产量增量,以劳动这个生产要素为例,就有

$$\mathrm{MP}=\frac{\Delta q}{\Delta l} \quad 或 \quad \mathrm{MP}=\frac{\mathrm{d}q}{\mathrm{d}l} \tag{4.9}$$

日常生产中,在厂商的厂房、机器设备等资本投入不变的情况下,随着可变投入劳动的增加,劳动的边际产量一开始是递增的,但在劳动投入量增加到一定程度之后,其边际产量就会递减,直到出现负数。这不是一个偶然的现象,而是一个普遍的规律。在技术给定和其他要素投入不变的情况下,连续增加某一种要素的投入所带来的总产量的增量在开始阶段可能会上升,但迟早会出现下降的趋势。这就是边际生产力递减规律(law of diminishing marginal productivity),也称为边际收益递减规律(law of diminishing marginal returns)。

直观上这一规律可以这样理解:在上述例子中,如果我们在固定的厂房和有限的机器设备下投入一个工人生产,这个工人要自始至终完成相关工作,机器会出现闲置,其效率不会太高。如果增加一名工人,两人可以进行有效的分工协作,提高机器的使用效率从而提高工作效率,使产量大幅度增加。如果再增加工人,由于三台机器可以使用,还可以实行更细的分工协作,进一步提高生产效率,总产量和边际产量仍然可以提高。但是不断地增加工人,使得在固定厂房和有限机器设备下的劳动显得过剩,则工作效率降低,总产量虽然增加但边际产量开始下降。最后工人实在太多,挤在一间厂房无事可干,互相聊天扯皮,还影响其他人的正常工作,总产量随之减少,边际产量成为负数。也可以举这样一个反例:如果边际生产力递减规律不成立,只要无限制地增加劳动投入而不增加其他投入(包括土地),全世界所需要的粮食可以在一个花盆里栽种出来。

因此,出现边际生产力递减规律的主要原因是,随着可变投入的不断增加,固定投入和可变投入的组合比例变得愈来愈不合理。当可变投入较少的时候,固定投入显得相对较多,此时增加可变投入可以使要素组合比例趋向合理从而提高产量的增量;而在可变投入与固定投入的组合达到最有效率的那一点以后,再增加可变投入,就使可变投入相对固定投入来说显得太多,从而使产出的增量递减。

关于边际生产力递减规律,需要注意以下几点:

(1)边际生产力递减是以技术不变为前提的,如果生产技术在要素投入变动的同时也发生了变化,那么这一规律也会发生变化。

(2)以其他生产要素既定不变,只有一种生产要素变动为前提。

(3)在可变要素增加到一定程度之后才出现。

(4)假定所有的可变投入是同质的,即所有劳动者在操作技术、劳动积极性等各方面都

没有差异。

3.一种生产要素的总产量曲线

假设厂商投入一种生产要素 L,同时假设劳动投入量为 l,总产量为 q,且不受其他相关生产要素投入的影响。

依据总产量的概念可知,随着劳动投入量的增加,厂商的总产量水平增加。但是,根据边际生产力递减规律可知,每增加一个单位生产要素的投入所带来的总产量的增量是递减的。因此,就可描绘出如图 4.2(a)所示的一种生产要素的总产量曲线。总产量曲线凹向横轴。

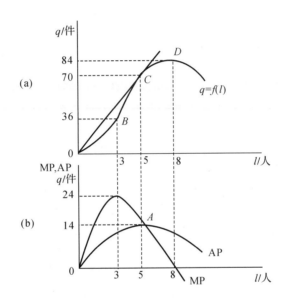

图 4.2 一种生产要素的总产量、平均产量和边际产量曲线

总产量曲线也可以通过经验观察来描绘。上例中,如果该厂商只雇用一名工人,产量一定有限,因为这名工人不但要分别完成所有这三道工序,而且还要承担配料、搬运、包装等辅助工作。因此,我们假设他一天能生产 3 件衣服。现在厂商增加一名工人,使总产量增加到 12 件,总产量的增量即边际产量为 9 件,超过了原来一名工人的产量。这是因为有了两个工人,就可以实行一定程度的分工协作,比如一个工人负责配料、搬运、包装等辅助工作和前一道加工工序工作,另一个工人负责后两道工序工作。如果把工人数增加到 3 名,生产的分工可以更为细致,他们可各负责一道工序,三台机器就可以同时使用,从而使总产量增加到 36 件,边际产量也上升到 24 件。增加到 4 名工人时,还可以进一步分工,由 3 名工人各自操作一台机器,并有专人负责辅助工作,总产量从而上升到 56 件,边际产量为 20 件。如果工人人数再增加到 5 名,总产量还可以上升到 70 件,但边际产量减少到 14 件。如果工人人数再继续增加到 8 名,总产量虽然还能增加,最高能达到 86 件,但是增加的这第 6、第 7、第 8 名工人分别带来的总产量的增量却越来越少,依次为 8 件、6 件和 0 件。如果从第 8 名工人开始再增加工人的话,总产量也会减少,边际产量为负,如表 4.1 所示。

表 4.1 制衣厂的总产量、平均产量和边际产量

工人人数(l)	总产量(q)	平均产量(AP)	边际产量(MP)
0	0	—	—
1	3	3	3
2	12	6	9
3	36	12	24
4	56	14	20
5	70	14	14
6	78	13	8
7	84	12	6
8	84	10.5	0
9	81	9	−3
10	75	7.5	−6

将表 4.1 用图来表示,也可以得到图 4.2 中的三条曲线。图 4.2(a)中是总产量曲线 q,从投入第 1 名工人开始到投入第 8 名工人,总产量都在不断增加。在工人人数达到 3 名以前,总产量以递增速度上升,也就是说,劳动的边际产量在不断增加;在工人人数达到 3 名以后,总产量以递减的速度上升,说明劳动的边际产量在下降,最后达到 84 件的最高产量。此后,当劳动投入量超过 8 名工人时,进一步增加劳动投入反而减少了总产量,劳动的边际产量为负。

图 4.2(b)中显示了平均产量(AP)曲线与边际产量(MP)曲线,它们与总产量曲线之间存在着如下密切的联系。

(1)总产量与边际产量。根据边际产量的定义,边际产量等于总产量曲线在各点切线的斜率(导数的几何意义)。因此,在投入 3 名工人以前,总产量以递增速度上升,表现为总产量曲线凸向横轴。相应地,边际产量曲线是上升的,表明增加劳动能增加总产量的增量。从第 3 名工人到第 8 名工人,总产量以递减的速率上升,总产量曲线凹向横轴,此时边际产量曲线下倾,表明增加劳动虽然能增加总产量但总产量的增量减少。从第 8 名工人以后,总产量曲线开始向下倾斜,增加工人反而使总产量减少,说明工人的边际产量为负,边际产量曲线延伸到横轴以下。

比较图 4.2(a)和图 4.2(b),可以发现总产量曲线上切线斜率最大的点为 B 点,也是总产量由递增转为递减的拐点,其相应的劳动投入量为 3,总产量为 36 件,此时边际产量达到最大,为 24 件。当工人人数为 8 名时,总产量曲线达到最高点 D(84 件),此时边际产量曲线与横轴相交,边际产量为零。

(2)总产量与平均产量。在几何上,平均产量($\frac{q}{l}$)实际上是总产量曲线上每一点与原点连线的斜率。因此,在图 4.2(a)中,总产量曲线上的某一点与原点的连线恰好是总产量曲

线的切线(图中 C 点)时,斜率达到最大(如果以原点为始点,向总产量曲线上的每一点作射线,那么曲线上任一点射线都位于射线 OC 的下方),相应的劳动投入量为 5,总产量为 70 件,从而平均产量达到最大,为 14 件。

(3)边际产量与平均产量。在图 4.2(b)中,当边际产量大于平均产量(边际产量线在平均产量线上方),即劳动投入量小于 5 时,平均产量上升;当边际产量小于平均产量(边际产量线在平均产量线下方),即劳动投入量大于 5 时,平均产量下降;当边际产量等于平均产量(两条曲线相交),即工人人数为 5 时,平均产量达到最大。也就是说,边际产量曲线穿过平均产量曲线的最高点(A 点)。

边际产量和平均产量之间的这种关系不难理解。事实上,边际产量是增加一个人增加的产量,平均产量是人均产量。当增加一个人增加的产量大于人均产量时,人均的产量就会提高;当增加一个人增加的产量小于人均产量时,人均的产量就会降低。比方说,当你新参加的一门期末考试的成绩(边际成绩)高于你原先的平均成绩的话,新的考试成绩计入总成绩会使你的平均成绩提高;如果新的考试成绩低于平均成绩,新考试成绩的计入则会使你的平均成绩降低。因此,如果想提高平均成绩的话,只有在今后的考试中使每门课的成绩都高于平均成绩,否则平均成绩就会下降。由于边际产量是由递增开始然后转为递减,因此当边际产量等于平均产量时,平均产量正好由上升转为下降,从而平均产量达到最大。

4. 生产三阶段理论

从边际生产力递减规律可以知道,在其他条件不变的情况下,要素投入越多,产出不一定越大,即并不是任何投入都能带来最大的产出。以这一规律为基础,根据可变投入的多少,可以把生产分成三个阶段,如图 4.3 所示。

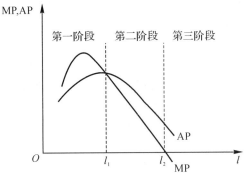

图 4.3　生产三阶段

劳动投入量从 O 到 l_1(边际产量等于平均产量)是第一阶段。在该阶段中,边际产量先是递增,达到最大,然后递减,但边际产量始终大于平均产量,从而总产量和平均产量都递增。第二阶段从 l_1 到 l_2,此阶段中边际产量是递减的,但仍大于零,而且边际产量小于平均产量,使平均产量下降,但总产量还在继续上升。第三阶段在 l_2 后,在该阶段的起始点上,总产量达到最大值,而边际产量为零;此后,边际产量小于零且继续下降,平均产量和总产量也不断下降。

理性厂商会选择投入多少劳动进行生产呢?

在第一阶段,增加劳动投入能增加平均产量,从而增加劳动能带来产量更大比例的增长,因此厂商不会停留在第一阶段;第三阶段,增加劳动反而减少总产量,显然厂商不会选择这一阶段。通常情况下,厂商总是在第二阶段中进行生产。但厂商具体选择投入多少劳动,还取决于资本的价格和劳动的价格,这些问题将在后面分析。

三、长期生产:两种生产要素产量的表现方法

1. 等产量曲线

以上对短期生产函数的考察,分析了劳动这一种可变生产要素的投入量与其产量之间的关系。

长期内,厂商可以调整其全部生产要素投入的数量,同时,生产要素之间具有的互补和替代关系也是应该考虑的。我们经常说的劳动密集型生产和资本密集型生产中,一种生产要素比另一种生产要素所占的比重大,是一种生产要素对另一种生产要素替代的结果。但是,这种替代是有限度的。前已述及,即使全部实现了生产的自动化,产品的研发人员、销售人员的劳动总是需要的。再者,生产是社会性的,需要组织,就需要企业家这个生产要素。此外,生产还需要厂房或场所。

两种生产要素足以表达全部生产要素,因为我们经常可以把其中的一种生产要素看作其他所有的生产要素。

生产理论中的等产量曲线和效用理论中的等效用曲线是很相似的。依据希克斯的方法,不难由等效用曲线推广到等产量曲线。所谓的等产量曲线(isoquant curve)是指,在技术水平不变的条件下,生产同一产量的两种生产要素投入量的各种不同组合点的轨迹。以 q 表示厂商既定的产量水平,则与等产量曲线相对应的厂商的两要素生产函数为

$$q = f(l, k)$$

等产量曲线具有与等效用曲线相同的特征。比照第三章描绘产品等效用曲线的希克斯方法,等产量曲线也可由图 4.2(a) 推导出来,如图 4.4 所示。

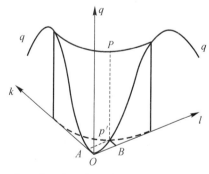

图 4.4 从一种要素的产量曲线到两种要素的产量曲线

下面我们进一步用图 4.5 和图 4.6 来说明等产量曲线的含义及其特点。

图 4.5 是一个连续生产函数的三维空间图。图中水平面的两个坐标轴 Ol 和 Ok 分别表示劳动和资本的投入数量,高度坐标轴 Oq 表示产量,$OkQ'l$ 为产量曲面。$lBFQ'$ 曲线表

示劳动投入量为 l 时得到的总产量曲线,$kADQ'$ 曲线表示资本投入量为 k 时得到的总产量曲线。产量曲面上的任何一点都代表一个产量高度。该点映射到 $l-k$ 平面上的点,到 $l-k$ 平面上两轴的垂直线段,表示生产这一点的产量所需要的生产要素的组合。例如,P 是产量曲面上的一点,此处,劳动投入量为 l_1 的总产量曲线为 l_1PD,资本投入量为 k_1 的总产量曲线为 k_1PF。P 点代表产量 $PP'=RR'$。P 点映射到 $l-k$ 平面上的 P' 点,到 $l-k$ 平面上两轴的垂直线段 l_1P' 和 k_1P',分别表示生产 PP' 产量的劳动投入量为 Ol_1 和资本投入量为 Ok_1。同理,可以在图 4.5 中找到生产 RR' 产量水平时所有不同的要素组合:设想在高度 $PP'=AA'=BB'=RR'$ 处,用一个平面去切产量曲面 $OkQ'l$,会得到一条曲线 APB。APB 曲线是产量曲面上表示同一个产量水平 RR' 的点的轨迹。把 APB 曲线投影到 $l-k$ 平面上,得到曲线 $A'P'B'$。$A'P'B'$ 曲线是生产同一产量水平 RR' 的两种可变生产要素的各种不同组合点的轨迹。例如,在 A'、P' 和 B' 三点上的劳动和资本的投入组合都带来相同的产量水平,即 $AA'=PP'=BB'=RR'$。$A'P'B'$ 就是一条等产量曲线。

把图 4.4 或图 4.5 的三维空间图中的等产量曲线转换到二维平面坐标系中,可以得到在分析长期生产函数时通常所用的等产量曲线,如图 4.6 所示。

图 4.6 中有三条等产量曲线,它们分别表示可以生产出 q_1 单位、q_2 单位和 q_3 单位产量的各种生产要素的组合。以代表产量为 q_1 单位的等产量曲线为例进行分析,q_1 单位的产量既可以使用 A 点的要素组合 (l_1,k_1) 生产出来,也可以使用 B 点的要素组合 (l_2,k_2) 或 C 点的要素组合 (l_3,k_3) 生产出来。

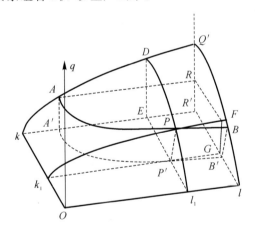

图 4.5 两要素生产函数的产量曲面和等产量曲线

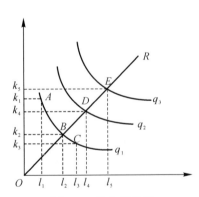

图 4.6 等产量曲线

与等效用曲线相似,等产量曲线与坐标原点的距离的大小表示产量水平的高低:离原点越近的等产量曲线代表的产量水平越低;离原点越远的等产量曲线代表的产量水平越高。同一平面坐标上的任意两条等产量曲线不会相交。等产量曲线是凸向原点的。

需要注意的是,虽然等产量曲线与等效用曲线相似,但二者却代表着不同的经济含义:等效用曲线代表消费者个人对两种消费品不同组合的主观评价,而等产量曲线却代表生产者个人投入两种生产要素的不同组合与产量之间的技术联系。

2. 不同形式的等产量曲线

按照投入要素之间能够相互替代的程度,可以把等产量曲线划分为两种类型。

(1) 替代。图 4.6 所示的是投入要素之间不能完全替代的情形。生产中,设备能够代替劳力,但设备不可能替代所有的劳力,就属于这种情况。这种等产量曲线的形状一般为向原点凸出的曲线。之所以会出现这种形状是因为相对来说,它们的等产量曲线的斜率一般随着投入要素的量的增加而递减。

生产中,两种投入要素也有完全替代的情形。例如,发电生产中,如果发电厂的锅炉燃料既可全部用石油 X_1 又可全部用煤气 X_2(当然也可以部分用煤气,部分用石油),那么这种等产量曲线的形状是一条直线,如图 4.7 所示。在这里,煤气替代石油的比例即替代率 R 为 1∶1,是个常数。

(2) 互补。如生产自行车,投入要素车轮 X_1 和车架 X_2 之间是互补关系。这种等产量曲线的形状是一条直角线,如图 4.8 所示。互补的两投入要素之间的比例是固定的,如车架与车轮之间的比例为 1∶2。

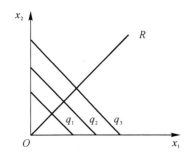

图 4.7 两投入完全替代的等产量曲线

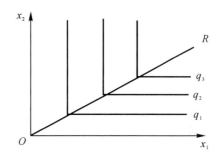

图 4.8 两投入互补的等产量曲线

四、边际技术替代率递减

1. 边际技术替代率

边际技术替代率(marginal rate of technical substitution,简称 MRTS 或 RTS)指在产出保持不变的条件下,一种投入要素能够被另一种投入要素替代的比率。如果把增加每一单位劳动所能够替代的资本数量称为劳动对资本的边际技术替代率,记为 RTS_{lk},那么边际技术替代率用公式可表示为

$$\text{RTS}_{lk} = -\frac{\Delta k}{\Delta l}$$

考虑其微分形式,在 $\Delta l \to 0$ 时,$\frac{\Delta k}{\Delta l} \to \frac{\mathrm{d}k}{\mathrm{d}l}$,从而有

$$RTS_{lk} = -\frac{\mathrm{d}k}{\mathrm{d}l} \tag{4.10}$$

其经济含义为:为了保持总产量不变,增加 1 单位投入要素(劳动)可以相应减少的另一种投入要素(资本)的数量。从几何含义上看,边际技术替代率就是 $-l$ 乘以等产量曲线上各点切线的斜率。

假设劳动的边际产量为 $\text{MP}_l (\text{MP}_l = -\frac{\mathrm{d}q}{\mathrm{d}l})$,资本的边际产量为 $\text{MP}_k (\text{MP}_k = -\frac{\mathrm{d}q}{\mathrm{d}k})$,那

么,当要素组合沿着等产量曲线向右下方变动时,劳动投入增加 Δl 个单位,所增加的产量为 $\mathrm{MP}_l \Delta l$;同时资本的投入减少了 Δk,减少的产量为 $\mathrm{MP}_k \Delta k$。由于同一条等产量曲线上产量不变,所以有

$$\mathrm{MP}_l \Delta l = -\mathrm{MP}_k \Delta k$$

由此可得：

$$-\frac{\Delta k}{\Delta l} = \frac{\mathrm{MP}_l}{\mathrm{MP}_k} \tag{4.11}$$

当 $\Delta l \to 0$ 时,有

$$\mathrm{RTS}_{lk} = -\frac{\mathrm{d}k}{\mathrm{d}l} = \frac{\mathrm{MP}_l}{\mathrm{MP}_k} \tag{4.12}$$

式(4.12)表明,边际技术替代率实际上等于一种投入要素(L)的边际产量与另一种投入要素(K)的边际产量之比。

2. 边际技术替代率递减规律

当一种要素的投入量不断增加时,在总产量不变的条件下,每单位这种要素能够替代的其他要素的数量不断减少,这就是边际技术替代率递减规律(law of diminishing marginal rate of technical substitution)。等产量曲线凸向原点,表明其斜率的绝对值沿着横轴的方向递减。这一特征就是由边际技术替代率递减规律所决定的。

图 4.9 所示的等产量曲线,能使我们更清楚地看出在产量不变的条件下,增加一种要素来替代另一种要素的情况。假设产量不变($q=q_0$),从 A_1(1 个单位劳动和 5 个单位资本的组合)开始增加劳动投入,当劳动投入增加到 2 个单位时,资本减为 3 个单位(A_2 点),增加的 1 个单位的劳动可以替代 2 个单位的资本,劳动的边际技术替代率为 2。当劳动继续增加到 3 个单位时,资本降到 2 个单位(A_3 点),1 个单位的劳动只能替代 1 个单位的资本,劳动的边际技术替代率降为 l。如果劳动投入再进一步增加,劳动的边际技术替代率将继续下降。这表明,为了使产量保持不变,当劳动投入不断增加时,每单位劳动能够替代的资本数量不断减少,也就是说,劳动的边际技术替代率是递减的。

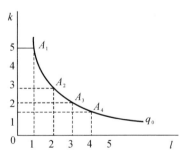

图 4.9 边际技术替代率递减

3. 边际生产力递减规律与边际技术替代率递减规律

边际生产力递减规律反映了当其他要素不变时,一种要素变动与产量变动之间的关系。边际技术替代率递减规律则反映了当产量不变时,两种生产要素变动时的相互替代关系。

虽然二者在定义上有所区别,但事实上它们又有着密切的联系。

边际生产力递减规律表明,在其他投入要素不变的情况下,随着一种要素投入的增加,其边际产量越来越小。在这里,当劳动投入不断增加时,其边际产量不断减少,劳动的效率降低,从而需要更多的劳动来替代资本才能保持总产量不变;当资本投入不断减少时,其边际产量不断增加,资本的效率提高,从而仅需要较少的资本来替代劳动就能使总产量不变。因此,在两种生产要素同时变动而产量不变的情况下,边际生产力递减规律就表现为边际技术替代率递减规律。

从式(4.12)中可以看出,由于边际生产力递减规律的作用,随着劳动投入的增加,分子MP_l在递减,而资本投入的减少使分母MP_k递增,所以$\frac{MP_l}{MP_k}$的值随着劳动投入的增加而减少,等产量曲线斜率的绝对值也随着劳动的增加而减少。也就是说,随着劳动投入的增加,等产量曲线的斜率越来越平坦,表现为等产量曲线凸向原点。

五、规模报酬形式

以上对生产函数的分析,一直限于投入要素组合比例的变化会对产量产生什么影响。规模报酬问题则不同。它要探讨的问题是,在长期内当所有投入要素的使用量都按同样的比例增加时,这种增加会对总产量有什么影响。

1. 规模报酬的类型

投入-产出的规模报酬存在三种类型。如果所有要素投入按同比例增加也带来产出的同比例增加,称为规模报酬不变(constant returns to scale)。如果所有要素投入按同比例增加带来产出更大比例的增加,称为规模报酬递增(increasing returns to scale);反之,产量增加的速度小于要素增加的速度称为规模报酬递减(decreasing returns to scale)。用数学语言表达,即为:假设生产函数采取$q=f(l,k)$的形式,如果劳动投入量l和资本投入量k分别增加到al和ak,其中的系数$a>1$,则产出将由$f(l,k)$增加到$f(al,ak)$,此时:

1)如果$f(al,ak)>af(l,k)$,表明产量增加的速度大于要素增加的速度,生产函数为规模报酬递增;

2)如果$f(al,ak)=af(l,k)$,表明产量增加的速度等于要素增加的速度,生产函数为规模报酬不变;

3)如果$f(al,ak)<af(l,k)$,表明产量增加的速度小于要素增加的速度,生产函数为规模报酬递减。

在图4.10中,我们用等产量曲线来描述规模报酬。在通过原点的斜线OR上,劳动和资本是按照固定比例投入的(此处为1:1)。从A点至B点,我们可以观察到规模报酬递增,因为从A点至B点,劳动和资本的投入都增加了1倍(由15个单位增加到30个单位),而产出增加了2倍(由30个单位上升到90个单位)。同理,从B点到C点,规模报酬不变,投入和产出同比例增加,因为从B点到C点,投入由30个单位增加到40个单位,产出由90个单位增加到120个单位,都增长了33%。最后,从C点开始,进一步扩大生产规模就带来了规模报酬递减,因为从 C 点到 D 点,投入增加了 25%(由 40 个单位增加到 50 个单位),但产量仅上升 20%(由 120 个单位上升到 144 个单位)。从中可以看出,随着生产规模从小变大,厂商一般会先后经历规模报酬递增、规模报酬不变、规模报酬递减三个阶段。

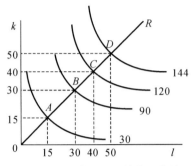

图 4.10 规模报酬与等产量曲线

2.影响规模报酬的因素

(1)促使规模报酬递增的因素。

1)工人专业化。在小企业中,一个工人可能要做好几种作业。大企业工人多,分工可以更细,实行专业化。这样,有利于工人提高技术熟练程度,有利于提高劳动生产率。

2)使用专门化的设备和较先进的技术。小企业因为产量少,只能采用通用设备。而大企业实行大量生产,可采用专用设备和较先进的技术。

3)大设备单位能力的制造和运转费用通常比小设备要低。例如,大高炉比小高炉,大型电机比小型电机单位能力的制造成本和运转成本要低。

4)生产要素具有不可分割性。例如,一座 1 000 t 的高炉,由于其不可分割,除非产量达到 1 000 t,否则就不能被充分利用。

5)其他因素。例如,大规模生产便于实行联合化和多种经营,便于实行大量销售和大量采购(可以节省购销费用)等。

以上这些因素就是所谓的规模经济或批量生产的优势。在 20 世纪初,美国福特汽车公司率先采用大批量生产的方法,从而降低成本,击败对手,成为汽车产业的巨头。

(2)促使规模报酬不变的因素。规模报酬递增的趋势不可能是无限的,当生产达到一定规模之后,上述促使规模报酬递增的因素会逐渐不再起作用。例如,工人分工如果过窄,就会导致工人工作单调,影响工人的积极性。设备生产率的提高,最终也要受当前技术水平的限制。因此,通常工厂总会有一个最优规模。对企业来说,当工厂达到最优规模时再扩大生产,就采用建若干个规模基本相同的工厂的办法。这时,规模报酬基本处于不变阶段。这个阶段往往要经历相当长的一个时期,但最终要进入规模报酬递减阶段。

(3)促使规模报酬递减的因素。导致规模报酬递减的因素主要是管理问题。企业规模越大,对企业各方面业务进行协调的难度也会越大。许多专家认为,高级经理人员很少接触基层,中间环节太多,必然会造成文牍主义和官僚主义,使管理效率大大降低,促使规模报酬递减。

第二节　生产者个人的成本约束

前面已经讲了厂商的产品生产,通过市场交换(详见第五章)的完成就能获得收益。而要生产产品,厂商就必须首先以可用于成本支出的现有财富去购买投入要素,即便贷款也是如此。就是说,厂商的利润最大化,在分析了产品的生产产量之后,要受到厂商自己购买投入要素的生产成本的约束。

一、生产成本的概念

成本是经济学最基本的概念之一。一般来说,所谓成本,就是为了达成某种目的或获得某种商品所付出的代价。

1. 常用的成本概念

(1)机会成本与会计成本。经济学需要研究社会如何对稀缺经济资源进行合理的配置。从资源稀缺性出发,当社会或某企业用一定的经济资源生产一定数量的一种或者几种产品时,这些经济资源就不能同时被使用在其他方面的生产用途上。这就是说,该社会或该企业所获得的一定数量的产品收入,是以放弃用同样的经济资源来生产其他产品时所能获得的收入作为代价的。由此,便产生了机会成本的概念。生产一单位某种商品的机会成本是指,企业所放弃的使用相同的生产要素在其他生产用途中所能得到的最高收入。

会计成本是指企业为获得资源或要素的使用权而必须付出的货币支出,是会计在账簿上记录下来的成本。例如,企业用于获得原材料和机器设备的货币支出,为雇用劳动力所支付的工资,都属于会计成本。会计成本不能用于经营决策:一是因为它属于历史成本,而决策总是面向未来的;二是它只反映企业为了使用资源的实际货币支出,没有反映企业为使用这些资源而付出的总代价。

事实上,生产成本不仅仅是货币支出,而且是企业作出一种选择而牺牲的其他选择。即使厂商投入的某些要素并不是花钱买来的,经济成本仍然存在,因为厂商牺牲了这些要素如果用于其他用途可能带来的收益。因此,对经济学家来说,只有机会成本才是真正的成本。

(2)显性成本和隐性成本。企业的生产成本可以分为显性成本和隐性成本两个部分。

显性成本是指厂商在生产要素市场上购买或租用所需要的生产要素的实际支出。例如,某企业雇用了一定数量的工人,从银行取得了一定数量的贷款,并租用了一定数量的土地。为此,这个企业就需要向工人支付工资,向银行支付利息,向土地出租者支付地租,这些支出便构成了该企业生产的显性成本。从机会成本的角度讲,这些支出的价格必须等于这些相同的生产要素使用在其他最好用途上所能得到的收入。否则,这个企业就不能购买或租用到这些生产要素,并保持对它们的使用权。

隐性成本是指企业自身所拥有的且被用于该企业生产过程的那些生产要素的总价格。例如,为了进行生产,一个企业除了雇用一定数量的工人,从银行取得一定数量的贷款和租用一定数量的土地之外(这些均属显性成本支出),还动用了自己的资金和土地,并亲自管理企业。西方经济学家指出,既然借用了他人的资本需付利息,租用了他人的土地需付地租,聘用他人来管理企业需付薪金,那么同样道理,当企业使用了自有生产要素时,也应该得到报酬。所不同的是,现在企业是自己向自己支付利息、地租和薪金。所以,这笔价值就应该计入成本之中。由于这笔成本支出不如显性成本那么明显,故被称为隐性成本。隐性成本也必须从机会成本的角度,按照企业自有生产要素在其他最佳用途中所能得到的收入来支付。否则,企业将会把自有生产要素转移出本企业,以获得更高的报酬。

(3)变动成本与固定成本。在上文中,我们区分了企业经营的短期与长期,以及投入要素的可变投入和固定投入。相应地,在成本方面就有变动成本与固定成本的区分。

所谓变动成本,又称可变成本,是指企业在可变投入要素上的支出,是随着产量的变化而变化的成本,如直接人工的工资、直接材料费用等。所谓固定成本,是指企业在固定投入要素上的支出,是不受产量变化影响的成本,如房租、折旧费、借款利息和管理费用等。

2. 短期成本

从经营的角度看,企业更关心投入成本与产出收益间的关系,因此需要从货币形态研究生产成本(C)和产量(q)之间的关系,即成本函数。成本函数说明生产不同产量的产品所需要的最低成本,用公式可表示为

$$C = f(q) \tag{4.13}$$

生产分为短期生产和长期生产,对应地,成本也分为短期成本和长期成本。在短期成本中,因为有一部分投入要素固定不变,所以,短期成本除了包括变动成本外,还包括固定成本。在长期成本中,因为所有投入要素都是可变的,所以没有固定成本,都是变动成本。短期成本函数通常用来反映现有企业中产量与成本的关系,主要用于日常经营决策。长期成本函数是指从长期看,企业在有可能调整它的各种资产,寻求最优要素组合条件下的成本函数。长期成本函数一般用于长期规划。

短期成本函数可以表示为以产量为横轴,以成本为纵轴的坐标图上的短期成本曲线。短期成本可以分为总变动成本、平均变动成本、总固定成本、平均固定成本、总成本、平均成本和边际成本等。这些成本曲线的形状、特点及其相互关系如图4.11所示。

(1)总变动成本。总变动成本(total variable cost, TVC)是指企业在可变投入要素上支出的全部费用。它的曲线的形状是由企业的总产量曲线的形状决定的,如图4.11(c)和图4.12所示。

在图4.12的右侧,横坐标为可变投入要素的投入量,用实物衡量,纵坐标为总产量。右侧图中的曲线即总产量曲线。这条曲线的特征是:当可变投入要素的投入量较少时,随着可变投入要素的增加,产量增加越来越快;随着可变投入要素投入量的继续增加,产量的增加就会越来越慢。这是由边际生产力递减规律决定的。在图4.12的左侧,横坐标是总变动成本,纵坐标是总产量,由于总变动成本不过是可变投入要素投入量的价值形态(单价w×可变投入要素投入量l),所以,在这个坐标图上代表总产量与总变动成本之间关系的曲线,应当是与总产量曲线相对称的总变动成本曲线。但由于在成本函数中,产量是自变量,总变动成本是因变量,即应把产量作为横坐标,把成本作为纵坐标,所以,还需要把图4.12的左侧图旋转90°,使产量变为横轴,成本变为纵轴,这时总变动成本曲线的形状如图4.13所示,与图4.11(c)相同。可以说,总变动成本曲线的形状是由总产量曲线的形状决定的,归根结底,又是由边际收益递减规律决定的。

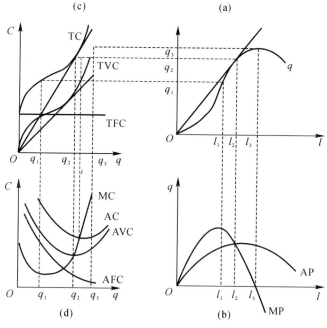

图 4.11 短期成本曲线

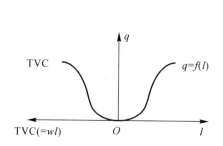

图 4.12 短期总变动成本曲线与总产量曲线

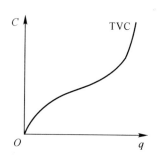

图 4.13 短期总变动成本曲线

从图 4.11(c) 与图 4.13 中可以看到,当产量较小时,总变动成本曲线向左上方凸出,说明总变动成本的增长慢于产量的增长。当产量较大时,总变动成本曲线向右下方凸出,说明总变动成本的增长快于产量的增长。

(2) 总固定成本和总成本。由于固定成本是不随产量变化而变化的,所以总固定成本(total fixed cost,TFC)曲线是一条平行于横轴的直线,如图 4.11(c) 所示。由于总成本(total cost,TC)等于总变动成本加总固定成本,即 TC=TVC+TFC,所以总固定成本曲线与总变动成本曲线垂直相加就得出总成本曲线。在每一个产量水平上,总变动成本曲线的斜率与总成本曲线的斜率是相等的。

(3) 平均固定成本、平均变动成本和平均成本。由于平均固定成本(average fixed cost,AFC)等于总固定成本除以产量(AFC=$\dfrac{\text{TFC}}{q}$),所以它随产量的增加而递减,它的曲线由左上方向右下方伸展,逐渐与横轴接近,如图 4.11(d)所示。某一产量水平上的平均变动成本(average variable cost,AVC)是总变动成本曲线图上相应点与原点的连线的斜率,如图4.11(c)所示。它的斜率最小点就是平均变动成本的最低点。最低点以前平均变动成本是下降趋势,最低点以后平均变动成本是上升趋势,所以平均变动成本曲线呈 U 形。

平均成本或平均总成本(average cost,AC),等于平均变动成本加平均固定成本(AC=AVC+AFC),或等于总成本除以产量($\Delta C = \dfrac{TC}{q}$)。某一产量水平上的平均总成本是总成本曲线上相应点与原点的连接线的斜率,如图 4.11(c)所示。从原点作总成本曲线的切线,其切点是平均总成本的最低点,原因是在连线中相切的连线的斜率最小。同平均变动成本曲线一样,平均总成本曲线也呈 U 形。由于平均固定成本向零接近,所以,随着产量的增加,平均总成本曲线和平均变动成本曲线也趋于接近,如图 4.11(d)所示。

(4)边际成本。某产量水平上的边际成本(marginal cost,MC)表示增加一个单位的产量而引起的总成本的增加量,等于总成本曲线上该点切线的斜率。对于一个连续的总成本函数,$MC = \dfrac{dTC}{dq} = \dfrac{dTVC}{dq}$。由于总成本曲线的斜率是由大变小,又由小变大的,所以边际成本曲线也呈 U 形,其最低点处于总成本曲线上的拐点,因为拐点的斜率最小。由于边际成本是因单位的产量变化而引起的总成本的变化,所以它只与总成本有关,而与总固定成本的大小无关。当边际成本小于平均总成本时,平均总成本呈下降趋势;当边际成本大于平均总成本时,平均总成本呈上升趋势;而当边际成本等于平均总成本时,平均总成本处于最低点。也就是说,平均总成本曲线与边际成本曲线相交于平均总成本曲线的最低点,如图 4.11(d)所示。

(5)成本曲线与产量曲线的关系。以上讲过,总变动成本曲线的形状取决于总产量曲线。现在来考察平均变动成本曲线、边际成本曲线和平均产量曲线、边际产量曲线的关系。从图 4.11 中可以看到,平均产量曲线和边际产量曲线都是向上凸出的,而平均变动成本曲线和边际成本曲线都是向下凸出的,两种曲线凸出的方向是相反的。而且,平均产量最高时的产量(q_2)恰好是平均变动成本最低时的产量;边际产量最高时的产量(q_1)又恰好是边际成本最低时的产量。这说明在平均产量和平均变动成本之间,以及边际产量和边际成本之间存在着反比关系,即前者越高,后者就越低。

3. 长期成本

在长期规划内,企业可以选择使生产某一预期产量水平的成本最低的投入要素组合,也即利用已有的生产技术和方法,选择工厂的规模、设备的种类和规格、劳动技能和原材料,把它们组合起来形成生产预期产量的最低成本。

由于长期内企业可以根据产量的要求调整全部的生产要素投入量,因此长期成本不存在固定成本和变动成本之说。长期成本可以分为长期总成本、长期平均成本和长期边际成本。

(1)长期总成本。长期总成本(LTC)曲线说明,如果企业能够选择最优企业规模(即可以自由选定自己所需要的投入要素的组合比例),在各个产量水平上可能的最低的总成本是多少。长期总成本曲线可以根据生产扩张线(详见本章第四节的分析)求出。图 4.14(a)说明,如果随着生产规模的扩大,企业可以选定不同的最优规模,那么产量为 q_1、q_2 和 q_3 时,可能的最低总成本将分别为 C_1、C_2 和 C_3。据此,可以画出长期总成本曲线,如图 4.14(b)所示。

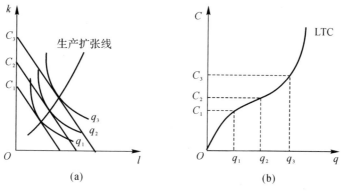

图 4.14 长期总成本曲线

此外,长期总成本曲线还可以由短期总成本曲线推出。

在图 4.15 中,有三条短期总成本曲线 STC_1、STC_2 和 STC_3,它们分别代表三个不同的生产规模。由这三条短期总成本曲线在纵轴上的截距可知,STC_1 曲线所表示的总固定成本小于 STC_2 曲线,STC_2 曲线所表示的总固定成本小于 STC_3 曲线,而总固定成本(如厂房、机器设备等)的大小往往可以代表生产规模的大小。因此,从三条短期总成本曲线所代表的生产规模看,STC_1 曲线代表的生产规模最小,STC_2 曲线居中,STC_3 曲线最大。

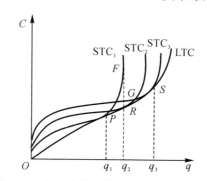

图 4.15 长期总成本曲线与短期总成本曲线

假定企业生产的产量为 q_2,那么企业应该如何调整生产要素的投入量以降低总成本呢?在短期内,企业可能面临 STC_1 曲线所代表的过小的生产规模或 STC_3 曲线所代表的过大的生产规模,于是,企业只能按较高的总成本来生产产量 q_2,即在 STC_1 曲线上的 F 点或 STC_3 曲线上的 G 点进行生产。但在长期,情况就会发生变化。企业在长期内可以变动全部的要素投入量,选择最优的生产规模,于是,企业必然会选择 STC_2 曲线所代表的生产规模进行生产,从而将总成本降低到所能达到的最低水平,即企业在 STC_2 曲线上的 R 点进行生产。类似地,在长期内,企业会选择 STC_1 曲线所代表的生产规模,在 P 点上生产 q_1 的产量,或者选择 STC_3 曲线所代表的生产规模,在 S 点上生产 q_3 的产量。这样,企业就都实现了既定产量下的最低总成本。

虽然在图 4.15 中只有三条短期总成本曲线,但在理论分析上可以假定有无数条短期总成本曲线。这样一来,企业可以在任何一个产量水平上,都找到相应的一个最优的生产规模,都可以把总成本降到最低水平。也就是说,可以找到无数个类似于 P、R 和 S 的点,这些点的轨迹就形成了图 4.15 中的长期总成本曲线——LTC 曲线。显然,长期总成本曲线是无数条短期总成本曲线的包络线。在这条包络线上,在连续变化的每一个产量水平上,都存在着 LTC 曲线和一条 STC 曲线的相切点,该 STC 曲线所代表的生产规模就是生产该产量的最优生产规模,该切点所对应的总成本就是生产该产量的最低总成本。因此,LTC 曲线表示长期内企业在每一产量水平上由最优生产规模所带来的最低生产总成本。

长期总成本曲线是从原点出发向右上方倾斜的,它表示当产量为零时,长期总成本为零,以后随着产量的增加,长期总成本是增加的。而且,长期总成本 LTC 曲线的斜率先递减,经拐点之后又变为递增。

(2) 长期平均成本。长期平均成本(LAC)曲线说明,如果企业能够自由选择企业规模,在各个产量水平上可能的最低平均成本是多少。如果已知长期总成本曲线,就不难画出长期平均成本曲线 $(\mathrm{LAC}=\dfrac{\mathrm{LTC}}{q})$。

下面讨论长期平均成本曲线与短期平均成本曲线之间的关系,了解这些关系对于正确选择企业规模是很重要的。

长期平均成本曲线反映产量与平均成本之间的关系,它与短期平均成本曲线的不同之处,在于企业可以根据不同产量选择最优的规模。现在假定可供选择的规模只有三种:SAC_1、SAC_2、SAC_3,分别代表小、中、大三种不同规模生产的短期平均成本曲线。从图 4.16 中可见,当产量(需求)小于 OA 时,不宜采用中等规模生产,而宜采用小规模生产。因为生产 OA 以下产量时,中等规模生产的成本高于小规模生产的成本,在图 4.16 中,就是 IH 高于 KH。所以,此时最低的成本曲线为 KH。当产量(需求)大于 OA 小于 OB 时,宜选用中等规模生产,不宜选用大规模生产或小规模生产,此时最低的成本曲线为 HG。因为产量在 A、B 之间时,大规模和小规模生产的成本均高于中等规模生产的成本,在图 4.16 中,就是 K_1H 和 J_1G 高于 HG。当产量(需求)大于 OB 时,才选用大规模生产,此时成本最低的成本曲线为 GJ。因此,从长期看,由于随着产量的变化,生产规模可以变更和选择,所以其平均成本曲线为 $KHGJ$ 线,即各短期平均成本曲线交点以下的线段。交点以上的虚线部分与长期平均成本无关。

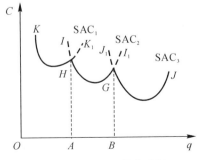

图 4.16 生产规模的选择

现在假定可供选择的生产规模不止这三个,而是很多,则短期平均成本曲线就有很多,此时交点以下的长期平均成本曲线也就逐渐接近于一条平滑曲线,这条曲线可视为许多短期平均成本曲线的包络线,如图 4.17 所示。其形状与短期平均成本曲线也相似,呈 U 形但较平坦。

图 4.17 表明,如果企业估计它的产量(消费者个人的需求)为 q_1,它就会选择 SAC_1 所代表的企业规模,因为任何其他规模都会导致较高的生产成本。如果企业的需求增加到 q_2,这时虽然 SAC_1 也能生产这个产量,但其成本要高于 SAC_2 所代表的规模的成本,因此从长期看,企业就会选择 SAC_2。同理,如果消费者个人的需求再增加到 q_3,企业就会选择 SAC_3 所代表的规模。在所有企业规模中,能使平均成本最低的是与长期平均成本曲线最低点相切的短期成本曲线所代表的规模,这一规模称为最优规模。在图 4.17 中为 SAC_4,产量为 q_4。

需要指出的是,LAC 曲线并不是与每条 SAC 曲线的最低点相切(最优规模的 SAC_4 曲线除外)。当 LAC 曲线呈下降趋势时,LAC 曲线与 SAC 曲线相切于 SAC 的最低点的左侧。因此,当产量小于 q_4 时,如产量为 q_2,不应选择 SAC_1(尽管 SAC_1 曲线最低点的产量是 q_2),而应选择规模大一点的 SAC_2。尽管由 SAC_2 来生产 q_2,生产能力有些利用不足。同理,当 LAC 曲线呈上升趋势时,LAC 和 SAC 曲线相切于 SAC 曲线最低点的右侧。因此,当产量大于 q_4 时,企业规模应选择得稍小一些,尽管由此来生产所需要的产量,生产能力负荷会稍重。

(3)长期边际成本。长期边际成本(LMC)曲线表示,假如企业能够改变所有投入要素的投入量,在每一个产量上,再增加一个单位产量,会使总成本增加多少。对于一个连续的成本函数,$LMC = \dfrac{dLTC}{dq}$,即 LMC 为每一产量水平上 LTC 曲线的斜率。

根据边际值和平均值之间的关系,LMC 曲线在 LAC 下降时,位于 LAC 曲线的下方;在 LAC 上升时,位于 LAC 曲线的上方,LMC 曲线通过 LAC 曲线的最低点,如图 4.18 所示。

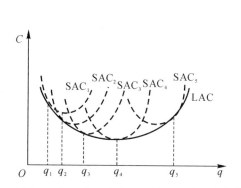

图 4.17 长期平均成本曲线与短期平均成本曲线

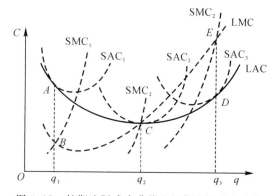

图 4.18 长期边际成本曲线和短期边际成本曲线

图 4.18 还显示,与 LAC 曲线相切的有三条短期平均成本曲线 SAC_1、SAC_2、SAC_3,其相应的短期边际成本曲线为 SMC_1、SMC_2、SMC_3。由于 SAC_1 与 LAC 相切于 A 点,SMC_1 就一定与 LMC 相交于 B 点,A 和 B 都在产量 q_1 上。证明如下:

因为 SAC_1 与 LAC 相切于产量为 q_1 的 A 点,所以产量为 q_1 时,

$$\frac{dSAC_1}{dq} = \frac{dLAC}{dq} \tag{4.14}$$

$$SAC_1 = LAC \tag{4.15}$$

又:

$$SMC_1 = \frac{dSTC_1}{dq} = \frac{d(SAC_1 q)}{dq} = \frac{qdSAC_1}{dq} + SAC_1 \tag{4.16}$$

$$LMC = \frac{dLTC}{dq} = \frac{d(LACq)}{dq} = \frac{qdLAC}{dq} + LAC \tag{4.17}$$

将式(4.14)、式(4.15)代入式(4.16)、式(4.17)可得,当产量为 q_1 时,$LMC = SMC_1$。

同理,由于 SAC_3 与 LAC 相切于 D 点,SMC_3 就一定与 LMC 相交于 E 点,D 和 E 都在产量 q_3 上。由于 SAC_2 的最低点与 LAC 的最低点相切,所以,LMC 和 SMC_2 一定都通过最低点 C,使 $LMC = SMC_2 = SAC_2$ 的最低点与 LAC 的最低点重合。

二、等成本线

1. 等成本线的概念

等产量曲线仅表示投入要素数量与产出量之间的技术关系,它表示为了生产出某一给定数量产品,等产量曲线上每一点的要素数量组合都是技术上有效率的。那么,厂商将选择哪一种要素数量组合?这取决于生产这些产量的总成本,因而依存于每单位劳动和资本的价格。为此,要引入等成本线(isocost curve)这个概念。

生产理论中的等成本线是一个和效用理论中的预算线非常相似的分析工具。等成本线是在既定的成本和生产要素价格条件下,厂商可以购买到的两种生产要素的各种不同数量组合的轨迹。假定既定的成本为 C,已知的劳动的价格即工资率为 w,已知的资本的价格即利息率为 r,则成本方程为

$$C = wl + rk \tag{4.18}$$

或

$$k = -\frac{w}{r}l + \frac{C}{r} \tag{4.19}$$

根据式(4.19)可得等成本线,如图 4.19 所示。由于式(4.19)的成本方程式是线性的,所以,等成本线必定是一条直线。图 4.19 中横轴上的 $\frac{C}{w}$ 表示既定的全部成本都购买劳动时的数量,纵轴上的 $\frac{C}{r}$ 表示既定的全部成本都购买资本时的数量,连结 $(\frac{C}{w}, 0)$ 和 $(\frac{C}{r}, 0)$ 这两点的线段就是等成本线。它表示既定的全部成本所能购买到劳动和资本的各种组合。根据式(4.19),等成本线在纵轴的截距为 $\frac{C}{r}$,等成本线的斜率为 $-\frac{w}{r}$,即为两种生产要素的价格比率的负值。

在图 4.19 中,等成本线以内区域中的任何一点,如 A 点,表示既定的全部成本都用来购买该点的劳动和资本的组合以后还有剩余。等成本线以外的区域中的任何一点,如 B

点,表示用既定的全部成本购买该点的劳动和资本的组合是不够的。唯有等成本线上的任何一点,才表示用既定的全部成本能刚好购买到的劳动和资本的组合。

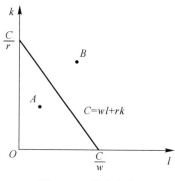

图 4.19　等成本线

2. 等成本线的变动

等成本线表示在一定的成本 C 的限制下,当两种生产要素的价格 w 和 r 为已知时,厂商可以购买到的两种生产要素的各种组合,所以厂商的成本 C 或生产要素价格 w、r 发生变化时,便会引起等成本线的变动。这一变动可以归纳为以下四种情况。

(1) 当两种生产要素的价格不变,厂商的成本发生变化时,等成本线的位置会发生平移。这是因为,生产要素的价格不变,则等成本线的斜率 $-\dfrac{w}{r}$ 不变。于是,成本的变化只能引起等成本线的截距 $\dfrac{C}{w}$ 和 $\dfrac{C}{r}$ 的变化。如图 4.20(a) 所示,假定原有的等成本线为 AB,若厂商成本增加,则使等成本线由 AB 向右平移至 $A'B'$。它表示厂商的全部成本用来购买其中任何一种生产要素的数量都因成本的增加而增加了。若厂商成本减少,则使等成本线由 AB 向左平移至 $A''B''$。它表示厂商的全部成本用来购买其中任何一种生产要素的数量都因成本的减少而减少了。

(2) 当厂商的成本不变,两种生产要素的价格同比例同方向变化时,等成本线的位置也会发生平移。这是因为,两种生产要素价格同比例同方向的变化并不影响等成本线的斜率 $-\dfrac{w}{r}$,而只能引起等成本线的截距 $\dfrac{C}{w}$ 和 $\dfrac{C}{r}$ 的变化。仍以图 4.20(a) 说明:若两种生产要素的价格同比例下降,则等成本线 AB 向右平移至 $A'B'$;若两种生产要素的价格同比例上升,则等成本线向左平移至 $A''B''$。前者表示厂商的全部成本用来购买其中任何一种生产要素的数量都同比例于价格的下降而增加,后者则表示都同比例于价格的上升而减少。

(3) 当厂商的成本不变,一种生产要素的价格不变而另一种生产要素的价格发生变化时,不仅等成本线的斜率 $-\dfrac{w}{r}$ 会发生变化,而且等成本线的截距 $\dfrac{C}{w}$ 或 $\dfrac{C}{r}$ 也会发生变化。以图 4.20(b) 来说明:假定原来的等成本线为 AB,若劳动的价格 w 下降,则等成本线由 AB 移至 AB',它表示厂商的全部成本用来购买劳动的数量因 w 的下降而增加了,但全部成本用来购买资本的数量并未受到影响。同理,若劳动的价格 w 提高,则等成本线由 AB 移至 AB''。

类似地,在图 4.20(c)中,资本的价格的下降与提高,分别使得等成本线由 AB 移至 $A'B$ 和 $A''B$。

(4)当厂商的成本和两种生产要素的价格都同比例同方向变化时,等成本线不发生变化。这是因为,此时等成本线的斜率 $-\frac{w}{r}$ 不会发生变化,等成本线的截距 $\frac{C}{w}$ 和 $\frac{C}{r}$ 也不会发生变化。这说明厂商的全部成本用来购买其中任何一种生产要素的数量都是不变的。

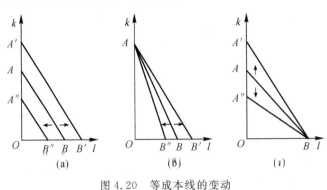

图 4.20 等成本线的变动

第三节 生产者个人的选择

生产者个人的选择一般也称作生产者均衡,是指生产者个人一旦实现了其利润最大化目标,其决策行为就不会再作改变的一种状态。

一、生产者个人的目标

企业作为生产经营性组织,总要以利润为目标。俗话说,千做万做,亏本生意不做。追求利润最大化,是传统经济学对企业目标的一个基本假设。以下我们将对利润最大化的假设及利润的概念、类型与功能予以介绍。

1. 利润最大化假设

利润最大化是企业实现"幸福最大化"的手段,也是企业行为的基本假设。这是因为,这一假设与其他假设相比,具有更多的合理性和解释性。

首先,企业的利润最后总是归属于企业的所有者,而企业所有者在现代企业中仍拥有最大的发言权和决定权。事实上,不论任何形式的股份制企业,也不论股份企业规模的大小,股东大会始终是企业的最高权力机构。企业所有者可能对企业的经营不闻不问,也可能容忍利润的暂时低迷,但决不会投票选举一个对企业利润毫不关心的经理来管理企业。而且,利润率下降意味着股票红利下降,即使在股权分散的情况下,企业所有者也会采取"用脚投票"(抛售股票)的办法来表达自己的意愿。在这种情况下,企业很容易被人恶意收购,或董事会将不满足于目前的经营状况而改组经理班子,这样经理们就面临着"下岗"的危险。因此,利润这一指标在很大程度上仍与经理们的切切利益相关。

其次,利润是企业实现其他一系列目标的根本保证。不可否认,尽管现实中企业存在各种不同的目标,但绝大多数目标仍与利润有着不可分割的联系。没有利润,企业规模的扩大不能持久;没有利润,企业也不可能长久地占领一个市场。因此,经理们在选择其他目标时,不可能忽视利润这一重要指标。

再次,利润是企业生存的决定性因素。绝大多数产品市场都是高度竞争性的,如果某个企业出于某种原因忽略了利润,进货成本比别人高,生产方法落后,并雇用了一些懒惰无能的亲朋好友,那么该企业的成本会大大高于社会平均成本,而市场价格是由后者决定的。这样,高成本的企业就会发生亏损,最后被市场淘汰。因此出于生存考虑,利润最大化目标是一个现实而合理的假设。

总之,即使企业的经营有多种目标,利润最大化目标无论从哪个方面来说都是一个良好的近似。这不仅因为在利润最大化假设之下,经济学家可以建立较为完美的理论模型来研究微观经济的各种问题,而且一种理论是否有效,关键在于它的解释性和预测性(即外界情况发生变化后企业的反应),利润最大化假设是符合这些要求的。因此在以后的分析中,我们将利润最大化作为企业行为的一个基本假设。当然,在现实中具体分析某个企业时,可以结合实际情况参考其他目标。

2. 利润的定义与类型

利润一般被定义为企业总销售收入与总成本之间的差额,用符号表示就是 $\pi = TR - TC$,其中,π 表示利润。在实际应用中,采用不同的成本构成或成本核算方法,将得到会计利润、经济利润和正常利润等几种不尽相同的利润概念。

(1) 会计利润。会计利润是利用会计成本计算出来的利润,反映企业实际拥有的净收入。会计成本是对企业会计事项和历史事实的记载,反映企业实际的货币支出,是一种历史成本和显性成本。在会计成本基础上计算得到的会计利润,往往用于报告企业现实的损益情况,通常有助于企业的决策。

(2) 经济利润。经济利润则是利用机会成本计算出来的利润。机会成本通常等于显性成本与隐性成本的总和,经济利润就是企业收入减去机会成本后的利润。计算经济利润的目的是为企业决策提供分析基础,企业追求的利润最大化主要指经济利润最大化。[①] 经济利润也称作超额利润、垄断利润、纯利润等。

(3) 正常利润。正常利润[②],指企业维持长期经营所必需的最低限度的利润收入。在市场经济条件下,如果一个企业的盈利能力总是低于在通常情况下具有相等经营风险的其他企业的利润水平,经营管理者就可能因为自己的付出得不到回报而离开该企业到别的地方工作。这种最低限度的利润水平成为判断企业是否应继续维持经营和存在的基准,即为正常利润。正常利润是必须支付给经营管理者的最低报酬[③],构成生产成本的一部分。

---

① 用"主要指"一词是要进行经济利润与会计利润而不是与正常利润的比较,要说明的是:经济利润是(资源在一个用途上的)收益与机会成本(同样的资源在另一个最佳用途上的收益)之间的差额,机会成本最低一般也不应低于会计成本,或者经济利润最高一般也不应高于会计利润。

② 本教材第一章已经陈述了理由,不赞成把利润区分成经济利润与正常利润,而赞成利润只指经济利润。但是,为了与传统教材作比较,本教材在此处还是保留了对"正常利润"一词的释义。

③ 详见第十章劳动市场中关于职业经理工资的介绍。

3. 利润的功能

在现代市场经济社会中,无论是对微观的企业行为还是宏观的社会整体福利而言,利润都扮演着十分重要的角色。

(1) 利润是企业长期生存的条件。这是就正常利润而言的[①]。因为很显然,如果企业始终不能通过自己的经营获得正常水平的利润,投资者将会因为无利可图而逐步抽出和转移自己的投资,构成企业固定投入的要素将会减少、萎缩而经营管理者也将因为自己的操劳不能获得期望的最低报酬而离去。显然,这些最终会威胁到企业的生存。因此,企业作为一个以利益为纽带的组织体,为了自身的长期存在,必须把追求起码的正常利润作为行为的基本目标。

(2) 利润是企业竞争的根源。现代市场经济是企业竞争的经济。企业竞争可以在多个方面开展:产品市场上对目标顾客的争夺,要素市场上对资金供给和合格劳动力的争夺,技术上的创新和垄断等。但是,这些都只是企业竞争的现象。导致企业竞争的根源,则在于利润特别是经济利润的存在。企业作为特定人谋求经济利益的社会集合体,以获取利润为基本职能。获取利润的愿望和动机驱使无数的人创办新企业,而一些既有的企业又因为无法取得利润而失败。

利润是动态的、变化的和不确定的。对企业而言,它是经济收入和经济成本的差额。但任何一家企业的经济收入和经济成本都要受到它在市场上与其他企业竞争关系的强烈影响和制约。对利润的追求促使企业彼此激烈竞争,而利润的获得则在很大程度上取决于企业在竞争中的正确行动和决策。为了长期的生存和发展,企业必须取得利润并使它尽可能多,众多企业共同的追求则导致相互间不可避免的竞争。

(3) 利润是社会发展的推进器。企业追求利润的行为和竞争对于推进社会和经济的发展具有积极的作用,社会也是利润的受益者。第一,利润反馈自动地调节市场过程,优化资源的配置。利润流量的来源和大小指示和反映了市场欢迎和需求的产品方向,为企业进行生产扩张或收缩提供了社会信号。第二,社会将通过利润机制和竞争机制促使企业生产最能满足社会公众需求的产品,使消费者获得最大的满足。第三,追求利润所导致的各种技术创新活动,将会带来社会的进步和经济的繁荣。第四,企业能获得较高的利润将是它向社会提供更多的工作机会,更高的工资待遇,从而提高社会的经济福利水平的重要条件。

(4) 利润是衡量企业效率的尺度。企业作为一个经济单位,必须讲求活动的效率。企业的效率可以从技术效率和经济效率两个方面来考察。技术效率是指生产上实行可能的最优技术类型,这取决于资源的可用性。企业越是能用得到的资源满足技术的需要,就具有越高的技术效率。经济效率则表现为企业使用尽量少的资源达到给定的产出水平,或者用给定资源达到尽可能高的产出水平。这就是在给定生产函数条件下实现成本最小,或在给定成本结构条件下实现产出最大。显然,在考虑经济效率时,利润是一个决定性的变量。

利润通常被用来作为衡量企业经济效率的尺度。实际上,由于经济效率总是在技术效率得到较高满足度的条件下实现的,所以利润既能反映企业的经济效率也能反映其技术

[①] 按照本教材不区分出正常利润的观点,利润的这一功能可以忽略。

效率。

二、生产者个人的最优选择

在消费者选择理论中,我们运用等效用曲线和预算线剖析了消费者个人实现效用最大化目标的均衡条件。与之相类似,在生产者选择理论中,从利润最大化目标出发,运用等产量曲线和等成本线两个分析工具,我们可以考察厂商如何将投入要素的组合调整到最优即利润最大化状态,也即实现既定成本下的产量最大,或既定产量下的成本最小。

1. 产量最大化

假定在一定的技术条件下厂商用两种可变生产要素即劳动和资本生产一种产品,且劳动的价格 w 和资本的价格 r 是已知的,厂商用于购买这两种要素的全部成本 C 是既定的。如果企业要以既定的成本获得最大的产量,那么,它应该如何选择最优的劳动投入量和资本投入量的组合呢?

把厂商的等产量曲线和相应的等成本线画在同一个平面坐标系中,就可以确定厂商在既定成本下实现最大产量的最优要素组合点,即生产者均衡点。如图 4.21 所示,有一条等成本线 AB 和三条等产量曲线 q_1、q_2 和 q_3,等成本线 AB 的位置和斜率决定于既定的成本量 C 和既定的已知的两要素的价格比率 $-\frac{w}{r}$。由图 4.21 可见,唯一的等成本线 AB 与其中一条等产量曲线 q_2 相切于 E 点,该点就是生产者均衡点。它表示,在既定成本条件下,厂商应该按照 E 点的生产要素组合进行生产,即劳动投入量和资本投入量分别为 l^* 和 k^*,这样,厂商就会获得最大的产量。

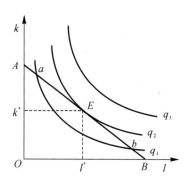

图 4.21 既定成本下的产量最大

为什么 E 点就是最优的生产要素组合点呢?这就需要分析代表既定成本的唯一的等成本线 AB 与三条等产量曲线 q_1、q_2 和 q_3 之间的关系。先看等产量曲线 q_3,等产量曲线 q_3 代表的产量虽然高于等产量曲线 q_2,但唯一的等成本线 AB 与等产量曲线 q_3 既无交点又无切点。这表明等产量曲线 q_3 所代表的产量是厂商在既定的成本下无法实现的产量,因为厂商利用既定成本只能购买到位于等成本线 AB 上或等成本线 AB 以内区域的要素组合。再看等产量曲线 q_1,等产量曲线 q_1 虽然与唯一的等成本线 AB 相交于 a、b 两点,但等产量曲线 q_1 所代表的产量是比较低的。因为,此时厂商在不增加成本的情况下,只需由 a 点出发向右或由 b 点出发向左沿着既定的等成本线 AB 改变要素组合,就可以增加产量。所以,只有在唯一的等成本线 AB 和等产量曲线 q_2 的相切点 E，才是实现既定成本条件下的最大产量的要素组合。任何更高的产量在既定成本条件下都是无法实现的，任何更低的产量都是低效率的。

由此可见，厂商在等产量曲线与等成本线的相切点达到均衡，那么，两条曲线的切点又代表什么意义呢？两条曲线相切，代表它们的斜率相等。我们知道，等产量曲线的斜率为两种投入要素的边际技术替代率，等于两种投入要素的边际产量之比，即 $\text{RTS}_{lk} = \dfrac{\text{MP}_l}{\text{MP}_k}$；等成本线的斜率等于两种投入要素的价格比率，即 $\dfrac{w}{r}$。由于边际技术替代率反映了两要素在生产中的替代比率，要素的价格比率反映了两要素在购买中的替代比率，所以，只要两者不相等，厂商总可以在总成本不变的条件下通过对要素组合的重新选择，使总产量得到增加。只有在两要素的边际技术替代率和两要素的价格比率相等时，厂商才能实现生产者均衡。在图 4.21 中则是唯一的等成本线 AB 和等产量曲线 q_2 的相切点 E 才是生产者均衡点。于是，生产者均衡的条件为

$$\text{RTS}_{lk} = \dfrac{w}{r}$$

它表示，为了实现既定成本条件下的最大产量，厂商必须选择最优的生产要素组合，使得两要素的边际技术替代率等于两要素的价格比率。这就是两种要素的最优组合原则。

进一步，可以有

$$\dfrac{\text{MP}_l}{w} = \dfrac{\text{MP}_l}{r}$$

它表示，厂商可以通过对两要素投入量的不断调整，使得最后一单位的成本支出无论用来购买哪一种生产要素所获得的边际产量都相等，从而实现既定成本条件下的最大产量。

2. 成本最小化

由于厂商可以调整成本，因此等成本线有很多条。为了分析方便，在图 4.22 中，我们给出了三条等成本线，离原点较近的等成本线代表较低的成本。因此，C_2 代表了比 C_3 更低的成本，而 C_1 的成本又要低于 C_2。为了考察厂商在既定产量下如何寻求成本最低的要素组合，我们在图 4.22 中加入等产量曲线。可以发现，在产量为 q_0 的情况下，厂商不可能使成本降到 C_1 的水平。在 A 点，厂商能够使用 C_3 的成本生产 q_0 的产量，但 C_3 的成本大于 C_2，没有达到最低成本组合。此时，厂商可以沿着等产量曲线 q_0 向左上方移动，通过增加资本使用量，减少劳动使用量来降低成本，因此 A 点不是最佳选择。

我们看到，等产量曲线 q_0 可以"碰"到的最低水平的等成本线是 C_2，两者正好相切于 E 点。在 E 点，厂商的选择达到了最优，厂商不再改变自己的选择。因为，此时在产量不变的情况下，厂商无论是增加资本使用量，减少劳动使用量，还是减少资本使用量，增加劳动使用量，都只会导致成本的提高。在最优点 E，劳动的使用量为 l^*，资本的使用量为 k^*。因此，等产量曲线与等成本线相切之点既代表了为了达到既定产量所需的最低成本，也代表了生产要素投入的最优组合。

由此可见，厂商在等产量曲线与等成本线的相切点达到均衡，两条曲线相切，代表它们

的斜率相等。因此,在 E 点有如下的生产者均衡条件:

$$\mathrm{RTS}_{lk} = \frac{w}{r}$$

它表示:厂商应该选择最优的生产要素组合,使得两要素的边际技术替代率等于两要素的价格比率,从而实现既定产量条件下的最小成本。

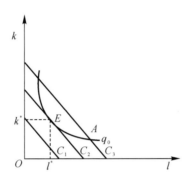

图 4.22 既定产量下的成本最小

由于边际技术替代率可以表示为两要素的边际产量之比,所以,上式可以写为

$$\mathrm{RTS}_{lk} = \frac{\mathrm{MP}_l}{\mathrm{MP}_k} = \frac{w}{r}$$

进一步,可以有

$$l\mathrm{RTS}_{lk} = \frac{\mathrm{MP}_l}{w} = \frac{\mathrm{MP}_k}{r} \tag{4.20}$$

它表示,为了实现既定产量条件下的最小成本,厂商应该通过对两要素投入量的不断调整,使得花费在每一种要素上的最后一单位的成本支出所带来的边际产量相等。

以上就是厂商在既定产量条件下实现最小成本的两要素的最优组合原则。该原则与厂商在既定成本条件下实现最大产量的两要素的最优组合原则是相同的。

为了更好地理解最优组合原则,式(4.20)可解释为每投入1元钱能带来的边际产量,其经济意义在于,厂商要实现最优组合,就必须使投在劳动上的1元钱的边际产量正好等于投在资本上的1元钱的边际产量,或者说,使投入在不同要素上的最后1元钱所带来的边际产量都相等。可以设想,如果两者不相等,即式(4.20)不满足,比如 $\frac{\mathrm{MP}_l}{w} < \frac{\mathrm{MP}_k}{r}$,那就说明投入1元钱资本的边际产量要大于投入1元钱劳动的边际产量,此时,如果厂商增加资本的投入而相应减少劳动的投入,那么增加资本所增加的产量要大于减少劳动所减少的产量,这样在成本不变的情况下总产量将会上升(相当于在产量不变的情况下使成本减少),直到两者相等为止。同样,当 $\frac{\mathrm{MP}_l}{w} > \frac{\mathrm{MP}_k}{r}$ 时,厂商会增加劳动的投入而相应减少资本的投入,直至达到均衡。因此,只有在两者相等的情况下,厂商任何要素组合的调整都不可能在成本不变的情况下增加产量,或者说在产量不变的情况下降低成本,厂商的选择才达到了最优。上述结论,可以推广到 n 种投入要素的情况。

第四节　生产者个人的要素需求曲线

我们要通过分析生产成本或要素价格的变化对生产者均衡的影响,来更好地理解通过生产者个人的利润最大化行为如何得到生产者个人的要素需求曲线。①

一、生产价格效应

当一种商品的价格下降,其他商品的价格不变时,对降价商品的需求增加,是由于两种效应发生作用的结果。一是消费者个人用降价商品来代替价格不变的商品,即增加降价商品的购买量而减少其他商品的购买量,称为替代效应;二是价格下降带来的实际收入提高(货币收入和支出不变)会引起消费者个人需求量的增加(劣质商品除外),称为产量效应。与此完全类似,当一种生产要素的价格下降,而其他要素的价格不变时,企业对该要素的需求也会有替代效应和产量效应。

1. 替代效应

在生产理论中,替代效应是指当生产要素的价格发生变动时,一种要素替代另一种要素而保持产量不变的情形。生产要素的价格变化所带来的这种要素使用量的变化,取决于企业用其他生产要素进行取代的难易程度。比如,劳动的价格提高,假如某些企业发现用机器替代劳动比较容易,那么对这些企业来说,劳动的需求量将大量减少。其他企业可能用固定投入比例的技术从事生产,对它们来说替代是不可能的,则劳动的需求量不会发生大的变化。如果再考虑到生产函数的技术性质,替代效应的大小将取决于调整时间的长短。在短时期内,企业现有的机器设备需要相对固定比例的工人来操作,因而短时期内替代的可能性很小。而在长期,企业可能使每台设备配备较少的工人,替代的可能性就很大。例如,煤矿工人的工资提高,在短期内很少有替代效应,因为现有的采煤设备需要固定比例的工人数量。可是在长期,通过设计更加精良的机器,采用更先进的设备来采煤,则资本替代劳动是显而易见的。

替代效应可用图 4.23 来说明。当劳动的价格发生变化比如下降时,如果产量固定在 q_0 的水平上保持不变,在生产过程中劳动将趋于替代资本。由于生产 q_0 的成本最小化条件是边际技术替代率与两种要素的价格比率相等即 MRTS=$\frac{w}{r}$,因而 w 的下降使得投入组合从 A 点移向 B 点。由于等产量曲线表明了递减的 MRTS,因此从图 4.23 中可以很清楚地看到,由于 w 的下降,这种替代效应会引起劳动投入的增加。

2. 产量效应

保持产量水平固定不变只是一种假设。由于要素价格的变化会影响企业的成本,在企业成本预算不变的前提下,一种要素的价格下降,可以提高企业的产量水平。而产量水平的

---

① 进而推导出市场的要素需求曲线,即基于生产者个人的利润最大化行为推导出市场的要素需求曲线,这个内容将在第九章中介绍。

变化将对投入决策产生影响,这就是产量效应。产量效应是指,由于产量水平的变化而引起的企业所使用的某种要素的数量的变化。

由于要素价格的下降会改变要素的相对成本,故而这种变化将改变企业的生产规模扩张途径,最终促使企业提高产量水平,如图 4.24 所示。在企业调整生产规模的过程中,由于劳动的价格 w 下降,企业的边际成本下降,相应的利润最大化产量水平从 q_1 提高至 q_2。产量水平的提高将引起更多的劳动需求。因此,要素价格引起的产量效应,将使企业对劳动的投入量移至企业的等产量曲线 q_2 上的 C 点。与此相应,企业对劳动的投入量将不是 l_2,而是与 C 点对应的 l_3。

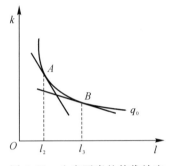 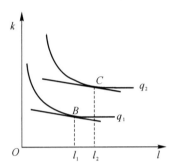

图 4.23　生产要素的替代效应　　图 4.24　生产要素的产量效应

以上,我们利用劳动价格的变化来说明要素价格的变化对企业要素投入决策的影响。当劳动的价格下降时,企业增加劳动力使用有两个原因:第一,用比较便宜的劳动来替代其他相对较贵的要素,这就是替代效应;第二,工资下降将减少企业的边际成本,从而在保持成本预算不变的前提下,将会增加产量,引起包括劳动在内的所有要素投入量的增加,这就是产量效应。

这个结论对任何要素都适用。我们还可以从相反的方面表明,某种要素价格的提高将使企业少使用这种要素,也会产生方向相反的替代效应和产量效应。

生产要素的产量效应与成本有很大关系。以劳动的价格为例,工资率的提高将增加企业的成本。在竞争性市场上,成本提高会引起产品价格上升,人们将减少对这种产品的购买;购买减少,相应的产品产量亦被迫减少;产量越少,劳动的需求就越少。为了研究这种产量效应的大小,我们必须知道:①工资率升高所引起的成本上升是多少;②产品价格提高所减少的产品需求量是多少。成本上升多少取决于劳动投入在总生产成本中的重要程度,而产品需求量的减少取决于该种产品的需求价格弹性。一般而言,在劳动成本是主要成本,而且产品的需求价格弹性很大的行业中,产量效应将会很大;反之产量效应将会很小。

3. 要素价格效应

以上我们分析了生产要素的替代效应和产量效应,现将两者放在一个坐标轴中加总分析生产要素的要素价格效应。现在假设资本的价格 r 不变,劳动的价格 w 下降,并假设总成本不变,如图 4.25 所示。这时,等成本线 C_1 移到 C_2 位置,C_2 与另一条等产量曲线 q_2 相切于 C 点,$q_2 > q_1$。这表示在总成本既定不变的条件下,由于 w 下降,企业的均衡产量增加,劳动的使用量从 l_1 增为 l_3,资本的使用量较前减少。由要素价格下降而总成本不变所引起的产品产量的扩大和价格下降要素使用量的增加包含两种效应,即替代效应和产量效应(或称扩大效应)。

为了单独考察劳动价格下降引起的劳动代替资本的替代效应,我们首先抽象掉 w 下降以后,既定的总成本可以买进更多的要素所引起的产量扩大的效应。为此,我们设想:如图 4.25 所示,假如产量仍维持在 q_1,那么按照两种要素新的价格比率,企业支付的总成本和要素的购买量应为多少?对此,我们可以作一条与 C_2 平行的等成本线 C_3,与 q_1 相切于 B 点。这时,如图 4.25 所示,劳动的使用量从 l_1 增为 l_2,增加 $l_1 l_2$;而资本的使用量则从 k_1 减为 k_2,即减少 $k_1 k_2$。现在拿 A 点同 B 点比较。由于这两点的产量都是 q_1,可见在 B 点劳动使用量较前增加 $l_1 l_2$,而使资本使用量减少 $k_1 k_2$,这显然是由于劳动价格下降,企业用劳动代替资本的替代效应。

再拿 C 点同 B 点比较。在 C 点产量增为 q_2,劳动使用量再增加 $l_2 l_3$,显然产量水平的提高将引起更多的劳动需求。由于在 C 点使用了更多的劳动 $l_2 l_3$,所以 C 点使用的资本量应多于 B 点使用的资本量 k_2,即 q_2 是用 k_3 的资本与 l_3 的劳动生产出来的。

由此可见,均衡点从 A 点移到 C 点,劳动使用量相应增加 $l_1 l_3$(从 l_1 增为 l_3)包括替代效应 $l_1 l_2$ 和产量效应 $l_2 l_3$,而两者加总后的 $l_1 l_3$ 就是要素价格效应。

二、生产扩张线

假设有一组等产量曲线和等成本线,如图 4.26 所示。如果产量增加,厂商应使用多少资本和劳动?也就是说,厂商将怎样扩大生产规模?显然,按照高效率条件,如果生产 q_1 单位,就应在 A 点生产;如果生产 q_2 单位,就应在 B 点生产。一般来说,生产的扩大是从一个切点(即高效率生产点)向另一切点移动的。这些切点代表了长期中,即所有要素都是可变生产要素时的生产扩张路径。

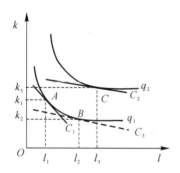

图 4.25 生产要素的要素价格效应

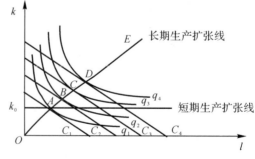

图 4.26 生产扩张线

长期生产扩张线(long term expansion curve)可定义为满足高效率条件 $\dfrac{\mathrm{MP}_l}{w} = \dfrac{\mathrm{MP}_k}{r}$ 的要素组合集合。

理性的厂商将沿着生产扩张线 OE 即按照高效率条件的要求,选择投入要素的最优组合,以适应生产规模扩大的需要。沿着 OE 移动,投入量 l 和 k 同时发生变化,因此,OE 实际上是长期生产扩张线。

如果资本是固定投入要素,投入量为 k_0 保持不变,则图 4.26 中的水平直线代表短期生产扩张线(short term expansion curve)。它描述了厂商相对于固定投入要素资本,不断增加劳动的投入量以扩大产量的过程。需要注意的是,这时,厂商仍然可以生产 q_1、q_2 和 q_3 等产量,但是,受到资本投入水平的约束,不能达到 q_4 的产量水平。此外,除了 A 点以外,短期生产扩张线上的其他各点均不满足高效率条件 $\frac{MP_l}{w}=\frac{MP_k}{r}$,因而不是最优要素组合。由于这个原因,除去 A 点的情况,生产的短期成本一般要高于长期成本。

三、要素需求曲线

生产者个人以作为实现人们幸福最大化手段的利润最大化为目标,根据自己的现有财富,对于各种要素有其自己的需求规律。

从生产者个人的选择即生产者均衡分析中我们看到,生产者个人总是在成本约束所允许的范围内选择能带来最高产量的要素组合。现在我们需要考虑:如果要素价格变化了,生产者均衡会如何相应地变化。从这些变化中,能够推导出生产者个人的要素需求曲线。

图 4.27(a)显示了劳动价格的变化对其雇用量的影响。图中横轴代表生产者个人的劳动要素投入量 l,纵轴代表资本投入量 k。在一开始的价格水平 w_1 下,等成本线为 AB,均衡点为 E_1;现劳动的价格下降了,价格为 w_2,表现为等成本线绕 A 点向外转到 AB',均衡点也相应移到 E_2;如果价格进一步下降到 w_3,等成本线继续向外转到 AB'',均衡点为 E_3。如果我们让劳动的价格连续地、无限渐近地变化,将所有的均衡点连接起来就能得到一条曲线,我们称之为价格-雇用曲线,简称 w-H 曲线。

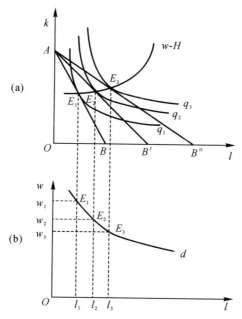

图 4.27 价格变化和生产者选择变化——要素需求曲线的导出

为了更直接地观察要素价格变化与其雇用量变化之间的关系,在图 4.27(b)中我们用纵轴来衡量劳动的价格。在价格水平 w_1 下,生产者个人的劳动雇用量为 l_1,这样图 4.27(a)中的 E_1 点就对应于图 4.27(b)中的 E_1 点,E_2、E_3 点也可同样导出,我们由此得到一条从左上朝右下倾斜的曲线 d。这就是生产者个人的要素需求曲线。

生产者个人的要素需求曲线的产生,实际上是生产者个人最优选择的结果。因为从图 4.27 中可以看出,生产者个人的要素需求曲线上的每一点,都代表着生产者个人在成本约束条件下达到了产出极大化。因此说,生产者个人的要素需求曲线是生产者个人利润最大化的要素价格与需求量组合点的轨迹。

思 考 题

一、名词解释

短期与长期　边际产量　边际生产力递减规律　生产三阶段　等产量曲线　边际技术替代率　边际技术替代率递减规律　规模报酬　机会成本与会计成本　显性成本　隐性成本　变动成本　固定成本　短期成本　长期成本　边际成本　等成本线　经济利润　正常利润　生产者均衡　生产扩张线

二、简答题

1. 经济学中的生产函数都有哪些前提条件? 请说明。
2. 边际生产力递减规律与边际技术替代率递减规律有何联系与区别?
3. 请结合图形分析总产量、平均产量、边际产量之间的联系。
4. 一般地,企业选择在哪一个阶段进行生产? 为什么?
5. 等产量曲线与等效用曲线有何区别与联系? 它们都说明了什么?
6. 规模报酬的类型有哪几类? 影响规模报酬的因素都有哪些?
7. 请结合图形分析总成本、平均成本、边际成本之间的联系。
8. 请结合图形分析产量曲线与成本曲线之间的联系。
9. 生产扩张线与长期总成本有何联系?
10. 长期平均成本曲线是如何形成的? LAC 与 SAC_i 有何联系?
11. 等成本线的斜率代表了什么?
12. 生产者均衡的条件是什么?
13. 生产效应如何分解? 它与消费品的需求效应有何联系与区别?
14. 长期生产扩张线与短期生产扩张线有何区别与联系?

三、计算题

1. 当 k 固定为 $k_0=5$ 时,请画出如下函数的短期产量曲线:
   (1) $q=5k+8l$;
   (2) $q=l_2 k_2$。
2. 请判断以下函数的规模报酬类型:

(1) $q = 100k + 5l + 100$；

(2) $q = l_2 k_2$；

(3) $q = 6l^{\frac{1}{2}} k^{\frac{1}{2}}$。

3. 如果某厂商的生产函数为 $q = 5kl$，$p_k = 2$，$p_l = 25$，短期固定成本为 5，请画出该厂商的成本曲线 TC、TVC、TFC、AFC、AVC、ATC、MC。

4. 当某厂商的生产函数为 $q = f(l,k) = 5l^{\frac{1}{2}} k^{\frac{1}{2}}$，$p_k = 4$，$p_l = 9$ 时，求：

(1) $q = 100$ 时的均衡 k、l；

(2) TC = 50 时的均衡 k、l。

5. 如果某厂商的生产函数为 $q = f(l,k) = 3\ln k + 2\ln l$，当 $p_k = 4$，$p_l = 6$ 时，k 与 l 的最优比率是多少？

扩展阅读

从生产能力和产业组织方式看，过去，供给不足是长期困扰我们的一个主要矛盾，现在传统产业供给能力大幅超出需求，钢铁、水泥、玻璃等产业的产能已近峰值，房地产出现结构性、区域性过剩，各类开发区、工业园区、新城新区的规划建设总面积超出实际需要。在产能过剩的条件下，产业结构必须优化升级，企业兼并重组、生产相对集中不可避免。互联网技术加快发展，创新方式层出不穷，新兴产业、服务业、小微企业作用更加凸显，生产小型化、智能化、专业化将成为产业组织新特征。

——《在中央经济工作会议上的讲话》(2014 年 12 月 9 日)

要加快建设现代化产业体系。我们要练好内功、站稳脚跟。我国有世界最完整的产业体系和潜力最大的内需市场，要切实提升产业链供应链韧性和安全水平，抓紧补短板、锻长板。

——《当前经济工作的几个重大问题》(《求是》2023 年第 4 期)

第三篇 产品市场分析

从第三章可知,实现消费者个人效用或幸福最大化的两个条件,一是要有确定的产品的市场价格 p_i,二是要购买、消费数量 q_i 的相应产品以获得相应的边际效用 MU_i。消费者个人为了获得效用或实现幸福最大化而需要购买、消费数量 q_i 的相应产品,厂商(同"生产者个人")为实现利润最大化而需要生产、供给数量 q_i 的相应产品,这是通过市场交换而完成的。因此,产品的市场价格即交易的公平价格 p^* 的确定,以及在此公平价格下消费者个人与厂商就相应产品达成交易的数量 q^* 的确定,就是本篇的核心所在。

从第二章可知,产品的市场价格是由产品的供给与需求均衡决定的。因此,本篇的产品市场分析,首先要以第三章推导出的消费者个人的产品需求曲线为基础,推导出产品的市场需求曲线,然后要以追求利润最大化为目标的厂商的产品的市场需求曲线为基础,形成属于自己的产品需求,并在产品市场上供给数量 q 的相应产品。厂商与消费者个人达成交易时,产品的公平价格即市场价格 p^* 与产品的交易量 q^* 就随之确定,消费者个人同时获得满足消费需要的产品,并最终实现了自己追求的效用或幸福最大化,厂商因此在满足消费者个人需要的前提下也获得了购买、投入生产要素以实现自己利润最大化的条件——收益,即厂商与消费者个人达成交易的产品价格 p^* 与交易量 q^* 之积。由此可见,产品市场交易中,利己是目的,利他是手段,是"欲利己先利他"的,是斯密关于自利到仁爱的"交易通义"的本质的重要体现。

第二篇的消费者选择和生产者选择理论指出:消费者个人的选择影响着产品市场上的需求,而生产者的选择则影响着产品市场上的供给。但是,产品市场交易的实现不仅与消费者个人和生产者的选择有关,还与产品所在市场的市场结构密切相关。在不同结构类型的市场中,生产者所面临的需求状况不同,供给行为也就存在差异。本篇将产品市场区分为完全竞争市场(第五章)、完全垄断市场(第六章)、垄断竞争市场(第七章)和寡头垄断市场(第八章)四种结构类型,考察生产者在不同的产品市场结构下的供给行为,即考察均衡价格和均衡产量的决定。

值得注意的是,产品市场交易达成的同时,以利润最大化为目标的生产者也就具有了供给行为,只是依据市场结构类型的不同,生产者的供给行为不一定是有规律的。就是说,产品市场均衡时,生产者一定有供给,只是不一定有产品价格与产品供给量一一对应的供给曲线而已。如果生产者的产品供给曲线 S 存在,则还可以进一步形成体现产品市场价格 p^* 与产品市场供给量 Q 之间对应关系的市场(行业)的产品供给曲线 S。

第五章 完全竞争市场

市场在组织和结构方面的一些特点,对厂商的行为和活动有着重要的影响。譬如,市场上单个农户不会让其产品如小麦的定价高于市场价格,因为这样会导致其销量的锐减,买者会转而购买其他农户的小麦,但如果产品是自来水、电、天然气等,情况就会不同。若自来水提价,人们会节约用水,但水的销量不会有大幅度的减少,因为良好的替代品无法找到,而且市场上自来水的供给由一家厂商垄断。不同市场结构下厂商的数量不同,市场中竞争的激烈程度也有较大的差异,从而厂商所面对的需求也不相同,相应地与消费者达成交易的供给也有差异。因而在经济分析中,我们需要根据不同市场结构的特征,将市场划分为完全竞争市场、垄断竞争市场、寡头垄断市场和完全垄断市场等四种市场结构类型,并逐一进行分析。

划分市场结构通常有以下四个标准:厂商的数目和规模分布,厂商生产的产品的差别程度,厂商对市场价格的控制程度,厂商进入和退出市场的难易程度等。仅简单地用前两个标准对市场结构进行划分时,可以有如图 5.1 所示的情形。

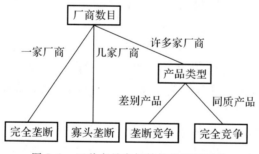

图 5.1 四种产品市场结构类型的划分

本章我们要考察的是,完全竞争市场条件下,厂商的均衡价格和均衡产量的决定。本章将分成三节,分别介绍完全竞争市场厂商、完全竞争厂商的短期均衡和完全竞争厂商的长期均衡。

第一节 完全竞争厂商

完全竞争市场理论是 19 世纪末期由阿尔弗雷德·马歇尔(Alfred Marshall)首先建立的。经济学意义上的完全竞争(perfect competition)是一种理想的状态。我们这里指的完全竞争市场与现实世界中的市场有很大的差异。

但是,正如我们强调的经济学假设的作用一样,我们先是通过假设,削枝强干地将现实市场简化为完全竞争的市场,作为模型或模板,从中寻找影响市场变化的最为基本的因素,得出关于市场机制及其配置资源的一些最为基本的原理。然后,再接着使"模型"或"模板"逐渐地逼近现实,解决现实经济中的问题。事实上,完全竞争市场理论(模型)在市场组织理论中应用最广泛,也是经济学原理最为基础和最为重要的部分之一。

一、完全竞争市场的特点

完全竞争市场必须符合以下四个特点。

(1)大量的买者和卖者。完全竞争市场中有大量的买者和卖者,其中每个买者和卖者所购买或者销售的份额,相对于整个市场的总购买量或总销售量而言非常微小,以至于没有单独一个卖方或买方能影响该商品的价格。在这样的市场上,市场价格是由众多的买者和卖者共同决定的,任何买者和卖者都只能被动地接受因此决定的市场价格。因而完全竞争市场上的厂商,被称为价格的接受者(price-taker),必须按照既定的价格销售任何数量的产品。

在完全竞争市场中,厂商数目很多,每家厂商的市场份额都是微不足道的,因而不会将别的厂商看作竞争对手,当然也不必考虑自己的行动会对整个市场产生什么影响。因此,完全竞争市场上每家厂商都失去了自己的个性,就像构成物质的原子一样。因此,有人将完全竞争市场称作"原子市场"。但正如物理学家仍然致力于研究、发现比原子更为基本的粒子一样,经济学家致力于研究被称作"原子市场"的完全竞争市场,正说明完全竞争市场是最为基本的市场,是我们需要认真研究,发现其中基本规律的市场。

(2)每一家厂商提供的产品都是完全同质的。完全竞争市场上,每一家厂商所提供的产品都是没有任何差别的,完全同质的,产品之间完全可以相互替代。对买者来说,购买任何一家厂商提供的产品都是一样的,因为带给消费者的效用是完全相同的。而对卖者来说,任何一家厂商都不会单独改变价格,因为单独涨价会令自己的产品完全卖不出去,而单独降价也不会使其获利增加。正是由于完全竞争市场上提供的产品是完全同质的,因而每一家厂商对市场价格没有任何控制力。

(3)厂商进入、退出市场是完全自由的。市场竞争的程度还依赖于厂商进入和退出市场的壁垒。进入门槛越低,退出成本越低,市场上,厂商之间的竞争程度越高。完全竞争市场假设,厂商进入或退出该市场是没有任何壁垒和障碍的,资源具有完全的流动性,即不存在厂商进入某一行业的执照、特许、专利方面的限制,也不存在初始资源禀赋、交通运输等自然条件的限制,厂商的规模可以任意变化。因而,当行业出现超额利润即正的经济利润时,便会吸引新的资源进入该行业,而行业的亏损则会使得某些厂商退出该行业。这样,任何一种资源都可以及时地投向能获得最大利润的行业,从而提高资源配置的效率。

(4)信息是充分的。完全竞争市场假定市场上的买者和卖者所获得的信息是完全的,充分的。每一个买者和卖者都能够及时获得与自己的决策相关的所有的信息,每一个厂商都了解市场的需求状况与其他厂商的情况等,而每一个消费者也都了解市场的需求与每一家厂商产品的情况等。这样,每一个买者和卖者都可以根据自己掌握的完全的信息,作出符合利润最大化和效用最大化原则的最优的经济决策,从而获得最大的经济利益。而且,由于信息是完全的、充分的,每一个买者和卖者都知道既定的市场价格,也都按照这一既定的市场价格进行交易,这就排除了由于信息不对称而可能导致的一个市场同时按照不同的价格进行交易的情况。

符合以上四个特征的市场被称为完全竞争市场。完全竞争市场的假定条件是非常极端和苛刻的,比如买者和卖者在现实的交易中很难获得完全、充分的信息。因而在现实的经济生活中,几乎没有一种市场是完全符合完全竞争市场的四个特征的。通常,我们将农产品市场和证券市场看作是比较接近完全竞争市场的。比如,在小麦市场上,有成千上万售卖的农户,不同农户所出售的产品之间完全可以相互替代,而且进入和退出市场相对比较容易,也有大量的需求者,因而市场上没有任何一个买者或卖者能够影响产品的价格。同样地,规范运作的证券市场由于其产品的同质性及其大量的买者和卖者等,也被看作是接近完全竞争市场的典型。

既然在现实经济生活中并不存在完全符合完全竞争特征的市场,为什么我们还要建立和研究完全竞争市场模型呢？经济学家认为,完全竞争市场是一种理想化的市场,也是最为基本的市场结构,从对完全竞争市场模型的分析中,可以得到关于市场机制及其配置资源的一些基本原理,用以解决现实经济中的问题。而且,该模型也可以为其他类型市场的经济效率分析和评价提供参照。

二、完全竞争厂商的需求曲线

1. 市场需求曲线

第三章中依据消费者选择理论推导出的需求曲线是个人的产品需求曲线,表示消费者个人愿意购买某种产品的数量与其价格之间的关系。市场需求曲线则表示市场上全体消费者愿意购买某种产品的总量与其价格之间的关系。

产品市场是由具有不同需求规律(曲线)的消费者个人构成的。同一市场价格下,不同的消费者个人由于讨价还价的能力等的不同,其需求量也是不同的。显然,对于某一种商品的市场而言,同一价格水平下,该商品的需求量就等于该同一价格水平下全部消费者对该商品的需求量之和。[①]

因此,一般情况下,市场需求曲线 D 是市场中众多个人需求曲线 d_i 加总。假设市场只有两个消费者,则消费者个人的需求曲线 d_1、d_2 与市场需求曲线 D 的关系如图 5.2 所示。同时,由图 5.2 可见,产品市场的需求曲线与消费者个人的需求曲线同样是向右下方倾斜的,表明市场需求量与市场价格呈反向变动的负相关关系。

2. 厂商的需求曲线

厂商的(产品)需求曲线[②]有别于(产品)市场需求曲线。厂商的需求曲线是消费者在一

---

① 因为是同一价格水平,对应于消费者个人的商品价格与市场价格能够采用同一符号"p"。后面从生产者个人即厂商的产品供给曲线到行业(市场)的产品供给曲线也是如此。

② 本章的厂商的需求曲线与第四章讲的厂商(即生产者个人)的要素需求曲线不同。本章的厂商的需求曲线是厂商的产品需求曲线,是产品市场上消费者对厂商的产品的需求曲线;第四章讲的生产者个人的需求曲线是厂商的要素需求曲线,或者,准确地讲,是要素市场上厂商对生产要素的需求曲线。

定价格水平下对该厂商的产品的需求,而市场需求曲线是消费者在一定价格水平下对整个市场上产品的需求。

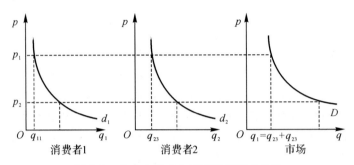

图 5.2 从个人需求曲线到市场需求曲线

在完全竞争条件下,厂商所面临的需求曲线是在市场需求曲线的前提下对市场需求曲线的分解。但同时,厂商既受市场上消费者需求的影响,又受市场上其他厂商供给的影响,既与市场上的消费者发生互动关系,又与市场上的其他厂商发生互动关系。

传统教材上,关于完全竞争市场上厂商的需求曲线是这样推导的:完全竞争厂商始终接受市场上供求双方共同决定的价格信号,如图 5.3(a)中由市场的供给曲线 S 和需求曲线 D 共同决定的均衡价格 p^*,并根据 p^* 这个价格信号上消费者对本厂商产品的需求来决定自己的供给行为。因此,完全竞争厂商面临的是一条水平的或具有完全弹性的需求曲线,如图 5.3(b)所示。这是由于完全竞争市场中厂商是价格的接受者,厂商对价格没有任何控制力,只能被动地接受既定的市场均衡价格。图 5.3(b)中,厂商接受的价格是 p^*,在 p^* 这一市场均衡价格水平上,厂商可以把他愿意并且能够提供的任何数量的产品都销售出去。对厂商而言,在价格为 p^* 时,所面对的需求量是无限大的,厂商的需求曲线 d[①] 是水平的或具有完全弹性的。

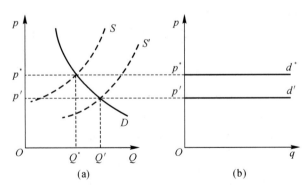

图 5.3 完全竞争条件下市场和厂商的需求曲线

在完全竞争市场上,只要市场的均衡价格不变,厂商的需求曲线的位置就不会改变。也就是说,只有市场的需求或供给发生变化,引起市场的均衡价格 p^* 上升或下降,厂商的需求

---

① 厂商(即生产者个人)的产品需求曲线是个人需求曲线的一种,因此其名称用小写字母"d"来标注。

曲线才会随之向上或向下平移。比如,由于技术的进步带来行业内生产效率的提高,引起市场供给曲线向右下方移动,即由 S 移至 S',在需求不变的情况下,市场均衡价格下降,厂商的需求曲线 d 也会向下平移至 d'。因而,完全竞争厂商的需求曲线可以出自各个不同的给定的市场均衡价格,但它们总是呈水平形状的。

关键是,代表完全竞争市场供给规律的供给曲线是从何而来的?我们已经预先了解:完全竞争市场上的交易实现时,厂商存在有规律的供给曲线,进而就推导出了行业即市场的供给曲线。这个表述是正确的。然而,此处的逻辑顺序是这样的:厂商的需求曲线是由市场需求曲线以及市场供给曲线的均衡点确定的;厂商根据如此分解的归属于自己的需求,以利润最大化为目标与消费者达成交易,形成自己的产品供给曲线;许许多多这样的厂商的供给曲线的加总,就形成了行业即市场的供给曲线。如此这般,出现了循环推理。

事实上,我们应该这样分析:厂商、行业是以需求为导向的,即市场均衡可能发生在市场需求曲线上的任何位置。但是,市场均衡的具体位置则取决于市场(行业)的供给曲线。市场(行业)的供给曲线,是下面要讲的各个厂商供给曲线的加总。然而,由于市场(行业)的供给曲线至此尚未求得,我们只能暂且假设其存在并用虚线予以表示,如图 5.3(a)所示。此时,市场的均衡价格假设为 p^*。

完全竞争市场中,厂商是市场价格的接受者,只能被动地"接受"既定的市场均衡价格,从而厂商的需求曲线是一条水平线,并假设为 d,如图 5.3(b)所示。市场均衡可能发生在市场需求曲线上的任何位置即任何均衡价格水平,然而,某个厂商是否愿意成为这个均衡价格 p^* 的接受者,并以此得出自己的需求曲线,关键还要分析该厂商是否能够因此有利可图。这就是我们下面要讲的内容。

三、完全竞争厂商利润最大化的条件

厂商生产的目的是追求利润最大化,这是微观经济学的基本假定。但在现实经济生活中,厂商的目标是多元的,有些情况下,厂商的目标会偏离利润最大化原则,尤其是对大型厂商来说,由于所有权与经营管理权的分离,经理们为自身利益考虑就有可能寻求其他目标,如市场份额最大化、销售收入最大化、经理层的效用最大化等。这也是近些年来对利润最大化这一假定存在争议的原因。尽管如此,我们仍然认为利润最大化原则是较为合理的一个假设,因为在竞争的市场中,如果厂商长期忽略利润的获得,生产成本高于其他的竞争对手的话,终究会被市场淘汰。

1. 厂商的总收益、平均收益和边际收益

要实现利润最大化,厂商就要进行其经济利润即利润(π)与厂商的收益(R)和总机会成本即总成本(TC)的比较。前面已经介绍过厂商短期和长期的生产成本,这里我们重点介绍厂商的收益。假定厂商的产量为 q,厂商的总收益等于产品的价格 p 与 q 的乘积,即厂商的销售收入。厂商的收益可以分为总收益(total revenue,TR)、平均收益(average revenue,AR)和边际收益(marginal revenue,MR)。

总收益(TR)是指厂商按一定价格出售一定量产品时所获得的全部收入,即有
$$\text{TR} = pq \tag{5.1}$$
平均收益(AR)是指厂商在平均每一单位产品销售中所获得的收入,即有

$$\frac{\text{TR}}{q} = \frac{pq}{q} = p \tag{5.3}$$

边际收益(MR)是指厂商每增加一单位产品销售所获得的总收入的增量,即有

$$\text{MR} = \frac{\Delta \text{TR}}{\Delta q} \tag{5.3}$$

或

$$\text{MR} = \lim_{\Delta q \to 0} \frac{\Delta \text{TR}}{\Delta q} = \frac{\mathrm{d} \text{TR}}{\mathrm{d} q} \tag{5.4}$$

厂商的总收益取决于产品的价格 p 和市场上消费者对其产品的需求量 q,即 $\text{TR}=pq$。在市场均衡价格 p 不变时,厂商的总收益曲线会随着销售量 q 的增加而上升。在图 5.4(b)中,厂商的总收益曲线 TR 是一条由原点出发,呈上升趋势的直线。需要注意的是,厂商的总收益曲线的形状取决于厂商所面临的需求曲线的特征。在不同的市场结构类型中,由于厂商的需求曲线具有不同的特征,厂商的总收益曲线也会呈现不同的形状,这里我们不再赘述。

厂商的平均每单位产品的收益等于产品的价格。完全竞争厂商的需求曲线是基于市场均衡价格的一条水平线,如图 5.4(a)所示。产品销售数量的增加不会引起价格的变化,因而厂商所生产的每一单位产品都是按照市场的均衡价格销售的,即 $\text{AR}=p$。在图 5.4 中,厂商的平均收益曲线就是厂商的需求曲线。

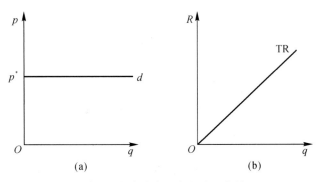

图 5.4 完全竞争厂商的收益曲线

厂商的边际收益表现为总收益曲线上点的切线的斜率。完全竞争市场上厂商的总收益曲线是一条向右上方倾斜的直线,因而在市场均衡价格不变的条件下,厂商的边际收益也是固定不变的。同时,完全竞争厂商的需求曲线是一条水平线,厂商每增加一单位产品的销售所带来的总收入的增量就是产品的价格。因此,在完全竞争市场中,厂商的边际收益等于平均收益,也等于产品的市场价格,即 $\text{MR}=\text{AR}=p$,如图 5.4(a)所示。

2. 完全竞争厂商利润最大化的条件

厂商进行生产的目的是追求利润最大化。那么,厂商实现利润最大化的原则是什么呢?或者说,什么是厂商实现利润最大化的均衡条件?

厂商的利润(π)等于厂商的总收益(TR)减去厂商的总成本(TC)。

$$\pi(q) = \text{TR}(q) - \text{TC}(q) \tag{5.5}$$

满足利润(π)最大化的一阶条件为

$$\frac{\mathrm{d}\pi}{\mathrm{d}q} = TR'(q) - TC'(q) = MR(q) - MC(q) = 0$$

即

$$MR = MC \tag{5.6}$$

由式(5.6)可得,边际收益等于边际成本是厂商实现利润最大化的条件,即厂商增加最后一单位产品的生产所带来的收益等于最后一单位产品生产所耗费的成本。厂商应该根据利润最大化的原则来确定最优的产量。

下面我们以完全竞争市场为例,用总成本曲线和总收益曲线来进一步分析厂商实现利润最大化的均衡条件。

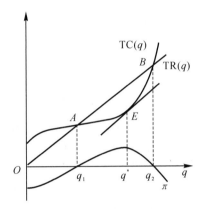

图 5.5　短期厂商利润最大化

完全竞争市场上厂商的边际收益等于市场价格。在市场均衡价格不变的条件下,边际收益也是固定不变的。因而完全竞争市场上厂商的总收益曲线 $TR(q)$ 表现为一条向右上方倾斜的直线,边际收益表现为总收益曲线上点的切线的斜率(见图 5.5)。厂商的短期总成本曲线 $TC(q)$ 则是一条先凹向横轴后凸向横轴的曲线(详见第四章生产成本分析),边际成本是总成本曲线上点的切线的斜率。利润 π 是总收益与总成本的差额。图 5.5 中当产量处于 A 点与 B 点之间,即产量大于 q_1 小于 q_2 时,总收益大于总成本,厂商获得正利润;而当产量小于 q_1 或大于 q_2 时,总成本高于总收益,利润为负。因此,随着产量的增加,利润总体上呈现先上升后下降的趋势,图 5.5 中的 π 曲线呈倒 U 形。在图 5.5 中的 E 点,总收益大于总成本,且差额最大,即产量为 q^* 时,厂商实现利润最大。此时在 E 点,恰好满足 MR=MC,即过 E 点的切线的斜率(边际成本)等于总收益曲线的斜率(边际收益),厂商的最优产量为 q^*。当产量小于 q^*,如产量为 q_1 时,TR=TC,总收益曲线与总成本曲线交于图 5.5 中的 A 点,利润为零。在 A 点,边际收益大于边际成本,即总收益曲线的斜率大于总成本曲线上 A 点的切线的斜率,厂商生产的最后一单位产品所带来的总收益的增加量大于其所耗费的成本,此时继续增加产量会带来利润的提高。反之,当产量大于 q^*,如产量为 q_2 时,厂商的边际收益小于边际成本,MR<MC,此时减少产量会带来利润的提高。

完全竞争厂商依据 MR=MC 这一原则来确定最优产量,实现利润最大化。事实上,从式(5.5)到式(5.6)的推导过程,并不涉及市场结构变量和生产时间变量,就是说,这一原则不仅适用于完全竞争市场,也同样是不完全竞争市场上厂商实现利润最大化的条件;不仅适用于短期,长期也同样适用。

需要说明的是,当厂商满足 MR＝MC 这一条件时,厂商实现了均衡即利润最大化,但这并不意味着厂商一定能获得正的经济利润。实现这一均衡,只能确保厂商处于由既定成本状况和既定收益状况所决定的最好的境况之中。也就是说,如果厂商在均衡实现时,是获得利润的,则厂商所获得的一定是最大的利润;而如果在均衡实现时,厂商是处于亏损的状态,则厂商所遭受的一定是最小的亏损(即最大的负的经济利润)。因而 MR＝MC 也被称为厂商实现利润最大化或亏损最小化的均衡条件。

(三)厂商对市场的反应时间

为了实现利润最大化目标,厂商需要依据市场的需求状况及时地调整生产。厂商对市场反应时间的设定不同,均衡的价格和产量也会有所差异。

20世纪初,发明了供求工具的剑桥大学经济学大师阿尔弗雷德·马歇尔就提出:"需求移动在短期内引起的价格调整要大于在长期内引起的价格调整。"我们分析一下在市场需求大幅度提高,并且厂商对市场的反应时间不同的情况下,市场均衡和厂商均衡的差异状况。当厂商对市场的反应时间非常短暂,即应对市场需求变化的厂商有瞬期的反应时,由于此时厂商难以迅速地改变产量,供给量是固定不变的,因此,市场需求大幅度提高的变化,就会引起价格的较大提高。进而,在较高的市场价格的引导下,厂商会立即着手提高产品的产量。在短期内,虽然厂商很难建造出新的厂房或购进新的设备,但可变生产要素投入的增加以及现有设备的充分利用等也会促进产量的提高,从而较高的需求会带来供给的增加,并带来均衡价格的提高,但是短期的均衡价格会低于瞬期的均衡价格。若厂商对市场的反应时间更长的话,较高的价格就会进一步刺激厂商扩大规模,购进新的机器设备,吸引更多的厂商进入该行业等,并使得厂商、行业的供给能力进一步提高,产量进一步扩大。当所有的经济条件都得到了调整以适应新的需求水平时,就达到了长期供给曲线与需求曲线的相交点所产生的长期均衡,形成新的均衡价格和均衡产量。

因此,通过对厂商对市场的反应时间的区分,我们可以提出相对应的三个不同时期的市场均衡:供给固定不变的瞬期均衡;尽管厂房和设备是固定不变的,但企业能够通过可变生产要素的变化提高产量的短期均衡;所有的要素都是可变的,从而企业能够放弃旧厂房或建造新厂房,新企业也能进入或该行业的长期均衡。下面,我们仅介绍完全竞争厂商的短期均衡和长期均衡。

第二节 完全竞争厂商的短期均衡

一、完全竞争厂商的短期均衡概述

在短期里,厂商的生产规模是既定的。因此,完全竞争厂商的短期均衡考察的是厂商作为价格接受者,在既定的生产规模下,是如何通过调整产量来实现利润最大化的。

假定在产品的价格和要素的价格既定的情况下,厂商要实现短期均衡,要满足利润最大化,就必须要先符合 MR＝MC 这一条件;而且,在完全竞争市场中,厂商作为价格接受者,其平均收益曲线 AR、边际收益曲线 MR 与厂商的需求曲线 d（价格为 p 的水平线）这三条曲线是重合的，即 AR＝MR＝p，因而完全竞争厂商实现短期均衡的条件为：AR＝MR＝p＝SMC。

在图 5.6 中，短期边际成本曲线 SMC 和边际收益曲线 MR 的交点 E 就是均衡点，p^* 是均衡的价格，q^* 是厂商的均衡产量即厂商实现利润最大化时的产量。

我们知道，短期内厂商实现均衡时，有可能获得正的经济利润，有可能获得正的正常利润[①]，也有可能亏损甚至停产，具体依厂商的生产成本而定。依厂商的生产成本，可把完全竞争厂商的短期均衡分成下列五种情况。

1. 短期获得经济利润

厂商的利润（π）等于厂商的总收益（TR）减去厂商的总成本（TC），它们都是厂商产品生产产量的函数，即

$$\pi(q)=\mathrm{TR}(q)-\mathrm{TC}(q) \tag{5.7}$$

在图 5.7 中：

$$\begin{aligned} \mathrm{TR}(q) &= q^* \, p^* \\ \mathrm{TC}(q) &= q^* \, OG \\ \pi &= \mathrm{TR}-\mathrm{TC}>0 \end{aligned} \tag{5.8}$$

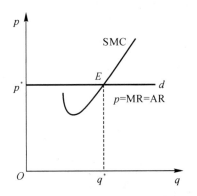 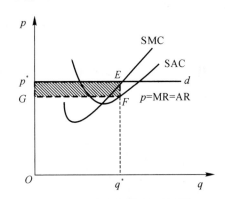

图 5.6　完全竞争市场厂商短期均衡的实现　　图 5.7　厂商短期获得经济利润

依据厂商实现利润最大化的原则，边际收益曲线（MR）与短期边际成本曲线（SMC）的交点 E 就是均衡点，决定的均衡产量为 q^*，均衡价格为 p^*。在产量为 q^* 时，厂商的平均成本 SAC 低于均衡价格 p^*，总收益高于总成本，厂商获得了正的经济利润（也称为"超额利润"），表现为图 5.7 中的阴影部分 $p^* EFG$。

就是说，短期内厂商无法改变生产规模。当均衡实现时，若在均衡产量下，厂商的平均成本小于产品的价格，则此时厂商获得正的经济利润。

2. 短期获得正常利润

短期内，厂商实现利润最大时，在均衡产量下，若厂商的平均成本恰好等于产品的价格，

---

① 为了与传统教材相比较，本教材在此处还是保留了"正常利润"一词。

则最大化的利润为零即经济利润最大为零,但厂商获得正的正常利润。

在图 5.8 中,根据边际收益等于边际成本这一实现利润最大化的原则,边际收益曲线(MR)与短期边际成本曲线(SMC)的交点 E 为均衡点,相应的均衡价格和均衡数量分别为 p^* 和 q^*。与此同时,厂商的短期平均成本曲线 SAC 也与厂商所面临的需求曲线切于 E 点。因而产量为 q^* 时,产品的价格和每单位产品的平均成本相等,即 $p=AC$,经济利润为零。

在图 5.8 中,厂商在均衡时的总收益和总成本分别为

$$TR(q)=q^* p^*$$
$$TC(q)=q^* OG \qquad (5.9)$$
$$\pi=TR-TC=0$$

前面介绍过,厂商实现均衡或实现利润最大时,虽然厂商获得的利润即经济利润为零,但厂商却获得了包括在生产成本之内的正常利润。[①]

3. 短期亏损

短期内,在均衡产量下,若每单位产品的平均成本高于产品的售价,厂商短期内就会出现亏损。

在图 5.9 中,边际收益曲线(MR)与短期边际成本曲线(SMC)的交点 E 是厂商实现利润最大化的均衡点,相应地 p^* 和 q^* 分别为均衡价格和均衡产量。厂商的平均成本曲线(SAC)位于需求曲线的上方。当厂商的产量为 q^* 时,价格低于每单位产品的平均成本,厂商不仅无法获得经济利润(获得的是负的经济利润),就连构成厂商生产成本之一的正常利润也无法实现,出现亏损[②]。

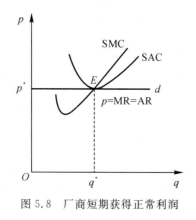

图 5.8 厂商短期获得正常利润

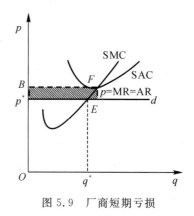

图 5.9 厂商短期亏损

在图 5.9 中,厂商获得最大利润时的总收益和总成本分别为

---

① 按照本教材关于"利润"即经济利润而不区分出正常利润的观点,这句话就可这样表述:"厂商获得的利润即经济利润为零时,厂商仅仅保住了其生产成本。"这样的表述可能不容易使人产生混淆,因为正常利润不是实现均衡即实现利润最大化时的利润。

② 或称作"亏本",即收益保不住生产成本。

$$TR(q) = q^* \, p^*$$
$$TC(q) = q^* \, OG \tag{5.10}$$
$$\pi = TR - TC < 0$$

如前所述,厂商在获得最大利润时,并不一定能够获得正的经济利润[①],短期内也可能会出现亏损。图 5.9 中的阴影部分 $BFEp^*$ 即为厂商的亏损。但是选择在均衡点 E 点生产,厂商则可以实现亏损的最小化[②]。

4. 短期亏损且生产

当短期内出现亏损时,厂商是否会继续生产呢?这里需要对生产和不生产所产生的亏损情况进行比较。

短期内厂商的规模不变,成本也分为固定成本和可变成本,其中总固定成本(TFC)不会随着产量的变化而变化,即便厂商停止生产,产量为零,前期投入的固定成本依然不变。总可变成本(TVC)会随着产量的变化而变化。为了便于与单位产品的价格进行比较,我们更关心平均成本。短期平均成本也可分为短期平均固定成本(SAFC)和短期平均可变成本(SAVC),短期平均固定成本随着产量的增加而减少,短期平均可变成本则会呈现先下降后上升的趋势。

在图 5.10 中,厂商短期均衡实现时,平均成本高于产品的价格,厂商亏损。此时,若厂商继续生产,总收益为价格 p^* 与产量 q^* 的乘积,总成本为平均成本与产量 q^* 的乘积,总收益小于总成本,亏损表现为 Bp^*EF 的面积。若厂商停产,总可变成本为零,固定成本不变,厂商的亏损即前期投入的固定成本,图形中表现为 $BFHG$ 的面积。显然,继续生产比停止生产亏损得要少。继续生产不仅能够收回全部的可变成本,还可以弥补部分固定成本。因而,当产品的价格虽然低于平均成本,但高于平均可变成本时,即 SAC>p>SAVC 时,厂商亏损但是会选择继续生产。

5. 短期亏损且停产

短期内,当产品的价格低于每单位产品的平均成本时,厂商出现亏损,而在亏损出现后,厂商是否会继续生产,则要考察短期的平均可变成本。当平均可变成本低于价格时,厂商会继续生产,而当平均可变成本等于或高于产品的价格时,继续生产已经没有任何意义,甚至会亏得更多。在这种情况下,即 SAC>SAVC≥p,厂商会选择停止生产,如图 5.11 所示。

在图 5.11 中,E 点是边际收益曲线(MR)与短期边际成本曲线(SMC)的交点,是厂商实现利润最大化的均衡点。短期平均成本曲线位于需求曲线的上方,此时产品的价格小于平均成本,厂商亏损,而短期平均可变成本曲线与需求曲线相切于均衡点 E 点,表明 $p=$ SAVC。这时,厂商若继续生产,亏损为 $BFEp^*$ 的面积;若停止生产,可变成本为零,固定成本不变,亏损为前期投入的固定成本,在图形中也表现为 $BFEp^*$ 的面积。可见,当厂商的需求曲线与短期平均可变成本曲线相切时,价格等于最低的平均可变成本,即 $p=$SAVC,

---

[①] 即作为最大利润的经济利润,可能是正的,可能是零,也可能是负的。

[②] 厂商在获得最大利润时的亏损的最小化指的应该是负利润的最大化或负经济利润的最大化,但"亏损的最小化"这一表述更容易理解。

厂商生产和不生产亏得一样多,继续生产已经没有任何意义了。因而图 5.11 中的 E 点,即短期平均可变成本曲线(SAVC)的最低点,也被称为厂商的停止营业点(shut-down point)。

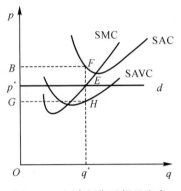

图 5.10　厂商短期亏损且生产

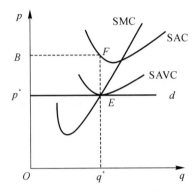

图 5.11　厂商的停止营业点

如图 5.12 所示,当厂商的短期平均可变成本曲线 SAVC 位于需求曲线的上方,产品的价格低于厂商的平均可变成本,即 $p<$SAVC 时,厂商生产会亏损,亏损为图中 $BFEp^*$ 的面积;厂商不生产也会出现亏损,亏损为厂商前期投入的固定成本,即图中 $BFHG$ 的面积。显然,生产比不生产亏得更多。此时,理性的厂商一定会停止生产。

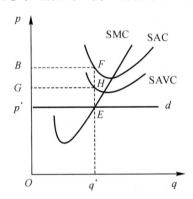

图 5.12　厂商短期亏损而停止生产

二、完全竞争厂商的短期供给曲线

供给曲线表示在每个价格水平下,厂商愿意并且能够提供的产品的数量。在完全竞争市场上,在每一个价格水平下,厂商愿意并且能够提供的产品数量是能够使得厂商实现利润最大化的交易量或产量。对完全竞争厂商来说,需求曲线与边际收益曲线重合,即 $p=$MR,而厂商实现利润最大化的原则是其边际收益等于边际成本,即 MR=MC,因而完全竞争厂商的短期均衡条件也可以写成 $p=$MC。

在图 5.13(a)中,当价格为 p_1 时,厂商所面临的需求曲线 d_1 与短期边际成本曲线 SMC 的交点 E_1 为厂商实现利润最大的均衡点。此时,满足 $p_1=$SMC 的条件,厂商的均衡产量

为 q_1，即当价格为 p_1 时，完全竞争厂商愿意并且能够提供的产量为 q_1。若由于某种原因，产品的价格由 p_1 下降为 p_2，厂商依据利润最大化的原则 $p=MR=SMC$，均衡点为 E_2，均衡数量为 q_2。若产品的价格由于某种原因上升为 p_3，依据利润最大化原则，厂商的均衡产量上升为 q_3，均衡点为 E_3。这意味着，每一个价格水平下，厂商的最优产量和价格都存在着一一对应关系。厂商的短期边际成本曲线恰好表明，产品的价格与厂商的短期供给量之间的对应关系。

厂商的短期边际成本曲线表明的产品的价格与厂商的短期供给量之间的对应关系，似乎可以说明，厂商的短期供给曲线可以用短期边际成本曲线来表示。事实上，并非短期边际成本曲线上所有的点都表示为厂商的短期供给曲线。在图 5.13 中，短期平均可变成本曲线 SAVC 与需求曲线 d_2 相切，即 $p_2=SAVC$，切点 E_2 是平均可变成本曲线的最低点，即为厂商的停止营业点。当价格降为 p_2 时，厂商继续生产已经没有意义了，因而当价格等于或低于最低的平均可变成本时，厂商便不愿意提供产品了，此时的供给数量为零。所以，准确地说，厂商的短期供给曲线 s 应该是短期平均可变成本曲线 SAVC 最低点及其之上的那部分短期边际成本曲线 SMC。如图 5.13(b)所示，当产品的价格低于 E_2 点，厂商的产量为零。

由图 5.13(b)可见，完全竞争市场上厂商的短期供给曲线 s 是向右上方倾斜的，斜率为正值，表示商品的价格和供给量之间存在同方向变动的关系。更重要的是，通过以上分析可以看出，完全竞争厂商的短期供给曲线表示的是，在每一个价格水平下，厂商愿意并且能够提供的数量是该价格水平下厂商的均衡产量，即能够为厂商带来最大利润或最小亏损的最优产量。也就是说，产品供给曲线是厂商利润最大化的产品价格与供给量的组合点的轨迹。

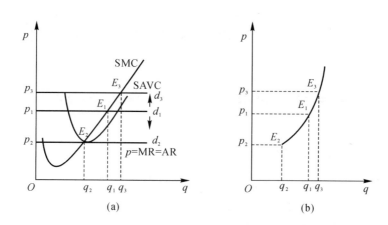

图 5.13　完全竞争厂商的短期供给曲线

三、完全竞争行业（市场）的短期供给曲线

类似于个人需求曲线与市场需求曲线之间的关系，完全竞争行业（市场）的短期供给量表示的是，在每一个价格水平上，整个行业（市场）内所有厂商的供给量的总和。相应地，行业（市场）供给曲线描述的是价格与整个行业（市场）的供给量之间的关系。因此，完全竞争行业（市场）的短期供给量与厂商的短期供给量之间的关系可以用数学函数表示为

$$S(p) = \sum_{i=1}^{n} s_i(p) \tag{5.11}$$

式(5.11)中，$s_i(p)$ 表示的是第 i 个厂商的短期供给函数，$S(p)$ 表示的是行业(市场)的短期供给函数，整个行业(市场)的供给量是在每个价格水平上 n 个厂商供给量的加总。

假设行业(市场)内有3个厂商，则3个厂商的个人供给曲线 s_1、s_2、s_3 与行业(市场)供给曲线 S 的关系如图 5.14 所示。

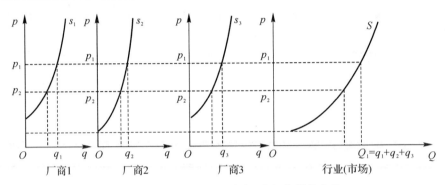

图 5.14　完全竞争行业(市场)的短期供给曲线

一般而言，行业(市场)供给曲线的供给价格弹性要比每家厂商供给曲线的弹性大一些。而且，行业(市场)的短期供给曲线上的每一点，都表示在该价格水平下的供给量能够使所有厂商获得最大利润或最小亏损。总之，完全竞争行业(市场)的短期供给曲线的基本特征，与完全竞争厂商的短期供给曲线类似，也是向右上方倾斜的，表示：随着市场价格的上升，在其他条件不变的情况下，行业(市场)的短期供给量也会增加，产品价格和行业(市场)的短期供给量呈同方向变动趋势。

第三节　完全竞争厂商的长期均衡

一、完全竞争厂商的长期均衡概述

在完全竞争市场上，长期内厂商依然是价格的接受者，接受市场均衡决定的一个价格。长期均衡的实现同样要满足利润最大化这一条件，不过，长期内要使厂商的边际收益等于长期边际成本。与短期相比，长期内所有生产要素都是可变的。面对市场的变化，厂商可以通过全部生产要素的调整，来实现 MR=LMC 这一利润最大化的均衡原则。

1. 长期内完全竞争厂商对最优生产规模的选择

完全竞争厂商的长期规模是可以调整的。在每一个价格水平下，厂商会在长期生产中将生产规模调整至最优，使之满足边际收益等于长期边际成本这一均衡条件。下面，我们用图 5.15 来说明，厂商在长期中对最优生产规模的选择。

假定厂商目前面对的是既定的需求曲线 d 和既定的市场价格 p^*。短期内，厂商要实现利润最大化，必须满足 MR=SMC 这一条件。这里我们用短期平均成本曲线 SAC_1 和短

期边际成本曲线 SMC_1 来表示短期现有规模下厂商的成本状况。根据均衡实现的条件,图 5.15 中的 E_1 点为边际收益曲线和短期边际成本曲线的交点,相对应的产量 q_1 为短期的均衡产量。短期均衡实现时,厂商得到的利润 π_1 在图 5.15 中表现为 Fp^*E_1G 的面积。

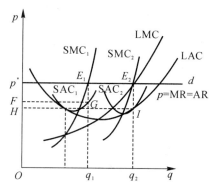

图 5.15　完全竞争厂商对长期最优规模的选择

那么,短期均衡的实现是否意味着长期均衡的实现呢?回答是否定的。显然,图 5.15 中的 E_1 点并非长期的均衡点,此时的短期规模也并非是厂商的长期最优规模。随着生产规模的扩大,厂商的平均成本还在随之下降,厂商的利润也随之提高。因而,在长期中,厂商可以通过规模的调整来实现均衡和更高的利润。在图 5.15 中,厂商的长期均衡点是 E_2 点,E_2 点恰好是厂商的边际收益曲线与长期边际成本曲线的交点,满足 MR＝LMC 这一长期均衡实现的条件。在长期中,厂商的均衡产量是 q_2。在产品价格不变的前提下,厂商长期均衡时获得的利润 π_2 在图 5.15 中表现为 Hp^*E_2I 的面积。厂商的长期利润高于短期利润。

总之,在产品市场价格不变的前提下,长期内厂商可以通过规模的调整,选择实现利润最大化的最优规模,从而获得比在短期时更高的利润,使自己的状况比在短期时有所改善。一般而言,长期内厂商获得的利润(π_2)高于短期内厂商获得的利润(π_1),即 $\pi_2 > \pi_1$。只有当短期的生产规模恰好就是长期的最优规模时,厂商的长期利润才会与其短期利润相同。如在图 5.15 中,用短期平均成本曲线 SAC_2 和短期边际成本曲线 SMC_2 表示的规模,就是厂商的长期最优规模,此时厂商的短期利润等于长期利润。

2. 完全竞争厂商自由进入退出行业

长期内,由于厂商可以将规模调整到最优,一般情况下,其长期利润也会高于短期利润。短期内厂商有可能在均衡时获得超额利润或亏损,那么长期内厂商能够一直获得超额利润或长期处于亏损状态吗?要解决这一问题,必须要考虑到完全竞争市场上厂商进入或退出行业是完全自由的这一特征。

完全竞争市场没有任何的进入或退出壁垒,要素的流动完全自由。此时,若行业内存在超过正常利润之上的超额利润,就会吸引新厂商进入这个行业;若行业内出现亏损,就会有部分厂商退出这个行业。对厂商而言,生产要素在各个行业间的调整,会使得完全竞争厂商长期内不可能获得正的经济利润,也不可能一直处于亏损状态。长期均衡实现时,获得的经济利润为零,即只能保本而获得正常利润。

3. 完全竞争厂商的长期均衡

完全竞争厂商长期均衡的实现，必须要满足 MR＝LMC 这一原则。厂商可以通过规模的调整实现长期利润最大化。同时，厂商在长期生产中可以自由地进入或退出一个行业，使得均衡时完全竞争行业内厂商的经济利润为零。

下面我们用图 5.16 形来分析完全竞争厂商的长期均衡。

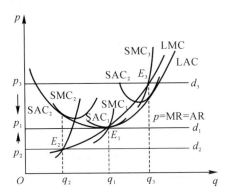

图 5.16 完全竞争厂商长期均衡的实现

在图 5.16 中，厂商长期均衡点为 E_1 点，E_1 点是边际收益曲线与长期边际成本曲线的交点，满足 MR＝LMC 这一实现均衡的条件。同时，E_1 点还是长期平均成本曲线 LAC 的最低点，是长期平均成本曲线 LAC 和长期边际成本曲线 LMC 的交点，也是在此规模上的短期平均成本曲线 SAC_1 的最低点，以及短期平均成本曲线 SAC_1 和短期边际成本曲线 SMC_1 的交点。因而，完全竞争市场上，厂商长期均衡时，满足边际收益等于长期边际成本等于长期平均成本的条件，同时也与在最优规模上的短期边际成本和短期平均成本相等，即

$$MR=LMC=LAC=SAC=SMC=AR=p$$

此时，厂商只能获得保本的正常利润。

如果市场上消费者对产品的需求减少，在其他条件不变的前提下，整个行业的市场需求曲线就会左移，市场均衡价格下降，即厂商所面临的需求曲线由 d_1 下降为 d_2。依据实现利润最大化的原则 MR＝LMC，厂商的均衡点为 E_2 点，此时均衡价格为 p_2，均衡产量为 q_2。显然，价格低于平均成本，厂商处于亏损状态。由于完全竞争行业中厂商进退自由，因而如果长期行业内产生亏损，部分厂商就会选择退出该行业，继而整个行业的供给减少，行业供给曲线左移，价格上升。随着产品价格的上涨，厂商的亏损就会逐渐消失，直至价格上升为 p_1，厂商获得保本的正常利润。

当然，如果价格继续上升，如上升为图 5.16 中的 p_3，厂商所面临的需求曲线就会向上平移至 d_3。依据均衡实现的原则 MR＝LMC，厂商的均衡点为 E_3 点，均衡价格为 p_3，均衡产量为 q_3，价格高于平均成本，厂商能够获得超额利润。生产要素总会流向利润高的行业，因而超额利润会吸引新厂商进入，从而带来整个行业供给量的增加，行业供给曲线向右下移动。在其他条件不变的前提下，价格下降，超额利润逐渐消失，直至价格下降为 p_1，厂商获得正常利润。

总之，完全竞争市场厂商的长期均衡点就是长期平均成本曲线（LAC 曲线）的最低点。

由于在长期厂商可以自由进入或退出一个行业,生产要素总是会流向利润高的行业,在出现亏损或存在超额利润的时候,就会有厂商退出行业或新厂商进入行业。正是这种资源的自由流动,使得完全竞争市场中,厂商长期均衡时获得的经济利润为零,即仅能获得保本的正常利润。

二、完全竞争厂商的长期供给曲线

完全竞争厂商的长期供给曲线表示在每个价格水平下,长期内厂商愿意并且能够提供的产品的数量。完全竞争市场上,短期内厂商的供给曲线可以用短期边际成本曲线来表示。类似地,LMC 曲线即长期边际成本曲线就是完全竞争厂商的长期供给曲线。

在长期内,完全竞争厂商实现利润最大化均衡的条件是边际收益等于长期边际成本,同时也等于长期平均成本和产品的价格,即 $MR = LMC = LAC = p$。并且,在长期均衡实现时,厂商只能获得正常利润。

在图 5.17 中,当价格为 p_1 时,根据实现利润最大化的条件,厂商的均衡产量为满足价格等于长期边际成本即 $p_1 = LMC$ 这一条件的 q_1。若此时由于市场上需求的增加导致产品的价格由 p_1 上升为 p_2,完全竞争厂商愿意并且能够提供的产量也增至 q_2。可见,在一定的价格水平下,长期内厂商愿意生产的数量都落在 LMC 曲线上。但是,长期内完全竞争市场上厂商的进入和退出是完全自由的。当厂商获得超额利润时(如图 5.17 中价格为 p_2 时),就会有厂商进入市场。在需求不变的条件下,供给增加引起供给曲线的右移。随之,产品的价格下降,直至超额利润消失。而当产品的价格低于 p_1 即图 5.17 中长期平均成本曲线的最低点对应的价格时,厂商由于无法获得正常利润,就会选择退出或不进入市场,此时,厂商的供给量为零。因而,准确地说,完全竞争厂商的长期供给曲线是厂商的长期边际成本曲线(LMC 曲线)位于长期平均成本曲线(LAC 曲线)之上的那一部分。

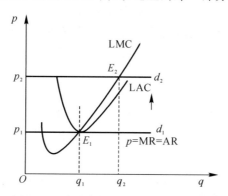

图 5.17 完全竞争厂商的长期供给曲线

在完全竞争市场上,厂商的长期供给曲线是向右上方倾斜的,斜率为正值,表示产品的价格和供给量之间存在同方向变动的关系。同样地,完全竞争厂商的长期供给曲线表示的是在每一个价格水平下,厂商实现最大利润或最小亏损的均衡产量。

值得注意的是,下面我们将要看到,完全竞争行业的类型不同,完全竞争厂商面临的长期平均成本曲线 LAC 就不同,完全竞争厂商的长期供给曲线 LMC 就会随之发生变化。但是,在完全竞争行业里,厂商数目相对固定的时期内,因为完全竞争厂商的 LAC 相对固定,因而完全竞争厂商就有相对固定的长期供给曲线 LMC。

完全竞争市场的均衡状态表明,社会的经济资源得到了最有效率的配置。完全竞争厂商的长期均衡实现时,产品的价格等于厂商的长期边际成本,即 $p=\text{LMC}$,表明消费者对最后一单位产品的价值判断等于厂商生产最后一单位产品所耗费的成本。同时,完全竞争市场上,厂商的长期均衡点位于 LAC 曲线的最低点。这不仅意味着长期内厂商仅能获得正常利润,还表明完全竞争厂商在长期生产中所选择的生产规模是在当时技术水平下的最优规模,该规模下每单位产品的生产成本降到了最低。在完全竞争市场,均衡价格是由市场供给和市场需求共同决定的:一方面,均衡价格使得市场供给量恰好等于市场需求量,从福利的角度来看,这意味着厂商从产品的销售中实现了全部的生产者剩余,而消费者则从产品的购买中实现了全部的消费者剩余;另一方面,对厂商来说,每单位产品都是以最低的成本生产的,生产要素得到了最有效的利用,而对消费者而言,每单位产品都是以最低的价格购买的,经济中的全体消费者都获得了最大的效用。因而,完全竞争厂商长期均衡状态的形成及其特征表明,完全竞争的市场机制能够以最有效率的方式配置经济资源。

然而,完全竞争市场是一种理想的市场结构,它与现实中的市场有着较大的差异。而且,完全竞争市场具有高效率配置资源作用的结论,也依赖于厂商进入、退出市场完全自由、信息是充分、对称的等严格的假设前提。这在一定程度上影响了该理论的适用范围。尽管如此,完全竞争市场仍然是研究其他市场结构的基础,同时其强调的竞争更是得到了广泛的认同。因此,一直以来,完全竞争市场都被作为衡量市场绩效的标准和政府制定管制政策的理论基础。

三、完全竞争行业(市场)的长期供给曲线

完全竞争行业(市场)的短期供给曲线是对行业中所有厂商的短期供给曲线的水平加总。但是,在长期中,行业内厂商的数目不定,随着市场供求的变化,不断地会有厂商进入或退出该行业,因而,完全竞争行业(市场)的长期供给曲线无法通过对行业内所有完全竞争厂商的长期供给曲线加总获得。

同时,在前面的介绍中,我们隐含着一个假定,即假定生产要素的价格是不变的。但是实际上,随着完全竞争厂商的退出或新厂商的进入,行业的供给会随之减少或增加,从而影响要素市场上对要素的需求减少或增加,这便会影响生产要素的价格。短期来看或对每家厂商而言,这一假定的影响不大,但在考察完全竞争行业(市场)的长期供给曲线时,这一假定就不合理了。基于上述原因,我们需要从另外的角度,根据行业产量的变化对生产要素价格产生的影响不同,来分别考察成本不变行业、成本递增行业和成本递减行业这三类完全竞争行业的长期供给曲线。

此外,我们假定生产技术是既定的,整个行业产量的增加是由投入的增加而不是生产技术的进步所带来的。同时,我们也假定伴随着行业的扩张或收缩,要素市场的条件不发生变化,如劳动力需求的增加不会增加工会为要求提高工资而进行谈判的能力。

1. 成本不变行业(市场)的长期供给曲线

成本不变行业(constant cost industry)是指,随着行业的收缩或扩张,整个行业产量的

增加或减少引起的生产要素需求的相应变化,并未对生产要素的价格产生影响的行业。厂商的成本也并未因此而增加或减少,产品的价格不变。在这种情况下,成本不变行业的长期供给曲线(LS 曲线)为一条水平线。

下面我们用图 5.18 来推导完全竞争市场上成本不变行业(市场)的长期供给曲线。

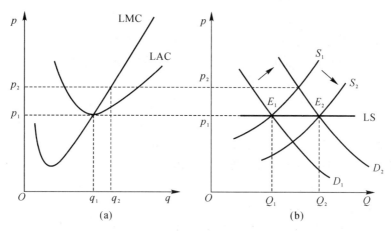

图 5.18 成本不变行业的长期供给曲线

假定最初完全竞争行业处于供求相等的均衡状态。此时,与市场供给曲线 S_1 和市场需求曲线 D_1 的交点 E_1 相应的 p_1 和 Q_1 分别为行业的均衡价格和均衡产量,见图 5.18(b)。完全竞争厂商也处于长期均衡的状态,$p_1=MR=LMC=LAC$ 保证了厂商在产量为 q_1 时,能够实现利润最大化的均衡,厂商获得正常利润,见图 5.18(a)。假如由于某种原因,如消费者收入的提高使得需求增加,行业(市场)需求曲线右移,如图 5.18(b)所示,由 D_1 右移至 D_2。市场供给曲线 S_1 不变,价格上升,即由原来的 p_1 上升为 p_2。对完全竞争厂商而言,当价格为 p_2 时,厂商依据 $p_2=MR=LMC$ 的原则,将产量由 q_1 调整为 q_2,实现新的均衡。此时,$p_2>LAC$,厂商获得超额利润。

完全竞争市场上厂商进入退出是自由的。当行业内存在超额利润时,就会吸引新厂商进入该行业,于是行业供给增加,市场供给曲线 S_1 右移至 S_2,价格下降,行业内厂商的超额利润逐渐减少。这一过程会一直持续到超额利润消失为止。在成本不变行业中,由于某种原因,如该行业对生产要素的需求量只占整个生产要素市场的较小的比重等,行业内产量增加以及随之对生产要素需求的增加,并未影响到生产要素的价格,厂商的生产成本并未发生变化,LAC 曲线和 LMC 曲线的位置不变。因而,只有当市场供给曲线右移至 S_2,价格为 p_1,产量为 Q_2 时,行业新的均衡才能形成,均衡点为 E_2,超额利润为零,厂商获得正常利润。连接 E_1 点和 E_2 点形成的 LS 曲线,就是成本不变行业的长期供给曲线。

LS 曲线满足:

$$p=LAC=LMC$$

成本不变行业的长期供给曲线是一条水平线,均衡价格等于每家厂商不变的长期平均成本曲线的最低点对应的价格。对成本不变行业来说,只要厂商的成本不变,均衡价格也不会发生变化。市场需求的变化,只能引起行业总产量的同向变动。该行业长期内会在不变的均衡价格下提供任何产量。

由于行业的成本不变,因此,完全竞争厂商的长期平均成本 LAC 不变,完全竞争厂商保持了不变的长期供给曲线即 LMC 曲线。

2. 成本递增行业(市场)的长期供给曲线

成本递增行业(increasing cost industry)是指,随着产业的扩张,整个行业产量的增加引起生产要素需求的增加,导致部分或全部生产要素的价格上升的行业。生产要素价格的上升使得厂商的成本增加,产品的价格上升。现实社会中,成本递增行业较为普遍。这类行业的长期供给曲线是一条向右上方倾斜的曲线。

下面我们用图 5.19 来推导完全竞争市场上成本递增行业(市场)的长期供给曲线。

假定最初行业处于均衡状态,市场供给曲线 S_1 和市场需求曲线 D_1 的交点 E_1 为均衡点,均衡价格为 p_1,均衡产量为 Q_1,如图 5.19(b)所示。同时,该行业内的厂商也处于长期均衡状态,满足厂商长期均衡的条件,即 $p_1 = MR = AR = LMC_1 = LAC_1$,厂商获得正常利润,如图 5.19(a)所示。假如由于消费者收入增加等原因引起市场上需求增加,行业(市场)需求曲线右移,即由 D_1 右移至 D_2,如图 5.19(b)所示,市场供给曲线 S_1 不变,价格上升为 p'_2。依据 $p'_2 = MR = LMC_1$,厂商为实现利润最大会将产量从 q_1 提高到 q_2,此时 $p'_2 > LAC_1$,厂商获得超额利润。

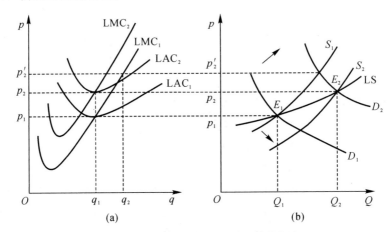

图 5.19 成本递增行业的长期供给曲线

超额利润的存在会吸引新厂商的加入。伴随着新厂商的加入和产量的提高,行业的供给量增加,市场供给曲线右移至 S_2,产品的价格下降,厂商的超额利润逐渐减少,直至为零,行业形成新的均衡。在成本递增行业中,行业总产量的增加会引起生产要素需求量的增加,从而导致生产要素价格的上升和行业内厂商的成本上升,成本曲线由 LAC_1 和 LMC_1 上移至 LAC_2 和 LMC_2。因而,当市场供给曲线右移至 S_2 时,价格为 p_2。此时,价格恰好等于长期平均成本曲线 LAC_2 的最低点对应的价格,厂商获得正常利润,超额利润为零,行业新的均衡点 E_2 形成,行业均衡价格和均衡产量分别为 p_2 和 Q_2。连接 E_1 点和 E_2 点形成的 LS 曲线,就是成本递增行业的长期供给曲线。对于行业内的每家厂商而言,新的均衡实现后,厂商有可能维持原产量,行业内供给量的增加主要是由厂商数目的增加带来的,如图 5.19

所示。当然每家厂商的均衡产量也有可能增加或减少。

成本递增行业的长期供给曲线是一条向右上方倾斜的曲线。这就意味着,在长期内,伴随着市场需求的变动,行业内长期均衡价格和均衡产量会呈同向变动的趋势。

现实经济生活中,成本递增行业和成本不变行业较为常见。若整个行业所消耗的资源占资源需求总量的比重较大,那么行业的扩张会带来资源价格的上涨,行业的供给曲线是向右上方倾斜的。然而,若行业消耗的资源占资源需求总量的比重非常微小,则行业的扩张不会引起资源价格的变动,此时行业属于成本不变行业,其长期供给曲线为一条平行线。

由于行业的成本递增,因此,完全竞争厂商的长期平均成本由 LAC_1 提高到 LAC_2,完全竞争厂商的长期供给曲线也由 LMC_1 变为 LMC_2。

3. 成本递减行业(市场)的长期供给曲线

成本递减行业(decreasing cost industry)是指,随着产业的扩张,整个行业产量的增加引起生产要素需求的增加,反而使得生产要素的价格下降的行业。生产要素价格的下降使得厂商单位产品的成本减少,产品的价格下降。随着产量的提高和生产要素需求的增加,生产要素的价格不升反降,这类行业在现实社会中较为少见。成本递减行业的存在主要应归因于行业生产效率的提高,效率的提高降低了行业内厂商的生产成本。这类行业的长期供给曲线是一条向右下方倾斜的曲线。

下面我们用图 5.20 来推导完全竞争市场上成本递减行业(市场)的长期供给曲线。

假定最初行业处于均衡状态,市场供给曲线 S_1 和市场需求曲线 D_1 的交点 E_1 为均衡点,均衡价格为 p_1,均衡产量为 Q_1,如图 5.20(b)所示。同时,该行业内的厂商也处于长期均衡状态,满足厂商长期均衡的条件,即 $p_1=MR=AR=LMC_1=LAC_1$,厂商获得正常利润,如图 5.20(a)所示。假如由于消费者收入增加等原因引起市场上需求增加,行业(市场)需求曲线右移,即由 D_1 右移至 D_2,市场供给曲线 S_1 不变,价格上升为 p'_2。依据利润最大化实现的条件 $p'_2=MR=LMC_1$,厂商会将产量从 q_1 提高到 q_2,实现利润最大。此时,$p'_2>LAC_1$,厂商获得超额利润。

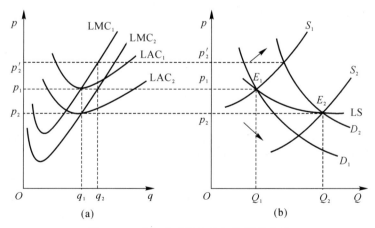

图 5.20 成本递减行业的长期供给曲线

超额利润的存在会吸引新厂商的加入。伴随着新厂商的加入和产量的提高,行业的供给量增加,市场供给曲线右移至 S_2,价格下降,厂商的超额利润逐渐减少,直至为零,行业形成新的均衡。在成本递减行业中,行业总产量的增加会引起生产要素需求量的增加,反而导致生产要素价格的下降和行业内每家厂商成本的下降,成本曲线由 LAC_1 和 LMC_1 下移至 LAC_2 和 LMC_2。因而,当市场供给曲线右移至 S_2 时,行业均衡价格和均衡产量分别为 p_2 和 Q_2,价格 p_2 恰好等于长期平均成本曲线 LAC_2 的最低点对应的价格,厂商实现长期均衡并获得正常利润,整个行业新的均衡点 E_2 形成。连接 E_1 点和 E_2 点形成的 LS 曲线就是成本递减行业的长期供给曲线。对于行业内的每家厂商而言,新的均衡实现后,厂商有可能维持原产量,行业内供给量的增加主要是由厂商数目的增加带来的,如图 5.20 所示。当然,厂商也有可能调整产量,即增加甚至是减少均衡产量。

成本递减行业的长期供给曲线是一条向右下方倾斜的曲线。这就意味着,在长期内,行业内产品的价格与供给量呈反向变动。伴随着市场需求的变动,行业内长期均衡产量会呈同向变动的趋势,而均衡价格则会呈反向变动的趋势。

现实中成本递减行业较为少见。行业的扩张反而引起成本的下降,主要是由外部经济带来的。我们把由整个行业扩大而带来的厂商成本曲线的整体下移称作外部经济。随着行业的扩张,外部经济使得厂商可以利用行业规模的扩大降低投入的价格,提高生产的效率。比如,行业的扩大使得采用更先进的配送系统成为可能,降低了厂商的生产成本,使得行业的供给曲线向右下方倾斜。

由于行业的成本递减,因此,完全竞争厂商的长期平均成本由 LAC_1 下降到 LAC_2,完全竞争厂商的长期供给曲线也由 LMC_1 变为 LMC_2。

四、完全竞争市场的交易实现

如图 5.14 和图 5.18 至图 5.20 所示,在完全竞争市场(行业)中,每一个价格水平上,都存在与之一一对应的供给量,分别形成短期或长期的市场供给曲线。

到此时我们才完成了对产品市场上决定均衡价格即公平价格的供求原理中的供给曲线与需求曲线的介绍,即本章开头描述的由消费者个人的产品需求曲线加总构成的市场的产品需求曲线,以及由图 5.14 和图 5.18 至图 5.20 描述的由每家厂商的产品供给曲线加总或推出的市场(行业)的产品供给曲线。这也才符合亚当·斯密倡导的经济学个人主义基础,也才符合作为经济学基本假设的个体理性基础。

厂商的供给曲线和市场的供给曲线是在分析厂商是否能够实现利润最大化或者亏损最小化的基础上形成的。这个事实本身也说明:如果开头就以市场的供给曲线与需求曲线决定均衡价格,依次决定厂商的需求曲线、厂商的供给曲线乃至行业即市场的供给曲线,则不仅不知市场供给曲线来源何处而且出现了循环推理的矛盾,更严重的是,这样也不符合亚当·斯密倡导的经济学个人主义基础,不符合作为经济学基本假设的个体理性基础。

以个人需求曲线与个人供给曲线为基础形成的市场需求曲线与市场供给曲线一起确定产品市场交易实现时,供求双方互惠互利的市场价格 p^* 的具体位置与具体的交易量及其变化规律,将有力地指导各个厂商与其消费者未来交易的个别产品的市场价格(公平价格)与交易量。

值得注意的是,理性的厂商是利润最大化或亏损最小化的追求者。因此,只有完全竞争市场的均衡价格低于或至少等于某厂商的停止营业点,该厂商才可成为此产品市场均衡价格的接受者。厂商是实现利润最大化还是亏损最小化,是实现保本的正常利润还是实现经济利润,则取决于厂商的生产成本与市场均衡价格 p^* 的相对位置。因此,降低生产成本是厂商追求利润最大化的永恒的主题。

厂商的需求曲线 d 与厂商的供给曲线 s,一起构成厂商及其消费者构成的单个产品市场上的需求与供给。短期内供求均衡时,即由厂商面对的归属于自己的消费者的需求曲线 d 与厂商自己的供给曲线 s 交叉,就能确定该厂商与其消费者达成交易的市场价格(完全竞争市场上厂商是市场价格 p^* 的接受者)和交易量。厂商的生产(上一章的内容)、服务所面向的是消费者个人,因为消费者个人通过购买与厂商达成交易的产品而实现其效用、幸福最大化;厂商自己,则通过消费者个人的购买获得销售收入,并因此实现利润最大化或亏损最小化。总之,个人产品需求曲线是消费者个人幸福、效用最大化的产品价格与需求量组合点的轨迹,个人产品供给曲线是厂商利润最大化的产品价格与供给量组合点的轨迹,交易实现时,即产品市场的供给与需求均衡时,就同时实现了消费者个人幸福、效用的最大化以及生产者个人利润的最大化。

思 考 题

一、名词解释

完全竞争市场　总收益　平均收益　边际收益　停止营业点　成本不变行业　成本递增行业　成本递减行业

二、简答题

1. 完全竞争市场有哪些特点?
2. 为什么完全竞争厂商的需求曲线、平均收益曲线和边际收益曲线是重叠的?
3. 为什么一个亏损的厂商短期内会选择继续生产而不是停产关闭呢?
4. 为什么长期均衡实现时,完全竞争市场上所有厂商的经济利润为零?
5. 某完全竞争行业中,每个厂商的经济利润都为零,若价格下降,没有厂商可以生存,你同意这种说法吗?并加以解释。
6. 假设印刷行业是竞争的,而且,开始时处于长期均衡状态。
(1)画出描述该行业中一个典型企业的图形。
(2)高技术印刷公司发明了大幅度减少印刷成本的新工艺,当高技术印刷公司的专利阻止其他企业使用该新工艺时,高技术印刷公司的利润和短期中图书的价格会发生什么变动?
(3)长期中,当专利到期而其他企业自由使用这种技术时会发生什么变动?
7. 成本不变行业、成本递增行业、成本递减行业的长期价格是如何决定的?

三、计算题

1. 鲍勃经营的剪草坪中心是追求利润最大化的竞争性企业。他每剪一块草坪27美元。

他每天的总成本是 280 美元,其中 30 美元是固定成本。他一天剪 10 块草坪。你对鲍勃的短期停止营业决策和长期退出决策有什么看法?

2. 完全竞争市场中某厂商的成本函数为 $C(q)=q^3-6q^2+30q+40$,产品价格为 66 元。

(1) 求利润最大化时的产量及利润总额;

(2) 由于竞争,市场供求发生变化,由此决定新的价格为 30 元,在新价格下,厂商是否发生亏损? 如果会,最小亏损额为多少?

(3) 该厂商在什么情况下会退出该行业(停止生产)?

3. 假定某完全竞争的行业有 500 家完全相同的厂商,每个厂商的短期成本函数为 $C(q)=0.5q_2+q+10$,求:

(1) 市场供给函数;

(2) 假定市场需求函数为 $Q=4\,000-400p$,求均衡价格。

4. 在短期完全竞争市场上,市场供给函数为 $Q=1\,800p-60\,000$,市场需求函数为 $Q=100\,000-200p$,求:

(1) 短期均衡价格;

(2) 每家厂商的需求函数;

5. 假设某完全竞争市场中有大量的厂商,每家厂商的长期总成本函数都相同,都为 $LTC(q)=q^3-12q^2+40q$,求:

(1) 该市场达到长期均衡的价格和每家厂商的产量;

(2) 如果市场需求函数为 $Q=2\,000-100p$,市场交易量是多少? 市场中容纳了多少家企业?

6. 假定在完全竞争行业中有许多相同的厂商,厂商的 LAC 曲线的最低点上产量为 500 单位,长期平均成本为 6 元;当厂商产量为 550 单位时,各厂商此时的短期平均成本 SAC 为 7 元;已知市场需求函数与市场供给函数分别是:$Q=80\,000-5\,000p$,$Q=35\,000+2\,500p$,求:

(1) 市场均衡价格,并判断该行业是处在长期均衡还是仅处在短期均衡? 为什么?

(2) 在长期均衡时,该行业有多少厂商?

7. 假定某完全竞争厂商使用劳动和资本从事生产。在短期内,劳动的数量可变,资本的数量不变。厂商根据资本和劳动估计出的成本曲线为 $LTC(q)=\dfrac{2}{3}q^3-16q^2+180q$,$STC(q)=2q^3-24q^2+120q+400$,求:

(1) 厂商的长期最低价格是多少?

(2) 如果要素价格不变,在短期内,厂商将继续经营的最低产品价格是多少?

(3) 如果产品价格为 120 元,那么在短期内厂商将生产多少产品?

8. 在一个完全竞争的成本不变行业中每家厂商的长期成本函数为 $LTC(q)=q^3-40q^2+1\,400q$,该市场的需求函数为 $Q=13\,000-5p$,求:

(1) 每家厂商长期均衡时的产量和产品的价格;

(2) 该行业实现长期均衡时的厂商数量;

(3) 每家厂商的长期供给函数;

(4) 该行业的长期供给函数。

扩展阅读

强化反垄断、深入推进公平竞争政策实施，是完善社会主义市场经济体制的内在要求。要从构建新发展格局、推动高质量发展、促进共同富裕的战略高度出发，促进形成公平竞争的市场环境，为各类市场主体特别是中小企业创造广阔的发展空间，更好保护消费者权益。

——在中央全面深化改革委员会第二十一次会议上的讲话（2021年8月30日）

要健全产权保护制度，深入推进实施公平竞争政策，全面落实公平竞争审查制度，消除各种市场壁垒，使各类资本机会平等、公平进入、有序竞争。

——在中共中央政治局第三十八次集体学习时的讲话（2022年4月29日）

第六章　完全垄断市场

与完全竞争市场不同,完全垄断市场是只有一个卖者或买者的市场。完全竞争市场上的厂商无市场控制力,甚至无市场影响力,是价格接受者。而在完全垄断市场上,厂商就是整个行业,处于绝对控制地位,是价格的制定者。完全竞争与完全垄断作为两个抽象、极端的市场结构类型,对分析厂商行为和经济运行效率有着重要的参照作用。

垄断分为买方垄断和卖方垄断。为了简化问题,经济学通常只分析在垄断市场上一方为价格制定者,另一方为价格接受者。本章仅就产品市场上厂商的垄断展开分析,主要介绍完全垄断厂商、完全垄断厂商的均衡、垄断与福利等内容。

第一节　完全垄断厂商

一、完全垄断市场特点

1. 垄断

垄断(monopoly)也称完全垄断,是指没有相近替代品的产品的唯一卖者。"只此一家,别无分店。"垄断市场上,厂商就是整个行业,无竞争对手,具有完全的市场控制力,厂商是产品的价格制定者(price maker)。完全垄断市场的基本特点是:第一,市场上只有一个厂商提供某种产品;第二,该厂商提供的产品没有相近的替代品;第三,其他厂商无法进入该行业。

基于以上三个特点,基本可以排除完全垄断市场的竞争因素。垄断厂商控制整个行业的产品生产和市场销售。当市场上仅有一个厂商时,该厂商一般不可能将产品的价格视为一个既定不变的常数。相反,垄断厂商会意识到自己对市场价格的影响力,从而选择该产品的合适的产量和相应的价格,以实现利润最大化。因此,垄断厂商往往被称为价格的制定者。

然而,垄断厂商不可能随心所欲地制定价格和产量。在给定的价格下,它只能销售市场所需求的商品数量;而在给定的产量下,它也只能选择消费者所能接受的价格。因此,垄断厂商的生产和价格决策不会像想象中的那样为所欲为,而必然要受到市场需求状况等因素的制约。

于2008年8月1日施行,2022年6月修订的《中华人民共和国反垄断法》第三条规定的垄断行为包括:①经营者达成垄断协议;②经营者滥用市场支配地位;③具有或者可能具有排除、限制竞争效果的经营者集中。

2. 垄断的成因

通过对完全竞争市场的分析得知,市场竞争的前提条件之一就是资源的自由流动,厂商可以自由进出一个行业。垄断厂商之所以能在市场上保持其唯一卖者的地位,是因为其他厂商不能进入这一市场与其展开竞争。因此,总体上讲,垄断存在的基本原因是进入障碍(壁垒)。具体来讲,垄断形成的原因主要有以下几点:

(1)资源垄断。理论上讲,如果一个厂商能够控制生产某种产品的全部资源的供给,形成对该生产资源的独占,自然就可以排除其他厂商进入该行业提供产品的可能性。历史上,经典的例子是美国铝业公司。它之所以在18世纪末至19世纪40年代成为美国铝锭的唯一供给者,是因为它完全控制了生产铝的原材料——铝矾土。现代社会,由于科技的发展,完全控制生产某种产品的所有原材料已成为不大可能的事情。比较接近的例子是以经典广告"钻石恒久远,一颗永留传"而闻名于世的1888年成立的南非DeBeers联合矿业公司。它控制着全世界未切割钻石的80%左右,由此控制世界钻石市场达一个世纪之久。

(2)专利和版权。专利和版权在法律层面上赋予垄断者权利是有益的。通过奖励发明者可以激励创新。换句话说,由于有机会获得专利或版权,发明者会更有动力花时间和精力及投资去发明新东西或冒险尝试新想法。为了鼓励发明创造,推动科技进步与创新,世界各国都制定了保护时效长短不同的专利保护制度。一个厂商如果拥有某种产品或者该产品的生产技术的专利权,就能够依照《中华人民共和国专利法》《中华人民共和国版权法》阻止其他厂商进入该市场提供该产品,成为垄断者。专利所导致的垄断是有限的,因为,专利的界定往往不十分清晰,垄断者真正彻底、有效地保护专利是要付出巨大成本的,这就为其他企业的仿制留下了空间。当专利期满后,我们通常会看到一个垄断的产业向竞争市场转变。当然,专利保护期限的长短在不同的经济学家看来是一个规范分析的问题。

(3)特许权。出于经营秩序等方面的需要,政府通过颁发执照的方式赋予某厂商对某种产品的特别经营许可。比如邮政、烟草、食盐、广播电视等,一旦被赋予特许经营权,这些行业就会具有经营的垄断性质。作为条件,这些行业(厂商)必须接受政府在其产量、产品定价等方面的管理与控制。当然,哪些行业需要特别经营许可是一个有争议的问题。

(4)自然垄断。有些行业或产品的生产具有长久的规模报酬递增性,随着生产规模的扩大,产品成本会不断降低,以至于由一个厂商来供应整个市场的产品需求的成本要比由几个厂商向市场提供产品低得多,从而该厂商能够排除其他厂商的存在,形成独家垄断。这种垄断被称为"自然垄断"。现实经济生活中的电信,水、电、煤气供应等公用事业就属于自然垄断行业。

(5)企业的联合与合并。理论上说,在由几家厂商瓜分市场的情况下,为了避免相互之间鱼死网破似的竞争,厂商之间通过公开的合作或暗中的串谋会达成某些协议或联盟,如企业间的收购与合并,控制市场上产品的生产经营,威胁或阻止潜在的市场进入者进入等,就可以形成垄断局面。不过,在现实经济生活中,由于大多数国家都制定有反垄断的相关法律,通过联合与合并控制市场的状况在一国范围内比较难出现,因此,此种垄断现象主要表现为国际垄断同盟,如石油输出国组织欧佩克(OPEC)等。

依照《中华人民共和国反垄断法》,经过五个多月的依法审查,中华人民共和国商务部于

2009年3月18日发布公告,明确表示禁止美国可口可乐公司并购中国的汇源果汁公司。这也是我国实施《反垄断法》以来,第一起被禁止的并购案。商务部反垄断局的解释是:如果收购完成,可口可乐公司可能利用其在碳酸饮料市场的支配地位,其搭售、捆绑销售果汁饮料,或者利用其他方式挤压国内中小型果汁企业的生存空间,对市场的控制力将明显增强,并将明显增加潜在竞争者进入果汁市场的难度,导致消费者被迫接受更高价格、更少种类的产品,进而损害饮料消费者的合法权益。商务部同时解释,此次禁止收购案与民族品牌问题、中国的外资政策无关。

二、完全垄断厂商的需求曲线和收益曲线

1. 垄断厂商的需求曲线

在完全竞争市场上,厂商依照市场决定的价格生产并销售自己能够提供的任意数量的产品,所以厂商面临的是一条水平的需求曲线。在垄断市场上,一个厂商就是整个行业。因此,垄断市场上的交易量 Q 也即厂商的供给量,可用 q 来表示;整个垄断市场的需求曲线 D 就是厂商的需求曲线,可用 d 来表示,是一条向右下方倾斜的曲线。这意味着垄断厂商作为产品价格的制定者,可以少提供产品保持高价格,也可以降低价格增加销售量。垄断厂商的销售量与市场价格呈负相关关系。

2. 垄断厂商的收益曲线

厂商面临的市场需求曲线直接影响着厂商的收益。垄断厂商向右下方倾斜的需求曲线决定了它的总收益、平均收益、边际收益,如图6.1所示。

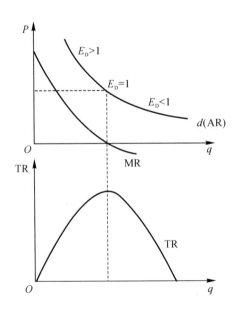

图 6.1 垄断厂商的收益曲线

(1)在垄断市场上,厂商的总收益与其他市场上的厂商一样,TR=pq,只要 MR>0,TR

就会上升，MR＝0，TR 最大化。

(2) 在任何市场上，厂商的平均收益 $AR = \dfrac{TR}{q} = p$，即平均收益曲线就是需求曲线。

完全竞争市场上，厂商的平均收益曲线就是价格水平线，即与其需求曲线重合，厂商的平均收益等于既定不变的市场价格。垄断厂商的平均收益曲线也与其需求曲线重合，但却是向右下方倾斜的。尽管垄断厂商的平均收益依然等于价格，但这一价格不是固定不变的，而是随着销售量的增加而不断下降。

(3) 完全竞争市场上厂商的边际收益等于平均收益且等于价格，$MR = AR = p$。垄断市场厂商则不然，由于平均收益曲线是向右下方倾斜的，即增加销售一单位商品导致厂商收益的增加量（MR）总是小于平均收益（AR），因此，表现为图 6.1 中 MR 曲线位于 AR 曲线的左下方。MR 曲线也向右下方倾斜，并且 MR 曲线更陡，即垄断厂商的边际收益 $MR < p$，如表 6.1 所示。

表 6.1 垄断厂商的平均收益与边际收益的关系

产品数量 q	价格 p	总收益 TR	平均收益 AR	边际收益 NR
1	10	10	10	10
2	9	18	9	8
3	8	24	8	6
4	7	28	7	4

不仅如此，当垄断厂商面临的需求曲线为线性的情况下，平均收益曲线与边际收益曲线有如下关系。

假设垄断厂商的线性需求函数为

$$p = a - bq \tag{6.1}$$

其中，a、$b > 0$，且为常数，则

$$TR = aq - bq^2 \tag{6.2}$$

$$MR = a - 2bq \tag{6.3}$$

即边际收益曲线的斜率是平均收益曲线斜率的 2 倍。也就是说，在线性需求曲线的条件下，边际收益曲线把平均收益（需求）曲线与纵轴的水平距离平分。

3. 垄断厂商的边际收益、价格与需求价格弹性

当垄断厂商面临的需求曲线向右下方倾斜时，厂商的边际收益、价格和需求价格弹性之间有如下关系。

设需求函数为

$$p = p(q)$$

则有

$$TR = p(q)q$$
$$dTR = \frac{dR}{dq} = \frac{d(pq)}{dq} = p + q = p\left(1 + \frac{dp}{dq}\frac{q}{p}\right) \tag{6.4}$$
$$MR = p\left(1 - \frac{1}{|E_D|}\right) \tag{6.5}$$

结合图 6.1 和式(6.4)、式(6.5),可知:

(1) 当 $E_D > 1$ 时,垄断厂商的边际收益 MR>0,此时厂商提高产量是有利的。

(2) 当 $E_D = 1$ 时,垄断厂商的边际收益 MR=0,此时厂商的总收益最大化,理论上讲,厂商不存在所谓产量和价格的变动。

(3) 当 $E_D < 1$ 时,垄断厂商的边际收益 MR<0,此时厂商减少产量比较有利。

请注意,根据对理性人的分析可知,基于对 MR 和 MC 的比较,任何厂商都不会作出 MR<0 的不理智行为。因此,对垄断厂商而言,任何 $E_D < 1$ 的点都不可能是它实现利润最大化的点。由此,可以得出:垄断厂商利润最大化的点,只可能出现在 $E_D \geq 1$ 的地方。

可以把上述情况归纳为表 6.2。

表 6.2 垄断厂商的需求价格弹性、边际收益、价格和总收益的关系

E_D	MR	p (AR)	TR
>1	>0	>MR	上升
=1	=0	>MR	达到最大值
<1	<0	>MR	下降

对完全垄断厂商的需求曲线和收益曲线的分析,也适用于其他不完全竞争市场的厂商。

第二节 完全垄断厂商的均衡

一、垄断厂商的短期均衡

厂商利润最大化的原则是 MR=MC。完全垄断市场上厂商同样遵循这一原则。在短期生产中,利润最大化原则表现为 MR=SMC,垄断厂商能否获得利润则取决于价格和短期生产成本的相对大小。

和完全竞争厂商的短期均衡类似,完全垄断市场上厂商的短期均衡也有三种可能。

1. 垄断厂商获取超额利润

如图 6.2 所示,只要 $p > $ SAC,垄断厂商就可以取得超额利润即经济利润。在短期生产中,垄断厂商利润最大化的产量为 MR=SMC 所对应的 q^*,价格为 p^*,单位产品成本是 OG,每单位产品的利润为 p^*G,垄断厂商获得的超额利润为 p^*FHG 的面积。

2. 垄断厂商获取正常利润

如图 6.3 所示,当 $p=$SAC 时,垄断厂商取得正常利润。同样,在短期生产中,垄断厂商

利润最大化的产量为 MR＝SMC 所对应的 q^*，单位产品的成本与价格相等，都是 p^*，厂商收支相抵，获得保本的正常利润。

3. 垄断厂商有亏损

垄断厂商是产品的唯一供给者，且是价格制定者，它会有亏损好像不可思议，但这是事实。如图 6.4 所示，在理论上短期生产中垄断厂商的价格 $p<$SAC，在现实中更多的可能是因为它所提供的产品的价格过高，导致市场需求量太小，而它的投资及由此形成的 SAC 比价格还高，所以会有亏损。

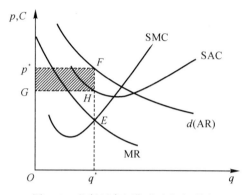

图 6.2 垄断厂商短期获取超额利润

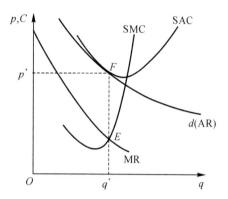

图 6.3 垄断厂商短期获取保本的正常利润

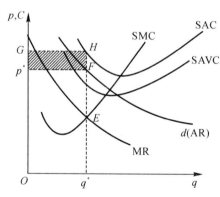

图 6.4 垄断厂商短期亏损

如图 6.4 所示，垄断厂商在短期生产中，利润最大化的产量为 MR＝SMC 所对应的 q^*，价格为 p^*，单位产品成本是 OG，每单位产品的亏损为 p^*G，垄断厂商的亏损额为 Gp^*FH 的面积。不过，当价格 p^* 高于 SAVC 时，厂商虽有亏损却会继续生产。因为根据与上一章相同的道理，此时垄断厂商继续生产，不仅能够收回全部的可变成本，还可以弥补部分固定成本。

二、垄断厂商的长期均衡

在完全竞争市场上，厂商在长期内只能取得正常利润。在完全垄断市场上，情况则完全不同。由于其他厂商无法进入该行业，独家垄断的厂商能够凭借自身的垄断地位人为地制定高于产品成本的价格,从而可以长久地获取超额利润,因此,在经济学中,超额利润又往往被称为垄断利润。

如图 6.5 所示,在短期内,垄断厂商可以根据利润最大化原则采用较高的价格 p_1 取得超额利润;在长期内,垄断厂商可以采用较低的价格 p_2 获取更多的超额利润。此时,MR＝SMC_2＝LMC。

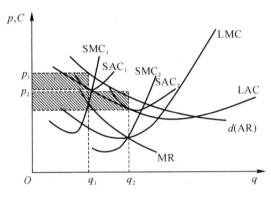

图 6.5 垄断厂商的长期利润最大化

三、垄断厂商的供给曲线

供给曲线表示,在每一个价格水平上厂商愿意并且能够提供的产品的数量,显示出市场上产量与价格之间的一一对应关系。

在完全竞争市场上,厂商高于 AVC 最低点以上的短期边际成本曲线构成其短期供给曲线,并由此可得出行业的短期供给曲线。完全垄断市场则有不同。垄断厂商既可以人为地确定产品的价格,如图 6.6 所示,又可以人为地确定产品的产量,如图 6.7 所示。也就是说,垄断厂商可以通过随意定价和提供产量来实现利润最大化。因此,垄断厂商不存在产品价格和供给量之间一一对应的有规律性的供给曲线。当然,这并不意味着垄断厂商不提供产品。事实上,根据市场上消费者的需求,只要符合利润最大化原则,厂商就会有产品供给。同时,垄断市场上的需求曲线依然具有规律性。

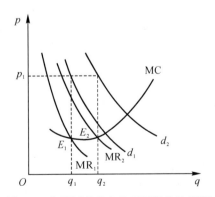

图 6.6 垄断厂商的产量不同但价格相同

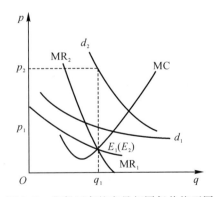

图 6.7 垄断厂商的产量相同但价格不同

第三节 垄断与福利

一、差别定价

垄断市场上,市场的需求曲线就是厂商的需求曲线。尽管垄断厂商不存在有规律的供给曲线,然而,依据消费者的需求,只要符合利润最大化原则,厂商就会有产品供给。厂商与消费者达成交易时,就完成了交易,并确定出厂商与消费者交易的个别产品的市场价格(公平价格)与交易量。产品需求曲线是消费者幸福、效用最大化的产品价格与需求量组合点的轨迹,产品供给曲线是厂商利润最大化的产品价格与供给量的组合点。交易实现时,即产品市场的供给与需求均衡时,就同时实现了消费者幸福、效用的最大化以及生产者利润的最大化。

需要注意,与完全竞争市场不同,在现实的垄断市场上,因为垄断的存在,交易双方达成的价格是有差别的。或者说,垄断厂商往往会向不同的消费者收取不同的价格,尽管产品的成本并无差别。比如,很多旅游景点对学生实行半价,电信公司对不同时段的通话实行不同的收费标准等。

1. 差别定价的概念

现实中,垄断市场上,因为垄断的存在,交易双方达成的价格是有差别的。或者说,垄断厂商为增加利润,往往会对同一种产品收取不同的价格。简单地说,垄断厂商的同一物品(成本相同)对不同的消费者收取不同价格的做法就是差别定价(price discrimination),也称为价格歧视。实际上,差别定价还可能是,不同成本的产品对不同消费者规定同一价格,或同一成本的产品对同一消费者在不同时间、不同地点、不同数量的消费规定不同的价格。现实生活中,如工商企业用户和居民用户使用水、电、天然气等产品的价格往往不同,电影影迷比普通观众更爱好首映式,当然就要比普通观众支付更高的电影票价,同一种产品的国内价格与其国外售价不同,等等,都是差别定价。

乔治·斯蒂格勒(George J. Stigler,1911—1991)在工业结构、市场的作用和公共经济法规的作用与影响方面,作出了创造性重大贡献,因此获得1982年诺贝尔经济学奖。他指出:消费者获得信息成本过大,既不能也不想得到充分的信息,从而造成了同种商品有不同价格。这是正常现象,不需要人为干预。

2. 差别定价的类别

英国经济学家庇古(Arthur Cecil Pigou,1877—1959),在研究垄断厂商的差别定价时,将其分为三类:一级差别定价、二级差别定价、三级差别定价。

(1) 一级差别定价。一级差别定价又称完全差别定价,是指垄断厂商把每一单位产品都按消费者所愿意支付的最高价格出售。如图6.8所示,如果没有差别定价,以 p_n 价格销售 n 单位商品,市场上消费者剩余将是 ABp_n 面积。在实施一级差别定价的情况下,垄断厂商销售第一单位产品收取 p_1 的价格,销售第二单位产品收取 p_2 的价格,销售第 n 单位产品收取 p_n 的价格。这样的话,如果价格和数量都是连续函数,那么,垄断厂商销售 n 单位商品获

得的总收益就是 $ABnO$ 面积。原有的消费者剩余就全部转化为垄断厂商的收益。

然而,一级差别定价在现实经济生活中很难实现,因为它要求垄断者完全掌握每个消费者的支付意愿。这显然不现实。比较接近一级差别定价的实践可能发生在交易不频繁,产品又不标明价格的讨价还价的市场交易中,如艺术品的拍卖市场,建筑设计师及律师等领域的服务市场。但是,这些产品又往往是不相同的。

(2)二级差别定价。二级差别定价是垄断厂商按照产品不同的销售数量段(或时间段)来确定不同的价格。现实经济生活中的"数量折扣"就属于二级差别定价。单件商品的购买价格和批量购买享受的优惠价格不同,例如,面包店对每个面包收取 1 元的价格,但对一打面包收取 10 元的价格。因为顾客购买第一个单位面包的价格高于第二个单位,随着购买量的增加,顾客对增加一个单位面包的支付意愿减少了。又如,自来水公司或电力公司通常会对用户的不同产品使用量制定有差异的价格。在中国,这些垄断性质的企业往往规定,用户使用一定数量范围内的产品是一个价格,超过数量范围后,每单位产品要收取更高的价格。垄断厂商的解释是"这样有利于节约资源(能源)"。表面上很有道理,但作为垄断厂商实施差别定价的真正目的,经济学的解释应该更有说服力,那就是为了超额利润。

与一级差别定价剥夺全部的消费者剩余不同,二级差别定价则是垄断厂商剥夺了部分的消费者剩余。如图 6.9 所示,在完全竞争市场情况下,价格为 p_1 时,消费者剩余是 Dp_1A,价格为 p_3 时,消费者剩余是 Dp_3C。但在垄断厂商实施二级差别定价的情况下,消费者剩余是 $Dp_1A+AEB+BFC$,图中阴影部分被垄断厂商所剥夺。

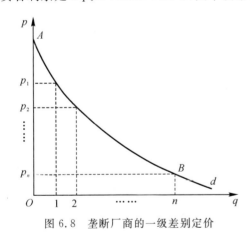

图 6.8 垄断厂商的一级差别定价

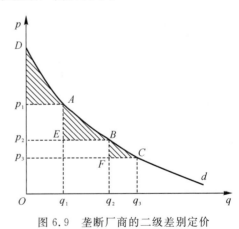

图 6.9 垄断厂商的二级差别定价

(3)三级差别定价。三级差别定价是垄断厂商在不同的市场上对同一产品索取不同的价格,如图 6.10 所示。在有不同需求状况的 A 和 B 两个市场上,根据 MR=MC 的利润最大化原则,垄断厂商确定产量和价格。在 A 市场上产品定价为 p_A,而在 B 市场上产品定价则为 p_B。

产品的外销价格往往低于内销价格,是垄断厂商实施三级差别定价的典型表现。产品外销时,需要加上运费和关税,其成本总比内销要高,外销价格应该比内销价格高才对,一般来说,海关可以严格区分国内市场和国外市场,垄断厂商在国内是垄断的,但到国外市场就会遇到其他企业的激烈竞争,因此,国外市场的产品需求价格弹性远高于国内市场,相应地,外销价格也就远低于内销价格。需要注意的是:实施外销价格低于内销价格策略的企业一定是一国内的垄断厂商,而非竞争性厂商;另外,该策略与对外贸易关系中的倾销与反倾销是不同范畴的概念。

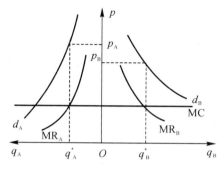

图 6.10 垄断厂商的三级差别定价

3. 实施差别定价的条件

(1)垄断厂商的市场控制力。毫无疑问,垄断厂商之所以能够对相同的产品向消费者索取不同的价格,其独有的市场垄断地位(市场控制力)起了决定性的作用。在垄断市场上,垄断厂商生产的产品没有相近替代品,厂商与消费者的市场交易地位是不平等的。这就决定了消费者在交易过程中处于任人摆布的状态,无奈地被迫接受垄断厂商的交易规则。而在竞争市场上,交易双方都不存在丝毫的市场控制力,都是产品的价格接受者,自然不存在差别定价问题。

(2)市场能被有效地分割。垄断厂商可以在同一个市场上就相同的产品实施差别定价,当然也完全能够在不同的市场上实施差别定价,只要这些市场之间不存在串通和交流。如在国际贸易中,由于海关的作用,垄断厂商相同的产品在国内与国外可以制定不同的价格。再如,铁路部门对学生乘车实施优惠的票价规定,非学生乘车则被排除享受这一优惠制度,其中的原因在于,铁路部门可以通过学生证等有效证件将他们区分开来。

(3)消费者偏好差异与不同市场需求价格弹性的差别。消费者的偏好不同也是垄断厂商实施差别定价的条件之一。某些品牌时装的新款与旧款之间的价格差别很大,其中的原因在于,追求时尚新潮的消费者对新款时装有较强的偏好,因此要付出更大的代价。

同时,如果垄断厂商能够确定其产品在不同市场上有不同的需求价格弹性,则可以在这些不同的市场上实施差别定价。根据式(6.5),可得:

$$p = \mathrm{MR}\left(\frac{E_\mathrm{D}}{E_\mathrm{D}-1}\right) \tag{6.6}$$

假设两个市场的需求价格弹性分别为 1.5 和 2,那么,$E_\mathrm{D}=1.5$ 时,$p=3\mathrm{MR}$,$E_\mathrm{D}=2$ 时,$p=2\mathrm{MR}$。这表明:垄断厂商可以在弹性小的市场上定高价,在弹性大的市场上定较低的价格。现实生活中,与普通观众相比,影迷往往对电影首映式的需求价格弹性小,无论首映式的票价多高,他们都想先睹为快。相对而言,老年人、小学生等观众群则往往比普通观众的需求价格弹性更小,电影院通常会采用较低票价的专场形式吸引这部分潜在的观众。另外,对普通观众,电影院还可以有日场和夜场不同的定价。

二、垄断势力与福利

1. 市场效率与福利

图 6.11 所示为自由市场交易的情况。市场需求曲线为 D，市场供给曲线为 S，市场均衡的交易量为 Q^*，均衡价格为 p^*。当市场交易量小于 Q^* 时，消费者对商品的评价大于生产者的成本。此时，增加产品的生产和销售对生产者和消费者都有利，因为能增加市场福利，直到 Q^*。当市场交易量大于 Q^* 时，消费者对商品的评价小于生产者的成本，生产者应该减少产品的生产和销售，一直减少到 Q^* 为止。按照自由竞争市场的观点，市场均衡表现为市场均衡交易量为 Q^*，均衡价格为 p^*。此时，消费者剩余为 Ap^*E，生产者剩余为 Bp^*E，最大化总剩余为 ABE，市场效率最高，能够实现资源的有效配置，并促成市场福利的最大化。

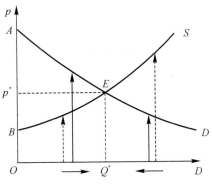

图 6.11 自由市场的效率与福利

2. 垄断的低效率

在基本的常识中，垄断常常招致批评。对政治和平等感兴趣的人会认为，垄断造成了经济生活的不民主，同时又存在财富分配的差距。但经济学家的出发点则不同。他们更关注垄断的经济势力影响市场的正常的高效率的运行。

垄断的低效率在经济学中通常又称为"无谓损失"(deadweight loss)。往往表现为垄断者的产量小于竞争市场时的社会有效产量，同时造成福利损失。

西方经济学家用消费者剩余与生产者剩余之和（总剩余）的减少，来说明和衡量垄断造成的损失。如图 6.12 所示，在完全竞争状况下，市场交易量为 q_C，均衡价格为 p_C，消费者剩余为 pEp_C，生产者剩余为 CEp_C，最大化总剩余表现为图中三角形 pCE 的面积。垄断厂商为了利润最大化，产量确定在 $MR = MC$ 处。此时，产量为 q^*，价格为 p^*，消费者剩余为 pp^*A，生产者剩余为 p^*ABC，p^*ABH 就像私人税收一样落入垄断者的腰包，垄断市场的总剩余为 $pABC$。与完全竞争市场的福利相比，损失了 ABE 部分。尽管 q^*q_C 的产量部分，消费者评价仍然大于生产者的成本，但出于利润最大化的考虑，垄断厂商不愿意提供。垄断因此造成了福利损失或称无谓损失。

这里有两种损失需要注意：第一种损失是消费者剩余的减少。图 6.12 显示，在完全竞争条件下,消费者剩余是 pEp_C,垄断市场中变为 pp^*A,消费者剩余总减少量为 p^*AEp_C。其中,p^*ADp_C 转化为垄断者的生产者剩余,这部分损失并不构成整个社会的损失,只是更高的价格给垄断者带来了更高的收益。第二种损失对社会来说才是一种绝对的、真正的损失,故称为无谓损失,即图 6.12 中的 ABE 部分。因为,与完全竞争市场的最大化福利(效率)相比,这部分无论对消费者还是垄断厂商来讲,谁也没得到。

从纯粹效率的角度讲,与完全竞争市场一样,垄断市场的一级差别定价也能实现资源的有效配置。它同样可以实现 $p=MC$,使得消费者剩余和生产者剩余的总量达到最大化。所不同的是,在一级差别定价下,垄断厂商剥夺了所有的消费者剩余,得到了市场的全部剩余总量。这时,经济蛋糕的规模并没缩小,只是分配结构发生了变化。垄断厂商将所有的消费者剩余全部转化为自己的垄断利润。

如图 6.13 所示,如果产量和价格无限可分,如果垄断者将第一单位产品卖给出价最高的消费者,售价 p_1,第二单位产品售价 p_2,依此类推,那么,垄断者就在实施一级差别定价。

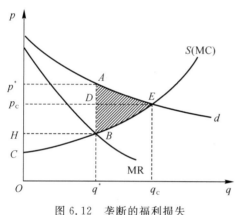

图 6.12 垄断的福利损失

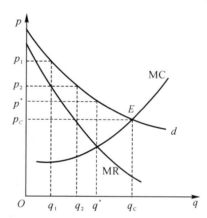

图 6.13 垄断厂商一级差别定价的效率性

于是,就会有以下结果:

(1) 该垄断者的产量将不再是纯粹垄断意义上的利润最大化产量 q^*,而是生产为完全竞争状态下的产量 q_C。

(2) 垄断厂商对不同的消费者销售产品的价格不同,垄断者销售最后一单位产品的价格等于完全竞争时的价格。

(3) 不存在消费者剩余。按单一价格 p_C 销售产品时的消费者剩余 pEp_C,在实施一级差别定价的情况下,全部转化为垄断者的利润或生产者剩余。

(4) 实施一级差别定价的垄断者的决策,能够实现资源的有效配置。这好像难以置信。但前面的理论告诉我们,消费者剩余与生产者剩余的总量最大化时,资源配置是有效的。垄断厂商实施一级差别定价时,总剩余没有减少,消费者剩余与生产者剩余之和仍能达到最大化,尽管消费者剩余为零。另外,实施一级差别定价时,单一定价的垄断者所造成的无谓损失也完全消失了。无谓损失为零,也说明资源实现了有效配置。

当然,这种有效率的资源配置与完全竞争状态下的资源有效配置是有差别的。它剥夺了全部的消费者剩余。正是从这点上说,一级差别定价又被称为"完全差别定价"。

一级差别定价完全是一种理论分析,在实际经济生活中很难见到,因为垄断厂商往往不能确切地知道消费者的最高支付意愿,就算能够知道,向每一个消费者索取不同的价格也是困难的。所以说,垄断厂商是否取得垄断利润并不是垄断市场低效率的关键。但是,如果垄断厂商为保持自身的垄断地位,以维持低产出、高价格,这部分成本本身就是无谓损失。

【例 6.1】完全竞争与完全垄断的产量和价格比较。

假设市场需求曲线为 $q=12-p$,厂商的成本函数为 $TC=\dfrac{q^2}{2}$。

(1) 如果厂商作为垄断者,其边际成本为 $MC=\dfrac{dTC}{dq}=q$。

将 $q=12-p$ 转化为 $p=12-q$,垄断厂商的总收益函数为

$$TR=pq=(12-q)q=12q-q^2$$

其边际收益函数 MR 为

$$MR=\dfrac{dTR}{dq}=12-2q$$

根据利润最大化原则 $MR=MC$,垄断者的最佳产量为

$$12-2q=q$$
$$q^*=4$$

将之代回需求函数,则得

$$p^*=12-4=8$$

(2) 如果该厂商以竞争者身份存在,其供给函数就是上述边际成本 MC 函数,将之写为逆供给函数:

$$p=MC \quad 或 \quad p=S$$

完全竞争市场均衡时:

$$p=12-p$$

得出完全竞争市场的价格:

$$p_C=6$$

将之代回需求函数或供给函数,可得竞争者的最佳产量为

$$q_C=12-p_C=6$$

因此,完全垄断市场与完全竞争市场相比,厂商的供给量更少,产品的价格更高。

三、针对垄断的公共政策

我们知道,与完全竞争市场相比,垄断者没能有效地配置资源。垄断厂商的产量小于社会合意的产量,收取的价格又高于边际成本。为改进这一状况,政府可以采取如下措施。

1. 用反垄断法增强竞争

基于竞争市场效率最高的原则考虑,现实经济中,各国都制定了有关反垄断的法律。以美国为例,美国国会在 1890 年通过了《谢尔曼反托拉斯法》,1914 年又通过了《克莱顿反托拉斯法》。这些反垄断法律的目的都在于,维护贸易的自由和不受干预的市场竞争。首先,这些法律允许政府阻止企业合并;其次,还允许政府拆分公司;最后,这些法律也禁止公司以

使市场竞争性减弱的方式协调它们的活动。

《中华人民共和国反垄断法》(简称《反垄断法》)的出台和实施,根本的目的也在于反对垄断,促进竞争。其中《反垄断法》的第一条规定就是:为了预防和制止垄断行为,保护市场公平竞争,鼓励创新,提高经济运行效率,维护消费者利益和社会公共利益,促进社会主义市场经济健康发展,制定本法。第二条还规定:中华人民共和国境内经济活动中的垄断行为,适用本法;中华人民共和国境外的垄断行为,对境内市场竞争产生排除、限制影响的,适用本法。此外,《反垄断法》还就以下几方面作出了明确的法律规定:厂商之间的垄断协议、经营者滥用市场支配地位、经营者集中、行政机关及相关组织滥用行政权力排除和限制竞争、反垄断执法机构依法对涉嫌垄断行为进行调查、相关的法律责任等。

2. 政府对垄断的管制

图 6.14 显示,如果无政府干预,即在纯市场活动中,垄断厂商的利润最大化产量在 MR＝MC 处,即 q^*。此时,产品的市场价格为 p^*,垄断厂商每单位产品获得 BF 的超额利润,所得垄断利润为 p^*BFp_F 面积。

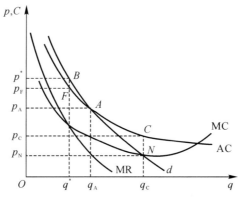

图 6.14 政府对垄断的价格管制

政府对垄断的管制主要表现在,对垄断厂商产品的价格管制。价格管制有两种基本方法,其一是按照平均成本定价,即 $p=AC$,如图 6.14 所示的 p_A 价格,垄断厂商的产量为 q_A。此时,垄断厂商只能获取正常利润。其二是按照边际成本定价,即 $p=MC$,如图 6.14 中的 p_N 价格,垄断厂商的产量为 q_C。此时 $p_N<AC$,垄断厂商会存在亏损。每单位产品的亏损额是 CN,生产 q_C 的产量,垄断厂商共计亏损 p_CCNp_N 的面积。

耐人寻味的是,在现实经济生活中,政府对垄断的管制常常会陷入两难境地。一方面不管不行。在无管制情况下,垄断厂商根据利润最大化原则生产小于该行业竞争时的产量,制定高于平均成本的价格,获取超额利润。依照前面的分析,垄断造成了福利损失,形成了垄断的低效率。同时,垄断依靠高价格获得的超额利润会产生分配不公的问题。垄断的地位使得垄断厂商在服务意识、服务态度等方面消费者怨言多,影响社会公共利益。另一方面,对垄断的管制又需要成本,垄断管制机构的设置、人员及其费用的安排本身就是经济运行低效率的表现,而且还不一定能管得好。因为,无论政府对垄断厂商实施平均成本定价还是边际成本定价,抑或采取资金回报率(利润率)控制,其目的都是要扩大垄断者的产量,降低垄断产品的价格,结果都会使得垄断厂商的利润降低,生产经营积极性下降。在信息不对称的现实情况下,垄断厂商的产品成本大小及其构成、资金的使用状况等可能是一笔糊涂账。在这种情况下,受管制者可能误导管制者,力图令后者相信自己拥有较高的平均成本,从而获得高价格,导致政府对垄断的管制往往缺乏针对性和有效性。事实上,确定垄断厂商应该获取多高的资金回报率是一件十分困难的事情。所以,被监管企业和监管机构之间常常就公平合理的市场回报率纠缠不休。另外,为了自身利益,就会出现垄断管制机构设租、垄断厂商游说管理部门寻租等腐败滋生的现象。

3. 国有化

实现效率要求价格等于边际成本。对于垄断市场尤其是自然垄断而言,边际成本总是低于平均成本,而私营公司是无法长期以低于平均成本的价格进行经营的,因此,单一价格的垄断厂商,除了使定价高于边际成本以外,别无选择。解决这一问题的主要办法之一就是将其收归国有。国有化的优势在于,政府无须像私营企业那样至少要求获得正常利润,国有企业可以将价格定在低于平均成本的边际成本水平上,同时利用税收收入来弥补因此造成的经济损失。在不少西方发达国家,各国政府就曾经对本国的电力公司、电话公司、煤气公司、自来水公司甚至是铁路运输公司等,实行过国有化政策。

然而,国有化也存在不足之处。西方经济学家普遍认为,国有化最突出的一点就是国有化缺乏进行成本控制和实施有效管理的内在激励或称为管理松懈。而大多数官僚的目标则在于最大化他们所控制的预算,并由此认为预算越多越能够证明他们肩负的责任重大。因此,当某一政府部门的主管从其预算中削减 1 美元的时候,实际上只是削弱了自己的权力。因此,多数西方经济学家对垄断私有的偏爱通常大于公有。因为,如果企业管理者在压低成本上不成功,企业的所有者就会解雇他们。与此相反,如果经营垄断的政府官员做不好工作,损失的是顾客和纳税人,他们可以求助于政治制度。同时,我们知道,官员有可能成为一个特殊的利益集团而阻止旨在降低成本的改革措施。简而言之,作为一种保证企业良好经营的方法,投票机制不如利润机制可靠。

4. 自由放任

由于以上每一项旨在减少垄断问题的政策都有其缺点,一些经济学家建议,政府最好什么都不做,即采取自由放任的政策——让垄断厂商生产它选择的任意产量,并且以市场能够承受的任意价格水平销售产品。从上一章的理论分析我们得出,完全竞争市场效率最高,但又有着苛刻的条件限制,以至于没有一个现实经济能完全满足这些条件,由此造成现实经济与理想经济的差距——市场失灵。但是,乔治·斯蒂格勒认为,美国经济市场失灵的程度远远小于根植于现实政治制度中经济政策不完善所引起的"政治失灵"或曰"政府失灵"。

四、垄断的利弊分析

与完全竞争相比,西方经济理论普遍认为,垄断的市场结构有其与生俱来的弊端。主要表现为:一是垄断厂商的产量小于生产的有效规模,造成生产资源的浪费,效率低下。二是垄断造成了社会福利的损失,如图 6.12 所示。第三,垄断者凭借其垄断地位和销售产品的垄断高价而获得的超额利润加剧了社会收入分配不公平。同时,在缺乏竞争对手情况下,利润最大化的动机使得垄断厂商不大可能热衷于技术进步和创新。

当然,垄断的市场结构也并非一无是处。首先,垄断的产生、存在有其合理性与必然性。无论是理论上还是现实中,厂商的生产经营达到一定规模时,自然会形成一定的市场影响力或市场支配地位,即垄断能力。主流的西方经济理论观点还认为,垄断的有利面主要存在于类似于公用事业、基础设施等方面的自然垄断。自然垄断最大的优势在于规模经济。厂商的产出量很大时,成本依然处于下降过程中。这些公用事业往往投资大,周期长,但又是人们生活所必需的。如果由政府来进行不以追求垄断利润为目的的垄断经营,自然会发挥其规模大、成本低、效率高的优势,给全社会带来好处。

五、垄断的普遍性

通过第五章和本章的学习,理论上可以清楚地界定:竞争市场效率高;而在垄断市场上,垄断者生产小于社会有效率的产量,并收取高于边际成本的价格,引起无谓损失,这正是垄断市场低效率的表现。

然而,现实经济生活中,垄断(或具有某种程度的垄断)是常见的。随着市场经济的发展,市场机制的作用下优胜劣汰是难免的。企业的发展规模逐渐趋向大型化,不少行业都出现了产品的生产(产量)向少数企业集中的趋势。一些企业的市场势力(或称市场垄断力)在加强。大多数企业对自己提供给市场的产品的价格有程度不同的控制力(定价权),因为这些企业提供的产品与其他企业提供的产品不完全相同,不可能像完全竞争市场上的企业那样作为产品价格的接受者。垄断(性)的企业都面临一条向右下方倾斜的需求曲线,需求曲线越陡,表明该企业的垄断力越强。

但是,具有相当大的市场垄断力的企业中很少有产品是真正独一无二、无法替代的。大多数物品都有一定的替代品。产品之间即使不完全一样,也有某些相似之处。如果垄断者的产品提价很多,消费者便会转向其他品牌,其销量就将大大减少。

对很多企业而言,市场垄断力是个程度问题。可以这样说,认为许多企业有某种市场垄断力是正确的。同样,认为它们的市场垄断力通常是有限的也是正确的。完全竞争性的企业只存在理论之中。换言之,垄断具有普遍性。理论已经告诉我们,完全竞争市场比纯粹垄断市场效率高,但现实又呈现出垄断的普遍性。解释经济现象并指导现实经济活动的理论研究,会因为现实经济状况(这正是理论研究之假设条件的依据)而不断发展。

思 考 题

一、名词解释

垄断　自然垄断　差别定价　价格歧视　无谓损失

二、简答题

1. 垄断是如何形成的?描述垄断市场上厂商的特征。
2. 为什么垄断厂商的需求曲线是向右下方倾斜的?解释垄断厂商的 AR 曲线、MR 曲线、TR 曲线的特征及其相互关系。

3. 垄断厂商从来不会决定一个缺乏弹性的价格和产量,垄断厂商产品的需求价格弹性一定大于1吗? 解释垄断厂商的边际收益、价格与需求弹性之间的关系。

4. 为什么要对垄断进行管制? 如何管制?

5. 你如何评价完全垄断市场?

6. 垄断厂商短期可能会有亏损吗? 若有,请画图说明。

7. 画图解释垄断造成的福利损失。

三、计算题

1. 画出市场需求曲线为 $p=100-2Q$ 的垄断厂商的需求曲线、边际收益曲线和总收益曲线。

2. 钱教授写了一本《赚钱的经济学》。市场调查预测对该书的需求为 $Q=2\,000-100p$。排版成本为 1 000 元,印刷、装订一本书的边际成本为 2 元,求:

(1) 写出钱教授的总收入函数及出版该书的总成本函数;

(2) 为了最大利润,应该印刷、销售多少册《赚钱的经济学》?

3. 设垄断厂商的短期总成本函数为 $STC=0.1q^3-6q^2+140q+3\,000$,反需求函数为 $p=150-3.25q$,求该厂商的短期均衡产量和均衡价格。

4. 假定某一垄断者的需求曲线为 $q=53-p$,$AC=MC=5$,求:

(1) 计算垄断者利润最大化的价格和产量;

(2) 如果是完全竞争市场,产量和价格又是多少?

5. 已知垄断厂商的成本函数为 $TC=6q+0.05q^2$,产品的需求函数为 $q=360-20p$,求:

(1) 利润为极大时的销售价格、产量和利润;

(2) 如果政府限定企业以边际成本定价,试求这一限制价格以及垄断者提供的产量和所得利润。

6. 根据下表提供的信息,找出垄断厂商的最优产量与价格。另外,用图示法解决这一问题。

q	p	MR	SMC	AVC
0	100	100	150	150
15	86	71	71	107
25	75	50	41	84
34	66	33	33	72
50	50	0	66	63

7. 作为一个小有名气的魔术师,为了挣钱,你在一个有 300 个成人和 200 个小孩的乡村演出,该演出的固定成本为 2 000 元,多卖一张票的边际成本为零。下面是你的两类顾客的

需求表。

价格/元	成人/人	儿童/人	价格/元	成人/人	儿童/人
10	0	0	4	300	200
9	100	0	3	300	200
8	200	0	2	300	200
7	300	0	1	300	200
6	300	0	0	300	200
5	300	100			

(1) 为了挣更多的钱,你会对成人收取几元的票价?对儿童收几元?你能赚多少钱?

(2) 管理部门规定你不得向不同顾客收取不同价格,你会把票价定为多少?你又能获得多少利润?

(3) 由于这一规定,谁的状况变好了?谁的变坏了?计算出福利变动的数量。

8. 某大型企业正考虑在一条河上建一座桥,建桥成本为200万元,不考虑维修费用,下表是该公司对桥的使用期内需求的预测。

每过一次桥的价格/元	过桥次数 q/千次	每过一次桥的价格/元	过桥次数 q/千次
8	0	3	500
7	100	2	600
6	200	1	700
5	300	0	800
4	400		

(1) 如果公司建桥,它的利润最大化的价格是多少?这是有效率的产出水平吗?为什么?

(2) 公司是关注利润的,它应该建桥吗?建成后,利润和亏损是多少?

(3) 如果要政府建桥,过桥费应收多少?

(4) 政府应该建桥吗?为什么?

扩展阅读

形成全国统一开放、竞争有序的商品和要素市场。要实施全国统一的市场准入负面清单制度,消除歧视性、隐蔽性的区域市场壁垒,打破行政性垄断,坚决破除地方保护主义。除中央已有明确政策规定之外,全面放宽城市落户条件,完善配套政策,打破阻碍劳动力流动的不合理壁垒,促进人力资源优化配置。要健全市场一体化发展机制,深化区域合作机制,加强区域间基础设施、环保、产业等方面的合作。

——在中央财经委员会第五次会议上的讲话(2019年8月26日)

要鼓励民营企业参与国有企业改革。要推进产业政策由差异化、选择性向普惠化、功能性转变,清理违反公平、开放、透明市场规则的政策文件,推进反垄断、反不正当竞争执法。

——在民营企业座谈会上的讲话(2018年11月1日)

第七章　垄断竞争市场

20世纪30年代之前,经济学家的研究集中在前面两章所述的完全竞争市场和完全垄断市场。很少涉及完全竞争市场和完全垄断市场之间的中间地带,竞争和垄断被割裂开来。1933年,美国经济学家张伯伦(E. H. Chamberlin)在《垄断竞争理论》中指出:应将"垄断与竞争两种力量予以联合"进行研究。同年,英国经济学家罗宾逊(Joan Robinson)在《不完全竞争经济学》中提出了类似的不完全竞争理论,对厂商理论的建立和现代垄断竞争理论的发展做出了重要贡献。张伯伦和罗宾逊成为现代垄断竞争理论的奠基人。

完全竞争市场与完全垄断市场是市场结构中两种极端的情况,现实经济生活中完全符合的较少,更多的市场是处于上述两种市场结构之间的不完全竞争市场。就是说,现实经济中,市场上厂商有竞争对手,但又没有面临完全竞争。同时,一般的厂商也具有某种程度的市场势力,只是还没有达到纯粹垄断的地步。换句话说,现实经济中,既存在垄断因素,也面临竞争。垄断竞争市场和寡占市场是不完全竞争市场中两种典型的市场结构。不过,垄断竞争市场接近于完全竞争市场,寡占市场则更接近于完全垄断市场。

本章我们要分析在垄断竞争市场条件下,以利润最大化为目标,厂商把市场需求分解为对自身产品的需求,当与消费者达到交易互利时,其产品的市场价格与交易量决定的各种情况。本章共分两节,分别介绍垄断竞争厂商的特点及其短期均衡和长期均衡。

第一节　垄断竞争厂商

一、垄断竞争市场的特点

垄断竞争(monopolistic competition)是一种介于完全竞争和完全垄断之间的市场结构形式。它描述的是,一个由较多的出售相似但不相同产品的厂商构成的市场结构。在这种市场中,既存在着激烈的竞争,又具有垄断的因素。对垄断竞争市场的厂商来说,它们既是垄断者,也面临竞争。垄断竞争市场的理论假定较为贴合实际,因而在现实经济生活中可以找到很多典型的例子。

垄断竞争市场具有以下特点:

(1)市场上有较多数目的厂商,但厂商的生产规模普遍较小。与完全竞争市场类似,垄断竞争市场上有较多的厂商,厂商之间存在着较为激烈的竞争。厂商的生产规模普遍较小,每家厂商在市场上占有较小的份额,在市场上的影响力也不大,因而厂商会认为自己的行为,如涨价或降价,不会对市场上其他厂商产生影响,竞争对手也不会跟随其涨价或降价。比如随着生活水平的提高,街上的各种餐馆越来越多。以火锅店为例,一家火锅店单独涨价或降价,其影响较小,一般而言,其他火锅店的价格不会随之上涨或下跌。

(2)垄断竞争厂商生产的产品有差别,但不同厂商生产的产品可相互替代。现实经济生活中,我们可以举出大量存在差异,同时又具有较强可替代性的产品。比如,日常生活中,不同品牌的洗发水、牙膏、食品等。厂商之间生产的产品是有差别的。这一点是垄断竞争市场区别于完全竞争市场的重要特点。这种产品之间的差别包括真实的差异,也包括感觉上的差异。产品之间在外观、质量、性能、颜色、服务等各方面的差异是真实的,实实在在的。还有一种差异是消费者感觉上的差异,即消费者感觉产品是有差别的。例如,某些不同品牌的商品可能质量上没有任何差异,但是由于品牌的知名度、广告宣传力度等的不同,甚至销售场所的差异,都会使得消费者感觉产品是有差异的。高档商场和路边小店销售的质量等方面没有差异的商品,甚至是同样的商品,在消费者看来很可能就是不同的。总之,对消费者而言,不管产品之间的差别是真实的还是仅凭感觉的,都是我们这里所说的有差别的产品。面对有差别的产品,不管这种差异是真实的还是感觉上的,消费者愿意承受的价格也是有差异的。同时,需要注意的是,虽然垄断竞争市场上产品是有差别的,但是有差异的产品之间是可以相互替代的。例如,不同品牌的牙膏在功效、包装等方面有差别,但它们之间又存在着很强的替代关系。

产品之间的差异,使得不同的产品对每一家厂商来说都是唯一的。正是这种唯一,使得厂商对其产品的价格、产量等有了一定的控制力和垄断能力。在垄断竞争市场上,产品之间的差别,是造成市场上存在垄断因素的重要原因。厂商垄断能力的大小与产品之间的差别程度密切相关。产品差别程度越大,厂商在市场上的垄断能力就越强。产品之间的可替代性又使得垄断竞争市场增加了竞争因素,抑制了厂商的垄断能力。每种产品都会遭遇其他相似产品的竞争。厂商如果对产品的定价过高,消费者就会转而购买其他的替代品。垄断因素和竞争因素的共存是垄断竞争市场的基本特征。

(3)厂商进入或退出市场较容易。垄断竞争市场上,资源的流动性较强。厂商进入、退出市场障碍比较小。在这种情况下,若市场上厂商短期内存在超额利润,就会吸引新厂商的加入,而若厂商出现亏损,则会有部分厂商退出该市场。

(4)厂商行为独立。垄断竞争市场上,我们假定厂商的行为是独立的。这一特点是与后面要介绍的寡占市场上厂商之间相互依存的特点是相区别的。也就是说,由于厂商的规模普遍较小,每家厂商所占有的市场份额也较小,因而厂商认为自己的行为,比如涨价或降价,对市场上其他的厂商造成的影响较小,几乎可以忽略不计,其他厂商不会跟随其涨价或降价。反过来讲,市场上其他厂商的行为也不会对该厂商的行为和决策产生影响。也就是说,垄断竞争市场上,厂商的行为是独立的。垄断竞争市场上,厂商仅仅依据自身利润最大化的原则,来确定产品的产量和价格。

从上述特征来看,垄断竞争市场与现实经济中很多产品的市场非常接近。诸如洗衣粉、服装、食品等很多日用品,都属于垄断竞争的市场结构。

二、垄断竞争厂商的需求曲线

垄断竞争市场中有较多厂商。每家厂商所生产的产品是有差别的,但又具有较强的可替代性。这种差别既有感觉上的差异,也有真实的差别。因而该市场结构下,尽管厂商所面临的需求曲线是对市场的需求曲线的分解,但每家厂商的生产成本不同,所面临的需求曲线就有可能不同。在此,为了简化分析,在不影响结论有效性的前提下,我们在垄断竞争市场中选取一个典型的、有代表性的厂商进行分析,并进一步考察代表性厂商的需求和供给规律及其短期均衡和长期均衡。

完全竞争市场上,厂商所面临的需求曲线是一条水平线,表示厂商是价格的接受者。完全垄断市场上,厂商所面临的需求曲线是整个市场的需求曲线,向右下倾斜,表示厂商是价格的制定者。垄断竞争市场上,厂商拥有的是有差别并且可以相互替代的产品。厂商既是自己产品的垄断者,又面临激烈的市场竞争,厂商对其产品的价格只有一定的控制力。当垄断竞争市场上一家厂商提高价格时,由于市场上存在着大量的可替代品,消费者对该产品的需求量将大幅度减少。然而,由于产品之间是有差别的,即该产品在市场上是独一无二的,虽然该厂商价格提高,部分消费者仍然会偏好消费该商品,该商品的需求量不会减小到零,因而厂商所面临的需求曲线向右下方倾斜,但与完全垄断厂商的需求曲线相比较为平缓,需求价格弹性也较大。

与完全竞争厂商、完全垄断厂商一样,垄断竞争厂商所面临的需求曲线是以消费者的需求为依据的。但同时,垄断竞争厂商既受市场上消费者需求的影响又受到市场上其他厂商供给的影响,既与市场上的消费者发生互动关系,又与市场上的其他厂商发生互动关系。虽然与第三章生产者选择理论中推导出的需求曲线的性质一样,都是向右下方倾斜的,表明了需求量与价格成反比的关系,但是,垄断竞争市场上代表性厂商所面临的需求曲线有两条:主观需求曲线和客观需求曲线。这是垄断竞争厂商模型与其他市场厂商模型的区别,也是由垄断竞争市场的特征所导致的。

1. d 曲线:主观需求曲线

主观需求曲线描述的是,假定在垄断竞争市场上厂商行为独立的前提下,即某厂商改变产品价格不会对其竞争对手的行为产生影响;其他厂商的产品价格都保持不变时,该厂商产品的价格和需求量之间的关系。一般而言,随着价格的上涨,该产品的需求量会下降,反之需求量上升。主观需求曲线是向右下方倾斜且是富于弹性的,如图 7.1 所示。

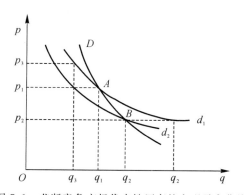

图 7.1 垄断竞争市场代表性厂商的主观需求曲线

图 7.1 中,d_1 表示主观需求曲线。当价格为 p_1 时,代表性厂商产品的需求量是 q_1。若产品的价格降为 p_2,由于厂商认为自己的行为不会引起其竞争者的反应,其他厂商产品的价格保持不变,故其产品价格的下降,不仅会使原来的消费者增加购买的数量,还可以吸引

竞争对手的顾客,需求量会从 q_1 增加到 q_2。需求量有较大增加,需求价格弹性较大,需求曲线平缓。若价格上升为 p_3,需求量则会下降至 q_3,这是由于价格的上升使得原来购买该产品的消费者转而去购买其他替代品了。

2. D 曲线:客观需求曲线

垄断竞争厂商的主观需求曲线也被称作预期需求曲线,它出现在厂商的设想之中。但是这一主观预期是否能够实现呢?若某厂商降低产品的价格,其他厂商是否会对顾客流失的状况坐视不管呢?当然不会。若某厂商降低产品的价格,影响了其他厂商的利益,其他厂商会选择跟进,也会降低产品的价格。因而对该厂商来说,实际上产品需求量的增加并不会像预期中那么大。这需要借助于垄断竞争厂商的客观需求曲线来说明。

客观需求曲线表示的是,垄断竞争市场上,当某一厂商改变其产品的价格,其他厂商也采取相应措施时,该厂商产品的价格和需求量之间的关系。受其他厂商影响的某厂商产品的价格和需求量之间的关系,显然类似于市场需求曲线。因此,厂商的客观需求曲线可以沿用市场需求曲线并命名为 D。

与主观需求曲线相比,客观需求曲线较为陡峭,需求价格弹性也较小,如图 7.1 所示。假如市场上某代表性厂商将产品的价格由 p_1 降为 p_2,其他厂商为保住自己的市场份额,也会跟随降价。这种情况下,该厂商的需求量会上升,但上升的幅度不会到达预想中的 q_2。严格说来,市场上每家厂商都会竭力保住自己的市场份额,因而调整的结果是代表性厂商降价只是增加了原有的顾客的消费数量,市场份额并未发生变化。正是从这个意义上来说,客观需求曲线又被称为市场份额需求曲线。

假如市场中某代表性厂商降价,其他厂商也随之降价时,该厂商的主观需求曲线 d 的位置将沿着客观需求曲线 D 下移,反之主观需求曲线 d 将沿着 D 曲线上移,如图 7.1 所示。假定代表性厂商最初的主观需求曲线为 d_1,价格为 p_1,产量为 q_1。若厂商产品的价格由 p_1 下降为 p_2 时,根据主观需求曲线 d_1,厂商的实际需求量会增加至产量 q_2。但是,实际上该厂商无法把产量增加至 q_2,该厂商降价时,其他厂商也会随之降价。假设该厂商的需求量仅能增加至 q'_2,此时,该厂商若继续调整价格,必须将主观需求曲线 d_1 向下平移至 d_2。

总之,主观需求曲线 d 描述的是单个厂商预期的价格与需求量的关系,主观需求曲线的弹性较大。客观需求曲线 D 考察的是单个厂商实际的价格和需求量之间的关系,客观需求曲线的弹性较小。

第二节 垄断竞争厂商的均衡

垄断竞争市场上,厂商的决策依然要遵循利润最大化这一基本原则。同样地,厂商要实现利润最大,就要满足边际收益等于边际成本的条件。这里我们分别考察垄断竞争厂商的短期和长期均衡。

一、垄断竞争厂商的短期均衡

垄断竞争厂商要实现短期均衡,就要满足 MR=SMC 的条件。同时,由于短期内厂商的规模不变,垄断竞争厂商的短期均衡考察的是在规模既定的条件下,厂商如何通过产量和价格的调整来实现利润最大的。

1. 平均收益、边际收益

垄断竞争市场上,厂商的平均收益 AR 等于产品的价格 p,因而厂商的平均收益曲线与需求曲线重合,并且也向右下方倾斜。也就是说,随着厂商销售量的增加,每单位产品的收益 AR 是递减的。通过前面的学习我们知道,垄断竞争厂商面对两条需求曲线:主观需求曲线和客观需求曲线。在这里,平均收益曲线 AR 是与主观需求曲线 d 重合的。这是因为,主观需求曲线是垄断竞争厂商预想中的需求量与价格之间的关系。由于自己的市场份额较小,垄断竞争厂商认为其行为是独立的,不足以对其他厂商造成影响。另外,即便厂商认识到其他厂商会对其决策有所反应,由于市场上存在数量较多而且规模普遍较小的厂商,该厂商也难以准确地预测客观需求曲线的位置。

垄断竞争厂商的边际收益曲线是与厂商的主观需求曲线一一对应的。由于主观需求曲线是向右下方倾斜的,也就是说随着需求量的增加,产品的价格呈下降趋势,因而随着需求量的增加,厂商每增加一单位产品的销售,所带来的边际收益也是下降的,而且下降得更快,表现在图形上,边际收益曲线位于主观需求曲线的下方且更为陡峭,如图 7.2 所示。随着厂商销售量的增加,边际收益呈递减趋势,而且比平均收益下降得更快。

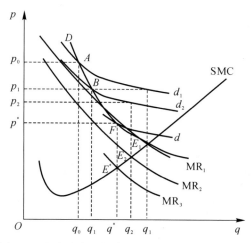

图 7.2 垄断竞争市场代表性厂商短期均衡的实现

2. 垄断竞争厂商的短期均衡

垄断竞争厂商短期均衡的实现,必须要满足厂商的边际收益等于边际成本,即 MR=MC 这一厂商实现利润最大化的条件。短期内厂商的规模不变,垄断竞争厂商要实现短期均衡,就要满足 MR=SMC 的条件。

如图 7.2 所示,假定最初某代表性厂商均衡于 A 点,其产品的价格为 p_0,需求量为 q_0。A 点位于厂商的主观需求曲线 d_1 上,相应的边际收益曲线 MR_1 位于 d_1 的下方,两者一一对应。厂商的短期边际成本曲线为 SMC。①

---

① 为简单起见,本章把边际收益曲线 MR 描绘成直线。

依据边际收益等于边际成本这一厂商均衡实现的原则,代表性厂商的边际收益曲线 MR_1 和边际成本曲线 SMC 交于 E_1 点,厂商实现利润最大的产量为 q_1。同时,根据主观需求曲线 d_1,相应的价格为 p_1。因而,为实现利润最大,厂商会将价格由 p_0 调整到 p_1。但是,价格调整后,由于其他厂商也会采取降价的措施,代表性厂商产品的需求量并不会像预想中那样增加到 q_1,而是依据图中客观需求曲线 D,只能增加到 q'_1。此时,代表性厂商的需求量为 q'_1,价格为 p_1,即图 7.2 中的 B 点。预想中利润最大的均衡并未实现,因而厂商需要继续调整。为此,代表性厂商须将其主观需求曲线从 d_1 下移至 d_2。B 点位于 d_2 上,边际收益曲线也相应地调整到 MR_2,新的边际收益曲线 MR_2 与短期边际成本曲线 SMC 相交于 E_2 点。依据 $MR_2=SMC$ 这一厂商均衡实现的条件,为实现利润最大,厂商会将价格继续调整至 p_2。同样地,价格调整后,其他厂商也会做出反应,代表性厂商产品的需求量无法达到预想中的 q_2,因而为实现利润最大,厂商需要继续调整。依此类推,厂商的主观需求曲线要继续沿着客观需求曲线向下移动。这一调整过程一直持续,直到厂商将价格调整到 p^*,即图 7.2 中的 F 点。F 点同时位于 d 和 D 两条需求曲线上。预想中利润最大的需求量 q^* 客观上得以实现,厂商实现了短期的均衡。

因此,垄断竞争厂商短期均衡的实现必须满足以下条件:①厂商的边际收益等于边际成本,即 $MR=SMC$;②厂商实现利润最大的均衡点恰好是主观需求曲线和客观需求曲线的交点,即厂商设想中实现利润最大的产量客观上恰好实现了。

垄断竞争厂商在短期均衡实现时,有可能获得超额利润,也可能获得正常利润,甚至可能会亏损,参见图 7.3。

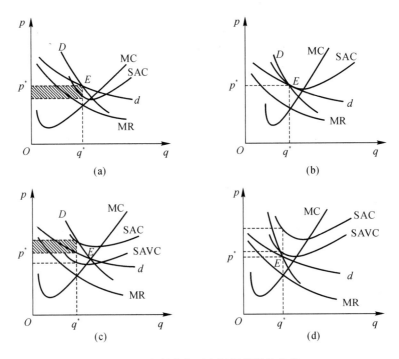

图 7.3 垄断竞争厂商短期利润的获得

(a)厂商短期获得超额利润; (b)厂商短期获得正常利润; (c)厂商短期亏损但生产; (d)厂商短期亏损不生产

利润的获得要看收益与成本的比较。如图 7.3(a)所示,若 AR>SAC 或 p>SAC,厂商获得超额利润,在图形中表现为短期平均成本曲线的位置位于主观需求曲线的下方,图中的阴影部分即为厂商获得的超额利润。如图 7.3(b)所示,若 p=AR=SAC,厂商获得正常利润,经济利润为零,在图形中表现为短期平均成本曲线与主观需求曲线相切于均衡点。如图 7.3(c)所示,若 p<SAC 或 AR<SAC,厂商亏损,表现在图形中短期平均成本曲线位于主观需求曲线的上方。此时,如图 7.3(d)所示,若 SAVC<p<SAC,厂商亏损但是仍会继续生产,因为生产可以弥补部分固定成本,与停产相比可以降低厂商的损失。若 SAVC$\geqslant p$,即短期平均可变成本曲线与主观需求曲线相切或位于其上方,厂商会选择停止生产。

总之,与完全竞争市场类似,由于短期内生产规模固定不变,不能随着市场的变化而变化,垄断竞争厂商可能会实现正的经济利润,也可能仅能实现正常利润,甚至亏损。

二、垄断竞争厂商的长期均衡

与短期相比,垄断竞争厂商在长期可以调整生产规模。加之,对垄断竞争行业来说,厂商进入退出比较容易,因而在长期内,厂商可以根据具体情况来选择进入或退出行业。

垄断竞争厂商长期均衡的实现依然要满足 MR=MC 这一前提条件。厂商面临两条需求曲线,因而均衡点应位于两条需求曲线的交点上,即厂商主观预想中的最大利润能够在客观上实现。在图 7.4(b)中,边际收益曲线 MR 与长期边际成本曲线 LMC 的交点对应的 E 点确定了最优的产量为 q^*,相应的均衡价格为 p^*,而客观需求曲线恰好穿过均衡点 E 点。

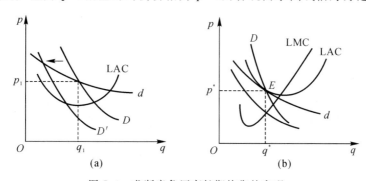

图 7.4 垄断竞争厂商长期均衡的实现

短期内,垄断竞争厂商可能获得正的经济利润,也可能出现亏损。但是,在长期内,垄断竞争厂商长期仅能获得正常利润。由于垄断竞争市场中厂商进入、退出市场都比较容易,若厂商能够获得超额利润,就会吸引新厂商进入市场。在市场需求不变的条件下,行业内厂商数目的增加会使得每家厂商的市场份额减少,市场份额需求曲线左移,为实现利润最大,厂商只能降低产品的价格。只要厂商存在超额利润,这一调整就会持续下去,直至其经济利润为零。如图 7.4(a)所示,假定代表性厂商实现利润最大时,价格为 p_1,产量为 q_1,获得正的经济利润,吸引新厂商进入。在市场需求不变的条件下,厂商数目的增加使得代表性厂商所占的市场份额减少,市场份额需求曲线 D 向左平移至 D'。为实现利润最大的均衡,代表性厂商需要将主观需求曲线向下平移,降低产品的价格,这一过程会一直持续到厂商获得正常利润为止。此时,如图 7.4(b)所示,长期平均成本曲线 LAC 与主观需求曲线 d 相切于均衡

点 E 点,代表性厂商获得正常利润。

同样地,垄断竞争厂商也不会一直处于亏损状态。若厂商处于亏损状态,就会有厂商退出该市场。在市场需求不变的条件下,厂商数目的减少会使得每家厂商所占的市场份额增加,市场份额需求曲线 D 向右移动。为实现均衡,厂商会提高产品的售价,这一调整过程会持续到厂商的亏损消失。

可见,垄断竞争厂商长期均衡的实现,必须要满足以下三个条件:①MR=LMC,即厂商的边际收益等于长期边际成本;②客观需求曲线 D 恰好穿过均衡点 E 点,即厂商预想中的均衡点客观上实现了;③长期平均成本曲线 LAC 与主观需求曲线 d 相切于均衡点 E 点,p=LAC,表明在长期厂商仅能获得正常利润。

垄断竞争厂商在长期均衡实现时只能获得正常利润。这一点与完全竞争市场相同,但两者也有很多差异,主要集中在这几个方面。首先,完全竞争市场上厂商的需求曲线是一条平行于横轴的线,同时 MR=AR=p,边际收益曲线、平均收益曲线与需求曲线三线合一时即有 MR=AR=p。垄断竞争厂商的需求曲线是向右下方倾斜的,边际收益曲线位于需求曲线的下方,即 MR<p。其次,完全竞争厂商的长期均衡点位于长期平均成本 LAC 曲线的最低点。这意味着,在该点生产,每单位产品的平均成本最低,产品的价格最低。垄断竞争厂商的长期均衡点则位于长期平均成本曲线的下降部分,相应地,均衡价格高于完全竞争厂商的均衡价格,而均衡产量则低于完全竞争厂商的均衡产量。再次,完全竞争厂商均衡时,价格等于长期边际成本即 p=LMC,其中 p 是市场上需求方对购买的最后一单位产品的价值判断,LMC 则是厂商生产最后一单位产品所耗费的成本,价格与长期边际成本相等意味着资源配置的效率达到最优。垄断竞争厂商的长期均衡实现时,价格高于长期边际成本即 p>LMC,这表明:一些对产品的价值评价高于长期边际成本的消费者没有购买产品,垄断竞争厂商长期存在过剩的生产能力和无谓的效率损失。

图 7.5 中,我们假定厂商的长期平均成本为 LAC。在完全竞争市场中,厂商的长期均衡点为 E_1,均衡价格是 p_1,均衡的数量是 q_1。在垄断竞争市场中,依据 MR=LMC 这一利润最大化的原则,厂商的长期均衡点为 E_2 点,均衡价格和均衡数量分别为 p_2 和 q_2。显然,垄断竞争厂商与完全竞争厂商在长期都仅能获得正常利润。不同的是,在厂商的长期平均成本相同的情况下,垄断竞争厂商产品的价格 p_2 高于 p_1,均衡数量 q_2 低于 q_1。从生产的角度来看,垄断竞争厂商完全可以扩大生产规模,提高产量至 q_1,这样可以最大限度地降低其产品的平均成本。但是追求利润最大化的垄断竞争厂商显然不会这么做。也就是说,垄断竞争厂商在现有技术水平下还有一部分生产能力没有完全发挥出来,这部分未完全被垄断竞争厂商利用的生产能力,即完全竞争厂商长期均衡的产量与垄断竞争厂商长期均衡的产量的差(q_1-q_2),被称为过剩的生产能力。

从图 7.5 中可见,垄断竞争厂商的长期均衡点 E_2 点位于 LAC 曲线最低点的左边。长期均衡实现时垄断竞争厂商的规模要小于完全竞争厂商的最优规模,还存在过剩的生产能力没有充分地发挥出来,资源的利用也未达到最有效率的状态。这些都与垄断竞争市场上厂商的需求曲线的弹性有关。完全竞争厂商的需求曲线 d_1 平行于横轴,在长期均衡时需求曲线切于 LAC 曲线的最低点。垄断竞争厂商的需求曲线 d_2 的斜率为负,长期均衡实现时需求曲线切于 LAC 曲线最低点的左边。而且,垄断竞争厂商的主观需求曲线 d_2 的弹性越大,曲线越平缓,其均衡点就越接近于完全竞争厂商的均衡点,垄断竞争厂商与完全竞争厂商的价格和产量的差别就越小,反之则差别越显著。

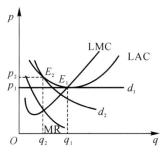

图 7.5 过剩的生产能力

垄断竞争市场上厂商的需求曲线的斜率为负,究其原因在于垄断竞争市场上厂商所提供的产品是独特的、有差别的。这一特点使得厂商对其产品的价格有一定的控制力,从而区别于完全竞争市场上作为价格接受者的厂商。如何来看待垄断竞争市场上存在的过剩生产能力呢?我们举例来分析。试想,当你走进一家书店,准备购买一本小说,你希望看到的是种类不同,情节各异的作品,还是完全同质的小说?恐怕大家都会选择前者,都希望有更多的选择。此外,诸如服装、餐饮等很多产品市场都是如此。正是从这个角度来讲,有人将垄断竞争市场上存在的过剩的生产能力及其效率损失称作产品多样化的代价。消费者在享受市场上琳琅满目、花样繁多的商品的同时也必须接受其较高的价格。另外,由于垄断竞争市场上有较多的厂商相互竞争,产品的可替代性较强,市场上垄断的势力并不大,没有哪一个厂商拥有较强的垄断能力。这一特点在图形上表现为:厂商的需求曲线较为平缓,因而过剩的生产能力以及效率损失都不会很大。

在垄断竞争市场上,依据消费者的需求,只要符合利润最大化原则,厂商就会有产品供给,只是不存在有规律性的供给曲线而已。同样地,根据需求以及与各种可能的产品价格构成非一一对应关系的各种可能的产品供给,可以确定交易实现时交易双方互惠互利的价格、需求量和供给量,并且由此价格及其变化指导着未来的需求量与供给量。

三、垄断竞争市场的交易实现

与垄断市场类似,垄断竞争市场上,市场的需求曲线可以说就是厂商的需求曲线。只是因为竞争成分的存在,垄断竞争市场的需求曲线比垄断市场的需求曲线要平缓得多。尽管垄断竞争厂商不存在有规律的供给曲线,然而,依据消费者的需求,只要符合利润最大化原则,厂商就会有产品供给。厂商与消费者达成交易时,就完成了交易,并确定出厂商与其消费者交易的产品的市场价格(公平价格)与交易量。

四、非价格竞争

价格竞争是市场中厂商经常采用的一种竞争方式。垄断竞争市场上价格竞争也很普遍,但价格竞争存在着很多的缺陷。比如,若产品的定价太低,厂商无法收回成本,就很容易出现资金的短缺。而且,厂商为降低成本往往会降低产品或者服务的质量,这样做的结果是给消费者的利益带来损失的同时也损害了企业的形象。此外,价格竞争比较容易效仿。降价促销短期内可能会提高产品的销售量,但容易招致竞争对手的报复,无法持续获得较高的利润,甚至会引发恶性竞争。这对整个行业的长远发展都是不利的。

可以说,非价格竞争已经越来越成为垄断竞争厂商采用的主要竞争方式之一。完全竞争市场上厂商所提供的产品都是同质的,厂商之间无法采用非价格竞争。完全垄断市场上只有一个厂商,无须采用非价格竞争。然而,厂商提供的产品是有差别的是垄断竞争市场的特点之一。这种产品之间的差别使得垄断竞争市场中存在着垄断的势力,而且产品的差别越大,需求曲线越陡峭,厂商的垄断能力越强,厂商对产品的定价能力也就越强。因而,垄断竞争厂商有意愿通过提供与竞争对手在外观、性能、质量、服务等方面有差异的产品,来扩大产品的销售,提高其利润。

非价格竞争,实际上是厂商通过提供在产品的性能、外观、质量以及服务等方面具有差异化的产品,来争取消费者的竞争策略。加大对新产品的研发力度,改善产品的质量,增加产品的功能,能够提高产品的核心竞争力,能够使厂商在激烈的竞争中脱颖而出。同时,服务是维系品牌与消费者关系的纽带,也是提高消费者满意度与对产品忠诚度的重要方式,因而为顾客提供差异化的服务也是重要的非价格策略之一。此外,选择适当的商标策略,并逐步树立企业独特的品牌形象,尤其是利用广告宣传来提高品牌知名度有较好的效果,使之成为众多厂商的选择。

非价格竞争引起了经济学家的广泛关注。比如,非价格竞争是加剧了竞争还是强化了垄断势力就是一个有争议的题目。一方面,非价格竞争强化了市场竞争。垄断竞争厂商为扩大销售量,会加大产品研发的力度,改进产品的性能,不断提高售后服务的质量,并采取广告攻势、树立品牌形象等多种非价格手段,提供差异化的产品,满足不同消费者的消费需求,以期获得更高的利润。另一方面,非价格竞争一定程度上又增加了消费者对某种品牌的依赖,使得垄断竞争厂商提高了产品的垄断能力,也提高了其对价格的控制力。

非价格竞争的方式很多,但广告与品牌是经济学家争论的焦点之一。当然,广告与品牌有着密切的关系。一般而言,有品牌的厂商所花费的广告费用更多,而且其产品收取的价格也更高。

现实经济生活中,广告几乎充斥着我们生活的每一天。报纸、杂志、广播、电视等都是广告传播的重要形式。但是不同产品的广告宣传力度有很大的差别,有些产品如化妆品等的广告宣传力度很大,而有些产品如小麦等则根本没有广告。广告的传播形式也是多样的,报纸、杂志、广播、电视等都是重要的形式。从整个社会的角度来看,广告的作用以及厂商用于广告的资源是不是一种浪费等问题引起了激烈的争论。其中对广告持肯定态度的人认为,由于信息的不对称,对于很多产品,消费者在购买前很难了解产品的质量状况,而卖者比买者更了解自己产品的质量状况,因此卖者需要用广告来介绍自己的产品。广告为消费者提供了产品质量的相关信息,如产品的特点、价格等,并显示和强化了产品的差异性。这些产品的相关信息如果是由消费者个人搜集的话,将是费时费力的,而且一般消费者很难准确地了解设计、产品结构和性能等方面原因所造成的差异性。

但是,广告的批评者却认为广告造成了社会资源的浪费。在现实生活中,很多广告并没有提供多少关于产品的实质性的信息,比如广告中某明星正在品尝某种饼干,并感叹味道好极了。的确,从这个角度来讲,不少广告并没有提供关于商品的直接信息。针对广告批评者的质疑,对广告持肯定态度者认为,广告是否传递了产品的直接信息并不重要,只要让消费者看到厂商花了大量资金做广告就够了。即使看起来没提供什么信息的广告也会向消费者传递某些关于产品质量的信息,而且提供的比你想象的还多,因为企业愿意花钱做广告本身就向消费者提供了其产品是高质量产品的信号。即大量看似无用的广告是厂商告诉消费者的一个信号:"我们是最好的,不然我们不会花费大量资金做广告。"

下面我们举例来说明广告所起到的信号作用。

假定市场上有A、B两家生产食品的企业。每家企业都知道,如果把1 000万元用于广告,就能有100万消费者尝试自己的新麦片(假定每个消费者只购买一盒),每盒麦片的价格为3元。同时,为方便分析,我们假定厂商的边际成本为零,因此300万元销售收入全是企业的利润。

先来考虑企业A的决策。该企业知道,其麦片的味道一般。虽然广告能使100万消费者尝试新麦片,但是再次购买的可能性不大,因而对该企业来说,支付1 000万元的广告费只得到300万的销售额不值得。结论是A企业不会做广告。

对企业B来说,该企业很清楚自己的麦片不错,并且相信消费者初始购买后会重复购买,1 000万元的广告费会带来更高的销售额和利润。因此对该企业来说,做广告就是有利的。

如果消费者知道产品是高质量的,那么在最初的消费后,就会重复购买该产品,而低质量产品在被消费者了解后将不再重复购买。这种重复购买的机制就将广告与产品的质量信息联系起来。此时广告的作用已经不仅是提供了多少产品的信息,而是说企业花巨资做广告本身就是一种信息。广告之所以起作用,是因为消费者理解了厂商用大量的资金传来的信号:我们坚信自己的产品是市场上最好的,因此才会为它花大量的资金做广告。

总的来说,对广告持肯定态度的经济学家认为,"广告是高质量产品的信号"这一论述颇有道理。厂商通过广告向消费者提供了大量的信息,使得消费者可以更好地选择需要的产品,节省了消费者的时间,提高了资源配置的效率。同时,他们还认为广告加剧了竞争。而持批判态度的人则认为很多广告都不是给消费者提供信息,而是劝说消费者购买其产品。同时,厂商通过广告宣传等活动夸大了产品之间的差别,使消费者相信产品的差别大于真实的情况,从而提高消费者对其产品的忠诚度,提高了厂商对产品的垄断能力,抑制了竞争。同时,他们也对于广告传递高质量产品的信号的作用提出了质疑。

虽然两种观点针锋相对,但无论是广告的支持者还是批判者都不能否认广告的效果。广告的作用和效果如图7.6所示。一方面,广告的费用会增加厂商的固定成本。如图7.6中,不做广告之前,厂商的平均成本为AC,做广告后,厂商的平均成本会上升,由AC上升至AC'。广告费用的增加对厂商的MC没有影响,因而厂商的MC曲线不变。另一方面,广告的宣传活动,在增加厂商的成本的同时会增加产品的需求。由于广告的宣传和推销,市场上消费者对该产品的需求会增加,因而厂商的需求曲线会向右移动,表现在图形上,厂商的主观需求曲线d右移至d'。相应地,边际收益曲线MR移至MR'。依据MR=MC这一实现利润最大化的原则,厂商的均衡产量由做广告之前的q_1增加至q_2,均衡价格由p_1上升至p_2。从图7.6中可见,做广告前厂商仅能获得正常利润,超额利润为零。做广告后产品的价

格 p_2 高于其平均成本 AC，厂商可以获得超额利润，厂商做广告是值得的。但是，若行业内其他厂商也开展各种广告推销的活动，行业内广告的竞争激烈的话，广告所能带来的效果就会小得多。厂商的产品的需求量增加得少，需求曲线右移的幅度较小，这种情况下做广告所带来的收益的增加很可能会小于为做广告所增加的成本，这种情况下做广告就是不值得的。而且，对广告持否定态度的人还认为广告抬高了企业的生产成本，并将其通过提高产品价格的方式转嫁给了消费者，显然无论是对消费者还是生产者而言，这都是一种无谓的损失和浪费。

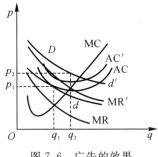

图 7.6 广告的效果

那么，厂商的广告支出的少才是合适的呢？根据边际分析的方法，厂商要确定最优的广告支出，必须使得厂商花在广告上的最后一元钱即在广告上所花费的边际成本恰好等于这最后一元钱所带来的边际收益。这里需要注意的是，由于广告宣传会带来产量的提高，因而最后一元广告费的边际成本除了这一元的广告费用外，还应包括由产量增加而增加的生产成本。

假定 A 为广告支出，E_A 代表厂商需求的广告弹性，即增加广告支出所引起的需求变化的百分比，E_D 代表厂商需求的价格弹性，即价格上升 1% 所引起的需求变化的百分比，最优的广告支出可由下式表示：

$$\frac{A}{pq}=-\frac{E_A}{E_D} \tag{7.1}$$

这被称为多夫曼-斯泰纳条件。其证明如下：厂商做广告后的利润为：$\pi = pq(p,a) - C(q) - A$，其中 A 为广告支出，将 π 对 A 求偏导，导数等于 0 时，厂商实现利润最大化，即广告的边际收益 $\mathrm{MR}\left(\frac{p\Delta q}{\Delta A}\right)$ 等于广告的全部边际成本 $\mathrm{MR}\left(=1+\frac{\mathrm{MC}\Delta q}{\Delta A}\right)$。于是：$(p-\mathrm{MC})\frac{\Delta q}{\Delta A}=1$ 两边同乘 $\frac{A}{pq}$ 得 $(p-\mathrm{MC})\frac{\Delta q}{\Delta A}\frac{A}{pq}=\frac{A}{pq}$，其中，$\frac{\Delta q}{\Delta A}\frac{A}{pq}=$ 厂商需求的广告弹性 E_A 而且依据 $\mathrm{MC}=\mathrm{MR}=p\left(1-\frac{1}{E_D}\right)$，可得：$\frac{p-\mathrm{MC}}{p}=-\frac{1}{E_D}$，将 E_A、E_D 代入可得：$\frac{A}{pq}=-\frac{E_A}{E_D}$。

式(7.1)就是广告的简单法则。广告支出占销售额的比率即 A/pq，取决于厂商需求的广告弹性 E_A 与需求价格弹性 E_D 的比值。需求的广告弹性越大，价格弹性越小，则广告支出占销售额的比率越大。需求的广告弹性越大，表明广告支出所带来的需求量的增加幅度越大，广告的效果越好，而厂商做广告会带来成本的增加和价格的上升。需求价格弹性越小，则消费者对产品的价格上升越不敏感，价格上升引起的需求量的减少幅度越小。厂商可以借助这一法则来验证广告预算是否合适。假设一家厂商每年的销售收入为1 000万元,该厂商了解到自己需求的广告弹性为0.2,而其需求的价格弹性为-4。根据广告的简单法则,则该厂商的广告预算应为50万元。当然,这里我们只是简要介绍了理论上最合适的广告费用的确定。在实际的操作中,厂商往往会凭借经验来确定广告费用的支出,或者按照竞争对手的广告支出来确定自己的广告费用,从而使得广告与销售量之间的关系更难以把握,进一步造成资源的无谓浪费。

思 考 题

一、名词解释

垄断竞争市场　主观需求曲线　客观需求曲线　过剩的生产能力

二、简答题

1. 试述垄断竞争市场的特点以及与完全竞争市场的区别。
2. 为什么在垄断竞争市场上厂商面对着两条需求曲线?它们各自在什么情况下有效?与完全垄断的厂商相比,垄断竞争厂商面临的需求曲线的弹性要大一些,为什么?
3. 垄断竞争市场上,厂商的短期均衡是如何实现的?
4. 作图表示垄断竞争厂商的长期均衡,并分析垄断竞争厂商长期均衡实现的过程。
5. 判断并分析下列企业中哪一个更可能做广告:
 (1) 家庭拥有的农场,还是家庭拥有的餐馆;
 (2) 叉车制造商,还是轿车制造商;
 (3) 一家生产高品质手表的企业,还是一家生产低质量手表但生产成本相同的企业。

三、计算题

1. 假定某一垄断竞争厂商的长期总成本函数为 $LTC=0.001q^3-0.425q^2+85q$,若行业内所有厂商都按照相同的比例调整价格,则每个厂商的市场份额需求曲线对应的客观需求函数为 $q=300-2.5p$,求:
 (1) 该厂商长期均衡时的产量和价格;
 (2) 该厂商长期均衡时的主观需求曲线的弹性;
 (3) 若该厂商的主观需求曲线是线性的,求厂商长期均衡时的主观需求函数。
2. 假定某一垄断竞争厂商长期均衡时,客观需求曲线为 $p=51-2q$,平均成本函数为 $AC=q^2-16q+100$。求:
 (1) 长期均衡时的产量与均衡价格;
 (2) 均衡产量下,厂商的边际收益。
3. 某垄断竞争厂商所面临的主观需求函数为 $q=11\ 600-1\ 000p+20A^{0.5}$,该厂商相信其销售量取决于产品的价格和广告的费用,其中,q 表示年销售量,A 为用元表示的广告费用,该厂商的总成本函数为 $C=0.001q^2+4q+A$。求:

(1)厂商实现利润最大化时,均衡的产量和价格;

(2)与不做广告比,每年厂商的利润有何变化?消费者剩余有何变化?

4.假定某行业属于垄断竞争行业,在这一行业中,代表性厂商的长期总成本函数为 $LTC=0.0025q^3-0.5q^2+384q$,其主观需求曲线为 $p=A-0.1q$,同时,我们假定整个行业都处于长期均衡中。求:

(1)代表性厂商的产量和产品的价格;

(2)A 的值。

扩展阅读

投资环境就像空气,空气清新才能吸引更多外资。过去,中国吸引外资主要靠优惠政策,现在要更多靠改善投资环境。我们将加强同国际经贸规则对接,增强透明度,强化产权保护,坚持依法办事,鼓励竞争、反对垄断。

——《开放共创繁荣 创新引领未来》,在博鳌亚洲论坛2018年年会开幕式上的主旨演讲(2018年4月10日)

。全面实施市场准入负面清单制度,清理废除妨碍统一市场和公平竞争的各种规定和做法,支持民营企业发展,激发各类市场主体活力。深化商事制度改革,打破行政性垄断,防止市场垄断,加快要素价格市场化改革,放宽服务业准入限制,完善市场监管体制。

——《决胜全面建成小康社会夺取新时代中国特色社会主义伟大胜利》,在中国共产党第十九次全国代表大会上的报告(2017年10月18日)

第八章 寡头垄断市场

本章的寡头垄断市场和上一章的垄断竞争市场是介乎于完全竞争市场和完全垄断市场之间的现实的市场结构。垄断竞争市场的竞争味道较浓,寡头垄断市场竞争味道更浓,接近于完全垄断市场。

本章在介绍寡头垄断市场的特征后,重点分析寡头垄断的几个理论模型。同时,还分析了各个不同市场结构的效率与福利比较。因为寡头垄断市场的现实情况复杂,理论分析的难度就比较大,争论在所难免。现代经济学更多地运用博弈论对寡头垄断市场进行分析。

第一节 寡头垄断厂商

一、寡头垄断市场的特点

寡头垄断市场的基本特点有以下几方面:

(1)厂商数目较少。每个厂商都有较大的市场份额及影响力。经济学家用统计学上的集中率指标来衡量厂商的市场支配地位。集中率是指四家最大企业在市场总份额的百分比。一般认为:20%以下为竞争性市场,20%~39%为弱寡头市场,40%~59%为一般寡头市场,60%以上为强寡头市场。在美国经济中,像电灯泡、飞机制造、烟草、家庭厨房设备及早餐食品等行业,集中率都超过80%。这些行业最适于被描述为寡头垄断市场。

(2)产品可以是同质的,也可以是有差别的。寡头垄断市场上,如果厂商的产品没有差别,彼此之间相互依存度高,经济学上把这种情况称为纯粹寡头(pure oligopoly),如现实经济中的钢铁、有色金属、水泥、化纤等行业。如果厂商的产品存在差别,彼此间相互依存度较低,称为差别寡头(differentiated oligopoly),如现实生活中的汽车、重型机械、电气产品、烟草等行业。

(3)进出一个行业有较高的壁垒。这是少数厂商能够占据绝大部分市场份额的必要条件。这样的进入壁垒,主要来源于这些行业存在着新厂商进入的资金、技术等方面的限制,以及由此而形成的规模经济。规模经济的存在使得大规模生产占有强大的优势。大企业不断壮大,小企业很难生存,最终会形成少数厂商激烈竞争的局面。另外,在某些情况下,行业内的厂商刻意构筑较高的进入壁垒,人为地阻止新厂商的进入。这种现象的出现的主要原因是行业内厂商数量较少,厂商之间的串通比较容易。由此,寡头市场上将长久存在几个老面孔。

（4）对产品价格有较强的控制能力，厂商是价格搜寻者(price seeker)。完全竞争市场上，厂商是产品价格的接受者。完全垄断市场上，厂商是产品价格的制定者。而寡头垄断市场上的厂商，既不是价格接受者，也不是价格的制定者。与垄断竞争市场上的厂商类似，寡头垄断市场的厂商是价格搜寻者。所不同的是，寡头垄断市场上厂商数量较少，单个厂商的市场份额明显高于垄断竞争市场上的厂商。这就决定了，在市场价格的影响力方面，寡头垄断厂商也明显高于垄断竞争厂商。

（5）寡头厂商之间的相互依存。由于寡头市场上各个厂商实力都比较强，厂商之间真正竞争起来，结果将是惨烈的，往往会鱼死网破。所以，一个厂商在采取某种行动时必须考虑其他厂商的反应。因为这种反应，反过来会对自己的决策产生影响。在完全竞争市场上，厂商数量众多，各自规模很小且行为是完全独立的，彼此之间井水不犯河水，根本不必考虑他人的反应。垄断市场上，一个厂商占有整个行业，自然就不存在对它行动产生反应的对手。在垄断竞争市场上，虽然厂商之间也存在一定程度的相互依存关系，但由于厂商数量太多，每个厂商都只占有很小的市场份额，一项决策对其他厂商的影响可以忽略不计。因此，寡头市场上，一个厂商在不能吃掉其他对手的情况下，学会与对手和平相处（包括勾结与串谋）是明智的选择。所以说，厂商之间的相互依存性是寡头市场最突出的特征。

二、寡头垄断厂商及其成因

面对消费者的需求，以及总体上呈现向右下方倾斜的市场需求曲线，寡头垄断市场是只有少数几个提供相似或相同产品的卖者的市场结构。少数几家大规模的厂商，即寡头，占据了整个行业或行业的大部分产出。和垄断竞争市场一样，寡头垄断市场也是一种被认为较为普遍的市场组织。在西方发达国家，不少行业都表现出寡头垄断的特征。例如，美国汽车行业的三巨头——通用、克莱斯勒和福特。在中国，寡头（垄断）市场也是一些行业的特征。比如，中国民航业由中国国际航空公司、中国南方航空公司和中国东方航空公司三分天下。同样情况也出现在中国的石油行业，由中石化、中石油与中海油三家完全掌控。在全球范围内，世界铁矿石三巨头——巴西淡水河谷公司、澳大利亚的必和必拓公司与力拓矿业集团掌握着铁矿石的定价权，等等。

寡头垄断市场在不同的行业可能有许多不同，甚至有明显的差异。但是，从总体上看，不同行业的寡头垄断市场有一些共同的问题。比如，根据产品的特征，可以分为纯粹寡头行业和差别寡头行业。产品同质或无差别的几个厂商共存的市场（行业），可以看作是纯粹寡头行业，现实中的钢铁、水泥等行业就是如此。如果厂商生产的产品是有差别的，则该行业被看成是差别寡头行业，如汽车、冰箱等行业。根据厂商之间的行为方式，寡头行业又有合作（厂商之间有勾结行为）寡头与独立行动（非合作）的寡头之分。根据某一寡头行业厂商数量划分，还可以区分为双寡头市场和多寡头市场，其中，多寡头市场因寡头数量的差异，有人戏称为"三巨头""四大王""七姐妹""八大金刚"等。

寡头市场的形成原因与垄断市场很相似。首先，某一行业中，几家厂商对生产所需的生产资源能够进行控制；其次，某些产品的生产必须在相当大的生产规模上进行才能达到更好的经济效益，即具有明显的规模经济效应；另外，政府的支持及其限制厂商数量的规定。所有这些，都使得其他厂商的进入难度很大，形成一定的进入障碍。因此，寡头市场的形成与垄断市场的形成相似,只是程度上的差别而已。无论在理论上还是现实中,寡头市场都是接近于垄断市场的一种市场组织。

第二节 寡头垄断厂商的均衡

寡头垄断市场的现实情况非常复杂,理论分析的难度较大,至今还没有一个完整统一的理论分析模型。这是因为:寡头垄断市场上可能有两家厂商,也可能有十几家乃至几十家厂商;可能是纯粹寡头,也可能是差别寡头;可能独立行动,也可能彼此勾结串谋;可能采取价格竞争,也可能采取非价格竞争;其他厂商的进入可能相当困难,也可能极其困难……所有这些不确定性因素的存在,都会影响到寡头垄断厂商需求曲线的具体形状及其经营策略。因此,寡头垄断厂商的均衡(包括均衡产量和均衡价格)解,是寡头厂商之间互依互约的。换言之,寡头垄断市场上,厂商之间的均衡是一种博弈均衡。

由于寡头垄断市场的现实复杂性及理论分析者的不同假设条件,产生了许多关于寡头垄断厂商均衡的理论模型。其中主要有拐折需求曲线模型、古诺模型、价格领导模型、卡特尔模型等。

一、拐折需求曲线模型

拐折需求曲线模型又称斯威齐模型,是美国经济学家斯威齐(Paul Marlor Sweezy,1910—2004)于1939年提出的。这一理论分析的现实前提是,人们注意到,在寡头市场上,厂商的价格甚至包括产量都相对比较稳定。作为差别寡头的厂商,它们之间的竞争尽管有时会打价格战,但一般主要采用非价格竞争的方式。因为寡头厂商都清楚,价格战的竞争结果往往是两败(多败)俱伤。拐折需求曲线模型就较好地解释了这一现象。

如图8.1所示,寡头厂商实际上也面临像垄断竞争厂商那样的两条需求曲线。所不同的是,在市场价格为 p_0 时,若非出于成本变化的原因,厂商是不会往上提价的。因为一旦提价,其他厂商正好借机抢夺它的市场份额。结果是,厂商稍微提价就会失去很多顾客,表现为需求弹性较大。这样,厂商的需求曲线就由 BG 变为 AB。若厂商降价,它的需求曲线也不会沿着 AB 下去变为 BH。因为,别的厂商不会坐以待毙,也会做出积极反应,比如,与其展开价格战。这样,厂商的降价也不会带来销售量的明显增加,表现为需求弹性较小。降价后,厂商的需求曲线将会变为 BD。总体上,厂商的需求曲线将会在 p_0 价格上下出现拐折,即出现一条 ABD 的拐折需求曲线。

对应于厂商的拐折需求曲线 ABD,厂商的边际收益曲线也将发生拐折,并出现断裂。和需求曲线 AB 相对应的边际收益曲线为 AC,与需求曲线 BD 相对应的边际收益曲线为 EF,CE 之间就会出现一个缺口。当然,CE 曲线本身就是寡头厂商的边际收益曲线的一部分。在价格为 p_0 的情况下,只要厂商的成本(边际成本)没有太大的变化,比如图中的 MC_0、MC_1、MC_2 变化幅度在 CE 之间,根据厂商利润最大化原则,厂商将保持 q_0 的产量和 p_0 的价格。因此,拐折需求曲线模型重点解释了在不存在勾结的寡头市场上,由于竞争对手的存在及其反应,只要成本没有明显的变化,厂商取得利润最大化的均衡决策将是保持产量和价格的稳定。

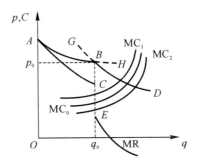

图 8.1 拐折需求曲线模型

拐折需求曲线模型被理论界广泛认为是寡头垄断市场的一般理论和基础模型。它也的确较好地解释了寡头垄断市场上,厂商产品的价格以及产量(一旦存在就)相对稳定的经济现象。而微观经济学在分析厂商行为时,重要任务之一就是要搞清楚产品的价格和厂商的产量是如何被决定的,而不是相反地,先给出一个既定的价格,再来解释厂商行为。同时,这一模型也不能较好地解释寡头市场上厂商的长期行为。

拐折需求曲线模型被称为"悲观主义模型",即寡头们都认为对手会采取对自己不利的措施。于是,寡头厂商的行为谨慎,表现为寡头厂商的产品价格和产量相对稳定。

二、古诺模型

古诺模型属于早期的寡头模型,是由法国经济学家古诺(Antoine Augustin Cournot, 1801—1877)在1838年提出的,通常被作为寡头垄断理论分析的出发点。它是一个分析只有两个寡头厂商的简单模型,所以又被称为古诺双寡头模型。当然,理论的分析结果可以被推广到三个及其以上的多寡头的市场上。

古诺双寡头模型假设:①有两个生产一种同质产品(如矿泉水)的寡头 A 和 B,各自都追求利润最大化;②厂商的生产成本(边际成本)为0;③共同面临一条线性的市场需求曲线;③核心的假设是,一家厂商先进入市场,另一家后来跟进,且都认为对手的行为既定不变,即 A 和 B 都是在已知对方产量的情况下,各自确定能给自己带来最大利润的产量,每一个厂商都是消极地以自己的产量去适应对方已确定的产量。经过多轮的较量,最终决定出产品的价格与各自的产量。

在第一轮竞争中,A 厂商率先进入市场。由于我们假设厂商的生产成本为零,所以,厂商的收益就是利润。根据前面所学知识,面对一条线性的需求曲线 D,如图 8.2 所示,厂商的边际收益曲线实际上是 $p_0q_1$①。

F 点的需求价格弹性为1,即厂商的需求曲线假设为与坐标轴构成等腰直角三角形,厂商收益最大化即边际收益为零。于是,厂商 A 将产量定位为市场总容量的 $\frac{1}{2}$,即 $Oq_1 = \frac{1}{2}q_0$,价格为 p_1。此时,厂商最大化的利润量为图中 Op_1Fq_1 的面积。然后,厂商 B 进入市

---

① 为避免后面分析时曲线太多太乱,图上没有画出。

场。厂商B清楚地知道,厂商A留给自己的市场容量为 $q_1q_0 = \frac{1}{2}q_0$。为了利润最大化,厂商B也按相同的方式行动,将产量确定为A厂商留给自己的 $\frac{1}{2}$,即 $q_1q_2 = \frac{1}{2}q_0q_1 = \frac{1}{4}q_0$。此时,产品的市场价格为 p_2,厂商B获得的最大利润相当于图中 q_1HGq_2 的面积。由于厂商B的进入及产品价格的降低,厂商A的利润减少为 Op_2Hq_1 的面积。

第二轮竞争中,假设厂商B已在市场上,且产量为 q_1q_2,给厂商A留下了 $\frac{3}{4}$ 的市场容量,即 Oq_1 和 q_1q_0。为了利润最大化,厂商A将生产自己面临的市场容量的 $\frac{1}{2}$,即产量为 $\frac{1}{2} \times \frac{3}{4}q_0 = \frac{3}{8}q_0$。与上一轮相比,厂商A的产量减少了 $\frac{1}{8}q_0$。在厂商A产量为 $\frac{3}{8}q_0$ 时,留给厂商B $\frac{5}{8}$ 的市场容量,厂商B将生产 $\frac{5}{16}q_0$。与上一轮相比,厂商B的产量增加了 $\frac{1}{16}q_0$。

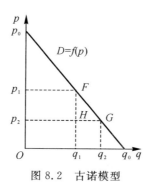

图 8.2 古诺模型

在一轮又一轮的反复竞争中,先进入市场的厂商A的产量逐渐减少,后进入市场的厂商B的产量逐渐增加……最后达到A、B两个厂商的产量都相等的均衡状态为止。两个寡头均分天下。厂商A的均衡产量为 $(\frac{1}{2} - \frac{1}{8} - \frac{1}{32} - \cdots)q_0 = \frac{1}{3}q_0$,厂商B的均衡产量为 $(\frac{1}{4} + \frac{1}{16} + \frac{1}{64} + \cdots)q_0 = \frac{1}{3}q_0$。此时,厂商A和B的产量都是市场总容量的 $\frac{1}{3}$,双寡头市场的行业总产量为 $\frac{2}{3}q_0$,见表 8.1。

表 8.1 古诺模型的企业行为过程

	第一轮	第二轮	第三轮	……	最终结局
厂商A	$\frac{1}{2}q_0$	$\frac{3}{8}q_0$	$\frac{11}{32}q_0$	……	$\frac{1}{3}q_0$
厂商B	$\frac{1}{4}q_0$	$\frac{5}{16}q_0$	$\frac{21}{64}q_0$	……	$\frac{1}{3}q_0$
总产量	$\frac{3}{4}q_0$	$\frac{11}{16}q_0$	$\frac{43}{64}q_0$	……	$\frac{2}{3}q_0$

推而广之,在有 n 个寡头存在的市场上,每个寡头厂商的均衡产量为市场总容量的 $\dfrac{1}{n+1}$,行业的均衡总产量为市场总容量的 $\dfrac{n}{n+1}$。古诺双寡头模型的分析表明,每一个寡头能够增加的供给空间有限,也表明寡头市场上的产品价格和厂商的产量相对稳定。

与拐折需求曲线模型不同,古诺双寡头模型是假设竞争对手不采取任何对自己不利的反应动作(模型中假定对手不改变产量)。寡头都是"天真的寡头"。因此,这一模型又被称为"乐观主义模型"。

经济学家用反应函数(reaction function)来解释双寡头厂商产量决定的古诺均衡解,是很有启发性的。因为反应函数描述的就是厂商 A 在厂商 B 既定的产量下如何决定自己的产量的。反之,厂商 B 也是在厂商 A 既定的产量下决定自己的产量的。双寡头之间的产量博弈,决定了古诺均衡解,如图 8.3 所示。

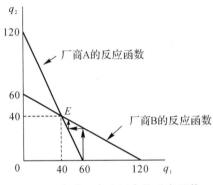

图 8.3 古诺双寡头厂商的反应函数

现假设市场的需求函数为 $q=120-p$,则逆需求函数为 $p=120-q$。

假设厂商 A 先进入市场。在厂商 B 还没进入的情况下,厂商 A 就是垄断者。这时,他的收益函数是:$TR=pq=120q-q^2$。边际收益函数为 $MR=120-2q$。

根据利润最大化原则 $MR=MC$,因为 $MC=0$,所以得出:$q=60$。

将 $q=60$ 代入需求函数,得到利润最大化的价格为 $p=60$。

现在企业 B 进入同一市场。整个市场的需求量要在厂商 A 和 B 之间分配,于是:
$$q_A+q_B=q=120-p$$
在厂商 A 既定的 60 单位产量不变情况下,市场留给厂商 B 的需求函数为
$$q_B=60-p \quad 或 \quad p=60-q_B$$
相应地,厂商 B 的收益函数和边际收益函数分别为
$$TR_B=pq_B=(60-q_B)q_B$$
$$MR_B=60-2q_B$$
同样根据利润最大化原则,厂商 B 的产量和价格为
$$q_B=30; \quad p_B=30$$
此时(新的一轮竞争开始),厂商 A 天真地认为厂商 B 的产量固定在 30 不变,厂商 A 的需求函数就变为
$$q_A=120-q_b^e-p=90-p \quad 或 \quad p=60-q_B$$

用上述相同的方法,在厂商 B 固定产量为 30 的情况下,厂商 A 的利润最大化产量和价格为

$$q_A = 45; \quad p_A = 45$$

……

一轮又一轮的竞争博弈,使得两个寡头都有如下的利润函数,求极大值可得:

$$\pi_A = (120 - q_A - q_B^e) \cdot q_A$$

$$\pi_B = (120 - q_B - q_A^e) \cdot q_B$$

$$\frac{\partial \pi_A}{\partial q_A} = 120 - q_A - q_B^e = 0$$

$$\frac{\partial \pi_B}{\partial q_B} = 120 - q_B - q_A^e = 0$$

$$q_A = \int (q_B^e) = \frac{120 - q_B^e}{2}$$

给定厂商 B 的产量 q_B 不变,厂商 A 的数量反应函数为:同样,可得厂商 B 的数量反应函数为

$$q_B = \int (q_A^e) = \frac{120 - q_A^e}{2}$$

这样的反应函数告诉我们,对厂商 A 而言,只有当 $q_B^e = q_B$ 时,即当厂商 A 对厂商 B 的预期产量 q_B^e 刚好等于厂商 B 根据他对厂商 A 的预期产量 q_A^e 所决定的产量 q_B 时,才能实现古诺均衡。

最后可得:

$$q_A^e = q_B^e = 40; q^e = 40$$

三、伯特兰模型

伯特兰模型(Bertrand model)是法国人伯特兰(Joseph Bertrand)于 1883 年提出的,旨在修正古诺假设的一个双寡模型。

在古诺模型中,每个厂商决定的是产量,即在对手的产量既定情况下,选择能使其利润最大化的产量。这一假定,对那些改变生产规模需要花费很长时间,以及资本品在全部生产成本中占很大比重的行业,是有一定道理的。然而,这一假定在许多寡头垄断行业中并不成立。因为,有一些行业的生产能力是很容易扩大的,比如,大城市中的出租汽车公司增加一些新车根本就没有多大障碍。如果说增加民航中飞机的数量的确需要一些时间的话,但某一家航空公司若要增加在已有航线上的飞行班次,则是一件较为简单的事。

在伯特兰模型中,保留了古诺模型的前三个假设,第四个假设变成了一家寡头视对手的价格为既定不变,自己来决定自己的产品价格。在一些寡头垄断行业中,厂商可以被认为是在选择价格,并且将其产量调整到该价格的需求水平上,使其利润最大化。伯特兰模型正是一个这样的模型:对手的价格不变,厂商通过选择价格以实现利润最大化的寡头垄断模型。

如果对手价格不变,那么,寡头垄断者便可以通过降低自己产品价格来夺取对手的顾客。但是,如果双寡头垄断厂商的产品是不完全替代的话,即使一家厂商的产品价格降得再低,他也不能争取到所有的消费者。

然而,在寡头垄断厂商之间的产品具有相当的或者较强的替代性的情况下,那情景就完全不同了。虽然双寡头厂商面临着同一条市场需求曲线,他们其中的每一个都会面对一条比共同的市场需求曲线弹性更大的需求曲线,如图 8.4 所示。需求曲线 D 是两个寡头共同面对的市场需求曲线,d_1、d_2 是单个寡头的需求曲线。如果一个厂商敢对顾客索取高于对手的价格,他将会失去很多顾客。但如果厂商索取的价格比对手低,则他会赢得很多顾客。

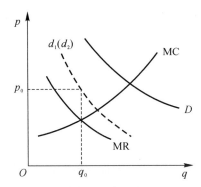

图 8.4 双寡头垄断的伯特兰竞争模型

如果考虑两个厂商生产的产品是完全替代的这种情况,就像古诺模型中假设的,寡头厂商都生产矿泉水这样的同质产品,问题就更清楚了。这时,如果一家厂商的价格比对手略低,他就会占有全部市场。如果他索取的价格比对手略高,他将失去整个市场。在这种情况下,两个寡头垄断者实际上都面临着一条水平的需求曲线,就像完全竞争市场上的厂商一样。

我们再假设,如果两个寡头垄断厂商的平均成本,尤其是边际成本是常数的话,每一厂商都认为,只要价格高于边际成本,对手不变动其价格时,自己略微削价就可以受益,甚至于占领整个市场。当然,对手也会以同样的方式思考并采取行动。结果是,两个寡头厂商打起价格战,直至价格降低到利润为零的水平为止,即双方都以边际成本销售产品,并且平分市场份额。所以,伯特兰模型又称为完全竞争的寡头垄断市场模型。

当然,一般说来,两个寡头垄断者生产的产品并不具有完全替代性,而是有差别的。因此,每个厂商的需求曲线都是向右下方倾斜的。伯特兰模型的结论是:双寡垄断市场上,厂商均衡时,价格会高于边际成本,厂商能够获取超额利润;整个市场的产量会小于完全竞争市场的产量,但要比古诺双寡竞争时的市场产量大。

四、斯塔克尔贝格双寡模型

1934 年,德国经济学家斯塔克尔贝格(Heinrich Von Stackelberg,1905—1946)提出了旨在修正古诺模型的双寡模型,也有翻译为"斯塔克伯格模型"。在古诺模型中,每个厂商将对手的行为视为既定。换句话说,古诺模型中的寡头厂商都是跟随者。斯塔克尔贝格模型中的厂商,既可以是跟随者,又可以是领导者(因此,这一模型又被称为"领导者-跟随者"模型)。斯塔克尔贝格模型分析仍然保留了古诺模型的前三个假设,但增加了这样一个假设:领导者视跟随者的数量反应函数为既定。

依然假设市场需求函数为：$Q=120-p$。现在假设厂商 A 是领导者、厂商 B 为跟随者。由于边际成本为 0，厂商 A 的利润最大化就成为

$$\max\pi_A = \{120-[q_A+q_B(q_A)]\}q_A$$

同时：

$$q_B(q_A) = \frac{120-q_A}{2}$$

反应函数可以简化为

$$\max\pi_A = 60q_A - \frac{q_A^2}{2}$$

令其一阶导数为零，则有 $q_A=60$，并可得出厂商 B 的最佳产量为 $q_B=30$。此时，均衡价格为 $p=30$，$\max\pi_A=1\,800$，$\max\pi_B=900$。

可以证明，当厂商 B 为领导者、厂商 A 为跟随者时，其解是对称的。我们从中看出，作为领导者的利润要高于跟随者的利润。若两个都想成为领导者，则不存在斯塔克尔贝格均衡。如果两者都想成为跟随者，则成古诺解。可见，斯塔克尔贝格模型是古诺模型的扩展形式。

从上述几个模型的分析可知，寡头垄断市场上，厂商的行为及对市场的影响是不同的。我们通过图 8.5 做一简要归结。

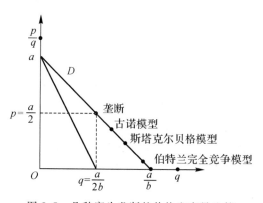

图 8.5　几种寡头垄断的价格和产量比较

在图 8.5 中，按照寡头垄断的例子（矿泉水的生产），生产成本为零，所以，纯粹垄断市场上的价格最高，产量最小；接近于完全竞争的伯特兰模型价格最低，产量最大；古诺模型的价格高于斯塔克尔贝格模型的价格，但小于其产量。

五、价格领导模型

前面分析的寡头市场模型，都是假设各寡头厂商的行为是相互独立的，即厂商之间不存在勾结或串谋。但是，在现实经济生活中，由于寡头市场上厂商的数目较少，为避免竞争中的两败俱伤，每个厂商都会认识到相互依存的重要性。于是，相互间的竞争可能让位于互相的串谋。串谋可能是公开的或正式的，也可能是秘密的或非公开的。实践中，由于各国都有相关的法律禁止厂商之间的公开串谋，因此，寡头之间的串谋往往表现在同行业的厂商共同

遵守一些行业行为规则,如反对削价倾销,尊重竞争对手的销售市场,以"保证最低价格"的策略制定实质上的价格联盟,及长期以来各寡头之间的默契、习惯做法及信号暗(明)示等。价格领导模型就属于非正式串谋的一种。

价格领导,顾名思义就是行业中由一家厂商率先制定价格,其他厂商或以"领导者"制定的价格为自己产品的价格,或以这一价格为基准来决定自己的产品价格。此种情况下,率先定价的领导者往往是该行业的龙头老大,占有行业的支配地位,其他的跟随者则都是一些规模较小的厂商。领导者根据自身利润最大化的原则制定价格和确定产量,其他小厂商则像完全竞争市场上的厂商一样,接受领导厂商的定价,并根据这一价格来决定自己利润最大化的产量,如图8.6所示。

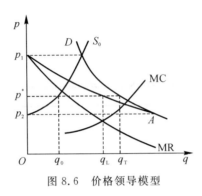

图 8.6 价格领导模型

在图 8.6 中,$p_1 A$ 是领导厂商的需求曲线,相应的,MR 是领导厂商的边际收益曲线。领导厂商根据自己利润最大化 MR=MC 的要求,确定 p^* 的产品价格,提供 q_L 的产量。D 是整个市场的需求曲线,S_0 是其他小寡头的供给曲线,它们以领导厂商制定的 p^* 价格提供了 q_0 的产量。在价格为 p^* 时,整个市场的需求量为 q_T。图中还显示,当价格低于 p_2 时,小寡头因为没有利润将不提供产量,该市场将变为纯粹的垄断市场。因此,领导厂商面对的市场需求曲线实际上是 $p_1 AD$ 的一条拐折需求曲线。图中的 p_1 价格显示,当产品价格为 p_1 时整个市场的需求量由小寡头提供,领导厂商的产量为零。这种情况只是为了说明图中小寡头的供给曲线 S_0 和市场需求曲线 D 的交点的需要,超出了价格领导模型本身。

价格领导模型要求领导厂商(业界老大)必须有足够的能力来定价。它的领导地位取决于:一方面它必须能够准确掌握整个市场需求状况;另一方面它非常清楚其他小寡头的供给曲线,即在任何价格下的小寡头的供给能力。

六、卡特尔模型

卡特尔(Cartel)是一种早期的垄断组织,出现于 19 世纪中后期的欧洲,在当时的德国尤为明显。作为各方采取一致行动的卡特尔组织,其市场的特征是纯粹寡头垄断。为避免恶性竞争,生产同质产品的各独立的成员厂商,通过明确的、正式的协议来协调各自的产量、价格、销售市场等事宜。因此,卡特尔组织常常以产量协议或价格联盟、销售市场协议等具体形式存在。

显然,卡特尔组织是寡头垄断市场上厂商之间公开串谋的表现形式。作为纯粹寡头间的合作,卡特尔组织就可以像一个垄断者那样来追求整体总利润的最大化。由于各成员的产品是同质的,但生产成本往往并不相同,这样,卡特尔就需要对市场需求曲线以及卡特尔的整体边际成本曲线做出估测,然后确定一个同一的"垄断价格"和相应的总产量,并把总产量在各成员之间进行分配。

如图 8.7 所示,假设有两家寡头厂商存在的市场,为了整体总利润最大化,勾结成立起一个卡特尔组织。卡特尔根据测算的行业整体的边际收益和边际成本,按照利润最大化的原则,确定图 8.7(c)中所示的总产量 q^* 和垄断价格 p^*。然后,各成员在遵守这一价格的情况下,再根据 $MC_1 = MC_2 = MR$ 的原则,由统一的组织在统一的价格下作出产量分配,获得各自的生产配额。

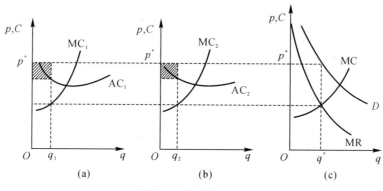

图 8.7 卡特尔模型

由于各成员的生产成本不同,自然就有不同的边际成本。现实中,再加上各自的市场势力与地位的不同,取得的产量配额和收益也就各不相同,比如图 8.7(a)和图 8.7(b)中的阴影部分面积大小不同。在追求最大利润的驱使下,获取利润较少的成员希望获得较多的利润;而已得到较多利润的成员还想获得更多的利润。这种状况决定了参与卡特尔的各方为了自身利润最大化将会无休止地为取得尽可能大的市场份额讨价还价。所以,从参与卡特尔的第一天起,就埋下了卡特尔组织不稳定性的种子。然而,更重要的是,参与卡特尔的各方从一开始就有强烈背叛协议的欺骗动机。因为,如果各成员按照卡特尔组织的规则行事,可以享受垄断的高价格带来的好处,但这样的好处是以限制产量为代价换取的。

现实中,卡特尔成员都会发现,如果自己违反协议,在分得的限制产量之外偷偷地多生产一些,高价格仍将维持,而自己的利润会较大幅度地增加,如图 8.8 所示。即便是这一成员采用暗自削价的方式,多生产多销售,由于它面临的是一条富有弹性的需求曲线,即使产品价格由 p_0 降为 p_1,它仍将从增加的销售中,获得更多的利润。可以想象,一家成员的违规行为如果被其他成员发现,会引起所有成员的连锁反应,都暗自削价或违规多产,抑或同时进行,卡特尔组织将土崩瓦解,不复存在。寡头垄断市场将演化为竞争性市场,同质产品的竞争很容易出现恶性的价格战。为了各自的利益,厂商们又会重新坐下来,谈判、勾结、串谋,再次成立起新的卡特尔组织。

现实经济中,由于各国都有相关的反垄断法律,厂商之间涉嫌滥用市场支配地位的收购、价格串通等公开的或秘密的串谋都被视为非法,并会受到相应的制裁。如 2007 年 7 月,中国方便面市场上,华龙、白象、康师傅、统一、今麦郎、日清等十几家企业集体涨价,涉嫌价格"卡特尔",受到中国国家发改委的查处。2007年10月,四川省物价局对19家药品零售企业串通定价进行了行政处罚,这是四川省物价局成立20多年来首次查处的串通定价案。被查处的四川华安堂、康贝、本草堂等19家药品零售企业及其直营店,其业务范围涵盖了90%左右的成都药品零售市场。再如美国司法部2008年11月12日认定,韩国LG显示器、日本夏普,及中国台湾地区的中华映管三家厂商操纵液晶显示器(LCD)价格,三家企业同意支付合计5.85亿美元罚款。所以,较成功的卡特尔主要表现为国际卡特尔,石油输出国组织欧佩克(OPEC)就是其中之一。20世纪70年代以来,国际石油价格基本上由欧佩克所控制。当时,欧佩克的石油产量大约占世界总产量的2/3。通过对世界石油产量的控制,欧佩克成功地将世界石油价格提升到远远高于竞争价格的水平,从而直接导致了当时的石油危机。

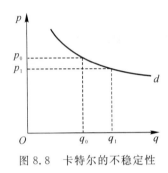

图8.8 卡特尔的不稳定性

第三节 不同市场结构的效率与福利比较

按照西方经济理论的观点,经济效率的高低直接表现为资源配置的有效程度。较高的经济效率则表示对资源的充分利用或能以最有效的方式进行生产。一般而言,较高的经济效率是增进人们社会福利水平的前提和基础。

通过对四种不同的产品市场组织结构的分析,特别是对不同市场条件下的厂商长期均衡状态的分析我们得知:完全竞争市场的效率最高,垄断竞争市场的效率较高,寡头市场效率较低,完全垄断市场的效率最低。可见,市场的竞争程度越高,经济效率也就越高;反之,市场的垄断程度越高,经济效率就越低。

一、不同厂商的需求曲线

厂商所面临的市场需求曲线的特征能够集中体现出该市场的主要基本特征,包括市场内厂商数量、产品品质、厂商进出市场的难易程度,以及厂商对产品价格的影响能力等。

在完全竞争市场上,厂商是产品价格的接受者,不存在对市场产品价格的影响问题。它的决策只是在既定的市场价格下调整产量,以实现自身的利润最大化。完全竞争市场上厂商面临的市场需求曲线是一条水平线,斜率为0,如图8.9中的d_1。

在不完全竞争市场上,厂商不仅可以通过调整产量实现利润最大化,还可以通过调整产品价格或影响产品价格来达到这一目的。因为,在不完全竞争市场上,厂商都能够程度不同地影响产品的市场价格。它们要么是产品价格的制定者,如完全垄断厂商;要么是产品价格的影响者,或说是产品价格的搜寻者,垄断竞争市场和寡头垄断市场上的厂商就是如此。因此,它们都面临一条斜率(绝对值)大小不同的向右下方倾斜的需求曲线。斜率大小与厂商的市场垄断程度直接相关。垄断程度越高,斜率越大,需求曲线也就越陡。

在图8.9中,d_1、d_2、d_3、d_4分别代表完全竞争厂商、垄断竞争厂商、寡头垄断厂商和完全垄断厂商的需求曲线。可以看出,完全垄断厂商的需求曲线最陡,寡头垄断厂商的次之,垄断竞争厂商的比较平坦,完全竞争厂商的则为水平线。

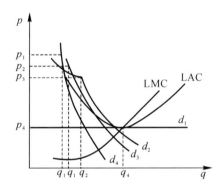

图 8.9　不同产品市场上厂商的需求曲线

二、勒纳指数

不完全竞争市场上,厂商可以在一定程度上影响或控制产品价格。通过索取高于边际成本的价格获取超额利润,这正是产品市场上厂商垄断能力(程度)的表现。衡量厂商的市场垄断程度的指标,除了有产业集中度、贝恩指数外,还有勒纳指数等。

勒纳指数,也称价格-成本差额指数,又称勒纳垄断力度。这由美国经济学家勒纳(Abba Ptachya Lerner,1903—1982)于1934年提出的测度市场垄断程度的指标。其计算公式为

$$L = \frac{p - \mathrm{MC}}{p} \tag{8.1}$$

其中,L为勒纳指数,p为价格,MC为边际成本。勒纳指数通过对价格与边际成本偏离程度的度量,反映了市场中垄断力量的强弱。勒纳指数在0到1之间变动。勒纳指数越大,市场中的垄断力量越强;反之,竞争程度就越高。在市场为完全竞争时,$p=\mathrm{MC}$,勒纳指数等于0。

勒纳指数还可以用厂商面临的市场需求曲线状况来表示。

根据下式,即:

$$\mathrm{MR} = p\left(1 - \frac{1}{|E_\mathrm{D}|}\right)$$

和厂商利润最大化的原则 MR=MC,可得:

$$P = \frac{\mathrm{MC}}{1 - \dfrac{1}{|E_\mathrm{D}|}} \qquad (8.2)$$

将式(8.1)代入式(8.2),有

$$L = \frac{p - \mathrm{MC}}{p} = \frac{1}{|E_\mathrm{D}|} \qquad (8.3)$$

表明厂商的市场垄断力度与厂商面临的市场需求曲线的弹性大小有关,且互为倒数。

于是,完全竞争市场上厂商面临的需求弹性无穷大,勒纳指数趋向于0,即完全竞争厂商无任何市场垄断力量。完全垄断市场上厂商的市场需求弹性最小,其垄断力度比垄断竞争市场和寡头垄断市场的厂商都要大,接近于1。当然,寡头垄断厂商的垄断力度又比垄断竞争厂商要大。

三、不同市场的经济效率与福利比较

完全竞争市场和完全垄断市场的福利问题,已在第五章和第六章做了简要的分析。这里,我们将从不同市场上厂商的长期生产状况,其中主要的是厂商生产的长期成本与价格和产量的关系,来比较各市场的效率高低。

一方面,从长期平均成本与产品价格、产量关系看。我们说完全竞争市场最有效率,因为,在完全竞争市场上,厂商的需求曲线是一条水平线,完全竞争厂商在长期均衡时,水平的需求曲线切于长期平均成本 LAC 的最低点。此时,产品的均衡价格最低,它等于最低的生产的平均成本;厂商取得正常利润,而经济利润为零;厂商的均衡产量最大,在长期平均成本 LAC 的最低点对应的产量上,也称有效规模。

在不完全竞争市场上,厂商的需求曲线是向右下方倾斜的。需求曲线越陡,表明厂商的垄断程度越高;需求曲线越平坦,则厂商的垄断程度越低。具体地讲,在垄断竞争市场上,厂商在长期均衡时,长期利润也为零;相对比较平坦的需求曲线也与 LAC 相切,但不切于 LAC 的最低点,而是在 LAC 最低点的左边;产品的均衡价格也等于长期平均成本,尽管比较低,但却高于长期平均成本的最低点;厂商的均衡产量比较高,但又不在有效规模上,存在过剩生产能力。在完全垄断市场上,长期均衡时,向右下方倾斜的、相对较陡的需求曲线与 LAC 相交,产品的均衡价格最高;垄断厂商能够获得超额利润,即均衡价格高于长期平均成本 LAC,厂商的均衡产量最小。可以想象,如果垄断厂商愿意放弃一部分垄断利润,价格就可以降低一些,产量也可以增加一些。在寡头垄断市场上,由于现实的复杂性和理论研究的缺陷,厂商的需求曲线是不确定的。但一般认为,寡头垄断市场处于完全垄断市场和垄断竞争市场之间,且靠近完全垄断市场,在长期均衡时,寡头厂商的均衡产量比垄断厂商大,但要小于垄断竞争厂商的产量;产品的均衡价格低于垄断厂商,但会高于垄断竞争厂商的产品价格。四类产品市场上厂商的均衡产量大小比较可参见图 8.9。

另一方面,西方经济学家还认为,判断一种市场组织效率高低,也可以从厂商长期均衡时的产品价格与长期边际成本的关系来看。商品的价格 p 通常被看作商品的边际社会价值,而商品的长期边际成本 LMC 通常被看成商品的边际社会成本。如果 $p = \mathrm{LMC}$,表示商品的边际社会价值等于商品的边际社会成本,表明资源在该市场上得到了最有效的配置。如果 $p > \mathrm{LMC}$ 时,商品的边际社会价值大于商品的边际社会成本,意味着相对于该商品的

需求而言,厂商目前的供给是不足的,资源配置的效率是低下的。应该有更多的资源转移到该商品的生产中来,以使这种商品的供给增加,价格降低,直至 $p=LMC$,商品的边际社会价值等于商品的边际社会成本。这样,社会的福利就会变得好一些。而且,p 和 LMC 之间的差距越大,表明经济低效率的状况就越严重。如图 8.9 所示,长期均衡时,完全竞争市场满足 $p=LMC$ 的条件,而垄断竞争市场、寡头垄断市场和完全垄断市场均是 $p>LMC$,对应的 p 和 LMC 的差距也在放大。

以上分析说明竞争市场是有效率的,垄断市场是缺乏效率的。但对于垄断是否真的有害无益这个问题,西方经济学家又有不同的观点。这主要涉及以下几个方面:

(1)垄断与规模经济。西方经济学家认为,一些行业在客观上讲,要求大规模的生产,如钢铁、汽车、石油等行业。只有通过大规模的生产,才能获得规模经济带来的好处,而这往往只有在寡头市场或垄断市场条件下才能做到。事实上,垄断厂商都是大型企业,存在规模经济,因而价格和成本都较低;完全竞争厂商往往是小型企业,缺乏规模经济,因而价格和成本都较高。很难相信,无数个如同完全竞争行业或垄断竞争市场上的生产企业,可以将钢铁生产和航空运输经营在有效率的水平上。

(2)垄断和技术进步。一些西方经济学家认为,垄断会阻碍技术进步。因为,垄断厂商只要依靠自己的市场垄断地位及垄断力量就可以长期获得超额利润。所以,垄断厂商往往缺乏技术创新的动力,甚至为了防止潜在的竞争对手利用新技术或新产品威胁自己的垄断地位,会通过各种方式去阻碍技术进步。但也有不少西方经济学家认为,垄断是有利于技术进步的。这是因为,一方面,垄断厂商利用高额利润所形成的雄厚经济实力,有条件进行科学研究和重大技术创新;另一方面,垄断厂商为了长期保持自己的垄断地位,必须确保自己在技术上的领先(垄断)优势,并由此长期获取高额利润。现实经济活动中,垄断厂商的技术研发及创新成果也能佐证这一观点。这些经济学家还认为,关于垄断有利于技术进步的观点,在很大程度上对寡头垄断厂商也是适用的。

(3)垄断与产品差别。西方经济学家认为,在完全竞争市场条件下,所有厂商生产的产品是同质的。消费者没有选择的可能与必要,它无法满足消费者的各种偏好。但在垄断竞争市场条件下,厂商提供的产品是有差别的。这些多样化的产品让消费者有更多的选择,满足他们不同的需要,尽管产品的一些非真实的差别,也给消费者的选择带来了困惑和烦恼。同样的,在产品差别这一问题上,差别寡头和垄断厂商也存在与垄断竞争企业相类似的情况。

(4)广告问题。一些经济学家认为,由于产品的差别化以及为了增加销售量,广告是除了完全竞争市场外的其他产品市场上厂商的必要做法。换言之,广告是必需的,而且是有益的。但也有的经济学家对广告问题持不同看法。广告的拥护者认为:广告向顾客提供了信息,有利于资源配置;广告增强了竞争,因为广告就是企业竞争的一个内容(手段);广告促进产品销量增加,成本降低,价格也就降低了;广告让消费者有了比较,有了多种选择;由于广告,新产业(广告业)不断发展。而广告的批评者则认为:广告的劝诱性太强,往往名不符实;广告造成了消费者的虚荣心;广告抑制了竞争,促进了差别与垄断;广告加大了产品成本,消费者消费(购买支出)的更多的是广告费;广告还使消费者莫衷一是,造成了选择的困难与痛苦。

(5)不同市场上厂商竞争的激烈程度。完全垄断市场上只有一家企业,没有竞争对手,所以不存在竞争。

完全竞争市场上有太多数量的厂商。表面上看,竞争非常激烈,但是作为产品价格的接受者,厂商只是尽其所能地提供能使自己获得利润最大化的产量,同时受厂商规模的限制,厂商之间的竞争并不太激烈,它们的市场竞争能力、影响力及其后果和破坏力都是极其有限的。因此,可以说完全竞争市场上的厂商实际上除了自己,并无竞争对手。

垄断竞争市场上厂商数量少于完全竞争时,厂商的规模也比完全竞争厂商大一些。同时,由于垄断竞争市场上厂商提供的是相似但不同的差别产品,为了获取更大的市场份额,厂商间的竞争比较激烈。就像上一章分析的那样,厂商之间的竞争除了在价格、成本方面的一般竞争外,非价格竞争更加明显,诸如产品质量、外观设计、广告宣传等方面的竞争手段多样,花样翻新,热闹非凡。

寡头市场上厂商的竞争,除了具有垄断竞争市场上的竞争内容和特征外,由于厂商的数量更少,规模更大,它们的市场竞争能力、影响力及其后果和破坏力在所有不同类型的市场上是最强的。可以说,寡头市场上厂商之间的竞争是最惨烈的。2002年度诺贝尔经济学奖得主弗农·史密斯通过自己开创的实验经济学,证实了斯蒂格勒(George Joseph Stigler)等其他芝加哥学派成员的早期看法:即使只有少数几个大企业,竞争仍然会很激烈。

关于各类产品市场厂商长期特征的比较,参见表8.2。

表8.2　各类产品市场厂商长期特征的比较

市场类型	完全竞争	垄断竞争	寡头垄断	完全垄断
典型产业	农业	一般工商业	某热工业	公用事业
厂商数量	很多	较多	少数	一个
产品品质	同质	异质	同质或异质	同质
行业进出	容易	较易	不易	不能
市场价格	接受者	搜寻者	搜寻者	制定者
需求曲线	水平	略斜	较陡或很陡	最陡
均衡价格	最低	高于完全竞争 低于完全垄断	高于完全竞争 低于完全垄断	最高
均衡产量	最多	高于完全垄断 低于完全竞争	高于完全垄断 低于完全竞争	最少
均衡条件	MR=MC	MR=MC,AR=AC	博弈均衡	MR=MC
超额利润	无	无	通常有	有
规模经济	缺乏	存在(大企业)	存在	存在
技术进步	较快	最快	较慢	最慢
经济效率	最高	较高	较低	最低

第八章 寡头垄断市场

思 考 题

一、名词解释

寡头市场　纯粹寡头　差别寡头　拐折需求曲线　价格领导　卡特尔

二、简答题

1. 将下列特征与合适市场上的厂商联系起来,并解释每种情况下的长期内的效率(或低效率)状况。
   (1) 许多厂商,差异化产品,自由进入;
   (2) 专利,许可证或进入壁垒,一家厂商;
   (3) 少数厂商,策略性行为。
2. 根据现实经济生活来确定下列每种饮品的市场类型。
   (1) 自来水;
   (2) 瓶装水;
   (3) 可乐;
   (4) 啤酒。
3. 比较寡头市场与垄断市场的产量和价格,比较寡头市场与竞争市场的产量与价格。
4. 用什么标准来比较不同市场组织经济效率高低?有什么结论?
5. 如何理解不完全竞争市场上厂商不存在具有规律性的供给曲线?

三、计算题

1. 陕西航空公司独家经营西安至日照的航空客运。该公司在两市间每天飞行一班,每天乘机人次为 $q=160-2p$,p 为机票价格。每飞行一次的固定成本是 2 000 元,每增加一位乘客,边际可变成本为 10 元。试求:
   (1) 该公司每天服务的人数,为获取最大利润所定的机票价格,赚取的利润量。
   (2) 近期,每天乘客人数增加一倍,为 $q=320-4p$。陕西航空公司的飞机最大运载能力为 80 人,如果该公司仍安排每天飞行一次,机票将定位多少钱一张?该公司的利润会是多少?
   (3) 海洋公司以同样的飞机、同样的飞行成本进入该市场,市场成为古诺寡头市场。这时的机票价格、每天运载的人数、每个公司的利润为多少?
   (4) 如果海洋公司进入以前,陕西航空在这条航线上增加了一架相同的飞机,这时的机票价格、乘客人数、公司利润又是多少?
2. 世界上大部分的钻石供给来自南非和俄罗斯。假设采集每块钻石的边际成本为 1 000 美元,钻石的市场需求如下表所示。

价格/美元	数量/块
8 000	5 000
7 000	6 000
6 000	7 000
5 000	8 000
4 000	9 000
3 000	10 000
2 000	11 000
1 000	12 000

问：

(1) 如果有许多钻石供给者，价格和数量会是多少？

(2) 如果只有一个钻石供给者，价格和数量又会是多少？

(3) 如果南非和俄罗斯形成一个卡特尔，价格和数量会是多少？如果两个国家平分市场，南非的产量和利润会是多少？如果南非增加产量 1 000 块，而俄罗斯遵守卡特尔协议，南非的利润有什么变化？

(4) 用你对第(3)问的答案解释为什么卡特尔协议往往是不成功的。

扩展阅读

健全资本市场功能，提高直接融资比重。加强反垄断和反不正当竞争，破除地方保护和行政性垄断，依法规范和引导资本健康发展。

——《高举中国特色社会主义伟大旗帜 为全面建设社会主义现代化国家而团结奋斗》，在中国共产党第二十次全国代表大会上的报告(2022 年 10 月 16 日)

要加强反垄断和反不正当竞争监管执法，依法打击滥用市场支配地位等垄断和不正当竞争行为。要培育文明健康、向上向善的诚信文化，教育引导资本主体践行社会主义核心价值观，讲信用信义、重社会责任，走人间正道。

——在中共中央政治局第三十八次集体学习时的讲话(2022 年 4 月 29 日)

第四篇 要素市场分析

从第三章可知,消费者实现个人效用或幸福最大化的第三个条件是要有财富收入 m。消费者个人也是要素所有者,其财富收入是通过供给相应数量的要素 x_i 与厂商进行交换获得的。财富收入是要素所有者个人供给相应数量的要素 x_i 与单位财富收入即要素价格 w_i 之积。从第四章可知,生产者个人实现利润最大化的两个条件,一是有确定的要素市场价格 w_i,二是投入相应数量的要素 x_i 得到相应产品的边际产出 MP_i。因此,要素的市场价格 w_i 即交易的公平价格的确定,生产者个人与要素所有者个人通过公平交换为生产产品而获得相应数量的要素 x_i 的确定,就是本篇的核心。

本篇由第九~第十三章5章构成。第九章要素市场均衡分析是一般意义上的。首先,基于第三章里消费者个人的产品需求形成的市场的产品需求,通过定位形成属于生产者个人的产品需求并以利润最大化为目标形成生产者个人的要素需求曲线,或者直接以第四章里生产者个人的要素需求曲线为基础,进而推导出市场的要素需求曲线;其次类似于第三章,以个人效用、幸福最大化为原则推导出作为要素所有者的个人的要素供给曲线,进而推导出市场的要素供给曲线;再次,类似于第五章~第八章,分析不同结构的产品市场与要素市场上要素市场交易实现的条件。第十章~第十二章,分别介绍了劳动、资本、土地与自然资源市场上要素价格即工资、利率和租金的整体水平的均衡决定。第十三章介绍新制度经济学对主流经济学的发展——包括企业家市场在内的企业组织内部要素市场。需要注意,为避免内容重复,各要素市场的分析是简化了的,但其中仍隐含了与产品市场分析类似的逻辑:针对要素市场均衡决定的要素价格与交易量的整体水平,要素所有者个人从中分解出属于自己的要素需求,并依据效用、幸福最大化原则在市场上供给要素;要素所有者个人与厂商交易达成时要素价格就随之确定,厂商同时获得满足生产需要的要素以实现利润的最大化,要素所有者个人因此在满足厂商需要的前提下也获得实现个人效用、幸福最大化的条件,即财富收入。由此可见,单独分析第三章,家庭或个人只是自己幸福最大化的追求者,但联系本篇,则作为要素所有者的个人或家庭也是"欲利己先利他"的,其行为也是斯密关于自利到仁爱的"交易通义"的本质的重要体现。同时,交易的实现过程说明,要素价格(收入)是由相应要素供求决定但在企业生产中实现的,从而收入不是被分配的,生产和分配是统一的。

要素市场交易达成时,要素所有者个人就具有了供给行为,只是依自己市场势力的不同,不一定有要素价格与供给量一一对应的有规律的供给行为(曲线)而已。如果要素所有者个人的供给曲线存在,则还可以进一步形成工会(行会、市场)的要素供给曲线。要素需求曲线是厂商利润最大化的要素价格与要素需求量组合点的轨迹,要素供给曲线是要素所有者个人效用、幸福最大化的要素价格与要素供给量组合点的轨迹。因此,要素市场均衡时,就实现了要素供求双方的目标,即厂商的利润最大化以及要素所有者个人的效用、幸福最大化。

第九章　要素市场均衡分析

前述章节内容介绍了社会中各个经济行为人之间在产品市场中的交易实现情况。各个经济行为人之间实现的交易还有另一类形式,即在要素市场中的交易。同样地,要素市场中的交易实现也是市场机制发挥作用的结果,是通过各类要素的需求与供给双方相互作用决定要素价格和交易量的,即达到对应要素市场的均衡。在产品市场中,作为生产者个人的厂商是产品的供给者,作为消费者个人的家庭是产品的需求者。在要素市场中,刚好相反,即家庭是要素的拥有者,成为要素供给者企业是要素的使用者,成为要素需求者。

一般地,社会经济中的生产要素可分为劳动、资本、自然资源(主要是土地)和企业家才能四大类①。本教材赞同斯密与熊彼特的观点:经营管理者或职业经理的报酬属于劳动工资,是由属于劳动市场的职业经理人市场的供求均衡来决定的;企业家的报酬是经济利润或利润。因此,与四大类生产要素对应的交易价格分别是劳动工资、资本利息、自然资源和土地租金、企业家利润。相应要素的价格与要素供给量之积,就是相应要素所有者个人,通过为厂商提供一定量的要素参与生产、交换所获得的收入。要素市场分析就是关于以效用或幸福最大化为目标的要素所有者个人,针对厂商的需求而供给相应的生产要素,与厂商完成要素市场交易的同时,获得自个人效用或幸福最大化所需的收入。

本章主要对要素市场在一般意义上进行供求均衡分析,共分要素的需求、要素的供给和要素市场均衡三节内容。

---

① 关于生产要素的基本分类,现代教材一般将生产要素分为如文中所示的四大类。从现代经济学教科书编写上讲,这可溯源到阿尔弗雷德·马歇尔所编教科书《经济学原理》中的"第四篇　生产要素——土地、劳动、资本和组织"。但在《经济学原理》中,马歇尔明确指出"生产要素通常分为土地、劳动和资本三类"(根本上讲也就是这三类),不过,马歇尔在随后对生产要素分类的解释中又说:"资本大部分是由知识和组织构成的……有时把组织分开来算作是一个独立的生产要素,似乎最为妥当。"因此,后来的教科书一般继承、认可生产要素分为劳动、资本、自然资源(主要是土地)和企业家才能四大类("企业家才能"替代了"组织")。当然,在现代经济发展中,一些教材将技术、信息等同时作为生产要素进行分析,这是一种对要素进行细化、深化的做法。但有些教材坚持三类划分,如萨缪尔森的《经济学》。本书采用四类划分。

第一节 要素的需求

一、要素需求的特性

要素需求指经济社会对生产要素的需求。它不同于一般产品的需求,要素需求有两种明显特性:派生性和相互依赖性。

1. 要素需求是派生的

在要素市场中,厂商之所以需要各种生产要素,是因为它要利用要素来生产各种产品供家庭消费,满足家庭或个人的各种需要,实现其人生的终极目标——生活幸福。如果不向市场提供对应的产品,厂商也不会购买任何要素去生产这些产品。因此,厂商对各种生产要素的需求是由消费者对产品的需求而引起的,是由消费者对产品的需求派生出来的。因此,我们称厂商对生产要素的需求是派生需求或引致需求(derived demand),要素需求的突出特性就是派生性。例如,中国第一汽车集团公司为什么需要那么多的钢铁板材?那是因为该公司要用这些材料生产出人们需要的各种汽车。在这里,该公司对钢铁板材的需求就是由汽车购买者的需求派生出来的。同样,中国双汇集团公司对生猪等各类家畜家禽、土地、工人、资金等各种要素的需求,也是由消费者对各类火腿肠等肉类食品的需求而产生的派生需求,等等。当然,消费者对产品的需求发生变化,也会导致厂商对各类生产要素的需求发生变化。

必须指出的是,厂商对要素产生需求的根本目的,与厂商生产产品的根本目的一样,也是为了实现利润最大化目标。从总体而言,由于厂商利润仍然是来自收益与成本的对比,即 $\pi = R - C$,因此,厂商对要素的需求仍然要满足利润最大化条件:MR=MC。但是,应特别注意,这里的 MR、MC 的自变量是投入的各种生产要素。

假设厂商生产中所投入的劳动 L 与资本 K 两种要素的数量分别为 l、k,那么,厂商的利润函数便为

$$\pi = R(l,k) - C(l,k) \tag{9.1}$$

在利润最大化目标下,厂商对要素的需求应同时满足条件:

$$\frac{\partial R}{\partial l} = \frac{\partial C}{\partial l}, \quad \frac{\partial R}{\partial k} = \frac{\partial C}{\partial k} \tag{9.2}$$

也就是说,厂商对某种要素的需求量是在实现其利润最大化目标时,厂商雇用这一要素的边际收益等于其边际成本时所对应的要素数量。

2. 要素需求是相互依赖的

在社会生产中,任何一个厂商不可能只雇用单一要素就可以完成生产。产品或服务是多种不同要素投入相互协调,共同作用的结果,只是需要的要素的规模或比例不同。从这一角度讲,在社会生产中,我们不能说哪种要素重要,哪种要素不重要;我们也不能说某种要素的供给者或购买者就能独立决定社会生产。比如,大学食堂烹制牛肉烩面,显然,我们很难说只要烩面条就可完成任务,也很难说牛肉片就一定比烩面条重要。再比如,房地产开发公

司建商品房,我们很难说只要拥有可开发的土地房子就可建造起来,显然还需要充足的资金、熟练的建筑工人、良好的管理等等。

实际上,要素需求是相互依赖的。这说明,在社会生产中各要素之间不能完全替代,其边际技术替代率也不会为0或无穷大。若用两种要素简化分析,说明两种要素的等产量曲线不可能是直线。

3.要素需求量的影响因素

第二章已经分析了影响产品市场上需求量的因素。对于一般产品而言,影响其市场需求量 Q 的因素有该商品的价格 p、消费者对这种产品的预期价格 p_e、相关商品的价格 p_r、消费者的收入水平 m、消费者的偏好 T、该市场上消费者的数量 n 等。对于要素需求量而言,仍然可以从这些方面入手。但是,它们的具体表现形式不同,也有其他全新的因素。由于厂商要素需求的目的在于使用要素进行生产,即要素需求是派生的,因此,除了要素价格 w、厂商生产中使用的其他相关要素的价格 w_r、对要素的预期价格 w_e 等因素外,生产技术水平 T_c、产品市场需求变化 D_P、厂商数目和规模 n 等都对要素需求产生较大影响。为与第三章和第四章设定的符号保持一致,假设某要素的市场需求量为 X,则该要素的需求函数可以简要表示为

$$X = f(w, w_r, w_e, T_c, D_P, n, \cdots) \tag{9.3}$$

我们用 D_X 标注式(9.3)所示的要素的市场需求函数及其曲线,用 d_X 标注要素的厂商需求函数及其曲线。比如,劳动的市场、厂商需求函数及其曲线就可分别用 D_l、d_l 来标注。

二、要素的边际收益

1.要素边际收益的一般含义

由于要素需求是消费者购买产品的引致需求,所以,要素边际收益的获取是通过投入一单位要素带来厂商生产产品的变化,进而带来厂商销售产品获取的一定收入的增加额。由第四章可知,产品的边际收益为 $\mathrm{MR} = R'(q)$,而 $q = f(l, k)$,要素的边际产量为 MP_k 或 MP_l,因此式(9.2)中要素的边际收益就可以计算为:

$$\frac{\partial R}{\partial l} = \frac{\partial C}{\partial l}, \quad \frac{\partial R}{\partial k} = \frac{\partial C}{\partial k} \tag{9.4}$$

$$\frac{\partial R}{\partial k} = \frac{\mathrm{d}R}{\mathrm{d}q}\frac{\partial q}{\partial k} = \mathrm{MRMP}_k \tag{9.5}$$

式(9.4)、式(9.5)中,MR 是增加一单位产品销售所带来的收益增量,MP 就是各种要素增加一单位投入所带来的产品增量,两者是密切联系在一起,共同对厂商产生作用的,即产生要素的边际收益。边际收益产品(marginal revenue product)$\mathrm{MRP} = \mathrm{MR} \cdot \mathrm{MP}$。$\mathrm{MRP}_k = \mathrm{MR} \cdot \mathrm{MP}_k$ 和 $\mathrm{MRP}_l = \mathrm{MR} \cdot \mathrm{MP}_l$ 则分别是资本的边际收益产品和劳动的边际收益产品。

在前面分析厂商生产理论时曾讲道,在技术水平不变的情况下,生产产品存在边际生产力递减规律。显然,此时这一规律仍然发挥效用,在边际收益产品 MRP 中,边际生产力(MP)递减规律仍然存在。

2. 一种特殊形式——完全竞争条件下的要素边际收益

在完全竞争条件下,厂商的边际收益 MR 就等于其产品价格 p。根据式(9.4)、式(9.5),完全竞争条件下,要素的边际收益为

$$\frac{\partial R}{\partial k} = p\mathrm{MP}_k = \mathrm{VMP}_k \tag{9.6}$$

$$\frac{\partial R}{\partial l} = p\mathrm{MP}_l = \mathrm{VMP}_l \tag{9.7}$$

我们称 VMP(value of marginal product)为要素的边际产品价值。那么,VMP_k 为资本的边际产品价值,VMP_l 为劳动的边际产品价值。也就是说,对于完全竞争厂商而言,要素投入的边际收益就等于其边际产品价值。由于对单个厂商而言,产品价格 p 既定不变,边际产品价值 VMP 就与 MP 同向变化,又根据边际生产力递减规律,那么,随着要素投入增加,边际产品价值 VMP 也是递减的,并与 MP 等比例减少。

因此,与不完全竞争市场中的厂商相比,VMP 比 MRP 减少了一种由于 MR 引起的变化因素。换句话说,在其他因素不变的条件下,MRP 的变化幅度比 VMP 要大,[①]在图像中表现为 MRP 比 VMP 以更快的速度接近 MP。假设要素投入的数量为 x,则有如图 9.1 所示的情形。

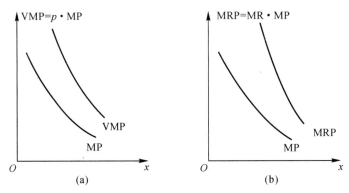

图 9.1 要素的边际收益曲线比较
(a)要素的边际产品价值(VMP)曲线; (b)要素的边际收益产品(MRP)曲线

三、厂商的要素需求曲线

在第四章里,在一种要素的产量曲线基础上,我们推导出了代表全部要素的两种要素的产量曲线即等产量曲线。根据等产量曲线,又推导出了生产者个人即厂商的要素需求曲线,该曲线是向右下方倾斜的。事实上,根据要素需求的派生性特征,依据要素的边际产品价值曲线,我们也同样可以推导出向右下倾斜的厂商的要素需求曲线。

由于厂商生产要素的投入在短期与长期不一样,我们可以分开分析。为方便分析,我们仅分析在完全竞争市场条件下的情况。

---

① 因为边际收益 MR 也是递减的。这里的 MRP 进行了进一步简化。

1. 厂商的短期要素需求曲线

我们假定厂商只雇用资本(k)和劳动(l)两种生产要素,在短期内生产要素资本(k)固定不变,劳动(l)是可变的投入要素。

对于一个厂商而言,如果雇用劳动(l)的边际收益产品(MRP_l)大于其工资率水平 w,他就会多雇用工人,反之,他就会解雇工人。也就是说,只有在劳动投入(l)的边际收益产品(MRP_l)等于其工资率水平 w 时,此时雇佣的劳动量才能使厂商实现利润最大化,如图 9.2 所示。

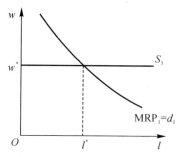

图 9.2 厂商的短期劳动需求曲线

由图 9.2 可知,凡是能够促使 $MRP_l=w$ 的劳动投入量 l,都是厂商愿意投入或雇用的。如果劳动市场供给发生变化,即对于单个厂商而言,w 水平发生变化,该厂商的要素需求显然也会发生变化。假设劳动市场供给增大,则劳动价格就会下降,厂商就会雇用更多工人。如图 9.3 所示,比如劳动价格由 w_1 下降为 w_2,则厂商雇用的劳动就会由 l_1 增加到 l_2。w 与 l 一一对应的关系,就是厂商的短期劳动需求曲线 d_{lS} 即 MRP_l 曲线。

2. 厂商的长期要素需求曲线

在长期内,厂商的所有生产要素资本(k)和劳动(l)都是可变的。

长期内,如果劳动供给发生变化,厂商不仅改变劳动需求,也会调整资本投入量。这样,厂商的边际收益产品曲线就会移动,即对应于新的资本投入又有新的劳动的边际收益产品曲线(此时实际就是劳动的边际产品价值曲线 VMP_l)与新的劳动工资率水平决定新的厂商劳动需求量。

在图 9.4 中,最初劳动的边际产品价值曲线为 $VMP_l(k_1)$,最初的均衡点为 A,工资率水平为 w_1,厂商雇用的劳动量为 l_1,此时资本投入量即为 k_1。如果劳动供给增加促使劳动的工资率水平下降为 w_2,在短期内厂商仅仅增加劳动雇用量到 B 点对应的量 l_2。但在长期内,厂商还会由于劳动价格下降而扩大投资,即资本投入量也会增加,如增加到 k_2,对应地,厂商又有新的劳动的边际产品价值曲线 $VMP_l(k_2)$。此时,在工资率 w_2 水平下,厂商增加劳动雇用量到 C 点对应的量 l_3。我们将 A、C 两点连接起来所形成的曲线就是厂商的长期劳动需求曲线 d_{lL}。

从图 9.4 中可看出,厂商的长期要素需求曲线比短期要素需求曲线弹性大,曲线变得平缓了。这主要是由于在长期内其他要素如资本可以替代劳动的缘故。这种由于某种要素价格变化引起其需求发生的变化,与一般产品的价格效应类似,会引起生产要素之间的替代效应和厂商的产出效应,即要素价格降低促使厂商要素投入增加,产量增加。

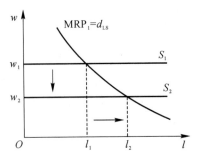
图9.3 劳动供给发生变化时厂商的劳动需求变化

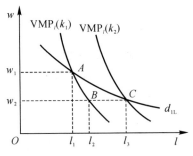
图9.4 厂商的长期劳动需求曲线

四、行业(市场)的要素需求曲线

从上述分析中我们可以进一步推进思路,整个行业对要素的需求是不是所有单个厂商对要素需求的简单加总呢?答案是否定的。这主要是由于要素需求变化是一个相互联系的复杂变动过程。一种要素的需求发生变化会影响到其价格,进而影响到利用该要素作为成本支出之一进行生产的产品的价格,产品价格变化反过来影响到产品生产,进一步影响该要素整个行业的需求。实际上,这一过程都源于要素需求曲线为 MRP 曲线。我们知道,MR 是产品价格与产量的函数,MP 则是要素投入的函数,而 MRP 为 MR 与 MP 之积。可以利用图 9.5 说明这一相互影响过程。

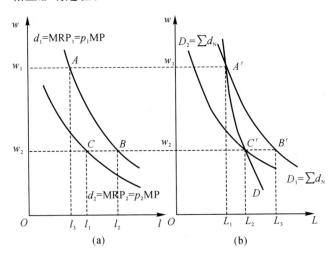

图9.5 厂商和行业的要素需求曲线
(a)厂商的要素需求曲线; (b)行业的要素需求曲线

分析过程仍然以完全竞争厂商为假设前提。在图9.5(a)中,假定开始时厂商的劳动需求曲线为 $d_1 = \mathrm{MRP}_1 = p_1 \mathrm{MP}$,劳动价格为 w_1,对应此时的产品价格为 p_1,厂商的劳动需求量为 l_1。现在假定劳动价格降为 w_2,按照劳动需求曲线 d_1,则劳动需求量应增加为 l_2;但是,一旦劳动价格降为 w_2,就意味着整个行业的劳动要素价格因为假设是完全竞争市场而

都降为 w_2,该行业整体就会多雇佣劳动,进而促使整个行业的产品生产增加。该行业的产品供给扩张,造成产品价格下降到 p_2,厂商的劳动需求曲线随之变为 $d_2 = \text{MRP}_2 = p_2\text{MP}$,即向左下方移动了。最终造成厂商的劳动需求量实际为 l_3,低于 l_2。

实际上,因为要素需求是派生的,整个行业的要素需求是不是所有单个厂商要素需求的横向加总,其关键在于加总过程中对应的产品价格是否变化。如果产品价格不变就可以横向加总,否则就不能。上述分析劳动要素的需求变化时,对应的产品价格是变化的,因此不能简单横向加总。图9.5(b)反映了这一过程。D_1 表示在产品价格为 p_1 时整个行业的劳动需求曲线,当劳动价格为 w_1 时,整个行业的劳动需求量为 L_1,当 w_1 降为 w_2 时,整个行业的劳动需求量不是 L_2,而是 L_3。因为,在产品价格降为 p_2 时,整个行业对劳动要素的需求曲线变为了 D_2,即整个行业因产品价格降低而对劳动的需求降低了,点 C' 对应的劳动数量 L_3 才是整个行业此时的劳动需求量。连接 A'、C' 两点形成的曲线 D 才是整个行业的劳动需求曲线。

通过上述分析,我们知道,要素市场中的需求曲线与产品市场中的需求曲线是有区别的。我们列出表9.1进行总结性对比(为清晰起见,假定在完全竞争条件下的长期均衡中)。

表 9.1　产品市场的需求曲线与要素市场的需求曲线的对比

	产品市场中的需求曲线		要素市场中的需求曲线	
	厂商的需求曲线	行业的需求曲线	厂商的需求曲线	行业的需求曲线
经济利润	0	0	0	0
需求曲线形成	$d_1 = p$	$D = \int(P)$	$d_1 = \text{MRP} = \text{PMP}$	$D \neq \sum d_1$
需求价格弹性	E_1	$E > E_1$	E_1	$E < E_1$
点或曲线变化	随 p 变化	D 移动	随 MRP 变化	D 移动

第二节　要素的供给

一、作为要素供给者的个人

从第二章所示的微观经济循环流图以及本篇的提要中,我们都可看出,家庭或个人是厂商生产所需生产要素的提供者。这是从社会生产投入的最初来源而言的,而不是指生产中实际投入的各种原材料或中间产品。因此,建立在这种观念的基础上,我们才可以将各种生产要素最终划分为劳动、资本、土地和自然资源与企业家才能等四类进行分析。

当然,在现实生活中,我们可以看到厂商用于生产的投入各种各样,来源也是渠道万千。但是,既然最终可以归为四类,那么我们在进行要素供给分析时,关注的重点就是从一般意义上讲的要素所有者或要素供给者的行为特征。在一般分析时,我们假定要素供给者与要素所有者是同一的。这一观点是建立在所有要素最终都可归为个人(或家庭,最终可分解为个人)所有的基础之上,而不论是何种资源,如自身的劳动、资本、土地,还是树木、厂房、机器、矿藏等等。

作为要素供给者的个人是对所供给要素具有私有产权的个人。他可以独立地根据市场环境对供给的要素价格、规模和方向进行决断。同时,为分析方便,我们也可以将能够独立提供各种生产要素的企业作为要素提供者个人一样对待。因此,作为要素供给者的个人或企业就是能独立决策供给的要素价格、规模和方向的要素所有者,其拥有的资源是私有资源或可以当作私有资源供给的资源。

二、要素供给者的目标

1. 要素供给者的目标

要素供给者,不论是个人还是可以看作个人的企业,根本的还是个人,其提供要素的终极目标在于追求效用即幸福的最大化。因此,要素供给者的直接目标就是最大化要素供给收益,通过收益的增加提高自身的效用或幸福。这似乎与任何企业向市场提供产品获得最大化利润没有区别。但是,要素供给者实现最大化收益必须经过利用该要素生产的各类产品的生产和销售间接获取。也就是说,要素供给者的目标不是直接实现的,它是通过最终消费品的生产、销售过程的实现而实现的,即要素供给者的目标也是通过各种交易实现的,如图9.6所示。

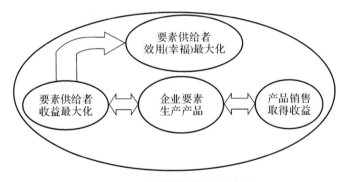

图 9.6 要素供给者的目标实现

实际上,要素供给者提供要素获取收益要考虑到四方面的因素:①拥有或形成此要素的付出或成本;②保持此要素的持续供给的付出或成本(或机会成本);③此要素的社会总体拥有量;④此要素的用途或功能广度。

探讨要素供给者的目标,有助于理解要素市场与产品市场的区别,可以有针对性地分析影响具体要素供给的因素,进而更好地深入理解市场交易的实现——市场机制是如何在要素供求关系中运行的。

2. 要素供给者效用最大化的条件

要素供给者如何实现效用或幸福最大化? 这需要看要素所有者如何处置各类要素。要素处置方式一般可以分为两类:要素所有者或者将要素保留自用,或者供给市场。当然,这两种处置方式是可以替代的。因此,当要素拥有量一定时,要素供给者在满足如下条件时,实现效用最大化。

$$MU_{保留自用} = MU_{供给市场} \tag{9.8}$$

当 $MU_{保留自用} > MU_{供给市场}$ 时，要素供给者或所有者可以通过减少要素供给量而增加要素保留自用量的方法，增大其总效用；当 $MU_{保留自用} < MU_{供给市场}$ 时，要素供给者或所有者可以通过增加要素供给量而减少要素保留自用量的方法，增大其总效用。由于边际效用递减规律的作用，上述两种情况，通过调整过程，最终都可以满足式(9.8)的要求，达到一种均衡状态，从而实现要素供给者的效用或幸福最大化。

那么，式(9.8)中，"保留自用"或"供给市场"的边际效用是何含义呢？它们都表示要素所有者处置每单位要素所带来的效用的增量。

(1) 要素供给市场的边际效用($MU_{供给市场}$)。要素所有者之所以向市场供给要素，是由于可以换来一定的要素收入，而这种收入能够给要素供给者提供效用。假定要素供给增量如劳动供给增量为 Δl，由此带来的要素收入（或要素供给者的收入）增量为 Δm，Δm 引起的效用增量为 ΔU，那么：

$$\frac{\Delta U}{\Delta l} = \frac{\Delta U}{\Delta m} \frac{\Delta m}{\Delta l}$$

对上式取极限可得：

$$MU_{供给市场} = \frac{dU}{dl} = \frac{dU}{dm} \frac{dm}{dl} \tag{9.9}$$

式(9.9)表示：要素供给市场的边际效用等于要素收入的边际效用与要素供给的边际收入的积。其中，$\frac{dU}{dm}$ 是要素收入的边际效用，$\frac{dm}{dl}$ 是要素供给的边际收入。当要素市场是完全竞争市场时，要素需求曲线是一条水平线。此时，要素供给的边际收入始终等于要素价格。若要素价格如劳动价格（工资水平）为 w，即有：

$$\frac{dm}{dl} = w$$

于是，式(9.9)作为一般表达形式就简化为

$$MU_{供给市场} = \frac{dU}{dl} = W \frac{dU}{dM} \tag{9.10}$$

(2) 要素保留自用的边际效用($MU_{保留自用}$)。要素所有者将要素保留自用获得效用，可以是间接的也可以是直接的。重要的是直接获得效用。如劳动者的时间资源，可以不供给市场，而用于做家务或休息游乐。劳动者的自用时间用于做家务时获得的效用就是间接的，节省了雇人做家务的费用，即不供给劳动时间而替换为自做家务，类似于供给要素获取收入，因此做家务获得的效用是间接的。劳动者的自用时间用于休息游乐获得的效用显然是直接的，因为直接获得了健康与欢乐。如果我们只考虑自用资源的直接效用的话（如只考虑休息游乐而忽略做家务的时间），那么，要素保留自用的边际效用就是效用增量与自用资源增量的比，若要素自用量为 l'，即有：

$$MU_{保留自用} = \frac{dU}{dl'}$$

同样，可以对上式求极限，得出要素保留自用的边际效用为

$$MU_{保留自用} = \frac{dU}{dl'} \tag{9.11}$$

MU$_{保留自用}$表明增加一单位自用要素量所带来的效用增量。

如果将要素保留自用如供给市场一样看作间接获取效用的话,则式(9.11)可以类似式(9.10)表达为

$$\text{MU}_{保留自用} = \frac{\mathrm{d}U}{\mathrm{d}l'} = w\frac{\mathrm{d}U}{\mathrm{d}m} \tag{9.12}$$

三、要素所有者个人的供给曲线

1. 个人要素的供给原则

将式(9.12)转换一下,得到:

$$\frac{\dfrac{\mathrm{d}U}{\mathrm{d}l'}}{\dfrac{\mathrm{d}U}{\mathrm{d}m}} = w \tag{9.13}$$

如果假设有"收入的价格"w_m,即收入 w_m 元可认为该收入的价格为 w_m 元。由此可以看出,这里实际假定所谓"收入的价格"$w_m=1$。那么,式(9.13)即可变为

$$\frac{\dfrac{\mathrm{d}U}{\mathrm{d}l'}}{\dfrac{\mathrm{d}U}{\mathrm{d}m}} = \frac{w}{w_m} \tag{9.14}$$

式(9.13)或式(9.14)就表示要素供给原则。它表明:要素保留自用与要素供给市场获得的收入的边际效用之比等于其各自价格之比。此时,要素供给者实现总效用最大化。这与产品市场供给分析中的效用最大化公式完全是一样的。[①]

2. 个人要素的供给曲线

要素的供给曲线指在坐标系中表示要素供给量与其价格之间一一对应关系的曲线,而要素供给函数就是关于要素供给量与要素价格之间关系的函数。

式(9.13)或式(9.14)表示的要素供给原则是根据基数效用论为基础进行的讨论。在这

---

① 要素供给原则的公式推导如下:

若要素(如劳动)总量为 l_0,其价格为 w,此时要素所有者的要素自用量为 l',那么其供给市场的要素量为 (l_0-l'),要素供给市场获取的收入为 $m=w(l_0-l')$,要素所有者的效用函数为 $U=U(m,l')$。

由于要素总量为 l_0,那么,要素所有者的约束条件为:$(l_0-l')+l'=l_0$,换算成收入即为 $m+wl'=wl_0$。构造拉格朗日函数为 $f=U(m,l')+\lambda(m+wl'-w\cdot l_0)$。

求上述拉格朗日函数的极大值,即对此函数求一阶条件:

$$\frac{\partial f}{\partial m} = \frac{\partial U}{\partial m} + \lambda = 0$$

$$\frac{\partial f}{\partial l'} = \frac{\partial U}{\partial l'} + \lambda w = 0$$

$$\frac{\partial f}{\partial \lambda} = m + wl' - wl_0 = 0$$

在其二阶条件满足的情况下,解上述三个等式组成的联立方程组即可求得式(9.13)或式(9.14)所示的要素供给原则。

里,我们可以同样从序数效用论获得要素供给原则并推导出要素供给曲线。

在图 9.7 中,横坐标轴表示要素自用量 l',纵坐标轴表示要素供给市场获得的收入 m,坐标系中的每一点都表示要素所有者的一定收入与要素自用量的组合点。U_1、U_2、U_3 表示要素所有者处置要素而获得效用的等效用曲线。等效用曲线凸向原点表明要素不论是供给市场获得收入还是保留自用,都会带来正效用,并且 $U_1 < U_2 < U_3$。

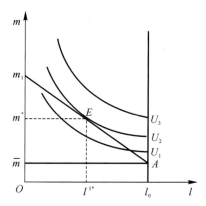

图 9.7 要素供给原则:基于序数效用论的分析

要素所有者初始时仅拥有既定要素总量 l_0 和非要素收入 $\bar{m}$,故要素所有者的最初资源禀赋组合点处于 A 点。若要素所有者将所有要素供给市场,他获得的收入为 wl_0(假定要素价格为 w)。因此,要素所有者的全部收入为 $m_1 = \bar{m} + wl_0$。那么,直线 $m_1 A$ 即为要素所有者的预算线。

根据等效用曲线的含义,等效用曲线上任一点的切线的斜率即表示要素供给市场获得的收入对要素自用量的一阶导数 $\dfrac{\mathrm{d}m}{\mathrm{d}l'}$,而预算线 $m_1 A$ 的斜率为 $-\dfrac{m_1 - \bar{m}}{l_0} = -\dfrac{\bar{m} + w \cdot l_0 - \bar{m}}{l_0} = -w$。①

与消费者均衡分析类似,图 9.7 中要素所有者的效用最大化点即要素供给均衡点为 E,对应的要素所有者的要素自用量为 l'^*,要素供给市场量为 $(l_0 - l'^*)$,要素所有者供给要素获得的收入为 $w(l_0 - l'^*)$,其总收入为 $m^* = \bar{m} + w(l_0 - l'^*)$。在 E 点,只有等效用曲线 U_2 与预算线 $m_1 A$ 相切,即表明等效用曲线在 E 点的切线即为预算线 $m_1 A$,则:

$$-\frac{\mathrm{d}m}{\mathrm{d}l'} = -\frac{m_1 - \bar{m}}{l_0} = -\frac{\bar{m} + wl_0 - \bar{m}}{l_0} = -w$$

$$-\frac{\mathrm{d}m}{\mathrm{d}l'} = w \tag{9.15}$$

式(9.15)左边即为要素供给的边际替代率。要素所有者为增加一单位要素自用量而愿意减少的收入量,右边即为要素所有者为增加一单位要素自用量必须放弃的收入量。

---

① 由于我们认为"收入的价格"$w_m = 1$,该式就表示预算线的斜率即要素价格之比的相反数,可以写为 $-\dfrac{m_1 - \bar{m}}{l_0} = -\dfrac{w}{w_m}$。

我们从等效用曲线上任一点的切线斜率的含义可知,其切线斜率 $-\dfrac{\mathrm{d}m}{\mathrm{d}l'}$ 即为两种要素处置方式的边际替代率。边际替代率的获得可从其效用函数 $U=U(m,l')$ 得出,即为各种要素处置方式的边际效用之比:$\dfrac{\mathrm{MU}_{l'}}{\mathrm{MU}_m}$,也就是:

$$-\frac{\mathrm{d}m}{\mathrm{d}l'}=\frac{\mathrm{MU}_{l'}}{\mathrm{MU}_m}$$

将上式代入式(9.15)整理后,可得与式(9.13)或式(9.14)相同的要素供给原则。

从图9.7中的曲线的含义及基于序数效用论的要素供给原则公式的推导可知,在要素所有者的偏好、非要素收入和初始资源禀赋量既定的情况下,在均衡点 E 上,要素所有者供给要素后获得的总收入 $m^*=\bar{m}+w(l_0-l')$ 与要素价格 w 形成了一一对应关系。也就是说,由此,我们建立了要素供给量与要素价格之间的关系,这也就寻找出了推导要素供给曲线的线索,具体过程可从图9.8和图9.9分析得出。

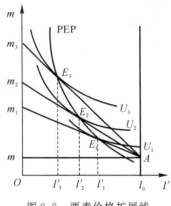

图9.8 要素价格扩展线

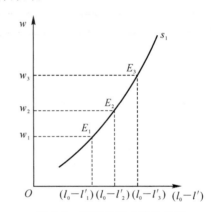

图9.9 要素供给曲线的推导

图9.8中,当要素价格分别为 w_1、w_2 和 w_3 时,预算线分别为 m_1A、m_2A 和 m_3A,分别得到要素所有者在不同要素价格下的均衡点 E_1、E_2 和 E_3,而对应可得的要素所有者的要素自用量分别为 l'_1、l'_2 和 l'_3,那么,对应的要素供给量分别为 $(l_0-l'_1)$、$(l_0-l'_2)$ 和 $(l_0-l'_3)$。我们将诸如均衡点 E_1、E_2 和 E_3 的许多均衡点 $E_i(i=1,2,3,\cdots)$ 连接起来就得到曲线 PEP,即要素价格扩展线。要素价格扩展线 PEP 表示要素所有者的要素自用量 l'_i 随对应的要素收入 $w_i(l_0-l'_i)$ 随要素价格变化而变化的关系,从而反映了要素供给量 $(l_0-l'_i)$(即要素总量减去要素自用量)如何随要素价格变化而变化的关系,即要素供给曲线关系。

图9.9表明了要素供给曲线关系。我们分别以要素价格 w 为纵坐标轴,要素供给量 (l_0-l') 为横坐标轴,根据图9.8,当要素价格为 w_i 时,我们可以对应得到要素供给量 $(l_0-l'_i)$,而对应的要素供给均衡点为 $E_i(i=1,2,3,\cdots)$。在图9.9中,我们将这些均衡点 E_i 连接起来,就得到要素所有者个人的要素供给曲线 s_l。

通过以上对要素供给曲线的分析,我们发现,要素供给者之所以向市场提供要素,是因为他需要将自己拥有的要素在供给市场还是保留自用之间进行选择,在要素供给市场时实现交易获取收入,从而在要素处置方式的替代中实现效用最大化,得到最大的满足或幸福。

就是说,要素所有者个人的要素供给曲线是其幸福或效用最大化的要素价格与供给量组合点的轨迹。

四、行业(市场)的要素供给曲线

类似于厂商的要素需求与行业的要素需求之间的关系,整个行业的要素供给是不是所有要素所有者个人要素供给的横向加总,其关键在于加总过程中对应产品的价格是否变化。此处不再赘述。行业(市场)的要素供给曲线的形状才是我们关心的。一般而言,行业(市场)的要素供给曲线的形状可从两个角度分析:①一定时点的要素存量;②要素的多种功能或用途。

图9.10反映了要素供给曲线形状与所考察的要素的供给市场范围的关系。图9.10(a)表明在某一行业使用该要素或者该要素发挥某一功能时,该要素的供给曲线为一条向右上方倾斜的曲线。显然,w_0为要素在该行业中的最低供给价格。该行业利用的此种要素量占该要素社会总量的比重越小,其供给曲线越具有弹性,如图9.10(a)中S越平缓;反之,该行业利用的此要素量越多,其供给曲线越陡峭,如图9.10(a)中S'。实际上,这反映了此种要素用于该行业后其具有的其他用途的替代程度,或该行业占用此要素在社会中的重要程度。图9.10(b)表明将全社会作为一个总体需求者看待时,该要素的全部拥有量或总存量为X_0。在考察之时这是一个存量,是一定的,因此,要素供给曲线为垂线S_T。

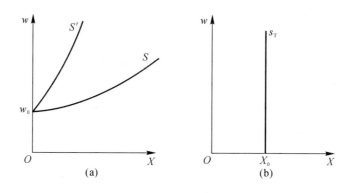

图 9.10 某种要素的供给曲线
(a)某行业(或某用途)的要素供给曲线; (b)全社会的要素供给曲线

在一般分析中,我们多是将行业(市场)的要素供给曲线形状看作如图9.10(a)中向右上方倾斜的曲线。也就是说,只作原理性的分析,把整个行业的要素供给曲线看作是行业内所有要素所有者个人的要素供给曲线的横向加总。

第三节 要素市场均衡

要素需求是社会产品需求的派生需求。因此,分析要素市场均衡时,就应当同时分析与之相联系的产品市场的情况。此外,从前述章节可知,不同市场结构下的市场均衡是不同的。要素市场均衡分析同样如此。

下面介绍的不同产品市场结构条件下与不同要素市场结构条件下的要素市场均衡分析,在后面章节里将不再出现,以减少内容重复。

一、市场势力与要素价格

市场势力(market power)或称市场权力,是指市场中某种商品的供给方或购买方拥有的对该商品价格的影响能力。我们从前述产品市场的交易分析中知道,不同市场结构中的供给者或购买者(需求者)对产品价格的影响能力是不同的。其中,垄断供给者对产品价格具有完全的控制能力;相反,完全竞争供给者对产品价格没有控制能力而只是产品价格的接受者。也就是说,垄断厂商的市场势力极大,而完全竞争厂商的市场势力近于0。所以,市场势力一般是限制竞争,远离完全竞争的,在很多时候又与垄断势力的含义接近。垄断势力主要就是指垄断者对商品价格的控制能力。

同样,要素市场中的供给者或需求者也有不同的市场势力。这种势力是指要素供求者对要素价格的影响能力。因此,现实中的要素价格是由具有不同市场势力的供给者或需求者决定的。显然,越具有垄断势力的一方对要素价格的影响能力越强,也越具有市场势力。

二、竞争性要素市场均衡

在这里,竞争性要素市场均衡主要分析完全竞争性要素市场,即要素供给者和要素需求者对要素价格都没有市场势力。但是,由于产品市场的结构不同,对应的竞争性要素市场均衡就不同。下面分别分析在完全竞争的产品市场和不完全竞争的产品市场情况下的竞争性要素市场均衡。

1. 完全竞争的产品市场

我们知道,不论何种商品,只要能够达成交易,就必定能够使交易双方都认为该商品上的边际支出等于边际收入。根据前述内容,要素市场的需求等于要素的边际收益,也就是要素所有者的边际收益产品(MRP)。在完全竞争产品市场中,$MRP = MR \cdot MP = pMP$。与竞争性产品市场一样,与平均支出(AE)一致的要素的边际支出(ME)曲线形成要素的供给曲线。因此,当产品市场是完全竞争市场时,要素市场均衡如图 9.11(a)所示。其中,整个行业的要素供给曲线 S 与要素需求曲线 D 相交于均衡点 E,得到均衡要素价格 w^* 和均衡要素成交量 L^*。市场中的所有要素供给者与要素需求者都是这一价格的接受者。

这一均衡说明,在完全竞争要素市场中,同种要素得到相同的报酬。如果要素所有者获得不同报酬(如 w'),那是因为他们由于各种原因具有不同的边际生产力(MP)的结果。由于产品市场的价格 p 一定,因此,在其他条件一致时,对较高边际生产力的要素的需求越高即 VMP 越大,所付出价格也越高。

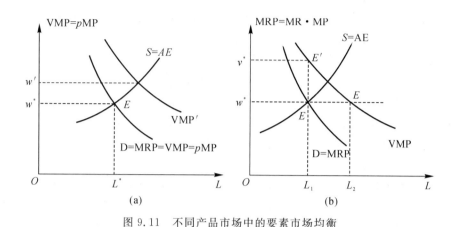

图 9.11 不同产品市场中的要素市场均衡

2. 不完全竞争的产品市场

图 9.11(b)表示了不完全竞争产品市场下的要素市场均衡情况。不完全竞争产品市场就说明市场中存在一定的垄断因素,市场供求双方至少有一方拥有一定的市场势力。

在不完全竞争产品市场中,厂商就对价格有一定影响力,厂商的边际收益 MR 也不再等于产品价格 p。此时,要素市场均衡为与平均支出(AE)一致的要素边际支出(ME)曲线和要素边际收益产品(MRP)曲线相交点所决定的要素投入量与要素价格,如图 9.11(b)中的 E 点对应的 L_1 和 w^*。此时与完全竞争产品市场条件下相比,若分析开始时厂商销售产品的 MR 比较接近产品价格 p,随着要素投入的增加,要素的边际收益产品 MRP 与完全竞争产品市场中的 VMP 之间的差异就会扩大,如图 9.11(b)中的 MRP 曲线与 VMP 曲线。

显然,在同样的要素价格 w^* 下,在不完全竞争产品市场条件下竞争性要素市场中的要素需求者即厂商倾向于使用较少的要素($L_1 < L^*$)。也就是说,在产品市场上具有垄断势力的厂商购买要素 L_1 实现了利润最大化,厂商的边际成本 w^* 小于社会的边际收益 v^*,但是,厂商的实际产出小于社会有效的产出水平。

三、垄断性要素市场均衡

垄断性要素市场可以根据要素市场供求各方的垄断情况分为买方垄断、卖方垄断和双边垄断三种。它们的均衡状态各有不同,也是不同市场势力发挥作用的具体体现。

1. 买方垄断

根据垄断的基本含义,在买方垄断要素市场中,要素买方(需求方)只有一家。这一独家买方面对的要素供给曲线就是整个社会的要素供给曲线,向右上方倾斜。由于只有一家买方,它具有绝对的垄断势力,要素价格就由它来决定。其基本原则就是通过实现自身的利润最大化来决定要素的交易价格,并且垄断买方为每单位要素支付相同的价格。因此,要素供给曲线 S 就是它的平均支出曲线(AE),如图 9.12 所示。

也正是由于独家要素购买方面对整个社会的要素供给曲线,它增加要素购买量必定带来要素价格上升。此时与完全竞争条件下不同,它的边际支出就与平均支出不再相等了。我们知道,对于购买者而言,要素供给曲线表明针对它购买的数量,每单位要素应当支付多少,也就是说,要素供给曲线是其平均支出曲线。因此,要素的边际支出大于平均支出,边际支出曲线高于平均支出曲线,[①]如图 9.12 所示。

在图 9.12 中,买方垄断的最优要素购买量为 L_A,L_A 由 ME=MRP 获得;买方垄断时所支付的要素购买价格是 w_B,这是要素供给曲线 S 上与 L_A 对应的价格,而不是 A 点对应的价格。这正反映了买方垄断势力影响或控制价格的能力。显然,与完全竞争性要素市场条件下的均衡价格 w_C 和要素购买量 L_C 相比,买方垄断要素市场均衡中的要素购买量 L_A 偏少,而要素购买价格 w_B 偏低。换句话说,此时对应的要素所有者(要素供给者)获得较低的要素价格或要素收益。

在实践中,有多种原因导致买方垄断。首先,制度因素,如国家或地方政府的法律法规的规定使得某要素只能由一家厂商使用,有时这也与地方保护主义或贸易保护主义相关。其次,自然条件限制,如边远地区的当地要素只能供给某一家厂商。再次,要素专用性,而使用该要素的厂商就此一家,造成要素市场的买方垄断。最后,要素使用卡特尔,如在棉花收购中,多家厂商联合达成协议以垄断购买,形成实际上的买方垄断等。

2. 卖方垄断

卖方垄断要素市场指只有一家要素供给者。它所面对的要素需求曲线就是整个社会的向右下方倾斜的要素需求曲线。

卖方垄断要素市场的分析与产品市场中的垄断市场分析比较类似,如图 9.13 所示。

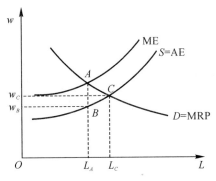
图 9.12 买方垄断要素市场均衡

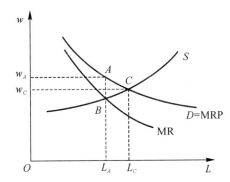
图 9.13 卖方垄断要素市场均衡

在存在垄断势力的情况下,要素需求曲线 D 向右下方倾斜,边际收益曲线 MR 位于其下。要素供给曲线 S 与边际收益曲线 MR 的交点 B 决定了卖方垄断要素市场上提供的要素数量为 L_A,并且此时按照要素需求曲线 D 上与 L_A 对应的价格 w_A 供给要素,而不是按照 B 点所对应的价格。这也正反映了卖方垄断势力影响或控制要素市场价格的能力。

显然,与完全竞争性要素市场条件下均衡的价格 w_C 和要素购买量 L_C 相比,卖方垄断

---

① 简要证明:若供给曲线为 $p=p(q)$,则购买要素的平均支出为 $AE=\dfrac{qp(q)}{q}=p(q)$,购买要素的总支出为 $E=qp(q)$,边际支出为 $ME=\dfrac{dE}{dq}=p(q)+\dfrac{qdp}{dq}$,由于供给曲线向右上方倾斜,则 $\dfrac{dp}{dq}>0$,并得到 $ME>AE$。

要素市场均衡中的要素供给量 L_A 偏少,而要素供给价格 w_A 偏高。换句话说,此时对应的要素需求者(要素使用者或雇用者)要付出较高的要素价格或要素成本。这与要素市场买方垄断时的要素均衡价格刚好相反。不拥有垄断势力的一方通过交易总要多付出一定的利益而被垄断者获取。

3. 双边垄断

双边垄断是垄断性要素市场的一种极端形式。它表明要素供给者和要素需求者都是垄断者,都是独此一家。在这种情况下,要素市场供求双方都具有垄断势力,都对要素交易价格具有一定的影响力或控制能力。

双边垄断要素市场均衡的分析,从图像上看就是买方垄断与卖方垄断情况下的综合结果,如图 9.14 所示。一方面,如果不存在卖方垄断,买方垄断的最优要素购买量 L_A 由 ME=MRP 获得,购买价格是 $w_{B'}$;另一方面,如果不存在买方垄断,卖方垄断者根据要素供给曲线 S 与边际收益曲线 MR 的交点 B 提供的要素数量为 L_B,以要素需求曲线 D 上对应的价格 $w_{A'}$ 供给要素。这都说明了要素市场供求双方利用自身的垄断势力决定有利于自己的要素交易价格和交易量。但是,一旦这两种垄断势力在一个市场相遇形成双边垄断,最终交易的结果就已经超出了简单的供求均衡分析的范围,而让位于讨价还价的博弈过程。

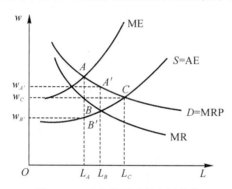

图 9.14 双边垄断要素市场均衡

因此,双边垄断要素市场均衡存在一定的不确定性。这种不确定性来源于供求双方其他具体情况的影响。如果双方经过讨价还价的博弈过程不能达成协议,那么他们之间的交易就不能成功;然而,如果现实生活中确实存在如此的双边垄断,那么为了生存与发展,一般地双方总是会达成交易的。如果达成交易,虽然最后的交易结果 L^* 和 w^* 具有不确定性,但是,我们从上述分析可知最终的交易范围,那就是:

$$L_A < L^* < L_B, \quad w_{B'} < w^* < w_{A'}$$

当然,在现实生活中要素市场的双边垄断极难出现。但在考察范围存在限制时,有些情况可以近似认为是双边垄断的。

四、要素市场交易的实现

要素市场交易是否能够顺利实现,关键看要素需求者与要素供给者是否达成市场供求均衡,即要素所有者(或要素供给者)获得合意的要素收入,要素需求者支付合意的要素价格。

在完全竞争产品市场中,竞争性要素市场实现交易应满足:MRP＝MR·MP＝pMP＝AE。

在不完全竞争产品市场中,竞争性要素市场实现交易应满足 MRP＝AE,但此时 MR≠p。与完全竞争产品市场相比,厂商的边际成本小于社会的边际收益,而厂商的实际产出小于社会有效的产出水平。

垄断性要素市场上,根据要素供求各方垄断情况,由具有垄断势力的一方获得最大利益而实现交易,此时 ME 与 AE 很难一致。均衡状态各有不同是不同市场势力权衡的结果。

要素市场交易的顺利实现,是要素所有者得以在经济中持续存在的基础,也是社会中产品与服务形成的前提以及产品市场交易的前提。

思 考 题

一、名词解释

派生需求　边际收益产品　边际产品价值　要素供给原则　市场势力　买方垄断　卖方垄断　双边垄断

二、简答题

1. 简述要素需求的特征及边际收益产品的概念。
2. 要素需求曲线与产品需求曲线有何异同? 厂商长短期要素需求曲线有何异同?
3. 简述要素供给原则及要素供给目标。如何推导要素供给曲线?
4. 什么是市场势力? 竞争市场中不存在市场势力吗?
5. 要素市场均衡问题中的垄断与产品市场均衡中的垄断有何异同?
6. "双边垄断要素市场中不存在均衡"的说法对不对? 为什么?
7. 从要素价格扩展线为什么就能推导出要素供给曲线?

三、计算题

1. 一个完全竞争厂商的 $MP_l=25-l$,试画出当产品价格为 $p=5$ 时的劳动的边际产品价值曲线,并求出当工资为 $w=10$ 元/小时所对应的最优劳动需求量。

2. 如果一个厂商的生产函数为 $q=2k^{\frac{1}{2}}l^{\frac{1}{2}}$,它在一个完全竞争的市场上进行生产和销售,若以 10 元的价格销售产品,k 若始终为 4 单位,那么该厂商的短期劳动需求曲线是多少?

扩展阅读

我国改革开放 40 多年来,资本同土地、劳动力、技术、数据等生产要素共同为社会主义市场经济繁荣发展作出了贡献,各类资本的积极作用必须充分肯定。

——在中共中央政治局第三十八次集体学习时的讲话(2022 年 4 月 29 日)

经过二十多年实践,我国社会主义市场经济体制已经初步建立,但仍存在不少问题,主要是市场秩序不规范,以不正当手段谋取经济利益的现象广泛存在;生产要素市场发展滞后,要素闲置和大量有效需求得不到满足并存;市场规则不统一,部门保护主义和地方保护主义大量存在;市场竞争不充分,阻碍优胜劣汰和结构调整,等等。这些问题不解决好,完善的社会主义市场经济体制是难以形成的。

——《关于〈中共中央关于全面深化改革若干重大问题的决定〉的说明》(2013年11月9日)

第十章 劳动市场

劳动市场是极为重要的要素市场。前一章,我们就以劳动要素为例来说明要素市场均衡的一般情况。不过,作为一种具体的生产要素市场,劳动市场还有其具体特征。

劳动要素所有者提供劳动所获得的报酬是工资。人们由于受教育程度等的不同,劳动技能就有差异,获得工资的多少也就有所不同。相应地,被称作劳动要素提供者的劳动要素所有者就有从普通操作工人到职业经理人之分。这既符合斯密关于"利润绝不同于工资"的观点,也符合熊彼特关于企业不赔不赚时的正常利润只有"经营管理者的工资"的观点。

本章分三节,第一节主要介绍劳动市场均衡与劳动工资的决定,同时根据劳动市场均衡的总体情况,介绍了劳动者个人如何依据效用或幸福最大化原则和自己的市场势力的大小,进行劳动供给并获得个人的工资报酬;第二节主要分析人力资本对劳动市场的影响,同时分析了由于人力资本水平的不同,职业经理人的报酬要比普通工人高很多;第三节分析非市场因素对劳动市场的影响。

第一节 劳动市场均衡

劳动要素所有者的工资总水平是由劳动市场上的劳动供给与劳动需求的均衡决定的。我们先分析劳动市场上的劳动需求曲线。

一、劳动需求曲线

和上一章的一般分析一样,作为生产要素中的一种,劳动[①]要素投入生产,符合边际生产力递减规律。因此,劳动需求曲线向右下方倾斜。

劳动需求曲线具有需求曲线的一般性质,我们这里需要特别关注影响劳动需求量的因素和劳动的需求价格弹性问题。

1. 劳动需求量的影响因素

在第二章有对一般商品的市场需求量 Q 的影响因素的分析。第九章中我们分析要素

---

① 这里所提到的是"劳动"而不是"劳动力"。我们认为,"劳动力"重点关注提供劳动的具体个人及其劳动的能力,在分析中运用"劳动"主要在于强调劳动力的实际使用或其劳动能力发挥的效果。因此,计量劳动力通常以人为单位计量劳动通常以时间为单位,比劳动力的计量简便。但是,如果每一个劳动力的劳动效果相同的话,那么,它们之间的区分就不再那么重要了。本书有关劳动的分析都如此。

需求量的影响因素时提到了一个简单的要素需求函数表达式：
$$X=f(w,w_r,w_e,T_c,D_P,n,\cdots) \tag{10.1}$$

对于生产要素劳动而言，影响劳动市场上劳动需求量 L 的因素，实际上也可从式(10.1)显示的那几个方面考察，只是有一些具体体现不同。具体而言，影响劳动需求量 Q_L 的因素有：

(1)劳动工资率 w(wage)。在要素支出成本和生产技术一定的情况下，工资率水平就成了厂商雇用劳动量的决定因素。

(2)厂商所从事的行业 i(industry)。不同行业要素组合的技术不一样，在其他要素相同时，不同行业对劳动的需求量是不一样的，如劳动密集型行业、资本密集型行业等对劳动的需求量。

(3)劳动者的素质或人力资本 h(human capital)。每个人拥有的人力资本不同，其工作技能、工作效率、工作潜能与可从事的工作也存在较大差异。基于此，在其他方面差异不大时，厂商对劳动的需求量不同。

(4)对其他生产要素如资本的替代性大小 s(substitution)。这与厂商实际使用的生产技术有关。一般而言，技术水平越高，劳动对其他要素的替代性越小。

(5)厂商对未来工资率水平的预期 w_e(expectation)。厂商对未来劳动工资率水平的预期越高，近期的劳动需求就越大；反之，劳动需求就越小。

(6)劳动市场中的厂商总规模 n(number)等。在同等条件下，生产厂商数目越多，厂商生产规模越大，对劳动的需求量就越大。

因此，劳动需求函数可表示为
$$L=f(w,w_e,i,h,s,n,\cdots) \tag{10.2}$$

在其他条件不变的情况下，影响劳动需求量的主要是劳动工资率 w。劳动需求函数就可简要表示为
$$L=f(w) \tag{10.3}$$

与第二章的描述类似，可用 D_L 代替 $L=f(w)$ 作为劳动需求曲线的名称进行标注。

2.劳动的需求价格弹性

劳动的需求价格弹性反映了劳动需求量对劳动工资率变动的反应灵敏程度。根据弹性的一般定义，如果 L 表示劳动需求量，w 表示工资率，E_L 表示劳动的需求价格弹性，则劳动的需求价格弹性可表示为

$$E_L=\frac{\text{劳动需求量百分比}}{\text{工资率变动百分比}}=\frac{\frac{\Delta L}{L}}{\frac{\Delta w}{w}}=\frac{\mathrm{d}l}{\mathrm{d}w}\frac{w}{L} \tag{10.4}$$

那么，劳动需求曲线的倾斜度就与劳动的需求价格弹性紧密相关，如图 10.1 所示。

(1)劳动者在劳动市场上越不具有垄断势力，劳动的需求价格弹性越大，劳动需求曲线越平缓。比如，在我国的经济转型发展过程中，大批农村务工人员进入城市寻找工作。他们受教育程度较低，大都就业于技术含量低、收入低的行业。而且他们来自不同地区，相互之间缺乏联系，不具有针对雇主的统一行动或协调谈判机会，更没有形成统一工会，他们在就

业市场中处于没有市场势力的分散的一方。如果进城务工人员要求提升工资水平,厂商就会大大缩减对他们的雇用人数。厂商对务工人员的劳动的需求价格弹性较大,对应的劳动需求曲线也较平缓。

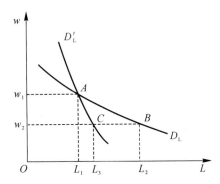

图10.1 劳动需求曲线与劳动的需求价格弹性

(2)劳动成本在最终产品成本中所占比重越大,说明其属于劳动密集型产品。密集性越强,劳动需求价格弹性越大,劳动需求曲线越平缓。

(3)利用劳动生产的最终产品的需求价格弹性越大,劳动的需求价格弹性也越大,劳动需求曲线越平缓。

(4)劳动在生产中的边际生产力递减规律显示得越明显,说明劳动的边际产出递减得越快越早,劳动的需求价格弹性越小,劳动需求曲线越陡峭,如图10.1中的D'_L。

(5)资本等其他生产要素对劳动的替代性越强,劳动的需求价格弹性越大,劳动需求曲线越平缓。

了解劳动的需求价格弹性及劳动需求曲线的情况,有利于分析劳动市场均衡及其变动。

二、劳动供给曲线

劳动的市场供给就是劳动者在一定时间内进行工作。"劳动是指人类的经济工作——不论是用手的还是用脑的。"劳动者花费时间的劳动过程就是劳动供给过程。劳动供给不同于其他生产要素的供给,它具有两个明显特征:①与时间密切相关;②供给过程与具体的人密切相关。下面就基于这两个特征进行分析。

1.闲暇与劳动供给曲线

斯密说:"劳动者的普通工资,到处都取决于劳资两方所定的契约。"但劳资双方订立了劳动供给的契约才刚刚是劳动者提供劳动的开始。这就是说,一个人不论从事何种工作,他的工作过程才真正是劳动供给过程。根据上述劳动供给的两个明显特征,从时间上看,一个人的全部时间可以分为两部分:工作时间(work)和闲暇时间(leisure)。从人们劳动的感受看,一个人享受闲暇获得满足(效用),工作消耗体力、脑力,付出辛苦(负效用)。

由于人们每天的时间都是固定的24小时,如果工作时间为T以获取工资率w,那么,闲暇(享受)的时间就为$(24-T)$,享受闲暇就是工作获得工资率w的机会成本。这样,我们就会最终发现,劳动者个人的供给曲线s_l呈现如图10.2那样向后弯曲的形状。

在图10.2中,当工资率为w_A时,个人每天的工作时间为T_A。之后,随着工资率的提高,人们在一天内工作的时间不断增多,直到达到 w_B 时,个人每天的工作时间为 T_B。当工资率提高到 w_B 以上时,个人每天愿意提供的劳动时间逐渐减少,如当工资率为 w_C 时,$w_C > w_B$,个人每天的工作时间减少为 T_C,$T_C < T_B$。

这也就是说,在一个人的工资率水平达到 w_B 之前,劳动供给曲线保持正常状态,向右上方倾斜并凸向横轴;在工资率水平高于 w_B 之后,劳动供给曲线变为反常的向左上方倾斜并凹向横轴。个人每天工作时间的最大值为 T_B,对应的一天闲暇时间的最小值为 $(24-T_B)$。

2.劳动供给价格的替代效应与收入效应

在图 10.2 中,劳动供给曲线为什么会是向后弯曲的形状呢?我们可以通过如下分析过程揭开其内在原因。

在闲暇时间里,人们享受娱乐、游玩、休息,就像消费一般消费品一样。人们从事劳动,"劳动的主要动机都是得到某种物质利益的欲望,这种利益在世界的现状下一般表现为获得一定数额的货币"。简言之,劳动是为了获取收入。但是,劳动毕竟消耗体力脑力,是一种付出,相对于一般消费品,劳动就像拥有负效用的商品。这样,人们在每天的时间里,就是在"闲暇—收入"之间选择,在拥有"正效用—负效用"的两种商品之间选择。

在图 10.3 中,m_1、m_2、m_3 表明对应劳动者的三种收入的等效用曲线,直线 AB 表明劳动者的预算约束线。AB 的斜率为 $-w_0$,其绝对值为工资率。A、B 两点为极端情况:A 点表明劳动者每天 24 小时全部为闲暇,收入为 0;B 点表明劳动者每天 24 小时全部劳动以获取收入,收入为 $24w_0$。如果劳动者偏好和预算约束线 AB 不变(实际指工资率 w_0 不变),劳动者的收入与闲暇最优组合时的时间分配为闲暇时间 H_E,劳动时间 $(24-H_E)$,获取收入 $(24-H_E)w_0$。

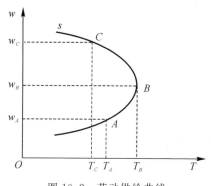

图 10.2 劳动供给曲线

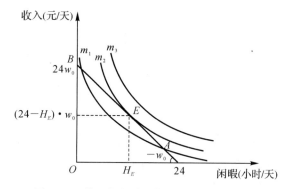

图 10.3 收入与闲暇最优组合时的时间分配

但是,实际上,工资率 w_0 是会发生变化的,即预算约束线 AB 的倾斜度会变化,从而带来时间最优分配的变化,也即收入与闲暇组合的变化。这种变化产生了工资率或劳动价格(或闲暇的机会成本)的替代效应与收入效应。

(1)替代效应。我们在第三章就已说明,当人们消费正常商品时,在达到同等效用水平的前提下,人们会倾向于用相对便宜的商品替代其他商品。劳动获取收入或享受闲暇可以看作消费收入或闲暇两种不同的商品。工资率的提升意味着消费闲暇的机会成本提高,人们就会倾向于工作,即拿工作替代闲暇。

(2)收入效应。随着人们工资收入的不断提高,其达到一定水平之后,意味着个人的实际收入水平提高,个人也会提高对不同于一般商品的闲暇的消费购买。也就是说,工资率上升使收入达到一定水平,对由劳动获取的收入的对应商品——闲暇的需求量大大提高,个人会逐渐拿闲暇替代工作,而这是收入效应的作用。

在第三章我们知道,正常商品的价格效应中替代效应和收入效应都是大于 0 的,但是,替代效应一般大于收入效应,如图 10.4 所示。

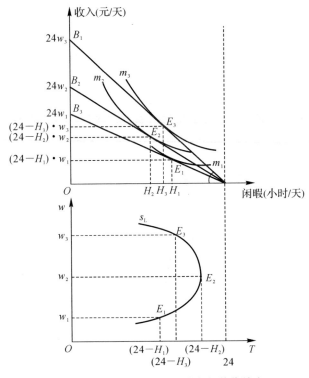

图 10.4 劳动工资的收入效应与替代效应

图 10.4 中,在工资率从 w_1 上升到 w_2 的过程中,均衡点从 E_1 变为 E_2,工资的价格效应表现为替代效应大于收入效应,闲暇时间从 H_1 减少为 H_2;在工资率从 w_2 上升到 w_3 的过程中,均衡点从 E_2 变为 E_3,工资的价格效应表现为收入效应大于替代效应,闲暇时间从 H_2 增加为 H_3。当然,这里我们将 w_2 看作了那个特殊的工资率水平,对应的 E_2 点看作劳动供给曲线向后弯曲的开始点。

三、劳动市场均衡与均衡工资

1. 劳动市场均衡

如果我们将整个劳动市场的需求曲线简化为正常的向右下方倾斜的直线的话,整个劳动市场的供给曲线根据上述内容就稍微不同。

整个劳动市场的供给曲线由每一个劳动者的劳动供给曲线水平加总而得。我们知道,单个劳动者的劳动供给曲线是向后弯曲的,但是,整个市场的劳动供给曲线一般并不表现出明显的向后弯曲形状,通常显示逐渐上凹趋势。这主要是因为:①每一个劳动者的劳动供给曲线不可能同时向后弯曲,水平加总后总体呈现向右上方倾斜的趋势;②单个劳动者的工资的收入效应可能大于替代效应,但总有替代效应大于收入效应的新的劳动者进入劳动市场,迫使整体劳动供给曲线不容易整体反映出收入效应大于替代效应。

因此,劳动市场均衡源于劳动供求双方的共同作用,其分析与第二章的供求分析基本类似。在图 10.5 中,E 点就是由劳动供给曲线和劳动需求曲线共同作用的均衡点,L^* 即为均衡的劳动就业量,w^* 就是均衡的工资水平。

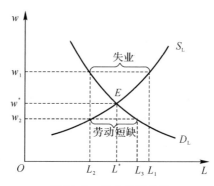

图 10.5 劳动市场均衡

2. 均衡工资与劳动市场失衡

均衡工资来自劳动市场均衡。但是,我们从第二章可知,市场均衡并不是持久恒定不变的状态,更多的时候是一种动态均衡。因此,均衡工资就不总是稳定不变的水平,更多的时候是围绕一定的水平上下波动。如果劳动市场达不到供求相等,就会出现劳动市场失衡。

在图 10.5 中,当工资水平为 $w_1 > w^*$ 时,劳动市场供大于求,失业量为 $(L_2 - L_1)$;当工资水平为 $w_2 < w^*$ 时,劳动市场出现劳动紧缺,缺少劳动量为 $(L_3 - L_1)$。所以,劳动市场失衡可能出现失业或劳动短缺。但在通常情况下,由于人口总数量是不断增加的,失业是常事,也是人们通常重点关注的状态。

劳动市场出现失衡可能由于多种原因:

(1)正如第二章和第九章对影响需求的因素的分析一样,有某些类似原因引起劳动需求发生变化和劳动需求曲线移动,原有均衡点的工资率水平相对于新情况就处于失衡状态。

(2)正如第二章和第九章对影响供给的因素的分析一样,有某些类似原因引起劳动供给发生变化和劳动供给曲线移动,原有均衡点的工资率水平相对于新情况就处于失衡状态。

(3)在社会变动时期人们的生活观念和习俗发生了较大变化。例如,某中等城市的保姆市场,均衡月工资为 1 200 元,均衡保姆量为 10 000 人。如果某年来了大批原来在大城市做家政服务的人员到该城市加入保姆市场,但仍然要求与大城市一样的工资水平 2 000 元/月,这样,该中等城市的保姆市场就会处于失衡状态。一方面,保姆要求 2 000 元/月的工资造成保姆供给过剩(失业);另一方面可能影响该市的保姆供给曲线发生移动——向右扩展。如果需求不变,会造成工资水平下降,低于原有的 1 200 元/月。当然,经济是不断发展的,经过一段时间,人们的收入增长了,生活观念发生变化了,该市的劳动市场均衡的工资水平会大大高于 1 200 元/月,而这主要是保姆需求曲线受到收入、观念等因素的影响向右扩张的结果。

3. 劳动市场交易的实现

第九章已经介绍了不同产品市场结构条件下与不同要素市场结构条件下的要素市场均衡分析。为避免内容重复,此处只以简短的文字提及一下,后面章节里也将如此处理。

均衡的工资水平 w^* 和均衡的劳动就业量 L^*,是整个劳动市场的情况。针对劳动市场均衡决定的劳动工资与就业量的整体水平,劳动者个人从中分解出属于自己的劳动需求,并依据个人效用或幸福最大化原则以及自己的市场势力,在市场上进行劳动供给。

尽管劳动者个人卖方垄断的现象也存在,但劳动市场上的买方垄断则常见现象。一般情况下,劳动者个人是劳动市场价格的接受者,是不具有市场势力的,面对的劳动需求曲线就是一条水平线。

作为一般性分析,依据厂商的需求,如果劳动者个人不具有市场势力,即劳动市场是竞争性的,则存在有规律的个人劳动供给曲线,进而可以形成劳动市场的供给曲线。如果劳动者个人具有一定的市场势力,即劳动市场上含有垄断成分,依据厂商的需求,只要符合效用或幸福最大化原则,劳动者个人就会有劳动供给,只是不存在有规律的劳动工资与就业量一一对应的劳动供给曲线而已。

无论如何,劳动者个人与厂商达成交易时,就完成了交易,并确定出劳动者个人与其厂商交易的个别劳动的市场价格(公平价格)与交易量。就是说,劳动者个人通过为厂商提供劳动,即从事生产劳动,在为厂商实现利润最大化作出贡献的同时,最终获得了实现个人效用或幸福最大化的财富收入——工资。

第二节 人力资本与劳动市场均衡

在上一节我们已经说明,劳动市场供求双方都对劳动市场均衡产生影响。但是,在影响劳动供求双方的因素中,我们认为,最重要的是劳动者所具有的人力资本。

一、人力资本的含义

人力资本是指体现在劳动者身上包括劳动者数量和质量的能够为劳动者带来收益的价值。美国经济学家 W. 舒尔茨先后发表的《人力资本投资》(载于 1961 年《美国经济评论》第 51 期 1~17 页)和《教育的经济价值》(哥伦比亚大学出版社,1963 年)标志着人力资本理论的创立。人力资本同物质资本一样是由投资而得的。"通过向自身投资,人们能够扩大他们得以进行选择的范围,这是自由人可以用来增进自身福利的一条道路。""人类的许多经济才能都是通过带有投资性质的活动逐步发展起来的。"

关于人力资本,亚当·斯密和近代经济学家冯·屠能、欧文·费雪、马歇尔都曾表述过对人本身的投资是最有价值的思想。舒尔茨认为:"现代经济增长最主要的成就是人力资本存量的增长。"在影响经济发展的诸因素中,人的因素是最关键的,经济发展主要取决于人的质量的提高,而不是自然资源的丰瘠或资本的多寡。以此来解释经济领域的诸多疑难问题就很简单了。

人力资本理论为劳动市场供求问题的分析提供了新的理论根据。

二、教育与人力资本

1. 教育是提高人力资本的重要途径

在诸多影响人力资本的因素中,教育是其中最为重要的因素。并且,教育也是使个人收入的社会分配趋于平等的因素。舒尔茨指出应"把教育当作一种对人的投资,把教育所带来的成果当作一种资本……因为教育已经成为受教育者的一部分……教育是人的不可分割的一部分……"

总体而言,对于现代经济发展处于先进地位的美国来讲,与非人力资本构成相比,教育资本构成既不是很小,也不是一个纯净的恒定量。即便在教育总成本中有很大一部分完全用于消费,它所构成的资本额仍然不算小。据估算,投入小学教育的资源不如投入中学或者大学的资源增长得那么快,但是,即便如此它还是以比物质资本构成总额的增长还要快的速度一直在增长着。在美国,1900 年的小学教育总成本大约相当于资本积累总额的 5%。到了 1956 年,就上升到 9%。中学和大学教育总成本的这一比例数,在 1900 年是 4%,到 1956 年已达 25%。

通过对我国通过教育提高人力资本进而获得收入的研究也表明,受教育年限越高,人力资本越大,收入水平越高。有研究已经表明,随着我国转型经济的不断深化发展,我国城镇的个人教育收益率是逐年上升的,而且个人教育收益率是递增的。而教育对收入增长的影响作用在很大程度上是通过就业途径的选择来实现的。

国内外研究都表明,教育是提高人力资本的重要途径,因而也是影响劳动市场进而提高劳动者收入水平的重要条件。

2. 教育的信号功能与劳动市场供求

劳动市场供求受到劳动者爱教育程度的影响,但接受相同教育年限的人可能具有不同的劳动效率。劳动需求者将如何区分他们呢？这是基于博弈论与信息经济学的分析内容,此处我们只是简要说明。

在市场交易双方具有不对称信息的情况下,供求双方都完成最优选择的交易是不容易的,甚至就达不成交易。显然,双方都希望向对方传递利于自己交易的信号,即信号传递(signaling)。如卖车的人保证车子质量和一定时期的维修保证等,买车者将维修保证看作高质量车子的信号而愿意支付较高价格等。同样,如果对方提供一定关于交易的信号,自己预设不同情况提出自己的交易条件,从而根据这些条件将实际具有不同信息的交易者区分开来使最终的交易利于自己,这叫信号甄别(screening)。如保险市场中,保险公司设计不同保险合同供不同风险的投保人选择,依此区分不同投保者(保险合同交易者)。

有关劳动市场中教育的信号传递理论的开创者是阿·迈克尔·斯宾塞(A. Michael Spence)。他认为,在劳动市场中,对劳动者(雇员)的能力雇主(劳动需求者)不知道,而劳动者自己知道。但是,劳动者的受教育程度(education)可以向雇主传递有关雇员能力的信息,因为不同能力的人的最优教育程度不同。总体而言,受教育成本与能力正相关。因此,教育就成为劳动供给者能力的传递信号,也成为劳动需求者对劳动者劳动生产效率的甄别信号,从而影响劳动市场供求变化。

三、人力资本对劳动市场均衡的影响

教育投资提高个人的人力资本,个人的人力资本大小影响到劳动市场均衡。根据上述内容,一般来讲,较高的教育程度能够使劳动者具有较高的劳动生产率。如果将劳动者群体分为具有较高教育程度因而具有较高劳动生产率与具有较低教育程度因而具有较低劳动生产率两种人群的话(或者分为熟练劳动者和非熟练劳动者),那么,企业(劳动需求者)对这两类劳动的需求曲线就不同。具有较高劳动生产率的劳动者的劳动需求曲线(D_H)就会高于具有较低劳动生产率的劳动者的劳动需求曲线(D_L),因为两类劳动者的边际生产力不同。两类劳动者的劳动供给曲线也表现为两种:具有较高劳动生产率的劳动者的劳动供给曲线(S_H)和具有较低劳动生产率的劳动者的劳动供给曲线(S_L)。并且,S_H曲线高于S_L曲线,这是因为接受较高程度的教育就会付出较高的教育成本(直接成本与间接成本或机会成本),例如时间、经历、金钱等等,在其他条件相同情况下,受过较高教育的劳动者就会要求比接受较低教育的劳动者更高的工资水平。

在图10.6中,具有不同人力资本的两类劳动者实际上是将整个社会劳动市场分割为两个市场。这两个劳动市场中两种劳动供求曲线决定了不同的均衡点,分别为E_H点和E_L点,从而决定不同的均衡工资水平w_H、w_L,并且$w_H > w_L$。这也就是说,受过较高教育的劳动者获得比接受较低教育的劳动者高得多的工资水平。因为,从劳动需求者角度看,较高人力资本的劳动者具有较高的劳动生产率,能够给厂商带来更多利润,企业就愿意提供更高的工资;从劳动供给者角度看,较高人力资本的劳动者接受了较多的教育,他们付出了较多的教育成本(不论是通过正规的学校教育,还是通过各种技能培训等),即进行了较多的人力资本投资,理应要求更高的工资收益。也正是基于人力资本能够提高劳动生产率、增加厂商利润的考虑,现代企业都对自身员工进行各种各样的培训。

四、职业经理报酬的均衡决定

依据斯密与熊彼特的观点推断,职业经理市场属于劳动市场的一种,职业经理获得的是劳动报酬。然而,由于受教育程度不同,经验积累不同,形成的人力资本水平不同,职业经理与普通工人之间的劳动客观上存在着差别。经理人关注组织、指挥与执行力,其管理才能的生产成本较高,市场供给很少;相比之下,普通工人的劳动供给较多。如图10.7中,S_1、S_2可分别代表职业经理与普通工人的市场供给曲线,D_1、D_2分别是企业对职业经理与普通工人的市场需求曲线,E_1、E_2分别是职业经理与普通工人的市场供求均衡点。职业经理的供给曲线S_1显然较缺乏弹性,具有较低的供给;普通工人的供给曲线S_2具有较大的供给与较高的供给弹性。对应地,职业经理的需求曲线D_1较低,而普通工人的需求曲线D_2较高。职业经理的报酬w_1较高[①],普通工人的报酬w_2相对较低。

---

① 职业经理的报酬额应该相当于传统教材上讲的"正常利润"额。

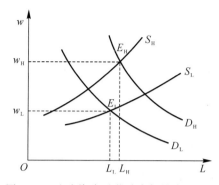
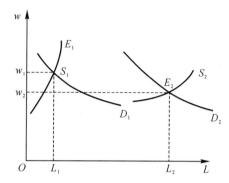

图 10.6　人力资本对劳动市场均衡的影响　　图 10.7　职业经理市场与普通工人市场的比较

思 考 题

一、名词解释

人力资本　信号传递　信号甄别

二、简答题

1. 个人的劳动供给曲线为什么是向后弯曲的？整个市场的劳动供给曲线是否是向后弯曲的？为什么？
2. 人力资本水平是如何影响劳动市场均衡的？
3. 普通员工的劳动供给曲线与职业经理的劳动供给曲线有何不同？原因何在？
4. 政府的最低工资法为什么会造成失业加剧？
5. 工会组织的主要目标是什么？

三、计算题

1. 小王大学毕业了，他可以自由决定自己的工作时间，他现在拥有一份工作，正常工作 8 小时的薪酬是每小时 50 元，超过 8 小时每小时可得 200 元，小王选择了每天工作 12 小时。如果有一份新工作摆在他面前，该工作将为他提供的薪酬是每小时 100 元，他是否会选择新工作？为什么？

2. 如果某一垄断雇主的劳动需求曲线为：$w=12-L$，他面对的 AFC 为 $w=2+2L$，对应的 $MFC=2+4L$，此时国家通过最低工资法要求 $w \geq 10$，该厂商的工资和雇用劳动量将受到怎样的影响？如果法律规定 $w \geq 12$，影响又如何？

3. 如果某地区某行业原来是完全竞争的，但某一天一个国际大企业进入该地区收购了该行业所有厂商，并且当地政府授予该国际企业阻止其他企业进入的合法竞争手段，请回答该行业劳动力雇用数量是否发生变化？如果变化，将如何变化？

4. 某企业是市场上 A 产品的唯一提供厂商，在劳务市场上也是 A 产品生产技术工人的唯一雇主。市场对 A 产品的需求曲线是 $p=100-Q$，其中 Q 是 A 产品需求量。A 产品短期生产函数为 $Q=4L$，其中 L 为每月雇用技术工人数量，技术工人供给曲线为 $w=40+2L$，其中 w 是技术工人的月工资数。该企业要雇用多少技术工人？对每个技术工人应付多少工资？

扩展阅读

从生产要素相对优势看，过去，我们有源源不断的新生劳动力和农业富余劳动力，劳动力成本低是最大优势，引进技术和管理就能迅速变成生产力。现在，人口老龄化日趋发展，劳动年龄人口总量下降，农业富余劳动力减少，在许多领域我国科技创新与国际先进水平相比还有较大差距，能够拉动经济上水平的关键技术人家不给了，这就使要素的规模驱动力减弱。随着要素质量不断提高，经济增长将更多依靠人力资本质量和技术进步，必须让创新成为驱动发展新引擎。

——《在中央经济工作会议上的讲话》（2014 年 12 月 9 日）

促进劳动力和人才有序社会性流动，是经济持续健康发展的有力支撑，是实现人的全面发展的必然要求。要破除妨碍劳动力、人才社会性流动的体制机制弊端，创造流动机会，畅通流动渠道，拓展流动空间，健全兜底保障机制，使人人都有通过辛勤劳动实现自身发展的机会。

——在中央全面深化改革委员会第十次会议上的讲话（2019 年 9 月 9 日）

第十一章 资本市场

在现代社会中,一个经济的进步与发展需要许多条件,一般而言,资本是其中最重要的条件。马克思在1848年描述资本主义发展时就曾说:"资产阶级在它的不到一百年的阶级统治中所创造的生产力,比过去一切世代创造的全部生产力还要多,还要大。自然力的征服,机器的采用,化学在工业和农业中的应用,轮船的行驶,铁路的通行,电报的使用,整个大陆的开垦,河川的通航,仿佛用法术从地下呼唤出来的大量人口——过去哪一个世纪料想到在社会劳动里蕴藏这样的生产力呢?"[①] 现在,社会经济发展全球化趋势日益加剧,且不说这种趋势的优劣,就是它所展现的一个社会发展中资本要素的巨大影响已经有层出不穷的案例。从二战后"马歇尔计划"的实施促使欧洲快速复苏,到"亚洲四小龙"为代表的东亚奇迹的出现,从我国改革开放以来招商引资对各地经济持续高速增长的巨大贡献,到非洲大陆经济新发展中的投资扩张等,这些过程无不表现出资本要素在社会生产发展中所体现的威力。因此,资本市场的发展状况在一个社会经济现代化发展中起着极为重要的作用。

本章共分五节,首先尽可能地厘清与资本相关的一些概念,分析资本要素的特点及表现形式;其次,从一般意义上考察资本市场的供求关系,以及短期、长期资本市场均衡的实现;最后,基于风险偏好和资产组合理论,着重介绍被广泛应用于投资决策和公司理财等领域的资本资产定价模型。

第一节 资本与资本市场

一、资本

人类进行商品和劳务的生产,不仅需要一定数量的劳动力,还需要厂房、机器设备、办公用具等资本。在日常生活中,资本常常被看作是一个包罗万象的概念:它可能代表整个经济系统的所有有形资源,包括劳动人口以及一切有用之物。比如作为消费品的住房、家具等,作为生产资料的工厂、机器等,甚至现金余额和自然资源如土地等。显然,这个关于资本的概念并不适合我们在此分析的目的。因为在这个概念中,资本不再是与劳动并列的生产要素,而是资本包含了劳动,甚至资本不再是生产要素,因为资本包括了消费品。本章所界定的资本,是与劳动要素并列的,在人类生产经营过程中所必需的另一种生产要素。

---

① 中共中央马克思恩格斯列宁斯大林编译局.马克思恩格斯选集:第一卷.北京:人民出版社,1995.

1. 资本的含义

我们可以从以下几个方面来认识资本。

(1)资本是通过人们的经济活动生产出来的,且它的数量可以改变。这一点与劳动和土地都不同,因为劳动和土地都可以说是"自然给定"的,不能由人的经济活动生产出来。

(2)资本之所以被生产出来,其目的是以此作为投入要素用于生产过程,以生产出更多的商品和服务。这一点使得资本与一切非生产要素区别开来。例如,它不同于普通的消费品,因为消费品不能带来更多的商品和劳务,其价值仅等于自身而不能增值。资本也不同于单纯的储蓄。单纯的储蓄是可贷资金的来源,但如果这些资金并不实际贷给企业,则不能增值;即使贷给企业获得增值,也可能不是被用于生产过程。

(3)与劳动力要素相比,资本具有耐久性。因为资本是可以长久使用的,在生产中使用的资本不会立刻被消耗或毁坏,其价值是在更长的时间内逐渐转移到商品或者服务的价值中的。因此,对于资本而言,就有一个现在投入的价值和未来收益价值的比较问题。在分析厂商对资本的需求时,在边际产量既定的情况下,我们不仅要考虑产品价格变化对要素边际收益产品的影响,还要考虑时间因素对要素边际收益的影响。正是由于这种耐久性,资本必然使那些持有者面临着代表未来生产过程和财富持有需求特征的任何不确定性。

(4)资本在投入使用前和投入使用后的形式是不同的。资本在投入使用前,即厂商投资决策前以货币资本的形式存在,投入使用后才转换成实物资本。资本的这种特点会产生两个影响:首先,对于不同的厂商而言,资本在投入使用前的货币资本是没有差别的。因此,资本市场上货币资本的价格即利率不会因之后的实物资本的形态不同而产生差异,即厂商面临的是统一的资本市场利率水平。而劳动要素在投入前、后的存在的形式是相同的。其次,由于投入使用后的实物资本替代性较弱,因此,一般来讲,资本一旦"失业",基本就是永久性的,其创造价值的特定功能就会消失。就是说,当金融资本转化为实物资本时,不确定性增强,随之产生的就是相对较大的金融资本市场的风险。而对于劳动要素而言,其投入前后创造价值的功能始终存在。劳动者如果失业,不仅可以再就业,而且可以转岗。

根据以上特点,可以将资本定义为:由经济制度本身生产出来并被用作投入要素以便进一步生产更多商品和服务的物品。

2. 资本的表现形式

资本有不同的表现形式。按资本的表现形态不同,可分为实物资本和金融资本。实物资本(physical capital)或实体资本(real capital)是指以厂房、设备等具体实物呈现的物品;金融资本(financial capital)是指以债券、股票、金融产品等形式存在的价值替代物,甚至于以虚拟价值存在的各种金融衍生工具等。不论是实物资本还是金融资本,它们都是能够推动企业生产经营活动并能以一定量的货币评估或表现的价值物。实物资本和金融资本的形成与投资活动密切相关。实物投资总与实际资产有关,如土地、机器、厂房;金融投资离不开一纸合同,如普通股、债券。在原始经济中,大多数投资是实物性的,而在现代经济中,大部分是金融投资。投资机构在提供高度发达的金融投资服务的同时,大大促进了实物投资。因此,一般情况下,我们说资本市场,主要指的就是金融资本市场。

按所处的领域不同,资本可分为产业资本、商业资本、借贷资本和银行资本等。产业资本是资本家投入物质生产部门的资本,亦即投在工业、矿业、农业、交通运输业和建筑业等的资本;商业资本是在流通领域中独立发挥作用的职能资本,是从产业资本中分离出来的独立的资本形式,是专门从事商品买卖,以攫取商业利润为目的的资本;借贷资本是为了获取利息而暂时贷给职能资本家(产业资本家和商业资本家)使用的货币资本;银行资本是资本家为经营银行业务而拥有的资本,主要是由现金和各种有价证券构成的。

二、资本家

为了更清晰地解释不同类别的资本家,我们先给出一个简单的资本运动的过程图,如图11.1所示。

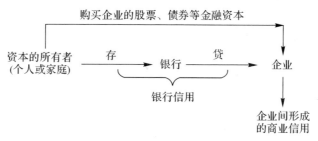

图 11.1 资本的运动

图 11.1 中,资本的所有者(个人或者家庭)将拥有的货币资本存入银行,让渡了货币资本的使用权,银行通过向资本所有者支付利息而获得货币资本的使用权。此阶段资本的所有权和使用权发生了分离。资本从个人或者家庭手里流向了银行,此过程产生的银行信用的债权人是资本的所有者,债务人是银行。资本的所有者个人或家庭作为实际的或最终债权人,被称为货币资本家。

银行吸收资本所有者的存款,通常并不是自己直接使用到生产领域让其增值,而是将自己在第一阶段获得的资本使用权转让给企业。当然,银行也会为转让的这部分资本使用权而获得企业支付的利息。在此阶段的银行信用关系中,发生的是资本使用权的转移,银行成为资本的债权人,而企业成为债务人。银行因为让渡资本的使用权而获取一定利益被称为借贷资本家。需要说明的是,这一过程其资本增值并不经过商品交换的环节。

我们再来看企业。一般而言,生产是不间断地进行的。企业必须先获得价值形态资本的使用权即货币资本,然后购买资本品,才能进行生产。除了自有资本外,企业获得货币资本的途径主要有两个,一个就是如图11.1所示通过信贷市场获得贷款,若是企业间拆解,产生的是商业信用关系;另一个是企业通过发行股票或者债券来筹资,获得货币资本。相对于借贷资本家,此处的企业称之为职能资本家。职能资本家是指在资本的生产过程和流通过程中执行职能的资本家,包括产业资本家和商业资本家。职能资本家使用了借贷资本家的货币资本,按期从中取出一部分作为利息,支付给借贷资本家。支付利息后的利润余额才是支付利息后的产业利润或商业利润。很显然,职能资本家进行资本增值的过程涉及了生产和交换的环节。

通过以上分析,我们可以这样认识资本家,所谓资本家就是在某一阶段拥有资本所有权或者使用权的主体。比如图11.1中的个人或者家庭,作为资本的所有权的最终拥有者,是货币资本家。而银行因为在同企业的信贷关系中拥有资本的使用权,是借贷资本家。企业因为在投资过程中拥有了贷款的使用权,并通过生产和交换过程使其增值,而成为职能资本家。

以上是以货币资本转换为金融资本或者实物资本为例来展示资本的运动过程。人力资本同实物资本一样也是由投资而得,不同的是人力资本体现的是投资在人身上的资本,即对生产者进行教育、职业培训等支出及其在接受教育时的机会成本等的总和,表现为蕴含于人身上的各种生产知识、劳动与管理技能以及健康素质的存量总和。

三、资本市场

厂商获得价值形态资本使用权的过程,就形成了对资本的需求;而让渡资本使用权的主体就是资本的供给者。厂商必须支付一定的报酬才能获得资本的使用权。这种报酬,对于厂商而言就是使用资本的成本,对于资本供给者而言则是放弃资本使用权所能得到的补偿,也就是他的资本收入。经济学中把这种资本使用权报酬称作"利息(率)",是由资本的供给与需求均衡决定的。

信贷市场和金融资产市场统称为资本市场,或称作广义的资本市场。

(1)信贷市场。信贷市场(credit market)的首要作用是促进借款和贷款,即通过发放和获得(或交换)货币标价的债务来实现购买力的转让。工商公司用于投资的资金不只是从留存收益和任何新发行的股票中获得的附加股本,还有通过借款筹集来的资金。工商企业对借款集资的巨大依赖,意味着信贷市场像资本市场一样,在指导一个经济随时间推移而改变的资本积累和配置方面起着重要的经济作用。当上述任何一个或所有因素引导工商企业利用附加股本和附加借款来为一笔新的投资筹集资金的时候,恰当地计算投资刺激,应包括公司在资本与信贷两个市场上所花费的成本。

(2)金融资产市场。信贷市场只涉及资本使用权的交易,不涉及资本的所有权。但是,资本所有权的交易会决定和影响资本的供求,并且所有权通常表现为所有权凭证的形式,具体如股票、债券、期权和保险合同等金融资产的形式。这些金融资产本身的交易实际上代表了资本所有权的交易。这种交易形成的市场称作金融资产市场,或狭义的资本市场。金融资产市场上的买卖双方主要是个人,他们作为投资者(investor)或投机者(speculator),决定和影响着市场上金融资产的供给、需求和均衡价格。简单地讲,信贷市场确定均衡的资本供求总量;金融资产市场则是均衡资本供求总量既定下,确定不同金融资产形式的选择原则,并确定不同金融资产的价格。

四、资本价格

我们知道,人们投资股票的收益称作股利,包括股息和红利。股息即股票的利息,是指公司按照票面金额的一个固定比率向优先股股东支付利息。优先股股东可依照优先股股票上所附的赎回条款要求公司将股票赎回。优先股的股息一般不会根据公司经营情况而增减,而且一般也不能参与公司的分红,不影响公司的利润分配。普通股股东的收益为红利,

第十一章 资 本 市 场

其数额通常是不确定的,是随着公司每年可分配盈余的多少而上下浮动的。在为优先股股东分派了股息以后,如果公司还有利润可供分配,就可根据情况给普通股股东发放红利。

根据"洼地"理论,资金会流向收入较高的领域,从而资金会把股票收益率与储蓄收益率扯平。假设股利收益率大于市场利率,那么资金就会从银行流出而流入股市,导致股价升高,股票投资成本升高而股利收益率降低,同时银行也会适当升息以保住资金。因此,理论上讲,股利收益率只有与市场利率相等时,才会平衡。一个描述性的解释是:为了获得公司的股利,人们就得买入公司的股票;买入了公司的股票,就不再享受银行支付的存款利息,因为资金从人们的银行账户转到公司的银行账户。这也就是说,人们得到了获取股利的机会,但却失去了获取存款利息的机会。人们进行股票投资决策的标准便是股利收益率与市场利率相等。

需要说明的是,市场经济成熟的国家里,企业在股市上的融资率只占 10% 左右,企业对借款融资有着巨大的依赖。在我国,上市公司给普通股股东发的现金红利少得可怜,而股民也普遍都偏好公司送红股。其实,对上市公司来说,给股东采取送红股的方式分红,与将利润滚存至下一年度或完全不分红等方式并没有什么区别。凯恩斯结合 20 世纪 30 年代的情况指出:公司获利后和分配前的时间间隔过长,而且有些公司也会以某种方式使得股票持有人无法获得这份利润。事实上,股市本身根本的特征是人们投机获利而非投资获取红利;普通股东一般也是通过在股票市场上以投机、换取买卖差价的方式进行金融投资,自己赚取收益。可见,股利的获得,一方面是公司向每位持股人支付的利息,另一方面是投资者利用低价进高价出所赚取的差价。[4]值得注意,普通股东在股市中把股票卖给他人不同于优先股股东的股票赎回,因此普通股东赚取的收益并不构成企业生产商品的价格成分。

可见,实际经济中,债权人最先获得由市场决定的固定利息,优先股股东紧接着按照股票票面金额获得由董事会决定的固定比率的利息,普通股股东通过在股票市场上以投机的方式从别的股票投资者手中赚取收益。根本地讲,依据古典、非奥地利的新古典到新新古典的资本与生产理论,加之由于"信任"问题厂商通常是通过银行或以小额融资的方式获得资金①,说明资本是以资本品存量形式存在的货币资本(money capital)。就是说,企业借以形成资本品或资本积累的投资,来自最终的货币资本家。投资资本只获得利息收入,其单位货币的收入为利率,即资本的价格为利息(率)。

如第一章所述,我们能够做到一言以蔽之:资本投资的收益率是利率;既然资本投资的机会成本也是利率,而且,在某一用途上投资的机会成本就是在其他投资用途上可能获得收益中的最大者,这个"最大收益"就是用利率来表示的。因此,资本家投资的收益就是利息(率)。根据资本收益率确定的成本加成法,即根据市场情况在市场利率的基础上乘以大于 1 的比例系数,说明资本收益率根本地取决于市场利率这个变量。当然,最终因为投资收益率由市场均衡决定而与市场利率相等。

---

① 这种分析思想源于冯·杜能的《孤立国》(1826),经韦伯的《工业区位理论》(1909)、克里斯塔勒的《德国南部中心地原理》(1932)等进一步深化,由威廉·阿朗索在《区位和土地利用》(1959)中具体形成模型,逐渐构成现代城市经济学的重要内容。

第二节 资本需求

资本需求分为厂商的和市场的。厂商的资本需求就是厂商如何以最小的成本获得资本,并将之用于自身的生产经营活动之中。由于资本不同于其他生产要素,它是能够以价值形式换取数量不等的其他物品的货币价值,因此,资本的获取需要考虑时间因素对它的影响。在一定时间内,资本货币价值的不同就影响到厂商对资本的需求量。

一、资本的时间价值

1. 经济变量的时间因素:资本与投资

经济学上的各种经济变量从时间角度可以分为存量和流量两类。存量是指在某一时点上的经济量值。如根据《第二次全国农业普查主要数据公报(第5号)》,截至2006年12月31日,全国耕地面积(未包括香港、澳门特别行政区和台湾地区的数据)为121 775.9千公顷;再如,根据《2010年第六次全国人口普查主要数据公报(第1号)》,以2010年11月1日零时为标准时点进行了第六次全国人口普查,全国总人口为1 370 536 875人等等。流量是指在某一时期内发生的经济量值,如根据《中华人民共和国2010年国民经济和社会发展统计公报》,我国2010年国内生产总值初步核算为397 983亿元,2010年全社会固定资产投资278 140亿元,社会消费品零售总额156 998亿元,等等。因此,财富是一个存量,收入是一个流量;资本表示某一时点上的一个存量,投资则表示经过一定时期完成的一个流量。

投资就是资本的运用,是经过一定时期的使用形成一定货币流量的过程。任何一个厂商在一个时点上获取一定量的资本,其目的在于在未来一定时期内通过一定的生产经营活动获得比投入价值更多的货币价值。也就是说,企业将在一个时点上获得的资本存量经过一定时期通过投资流量活动获得更多货币价值。因此,我们将某一时期内的投资活动开始时投入的价值称作期初值或现值(present value,PV),将投资期结束时考察的价值称作期末值(future value)或终值(finial value)。

2. 投资与资本(货币)的时间价值

事实上,资本有实物资本与货币资本之分。由于功能不同,各种实物资本具有专用性,不能够及时转换为其他功用,而且价值流动性较差,分析也较复杂。希克斯在其《价值与资本》中也指出:实物资本的利率的决定可以运用庞巴维克的理论。不过,实物资本的利率对我们没有特别的重要意义。我们可以仅限于讨论金融资本的利率的决定。况且,前已述及,根本地讲,资本是以资本品存量形式存在的货币资本。因此,如无特殊说明,为简化分析方便,我们主要针对货币资本或金融资本,从价值角度分析资本及其时间价值。

由于时间因素的影响,同等数量的资本在期初和期末的价值是不一样的,因此,在任何厂商投资经营活动中,厂商需要正确考察资本的时间价值才能正确决策。

【例11.1】 某一厂商在2020年元月开始为新产品A建设一条新生产线,预计要投入6亿元建设或购买机器、厂房、设备、技术等,建成后每年A产品的产量为20万部,每年的工资、原材料与其他费用2亿元,A产品预计售价每部2 000元。假定这条生产线在国内可以生产 5 年,由于技术快速更新,期末生产线和所有厂房、设备等只能售出获得 500 万元。那么,如果银行年利率 $r=10\%$,该厂商要不要建设这条新生产线?如果一定生产 A 产品而建设这条新生产线,该厂商获利或亏损多少?

例 11.1 中的问题就需要该厂商考虑投资资本的时间价值。所谓资本的时间价值,就是指时间因素对资本价值的影响。这种影响主要表现为等量资本的价值随时间而递减。通俗地讲,就是今天的 1 元钱的价值要大于明天的 1 元钱的价值。这都与现值计算密不可分。并且,一个厂商进行投资活动的效益评估,应当计算厂商该项目的净现值(net present value,NPV)。我们可以通过如下过程具体了解现值、终值、净现值。若某人年初有 R_0 元,存入银行后,以年利率 r 计算的每年年终的价值如下。

一年后,本利和为 $R_1=R_0(1+r)$;
两年后,本利和为 $R_2=R_1(1+r)=R_0(1+r)^2$;
三年后,本利和为 $R_3=R_2(1+r)=R_0(1+r)^3$;
……

n 年后,本利和为 $R_n=R_{n-1}(1+r)=R_0(1+r)^n$。

这样,R_0 就是 R_n 的现值,R_n 就是 R_0 的终值。因此:

$$PV(r,n)=R_0=\frac{R_n}{(1+r)^n} \tag{11.1}$$

求资本现值的式(11.1)中的利率 r,又称作贴现率或折现率(discount rate)。

若某人每年获取 R_i 的货币量,那么,根据式(11.1),n 年里这个人获取的货币量的总现值(total present value,TPV),就是将每一年年终获得的货币量进行贴现,然后进行加总而得:

$$TPV(r,n)=\frac{R_1}{1+r}+\frac{R_2}{(1+r)^2}+\cdots+\frac{R_i}{(1+r)^i}+\cdots+\frac{R_n}{(1+r)^n}=\sum_{i=1}^{n}\frac{R_i}{(1+r)^i}$$
$$\tag{11.2}$$

在例 11.1 中,由于时间因素,每年的各种投入和收益虽然预计数据一样,但实际价值不同,所有价值必须贴现到今天才能比较分析。单从数据看,每年预期收益为 $(20\times 2\,000 - 20\,000)$ 万元 $=2$ 亿元。根据式(11.1)、式(11.2),第 5 年末出售厂房、设备和生产线的收益的现值为:

$$PV(10\%,5)=\frac{500}{(1+10\%)^5}=500\times 0.621=310.5(万元)$$

每年销售 A 产品的收益的总现值为

$$TPV(10\%,5)=\sum_{i=1}^{5}\frac{20\,000}{(1+10\%)^i}=20\,000\times 3.791=75\,820(万元)$$

该厂商在 5 年内收益的现值为

$$PV=75\,820+310.5=76\,130.5(万元)$$

若生产 A 产品建立新生产线,该厂商的净现值为

$$NPV=PV-C=76\,130.5-60\,000=16\,130.5(万元)$$

因此,该厂商可以生产 A 产品,该投资方案盈利,可行,5 年内预计可获得的利润总现值

是 16 130.5 万元。

如果不考虑资本(货币)的时间因素,例 11.1 中的损益计算为

$$\pi = R - C = 500 + 5 \times (20 \times 2\,000 - 20\,000) - 60\,000 = 40\,500(万元) > 16\,130.5 万元$$

在这一例子中,不考虑时间因素的损益值远大于计算资本(货币)的时间价值的量。显然,这样计算不正确,厂商依此进行决策也不正确。

在厂商投资决策中,不考虑时间因素就是不考虑资本使用的时间机会成本。因此,利率 r 就是厂商使用单位资本的成本,相当于全社会资本的平均利润率。资本市场上利率高,说明使用资本的成本高,也说明社会资本平均利润率较高,资本使用者或厂商的预期利润率必须高于这一利率才能获利。当然,厂商的生产经营活动实际上还需要其他条件,也需要付出成本。但是,在厂商的投资活动中,必须充分考虑资本的时间价值或使用成本,尤其是针对长期投资决策而言更是如此。

二、资本的市场需求

资本需求表明的是一定的资本使用成本与资本使用者所需资本量的关系。实际上,资本需求最终可以分为两大类:投资与消费。投资就是指厂商用于生产经营活动的资本需求。用于消费的资本需求是指,最终消费者如家庭、政府部门等,为当前消费进行货币借贷而产生的需求。用于购买住房、家具、车辆、办公工具等,也叫消费信贷。但是,用于消费的资本需求通过最终产品又会体现在各类厂商的投资中,因此,我们通常先分析厂商的资本需求。

在其他条件一定时,一个厂商使用资本这种生产要素应当满足的厂商使用资本实现利润最大化的条件是边际收益等于边际成本,即:

$$\text{MRP}_k = r \tag{11.3}$$

对于完全竞争的资本市场,显然,$\text{MRP}_k = \text{MR} \cdot \text{MP}_k = p\text{MP}_k = \text{VMP}_k = r$。

但是,如何发现所有资本使用者达到式(11.3)的条件呢?这又回到了如何寻找某一生产要素的需求曲线的基本问题上了。从第二章和第九章我们知道,对生产要素市场而言,影响生产要素的市场需求因素从式(9.3)即 $X = f(w, w_e, w_r, T_c, D_p, n, \cdots)$ 的要素需求函数简要表达式中可以体现出来。因此,影响厂商的资本需求的因素如下。

(1)利率水平 r。r 对应的是式(9.3)中生产要素的价格 w,由于利率反映了使用资本的成本,因此,在其他条件不变时,利率高,资本需求量小;反之,资本需求量大。

(2)相关要素的价格 w_r。一般地,相关要素主要指劳动,劳动价格(或工资率)较高时,厂商就会倾向于多利用资本替代劳动;反之,利用劳动替代资本。这种替代的目的主要在于降低生产成本。

(3)厂商对资本未来使用价格即利率的预期 r_e。r_e 对应的是式(9.3)中生产要素的预期价格 w_e。如果预期未来经济萧条,利率会降低,厂商就会减少当前的资本需求,而可能增加未来的资本需求;反之,增大当前的资本需求。

(4)生产技术水平 T_c。生产技术水平高,就会投入更先进的技术设备,需求的资本量自然就会增加。实际上这也与厂商所从事的行业或所处的产业密切相关。劳动密集型产业利用的资本量相对较少,资本密集型产业对资本的需求量相对较大。如钢铁冶炼、大型化工、船舶制造等行业需要大量资本投入,而粮食加工、食品行业、服装制造、纺织、机械行业投入

劳动较多,投入资本相对较少。

(5)产品市场需求 D_p。在其他条件不变的情况下,产品的市场需求大,消费者偏好多消费这种产品,相对就增加了厂商的资本需求;反之,就会减少厂商的资本需求。

(6)厂商数目或行业规模 n。行业内厂商数目多或产业规模大,对资本的需求就会多。例如,在我国进入20世纪90年代以后,城市化进程加快,城市房地产业大幅增长,房地产企业数目增加,房地产业规模急速扩张,全社会房地产企业的资本需求急剧增大,投入的资本量快速增多。显然,这么快的增长,需要大量的资本投入,该行业的资本需求量就会大幅增加。

因此,资本要素的市场需求函数仍然可以从式(9.3)演化而来。并且,在其他条件不变的情况下,影响资本需求的主要因素是利率 r。因此,厂商的资本需求函数就可简要表示为

$$k = f(r) \tag{11.4}$$

式(11.4)所示的厂商的资本需求函数及其曲线相应地可用 d_k 来代替而简化标注。资本要素的需求函数可以表示为图11.2中的资本需求曲线形式。

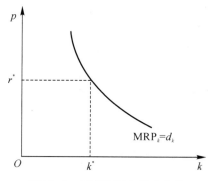

图11.2 厂商的资本需求曲线

资本的市场需求是构成该行业或市场的所有厂商的资本需求的加总,并且仍然有向右下方倾斜的形状。我们用 D_k 来表示资本的市场需求函数及其曲线。

第三节 资 本 供 给

前面相关章节我们已经说过,生产要素的最终提供者是家庭或家庭中的个人。显然,资本的供给最终也是来源于家庭中的个人。本节从两个模型说明个人或家庭储蓄决策是如何向市场提供资本的,最后对资本供给进行一般性分析。

一、生命周期模型

生命周期模型也叫莫迪利安尼生命周期假说(Life Cycle Hypothesis,LCH)或消费与储蓄的生命周期假说。该模型是由1985年诺贝尔经济学奖获得者、美国经济学家弗兰科·莫迪利安尼(Franco Modigliani,1918—2003)第一个提出来的。这一假设在研究家庭和企业储蓄中得到广泛应用,说明家庭财富管理的必要性。莫迪利安尼在其《效用分析与消费函数——对横断面资料的一个解释》一文中对该假说进行了论述,认为:消费者是理性的,会根

据效用最大化原则安排一生的收入与消费,使一生中的收入等于一生的消费。因此,消费者现期消费不仅与现期收入有关,而且与消费者以后各期收入的期望值、开始时的资产和个人年龄大小有关。家庭收入包括劳动收入和财产收入,那么,家庭的消费函数是:

$$c = am_k + bm_l \tag{11.5}$$

在上式中,c 为消费支出,m_k 为财产收入,m_l 为劳动收入,a 为财产收入的边际消费倾向,b 为劳动收入的边际消费倾向。由于在短期内人们的财产收入 m_k 变化不大,在短期内 am_k 就接近于一个常数,短期家庭消费函数就与劳动收入成比例。在长期内,人们的财产收入是随着劳动收入的变化而不断变化的,一般是 m_l 越大,财产收入也越大。因此,长期和短期的家庭消费函数不同。

从家庭消费函数可以得知,家庭的储蓄函数就为

$$s = s'_k + s'_l + e \tag{11.6}$$

式(11.6)中,s 为家庭储蓄率,s'_k 和 s'_l 分别为对应于式(11.5)中两项的储蓄比例,e 是随机误差项。

因此,由于人们的生存状况不同,收入水平及其变化不同,家庭人口年龄结构及其变化不同等因素的影响,家庭的储蓄行为也会发生变化。

莫迪利安尼在《生命周期理论和中国的居民储蓄》这一份未完成的遗稿中,对新中国成立以来的家庭储蓄行为进行了分析,检验了生命周期理论对中国经济的解释力,而且对该理论能否应用于更加宽泛的包括贫穷的发展中国家的环境具有理论借鉴意义。他认为,到20世纪90年代早期,中国的个人储蓄率达到了近30%的不寻常的水平,最高达到33%。在同样的年份中,美国的个人储蓄率为7.5%,即使是私人储蓄率也只达到10%,从那以后,美国的个人储蓄率下滑到3%、私人储蓄率下滑到5%。但这巨大的差异并不完全归因于社会习俗和教育,即东方文化崇尚节俭而西方文化鼓励冒险。他认为,在1958—1975年这一段时间里,中国的储蓄率非常低,约为3.5%,低于美国的水平。生命周期理论显示私人储蓄率的主要的系统性决定因素是经济的增长率和人口结构,而传统观点认为的人均收入的影响力,如果有的话,也是作用甚微。

从生命周期理论可知,人们在一生中的收入及其变化影响到家庭或个人的消费或储蓄行为,进而影响到社会资本的供给状况。

二、跨期选择模型

实际上,生命周期模型或生命周期假说,还有弗里德曼的永久收入模型或永久收入假说,都是跨期选择模型(intertemporal choice model)的理论演进的结果。跨期选择模型是由费雪(Irving Fisher)在1930年出版的《利息理论》(*The Theory of Interest*)一书中系统提出的。

从储蓄的最终目的来看,人们的储蓄是为了未来消费,而对应于储蓄的消费一般指即期消费。因此,人们在一定收入水平下的储蓄决策实际上就是要解决一种跨期选择问题。一般地,由于人们的消费偏好不同,以及对未来的预期不同,这种跨期选择问题的解决方式也不同。有些人倾向于当期消费而很少储蓄,有些人倾向于未来消费而多为未来进行储蓄。我们可以一个简单模型说明这种差异。

1.模型说明及其效用结果

若一个人的一生分为当期与未来两个时期:时期 1 和时期 2。在这两期中,收入分别为 m_1 和 m_2,两期的消费分别为 c_1 和 c_2,市场利率为 r(假定忽略借贷利率的差异而视为相等)。那么,此人在这两个期间进行跨期选择消费的预算约束线 AB 及其效用结果如图 11.3 进行分析。

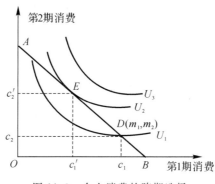

图 11.3　个人消费的跨期选择

(1)同收入同消费。在图 11.3 中,$D(m_1,m_2)$ 点表明在时期 1、时期 2 两期内此人既没有借贷消费也没有储蓄,当期收入当期消费完。第 1 期收入 m_1 在第 1 期消费完,第 1 期消费为 c_1;第 2 期收入 m_2 在第 2 期消费完,第 2 期消费为 c_2。D 点在预算约束线 AB 上,被称作分析起始的禀赋点(endowment point)。

(2)先储蓄后消费。这是消费者的第一种极端消费情况。该人将所有收入都放在第 2 期消费,即第 1 期的收入 m_1 储蓄起来在第 2 期与 m_2 同时消费完。这样,第 2 期末的消费总额为 $m_1(1+r)+m_2$,在图 11.3 中表现为 A 点。

(3)先消费后收入。这是消费者的第二种极端消费情况。该人将第 2 期收入在第 1 期就消费完,为保证此消费,他必定要在第 1 期借款,最多为 $\dfrac{m_2}{1+r}$。这样,第 1 期末的消费总额为 $m_1+\dfrac{m_2}{1+r}$,在图 11.3 中表现为 B 点。

图 11.3 中,预算约束线 AB 上的点都表明消费者介于上述 A、B 两点之间的跨期选择情况,即所有第 1 期消费和第 2 期消费的组合点。AB 的斜率就是当前消费对未来消费的"价格",即:

$$\frac{OA}{OB}=\frac{m_1(1+r)+m_2}{m_1+\dfrac{m_2}{1+r}}=1+r \tag{11.7}$$

(4)消费者效用最大化。在上述三种情况下的消费与储蓄组合并没有使该消费者达到自身效用最大化。因为,从图 11.3 中的等效用曲线可以看出,A、B、D 三点都有可以增加消费者效用水平的组合改善可能,尤其是对于 A、B 两点而言。也就是说,若开始时的消费组合在 A 点,减少第 2 期消费(减少第 1 期储蓄)增加第 1 期消费可以提高消费者的效用水平;若开始时的消费组合在 B 点,减少第 1 期消费(增加第 1 期储蓄)即增加第 2 期消费可以提高消费者的效用水平。最终,根据消费者等效用曲线的形状,在图 11.3 中的 E 点实现消费者效用最大化。E 点为均衡点,第 1 期有纯储蓄 $s_1>0$,即 $s_1=m_1-c'_1=c'_1c_1>0$。此时,两期消费额分别为 c'_1 和 c'_2,$c'_1=m_1-s_1$,$c'_2=m_2+s_1$,其中 s_1 可以为负,$s_1<0$ 表明第 1 期消费与第 2 期消费的组合点在 D 点与 B 点之间向 B 点靠近。

2. 利率变化的价格效应

既然利率是资本使用的价格,那么,当前消费与未来消费的相对价格就是图 11.3 中预算约束线 AB 的斜率 $1+r$。跨期选择模型中的利率变化也会产生价格效应,即收入效应和替代效应。

我们从最初的假定可知,不论利率如何变化,禀赋点 D 始终都会在预算约束线上。此时,过 D 点的消费者效用水平为 U_1。消费者最优的效用水平为 U_2,均衡点在 E 点。

例如,如果利率升高,说明当前消费相对于未来消费的价格提高,第 2 期收入 m_2 贴现到第 1 期会更少。换句话说,第 1 期收入 m_1 储蓄起来到第 2 期会更多。这样,由于利率提高,预算约束线 AB 会以 D 点为轴心,顺时针转动到 $A'B'$。消费者形成新的均衡点 E' 点,第 1 期储蓄由 $s_1=m_1-c'_1=c'_1c_1>0$ 增加到 $s'_1=m_1-c''_1=c''_1c_1>0$,消费者的最优效用水平由 U_1 提高到 U_2,如图 11.4 所示。

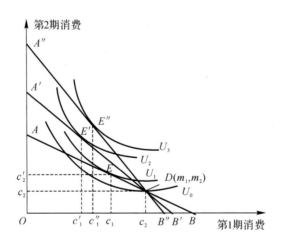

图 11.4 跨期选择利率变化的价格效应

上述分析中,利率 r 提高促使消费者的最优效用水平从 U_1 提高到 U_2。这一价格效应过程可以分解为以下两个效应。

(1) 替代效应。利率 r 提高,说明当前消费相对于未来消费的价格提高了,消费者就会利用"相对便宜"的未来消费来替代当前消费,也就是当前多储蓄少消费,即 $s'_1>s_1$。

(2) 收入效应。由于利率 r 提高后消费者倾向于储蓄,尤其是为未来的消费储蓄,因而促使消费者的实际收入提高。如果消费为正常商品,消费者实际收入的提高必定会带动消费者在每一期都增加消费,从而提高消费者的总体效用水平,即 $U_2>U_1$。

在消费者的跨期选择中,利率 r 提高的价格效应可以表示为表 11.1 中的内容。

表 11.1 利率 r 提高的价格效应：替代效应与收入效应

	替代效应	收入效应	价格效应
第 1 期消费	正	负	正或负
第 2 期消费	正	正	正

从表 11.1 可知，利率 r 提高在第 2 期的价格效应肯定为正（替代效应与收入效应都为正）。但是，由于在第 1 期的替代效应与收入效应方向相反，不能具体断定利率 r 提高在第 1 期的价格效应的符号，这需要依据具体的替代效应与收入效应的大小而定。

三、资本的市场供给

家庭或个人进行储蓄，通过金融体系向社会进行资本供给。那么，储蓄者是不是随着利率 r 的提高，始终可以实现替代效应大于收入效应呢？显然不是的。这可从表 11.1 中第 1 期消费价格效应的符号不确定情况中得出。实际上，随着利率 r 水平的不断提高，在刚开始时，由于利率 r 水平总体还比较低，此时的替代效应大于收入效应，即当期储蓄随着利率提高而增多，当期消费降低。但是，当利率 r 提高到一定水平时，储蓄增加促使消费者财富增加，利率 r 上升的价格效应逐渐使其中的收入效应大于替代效应。此时当前消费会增加，储蓄减少。

因此，个人储蓄曲线或资本供给曲线呈现出类似劳动供给曲线的形状，形成向后弯曲的储蓄曲线，如图 11.5 所示。

在图 11.5 中，当利率低于 r_0 时，利率水平的提高促使消费者增加储蓄，$s_1 < s_0$，替代效应大于收入效应。当利率高于 r_0 时，利率水平 r 的提高反而促使消费者减少储蓄，增加消费，$s_2 < s_0$，实际上就是替代效应变为小于收入效应。因此，个人储蓄曲线或者个人资本供给曲线随着利率 r 的提高，呈现出向后弯曲的形状。

如同劳动市场供给曲线的获取一样，资本市场供给曲线也是由许许多多个人的资本供给曲线水平加总而成的，呈现出大体向右上方倾斜的资本市场供给曲线的形状，如图 11.6 所示。

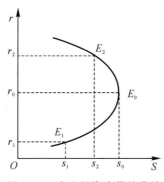

图 11.5 个人的资本供给曲线

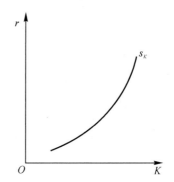

图 11.6 市场的资本供给曲线

第四节 资本市场均衡

资本市场均衡仍然是资本供求的均衡,从而决定市场的均衡资本量和均衡利率。一般地,均衡利率是通过可贷资金的供给与需求获得的。

一、资本市场均衡与均衡利率

由于资本的供给和需求在短期和长期内受利率的影响程度不同,短期和长期的资本供给和需求曲线呈现不同的特点。因此,接下来我们分别从短期和长期两种情况讨论资本市场的均衡问题。

1. 资本市场的短期均衡

储蓄导致资本数量的增加。但是,在短期中,这种增加与原始的庞大的资本存量相比可能微不足道。为简单起见,假定储蓄在短期内不影响资本的数量,即短期中资本的数量是固定不变的。同时,我们假定资本的自用价值为零,故资本的短期供给曲线是一条垂直的直线,如图11.7所示。纵轴 r 仍然表示利率,横轴 K 表示资本的数量。假设一开始时资本的数量是 K_0,于是短期资本供给曲线就是 S_{K_0}。垂直的短期供给曲线意味着,在短期内,资本供给量的大小与利率 r 的高低无关。和其他要素的需求曲线一样,资本需求曲线 D_K 也向右下方倾斜。向右下方倾斜的资本需求曲线 D_K 和垂直的短期资本供给曲线 S_{K_0} 的交点决定了均衡状态 E_0,即短期资本市场的均衡利率为 r_0,均衡资本量为 K_0。

如果短期内社会储蓄扩张,如增加到 K_1,资本市场均衡点变为 E_1,市场均衡利率为 r_1。社会储蓄继续扩张,资本增加到 K_2,资本市场均衡点变为 E_2。这主要是由于资本需求曲线是向右下方倾斜,资本供给增加,利率下降。

2. 资本市场的长期均衡

在长期内,利率变化总会对社会储蓄、消费和投资都发生影响。因此,资本供给曲线就变为向右上方倾斜的曲线,上一节的跨期选择模型也说明了这一点。此时,资本市场均衡点为 E 点,市场均衡利率为 r^*,均衡资本量为 K^*,如图11.8所示。

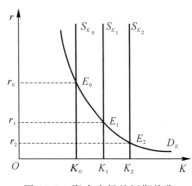

图11.7 资本市场的短期均衡

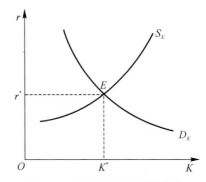

图11.8 资本市场的长期均衡

在长期内,资本市场需求都会因利率变化而变化。利率提高,资本需求降低;反之,资本需求升高。资本供给在长期内随着利率的提高而提高，随着利率降低而降低。因此，在长期内，资本市场供求分析与一般要素分析相类似。

为了更清晰地说明短期资本市场均衡和长期资本市场均衡的不同，我们仍基于图11.7来进行分析。刚才我们讨论过了，图11.7中的E_0、E_1和E_2是在不同市场利率下形成的短期均衡。这三个短期均衡状态在长期内不一定都是均衡的。这是因为，长期中，资本市场的均衡还要求储蓄与折旧正好相等。如果储蓄大于折旧，就会出现正的净投资，从而资本的数量增加；反之，如果储蓄小于折旧，则会出现负的净投资，从而资本的数量则减少。因此，如果只是短期内资本的供给量和需求量相等，实现了短期均衡，而储蓄和折旧不相等，则资本的数量就不会均衡，市场就没有形成长期的稳定状态即长期均衡。

在图11.7中，假定初始状态在短期均衡点$E_0(K_0,r_0)$，此时利率相对较高而资本的存量相对较低。由于相对较高的利率意味着相对较高的储蓄，而相对较低的资本存量意味着相对较低的折旧，故在E_0处，储蓄大于折旧，净投资大于零。净投资大于零会导致资本存量增加。这意味着，从长期看，短期资本供给曲线将从S_{K_0}向右移动。随着短期资本供给曲线的右移，一方面，利率将下降，从而储蓄相应下降；另一方面，资本存量将增加，从而折旧相应增加，这样原先的储蓄与折旧之间的差距会缩小。这个过程将一直继续下去，直到储蓄与折旧之间的差距缩小到零为止。我们同时假定短期资本供给曲线右移到S_{K_1}的位置时，刚好实现储蓄与折旧相等。于是S_{K_1}与资本需求曲线D_K的交点E_1既表示资本市场的短期均衡，也表示资本市场的长期均衡。在E_1处，由于储蓄和折旧刚好相等，净投资为零，故资本存量也将稳定在K_1的水平上不再变化。

同样，假定初始状态在短期均衡点$E_2(K_2,r_2)$处，此时利率相对较低而资本存量相对较高。由于相对较低的利率意味着相对较低的储蓄，而相对较高的资本存量意味着相对较高的折旧，故在$E_2(K_2,r_2)$处，储蓄小于折旧，存在负的净投资。负的净投资会导致资本存量减少，这意味着，从长期看，短期资本供给曲线将从原来的S_{K_2}向左移动。随着短期资本供给曲线的左移，一方面，利率将上升，从而储蓄相应增加；另一方面，资本存量将减少，从而折旧相应减少，结果是原来的储蓄与折旧之间的差距缩小。这个过程一直持续，直到S_{K_2}向左移动到S_{K_1}的位置，实现储蓄和折旧相等为止。因此，资本市场的短期均衡必须在同时满足储蓄等于折旧的情况下，才形成长期均衡。

需要说明的是，由于现代经济日益资本化或者虚拟化，长期资本市场的均衡状态及其变化与国家货币政策以及宏观经济形势密切相关。

二、资本市场交易的实现

均衡的利率水平r^*和均衡的资本量K^*，是整个资本市场的情况。针对资本市场均衡决定的利率与资本量的整体水平，个人资本家会从中分解出属于自己的资本需求，并依据效用或幸福最大化原则以及自己的市场势力，在市场上进行资本供给。

资本市场上，卖方垄断或买方垄断都可能存在。但作为散户的金融投资者和一般的银行储户，个人资本家是资本市场价格的接受者，是不具有市场势力的，面对的资本需求曲线就是一条水平线。

作为一般性分析，依据厂商的资本需求，如果个人不具有市场势力，即资本市场是竞争性的,则存在着有规律的个人资本供给曲线,进而可以形成资本市场的供给曲线。如果个人具有一定的市场势力,即资本市场上含有垄断成分,依据厂商的需求,只要符合效用或幸福最大化原则,个人就会有资本供给,只是不存在有规律性的资本利率与资本量一一对应的资本供给曲线而已。

无论如何,个人资本家与厂商达成交易时,就完成了交易,并确定出个人资本家与其厂商交易的个别资本的市场价格(公平价格)与交易量。就是说,个人资本家通过为厂商提供资本,在为厂商实现利润最大化作出贡献的同时,因为与厂商交换,最终获得了实现自己效用或幸福最大化的财富收入——利息或作为单位资本财富收入的利率。

第五节　风险与资产选择

我们前面所讲内容都有一个共同前提:经济行为都是在确定性条件下进行的。实际上,不确定性是经济活动中的常态,而确定性是人们追求的、便于分析的偶然状态。任一经济活动所受到的影响都是复杂多样的。在通常情况下,为了简化分析,影响较小的因素忽略不计,只分析其中较为重要的方面。这样,就近似看作确定性经济行为了。

经济行为的最终结果都要进行价值评价分析,而资本货币是其核心的工具与内容。因此,资本货币问题与不确定性问题紧密相连,风险分析是其理论核心。资本与风险如影相随。经济中的每一个人对风险的态度不相同,每一个人的经济行为策略也就不同。简言之,追求偏好或效用最大化的资本要素所有者,由于风险的存在与不同资本要素所有者的风险偏好差异,每个资本要素所有者投资决策的资产选择也不一样。

一、风险与风险偏好

1. 风险与风险偏好的定义

风险(risk)是指厂商或个人在经济活动中面对不确定性的经济环境发生损失的变动性或可能性。因此,人们如何通过自身的理性认知判断风险、规避风险、利用机会获得收益等等,就成为应对不确定性的经济环境采取不同的策略措施所应考虑的问题。

每个人对风险的态度是不一样的。一个人在面对风险时采取经济行为的态度就叫风险态度或风险偏好(risk preference)。例如,对赌博活动的态度,赌博可能给人带来较高收益,同时也可能给人造成损失。但在面对同样的赌博活动时,不同的人可能会采取不同的行为。"抛硬币"是最常见的赌博行为。这种赌博行为的风险在于:硬币抛下若为正面自己可赢500元,但硬币抛下若为反面自己就失去500元。这种赌博的期望值最终为0(即赢500元和失去500元的概率都为50%或0.5)。我们通常称期望值为0的赌博为公平赌博。

为分析需要,我们将人们的风险偏好划分为三类:风险爱好型、风险中性型和风险厌恶型。风险爱好型的人或风险爱好者(risk lover),指那些在一定的确定性收入或消费与具有相同期望价值的风险收入之间进行比较选择而更偏好于后者的人。例如,在上面的"抛硬币"赌博中,不参加赌博的确定性收入或消费为0,参加赌博的期望收益也为0,但风险爱好者就会更倾向于选择后者而参加这种赌博。风险中性型的人或风险中性者(risk neutral)是指那些认为一定的确定性收入或消费与具有相同期望价值的风险收入之间没有差异的人。

如那些对参加不参加上面的"抛硬币"赌博无所谓的人。风险厌恶型的人或风险规避者(risk evader)是指那些在一定的确定性收入或消费与具有相同期望价值的风险收入之间进行比较选择而更偏好于前者的人,如那些从不参加上面的"抛硬币"赌博或类似活动的人。

不同的风险偏好会造成不同的人面对相同或相似经济环境的经济决策不同,从而使经济活动千变万化。这是经济不确定性的重要体现,也是信息经济学理论研究与应用的重要领域。

2. 期望效用函数

我们将人们面对风险的态度划分为三类,但现实中的人的风险态度要复杂得多。我们这里只是简要进行原理性分析。

由于实际的偏好多种多样,那么,利用什么区分这些偏好的差异呢?我们通常利用期望效用(expected utility,EU)的大小来区分每一个人的风险偏好情况,并利用期望效用函数(expected utility function)来分析人们面对风险时的决策情况。期望效用理论(expected utility theory)是冯·诺伊曼和摩根斯坦在20世纪40年代出版的《博弈论与经济行为》(1944)一书中提出的。著名数学家冯·诺依曼和著名经济学家奥斯卡·摩根斯坦从一系列公理化理性偏好出发,建立了不确定条件下对理性人(rational actor)选择进行分析的框架。他们认为,在理性人面对不确定情况下的选择问题时,总是选择给自己带来最高期望效用而不是期望值的一方。期望效用(expected utility)是指在各种情况下根据对应发生概率所获取的收入或消费而计算的效用,期望效用函数(expected utility function)就是根据一些假定而计算或表达收入或消费的效用大小变化的函数。

假定消费者在1、2两种情况或状态下,获得的收入或消费分别为c_1、c_2,它们对应发生的概率分别为p、$1-p$;一般效用函数为$U(c_i)$,即消费者对确定性收入c_i的效用函数。那么,该消费者的期望效用函数为

$$\mathrm{EU} = pU(c_1) + (1-p)U(c_2) \tag{11.8}$$

式(11.8)就是期望效用函数,也称冯·诺依曼-摩根斯坦效用函数(von Neumann-Morgenstern utility function)。等式左边的EU就是期望效用,等式右边的$pU(c_1)+(1-p)U(c_2)$就是期望收入或消费(expected value),即消费者收入或消费的期望值。显然,期望效用EU实际上就等于一般效用函数$U(c_i)$在各个概率水平上的加权平均值。

当然,可以将上述情况一般化,即若有n种情况,每种情况发生的概率为$p_i(i=1,2,\cdots,n)$,那么,消费者的期望效用函数为

$$\mathrm{EU} = \sum_{i=1}^{n} p_i U(c_i) \tag{11.9}$$

这也是冯·诺伊曼-摩根斯坦效用函数的一般表达形式。

由此,我们就可以比较简便地表达和分析人们的风险偏好了。我们在这里进行一般化分析,如图11.9所示。

假定某消费者有财富收入$m(=c_3)$,并与某对手赌博,赌赢的概率为$p=50\%$而得到对手相当于c_1的财富,赌输的概率就为$(1-p)=50\%$而付给对手相当于c_1的财富,消费者收入将由固定不变的确定性财富收入m变为不确定性收入$(c_2,c_1;50\%)$:50%的机会获得c_1,50%的机会最后只持有$c_2(=c_3-c_1)$,或失去一个c_1。

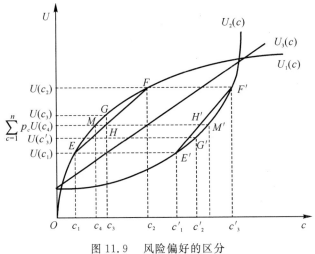

图 11.9 风险偏好的区分

消费者的期望收入为

$$c_3 = 50\% \times c_2 + 50\% \times c_1$$

这一赌博可被看作是公平的,因为参赌双方面对的情况都是一样的,没有哪一方占有优势。消费者对收入或消费$(c_2, c_1; 50\%)$的期望效用为

$$\mathrm{EU} = \sum_{i=1}^{n} p_i U(c_i) = pU(c_1) + (1-p)U(c_2) = 0.5(c_1) + 0.5(c_2)$$

(1) 在图 11.9 中,横坐标轴 c 表示收入或消费,纵坐标轴 U 表示消费者对确定性收入或消费的效用。消费者 1 具有图中确定性收入效用函数曲线的 $U_1(c)$,我们标出了确定性收入或消费 c_1、c_2 和 c_3 的效用值 $U(c_1)$、$U(c_2)$ 和 $U(c_3)$,还有不确定收入或消费$(c_2, c_1; 50\%)$的期望效用 $\sum_{i=1}^{n} p_i U(c_i)$(在图中分别对应 E 点、F 点、G 点和 H 点)。可以看到:

$$U(c_3) > \mathrm{EU}(c_2, c_1; 50\%) = \mathrm{EU} = pU(c_1) + (1-p)U(c_2) = 0.5(c_1) + 0.5(c_2)$$

也就是说,G 点的效用值大于 H 点的效用值,该消费者在面对确定性收入 c_3 和不确定性收入$(c_2, c_1; 50\%)$时,他更偏好选择确定性收入 c_3,他厌恶参加这个公平性的赌博。这样,由于该消费者在面对不确定性收入或消费和期望值相等的确定性收入或消费时,更偏好于确定性收入或消费,即认为前者的效用小于后者的效用(在图中分别对应 H 点与 G 点),我们就说这个消费者 1 是风险厌恶型的或风险规避型的。在图中,该消费者认为不确定性收入或消费$(c_2, c_1; 50\%)$与确定性收入或消费 c_4 的效用是无差异的(在图中分别对应 H 点与 M 点)。也就是说,在面对不确定性收入或消费$(c_2, c_1; 50\%)$时,该消费者愿意放弃$(c_3 - c_4)$的期望收入或消费,以换取确定性收入或消费 c_4。我们就可以将 c_3 和 c_4 的缺口称为风险溢价、风险升水或风险贴水(risk premium),这表示风险厌恶者为规避风险而愿意付出的代价。显然,风险贴水越高,该消费者的风险厌恶程度越高。

(2) 在图 11.9 中,同(1)的分析类似。另一消费者 2 有确定性收入效用函数曲线的 $U_2(c)$,我们同样可标出确定性收入或消费 c'_1、c'_2 和 c'_3 的效用值 $U(c_1)$、$U(c_2)$ 和 $U(c_3)$,还

有不确定收入或消费$(c'_1, c'_2; 50\%)$的期望效用$\sum_{i=1}^{n} p_i U(c_i)$（在图中分别对应$E'$点、$F'$点、$G'$点和$H'$点）。但是，我们却看到消费者2认为：

$$U(c_3) < \mathrm{EU}(c_2, c_1; 50\%) = \mathrm{EU} = pU(c_1) + (1-p)U(c_2) = 0.5(c_1) + 0.5(c_2)$$

也就是，H'点的效用值大于G'点的效用值，该消费者在面对确定性收入c'_3和不确定性收入$(c'_2, c'_1; 50\%)$时，他更偏好选择不确定性收入$(c'_2, c'_1; 50\%)$，他更偏好参加这个公平性的赌博。我们就说消费者2是风险偏好型的或风险爱好型的。

(3) 在图11.9中，与(1)、(2)同样的分析。还有消费者3有确定性收入效用函数曲线的$U_3(c)$。通过分析，我们发现，该消费者对不确定性收入或消费与价值等于其期望值的确定性收入或消费具有相同的偏好，或者谈不上厌恶或喜好这类公平的赌博。我们就称该类消费者为风险中性型的，他介于风险厌恶型与风险偏好型之间。

这样，我们就可看到，风险厌恶型的消费者的效用函数曲线是下凹的曲线，风险偏好型的消费者的效用函数曲线是上凹的曲线，风险中性型的消费者的效用函数曲线是一条直线。因此，个人对风险的态度与边际效用密切相关，边际效用递减规律就对个人风险态度有内在影响，换句话说，人们对自己所拥有财富的效用看法就影响其风险态度。

在实际经济活动中，前已述及，人们的风险态度是复杂的。人们风险厌恶或偏好的程度不仅不同，而且一个人的风险态度也不是一成不变的，有时表现为风险厌恶型的，有时又呈现出风险偏好型的，有时又无所谓。但是，从总体而言，不论是人类总体，还是一个人总的经济活动，由于边际效用递减规律终究会发挥作用，人们的风险态度较多时候还是表现为风险厌恶型的。

二、风险规避

正是由于人们在通常情况下都表现为风险厌恶型的，一般而言，人们在进行经济活动中都想尽办法尽量降低风险或规避风险，比如转移风险、分散风险等。

通过转移风险的方式降低风险也可以分为多种方式。比如套头交易或掉期交易(hedge or swap transaction)、分包(subcontract)、保险(insurance)。

1. 套头交易与掉期交易

套头交易也叫对冲交易(hedge)，是指通过不同期货的买卖（如粮食期货等商品期货、外汇期货等金融期货），将未来各种风险转移给他人，以减少可能的损失。

例如，有一家大型养猪场为减少饲料价格波动带来的损失，他可以通过玉米或大豆的套头交易获得稳定的饲料价格，从而稳定生猪饲养成本核算。如6月1日购进1万吨玉米，每吨2 000元；同时他从经纪人处购进1万吨玉米期货，价格为每吨2 200元，期货规定12月底交货。到10月1日，玉米价格上升，他又购进1万吨玉米，每吨2 500元；同时他又通过经纪人卖出1万吨玉米期货，价格为每吨2 700元，交货日期也是12月底。这样，虽然10月1日玉米价格上升了，在现货交易中，养猪场每吨成本增加500元，但从期货交易中，每吨却赚了500元。两者相抵，玉米饲料成本并没有因其价格波动而提高，这样，该大型养猪场就把饲料价格波动风险转移给了他人。

掉期交易(swap transaction)是将即期买卖和远期买卖相结合的一种交易方式，即在买

进或卖出即期货币的同时,卖出或买进数额相同的远期货币,从而达到规避风险、实现保值的目的。掉期交易可分为三类:

(1)即期对远期交易(spots-forward swaps),即一笔为即期交易,另一笔为远期交易;

(2)隔日掉期交易(tomorrow-next swaps),即一笔交易是在成交后第一个营业日交割,另一笔交易则于成交后第二个营业日交割;

(3)远期对远期的掉期交易(forward-forward swaps),即两笔交易均在两个营业日以上交割的掉期交易,且期间都不相同。

不论是对冲交易还是掉期交易,都是通过套期操作获得保值功能,以期转移损失风险,降低经济风险。当然,这些交易也可以用于投机(speculation),就是不管交易的对象是什么,不进行套期对冲,凭借自身判断只要赚取更大利润就行。显然,他们判断错误要承担较大损失,这就是投机者的行为。实际上,投机者承担了保值者(如风险厌恶者)的部分风险,他们的行为就接近于风险偏好者的经济行为。

2. 分包

分包(subcontract)有时也可叫转包,它是指投资人在从事经济活动中将经营活动的一部分通过一定协议分给他人的方式,借以尽量规避风险,降低损失可能性。如一家建筑公司或一家安装公司在承接总投资 20 亿元的某工程后,为了降低经营风险或保障盈利(可能由于资金紧张、技术短缺、价格波动、规模实力等方面的原因),它可能将其中某些小工程再次经过招标等方式进行分包或转包他人,最终完成该大型工程建设。在这一过程中,该建筑公司或安装公司通过分包合同将亏损的风险转移给了他人,从而降低了自身风险。

3. 保险

保险是现代经济社会中最常见的规避风险的方式。总的来讲,保险人通过签订保险合同、交纳一定保险费用将风险转移给了保险公司,从而降低了自身损失的风险。

我们可以从公平精算保险(actuarially fair insurance)分析开始。"公平"保费就是对保险公司和被保险人来说期望收益都是 0,即保险费等于保险提供人的期望支出。

假设某人现有财产为 A,有概率为 p 的可能性损失 B。假设保险市场的保险费率为 λ,如果他投保金额为 J,则需支付的保险费用为 λJ。假设不存在运营费用,则保险公司从投保人得到的期望利润为

$$E\pi = p(\lambda j - j) + (1-p)\lambda j = \lambda j - pj \tag{11.10}$$

假如保险市场是完全竞争市场,这样 $E\pi = 0$,即 $\lambda = p$,保险费率等于损失发生的概率,这被称为公平的保险费率。

那么,如果保险费率是公平的,即 $\lambda = p$,有多少财产投保呢?投保人的目标是期望效用最大化,即:

$$\max EU = p(A - B + J - \lambda J) - (1-p)(A - \lambda J) \tag{11.11}$$

求其极值,可得:

$$[p(A - B + J - \lambda J)]' + [(1-p)(A - \lambda J)]' \tag{11.12}$$

等式左边是损失发生时的边际效用,等式右边是损失没有发生时的边际效用。这就表明,投保人的最优选择是使损失发生时 1 元钱的额外收入的边际效用等于不发生损失时 1

元钱额外收入的边际效用。

从式(11.11)可知,投保人的期望财富效用值 EU 为

$$EU = p(A - B + J - \lambda J) + (1-p)(A - \lambda J) = A - pB（因为 \lambda = p）$$

因此,对于风险厌恶型的投保人而言,不论损失是否会发生,投保人都可确定地得到 $(A-pB)$,而与投保金额 J 大小无关。

从式(11.12)可知,为满足等边际效用的原则,要求 $(A-B+J-\lambda J) = A-pJ$,即 $J=B$。也就是说,在公平的保险费率下,风险厌恶者会选择全额保险。

保险从表面上看是保险公司向保险人提供了损失补偿,替被保险人承担了风险,但实际上,并不是保险公司真正提供了保险或赔偿了损失。例如,在交通事故保险中,发生事故的风险通过许许多多面临该类风险的投保人的分担而分散了,也就是说,实际发生事故的人的损失是由那些没有遭受损失的投保人支付了赔偿,保险公司只是因为经营或中介了这种风险损失支付而获利。

正是这种风险转移分担特性,使得保险市场才能有效运作。但是,必须满足两个前提条件:一是分担风险的人必须是相互独立的,否则就无法分担风险,例如地方性的保险公司是没有办法独立承担诸如洪水、地震等自然灾害业务。也正是为了充分保证风险的独立性,再保险(reinsurance)业务也逐渐发展起来,以进一步在更广范围内进行风险转移或分担。二是不应当存在或避免严重的道德风险(moral hazard)和逆向选择(adverse selection)行为。

三、资产组合选择

在现代社会经济中,一个人所拥有财富的存在形式可以是多种多样的,如现金货币、外币、股票、债券、各种存款、技术专利、房产、土地、矿山、粮食、货物等等各种资产形式。由于经济环境的变化和人们社会习俗偏好的变化,各种资产的价值都可能发生波动。"不要把所有鸡蛋放到一个篮子里",这已经成为人们关注资产组合的常识性共识之一。但是,到底应当以何种形式保存财富才能保证资产价值不贬值甚至升值呢? 这就是资产组合选择问题应当研究的内容。基于资产的流动性和有效保值增值方式来看,在现代经济中,最受关注的就是证券投资过程中的资产组合选择问题。

现代资产组合理论(modern portfolio theory,MPT)是由美国纽约市立大学巴鲁克学院的经济学教授哈里·马科维茨(Harry M. Markowitz)于 1952 年建立的。他与威廉·夏普(William Sharpe)和默顿·米勒(Merton Miller)一起,提出了有关预期收益和风险之间相互关系的资产组合选择理论,为现代证券投资理论的建立和发展奠定了基础,而分享了 1990 年度诺贝尔经济学奖。而资本资产定价模型(capital asset pricing model,CAPM)是由夏普在 1963 年发表的《证券组合分析的简化模型》一文中提出的,是继马科维茨的现代资产组合理论之后,由威廉·夏普、约翰·林特尔(John Linter)、杰克·特里诺(Jack Treynor)和简·莫森(Jan Mossin)等人共同创立的、最著名的证券投资模型,它已成为现代金融市场定价理论的支柱,被广泛应用于投资决策和公司理财等领域。

1. 如何进行资产组合选择

不同的资产会给所有者带来不同的收益,同样,证券市场的瞬息万变使得不同的证券给证券拥有者带来瞬息万变的收益或损失。

现代资产组合理论也称现代证券投资组合理论、证券组合理论或投资分散理论。其主要结论是：只要不同资产之间的收益变化不完全正相关，就可以通过资产组合方式变化来降低投资风险。该理论将风险分为两种：系统风险（systematic risk）和非系统风险（unsystematic risk）或特殊风险（unique risk or idiosyncratic risk）。前者指由整个经济环境产生的风险无法由投资组合来降低；后者是指个别企业或个人面对的风险，对单个企业或个人而言投资是不确定性的，这可以通过资产组合降低风险。

1952 年 3 月马科维茨在《金融杂志》上发表的《资产组合的选择》一文，利用概率论和线性代数分析证券投资组合问题，并于 1959 年出版《证券组合选择》一书，详细论述了证券组合的基本原理，从而形成较为完整的现代投资组合理论。该理论主要是针对如何化解投资风险提出的。

马科维茨在 1952 年提出了"均值-方差组合模型"。该模型假定没有融券和没有无风险借贷前提下，利用多种个别证券收益率均值 μ 和方差 σ_2 寻找投资组合的有效边界（efficient frontier），即在一定收益率水平下方差 σ_2 最小的投资组合。这样，所有挑选的股票间的相关系数都是较低的，也就是说，这一模型不只要求投资不同证券，还应投资不同产业的证券。该模型利用均值-方差效用函数分析人们的风险态度，建立模型分析基础。

均值-方差效用函数为

$$U = U(\mu, \sigma^2) \qquad (11.13)$$

若由于非系统风险的存在，投资者未来的财富或收入就可能成为一个随机变量，如以 p_i 的概率分别表示为 $w_i, i=1,2,\cdots,n$，那么，均值 μ 和方差 σ_2 就可由如下公式计算而得：

$$\mu = \sum_{i=1}^{n} p_i w_i, \sigma^2 = \sum_{i=1}^{n} p_i (w_i - \mu)^2$$

而 $\sigma = \sqrt{\sigma^2}$ 就称作投资收益的标准差。

均值 μ 体现了投资的未来"平均"收益的大小，方差 σ^2（或标准差 σ）体现了未来收益的离散程度即收益额的变化范围。显然，在未来投资平均收益均值 μ 既定条件下，风险厌恶者总是希望方差 σ^2（或标准差 σ）越小越好，而风险偏好者总是希望方差 σ^2（或标准差 σ）越大越好。由于通常情况下我们都认为人们是风险厌恶者，因此，风险厌恶者财富效用函数曲线是下凹的，方差 σ^2（或标准差 σ）的增大会降低未来的效用水平，即式（11.13）随 σ^2（或标准差 σ）增加而降低。

那么，具体如何进行资产投资组合呢？马科维茨在《资产组合的选择》一文开始就说："选择资产组合的过程可以分成两个阶段。第一阶段通过观察与经验，最后获得相关证券未来业绩的预测。第二阶段通过相关的预测最终选择合理的资产组合。"我们简要说明如下：

假定在投资市场中只有两种资产选择：风险资产（risky asset）和无风险资产（risk-free asset）。风险资产以 p_i 的概率获得 r_i 的资产收益率，r_m 为风险资产期望收益率的均值，σ_m 为对应的标准差。投资者从无风险资产获得固定投资收益率 r_f。假定这个投资者将财富的 x 比例分配于风险资产，$(1-x)$ 比例分配于无风险资产，那么这一资产组合的期望收益均值 $E(r_i)$ 为

$$E(r_i) = \sum_{i=1}^{n}[xr_i + (1-r)r_i]p_i U(c_i) = x\sum_{i=1}^{n}p_i r_i + (1-x)r_i\sum_{i=1}^{n}p_i =$$
$$xr_m + (1-x)r_i + \cdots (因为 \sum_{i=1}^{n}p_i = 1, \sum_{i=1}^{n}p_i r_i = r_m) \quad (11.14)$$

其中,$i=1,2,n=2$。

其资产组合收益方差为

$$\sigma^2 = \sum_{i=1}^{n}[xr_i + (1-r)r_i - E(r_i)]^2 P_i \quad (11.15)$$

由式(11.14)整理式(11.15)为

$$\sigma_x^2 = \sum_{i=1}^{n}[xr_i - xr_m]^2 p_i = x^2\sum_{i=1}^{n}(r_i - r_m)^2 p_i = x^2\sigma_m^2$$

简化为

$$\sigma_x = x\sigma_m \quad (11.16)$$

我们可以分别以资产组合选择的均值和标准差为纵横坐标画图表现组合选择,如图 11.10 所示。

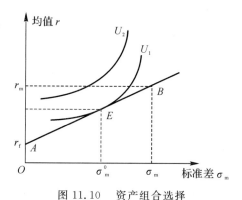

图 11.10　资产组合选择

图 11.10 中 U_1、U_2 是根据均值-方差效用函数特性画出的效用等效用曲线,$r_x = E(r_i)$,A、B 两点分别代表投资者所有财富投入到无风险资产或风险资产时的均值-标准差,A 点为 $(r_f, 0)$,B 点为 (r_m, σ_m)。若财富在两类资产中组合分配比例 x 在 0 与 1 之间,那么,对应的均值-标准差组合点就是 AB 上的其他点。也就是说,AB 直线方程为

$$r_x = E(r_i) = r_f + \frac{r_m - r_f}{\sigma_m}\sigma_x \quad (11.17)$$

AB 直线就是投资者关于风险资产投资期望收益的预算约束线。这样,我们就可以根据等效用曲线和预算约束线寻找最优的资产组合,即图中的 E 点,最优资产组合就应选择 E 点的资产组合。而 $(r_m - r_f)$ 称作风险贴水,AB 直线的斜率(或两条曲线在 E 点相切切线斜率)称为风险价格 p,它表明两类资产组合的比例变化。

$$p = \frac{r_m - r_f}{\sigma_m} \quad (11.18)$$

也就是,风险价格 p 等于风险资产期望收益率与无风险资产收益率的差额(或风险贴

水)除以风险资产收益率的标准差。正是由于风险资产有不同价格 p,我们可以从式(11.18)知道市场中风险资产的吸引力与其期望收益率成正向关系,而与其标准差成反向关系。风险资产定价是理论与现实中的复杂问题,下面主要介绍其中最著名的资本资产定价模型。

2.资本资产定价模型

资本资产定价模型(CAPM)是建立在马科维茨模型基础之上的,主要由马柯维茨教授的学生、美国斯坦福大学教授威廉·夏普建立,它实际上是资本市场均衡模型。

马科维茨的模型的假设除了上述已经提及的诸如投资者是风险厌恶型的、投资不在同一行业的证券等等外,它还要求证券市场是有效而无摩擦的:信息是充分的,投资者清楚了解市场上各类证券风险与收益率的影响因素;投资者可用具有不同概率分布的收益率评估投资结果;分析的时间期限有限;投资品市场具有充分的供给弹性,即摒除了市场供求因素对证券价格和收益率的影响;等等。尽管这些假定太严格,远离现实,但马科维茨模型为我们进行资产组合选择提供了基本分析主线。

资本资产定价模型不仅关注到非系统风险对风险资产期望收益的影响,也关注各类风险资产之间相互关系变化的影响,以及系统风险(整个经济环境、市场的风险)对各证券等风险资产期望收益的影响。为此,在选择多种风险资产进行投资时,我们引入一个衡量某一风险资产相对风险程度的系数 β,β_i 就表示第 i 种证券相对于整个证券市场的风险度,即:

$$\beta_i = \frac{第\ i\ 种证券的风险程度}{整个证券市场的风险程度} = \frac{\mathrm{cov}(r_i, r_\mathrm{m})}{\sigma_\mathrm{m}^2}$$

式中,β_i 为证券 i 的相对风险度,$\mathrm{cov}(r_i, r_\mathrm{m})$ 是证券 i 的期望收益与整个市场证券组合期望收益的协方差,σ_m^2 是整个市场证券组合的方差。

因此,β 是用来衡量一种证券或一个投资组合相对总体市场的波动性(volatility)的风险评估工具。例如,若第 i 类股票的价格和市场的价格波动性一致,则该股票的 $\beta_i = 1$。若某个股票的 $\beta = 2$,意味着当股市指数上升 1% 时,该股票价格则上升 2%;而市场下降 1% 时,股票的价格亦会下降 2%。1972 年,经济学家费希尔·布莱克(Fischer Black)、迈伦·斯科尔斯(Myron S. Scholes)等发表《资本资产定价模型:实例研究》一文,研究了 1931—1965 年纽约证券交易所股票价格的变动,证实了股票投资组合的收益率和它们的 β 值之间存在着线性关系。

如果投资者对各类风险资产进行投资,通过市场信息交流和交易过程,最后投资者要达到资本市场投资均衡,必定要实现在通过风险程度调整后各类风险资产收益率相等。

怎样调整各类风险资产的风险值呢?通过上述分析,我们可知,第 i 类风险资产的风险总量可计算为 $\beta_i \sigma_\mathrm{m}$,因此,它的风险调整值就等于风险价格 p 与其风险总量的积,即:

$$第\ i\ 类风险资产的风险调整值 = \beta_i \sigma_\mathrm{m} P = \beta_i \sigma_\mathrm{m} \frac{r_\mathrm{m} - r_\mathrm{f}}{\sigma_\mathrm{m}} = \beta_i (r_\mathrm{m} - r_\mathrm{f})$$

若只有风险资产 i 和无风险资产 f 两类可供投资者进行投资,那么,风险资产 i 的期望收益率 r_i 经过风险调整后应等于无风险资产期望收益 r_f:

$$r_\mathrm{f} = r_i - \beta_i (r_\mathrm{m} - r_\mathrm{f})$$

即:

第十一章 资本市场

$$r_i = r_f + \beta_i(r_m - r_f) \tag{11.19}$$

式(11.19)就是资本资产定价模型公式。

式(11.19)说明了任一种风险资产的均衡收益率 r_i（风险资产期望收益率的均值）可分为两部分：一是 r_f，即投资者从无风险资产获得固定投资收益率，实际就是前述内容中资本供求市场的均衡利率；二是 $\beta_i(r_m-r_f)$，即根据风险资产风险大小进行的风险调整值，我们称之为"风险溢价"(risk premium)或风险收益率。由此，我们可以得到风险资产的市场线(market line)，如图11.11所示。

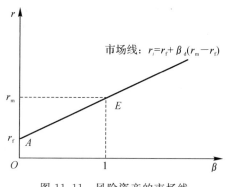

图 11.11　风险资产的市场线

市场线的斜率显然等于 (r_m-r_f)，市场线表明了在风险资本市场均衡条件下，风险资产期望收益率与市场风险之间存在着一种线性关系。市场线 AE 上的点表明风险资产交易市场均衡，在 E 点上，风险资产获得整个市场的期望收益均值 r_m，此时的相对风险度为1。

CAPM 也有诸多假定，如每个人对所有风险资产有统一认识、市场有效、投资人理性等等，它主要从需求方面分析风险资产定价问题，从供给角度分析风险资产定价的模型还有套利定价理论(arbitrage pricing theory，APT)，有兴趣的同学可以在课下深入学习证券投资学或金融学等有关专业课程中的内容，这里就不再介绍了。

思 考 题

一、名词解释

资本　实物资本　金融资本　货币资本　资本家　货币资本家　职能资本家　资本需求投资　存量　流量　利率　预期利润率　均衡利率　风险　风险偏好　套头交易　掉头交易　分包　资产组合

二、简答题

1. 什么是资本或货币的时间价值？它说明了什么？
2. 资本需求都受哪些因素影响？请分析说明。
3. 资本供给来源于哪里？其特征如何？个人与市场的货币供给曲线是否一样？
4. 人们的风险偏好是如何影响其经济决策的？请举例说明人们规避风险的方式。

5. 简要说明现代资产组合理论。

三、计算题

1. 有一个投资者面对如下情况：由于起于美国次贷危机的世界性金融危机的爆发，2008年以来经济发展前景不太明朗。有这样一个投资项目：具有中国民族风情的手工刺绣制品生产项目，产品主要对外出口，总投资 100 万元，其中固定费用支出包括厂房、技术工具设备、人员培训等等，其他是工资、材料、办公经营等费用支出。据有关调查分析，在金融危机大背景下，这一项目在市场前景转好时可以赢利折合人民币 60 万元，但这种机会概率是 20%；在当下经济状况下可以赢利折合人民币只有 1 万元，其机会概率是 50%；在当前经济继续下滑情况下可能亏损折合人民币 40 万元，其机会概率是 30%。这个投资者是风险厌恶型的，他是否愿意投资这一项目？为什么？

2. 某种电脑市场售价为 3 000 元，一个学生在大学的 4 年期间里都将使用该电脑，因此他就不需用学校机房电脑或借用别人的电脑了，因而也就不用支付这方面的费用，相当于每年获得了一定收益 500 元，第 4 学年末该电脑还可以处理卖出即残值 200 元。如果该学生借钱购买电脑，借款利率为 10%，他是否应当购买此电脑？

扩展阅读

资本是社会主义市场经济的重要生产要素，在社会主义市场经济条件下规范和引导资本发展，既是一个重大经济问题、也是一个重大政治问题，既是一个重大实践问题、也是一个重大理论问题，关系坚持社会主义基本经济制度，关系改革开放基本国策，关系高质量发展和共同富裕，关系国家安全和社会稳定。必须深化对新的时代条件下我国各类资本及其作用的认识，规范和引导资本健康发展，发挥其作为重要生产要素的积极作用。

要加强新的时代条件下资本理论研究。要历史地、发展地、辩证地认识和把握我国社会存在的各类资本及其作用。要正确处理资本和利益分配问题。要深化资本市场改革。要规范和引导资本发展。要全面提升资本治理效能。

——在中共中央政治局第三十八次集体学习时的讲话（2022 年 4 月 29 日）

第十二章 自然资源市场

　　自然资源指天然存在的自然物,如土地资源、矿产资源、水资源、生物资源、气候资源等。自然资源是社会生产的原料来源和场所,也是人类赖以生存的源泉与场所。联合国环境规划署(United Nations Environment Programme,UNEP)将自然资源定义为:在一定的时间和技术条件下,能够产生经济价值,提高人类当前和未来福利的自然环境因素的总称。

　　在人类生活繁衍的漫漫长河里,人类社会的生产生活实践从来就离不开自然资源。从世界宇宙的大范围来讲,自然资源是没有穷尽的。但是,从人类目前的技术水平来讲,自然资源也是一种经济资源,它同劳动、资本一样都是一种生产要素,是所有生产经营活动不可或缺的特殊要素。自然资源作为生产要素,其特殊性在于从经济学的角度看,许多自然资源都具有可耗竭性。加之,人类社会自近现代两三百年以来的加速发展,人们从自然界索求的越来越多,温室效应、风沙、干旱、洪涝、污染、饥饿、病害等,随着人类竭泽而渔式地向自然界不断掠夺而越来越频繁地光顾人间,地球变得越来越贫瘠、混乱、污浊而不堪重负。自然资源的利用方式及其后果已经影响到了人类福利水平的提高,甚至决定了社会幸福水平的变化趋势。"让经济的归于经济",经济发展带来的问题,应当用经济的视角和手段来分析和解决。诸如此类的问题,正是经济学研究的重要目的之一。

　　当今社会,环境与人类的生存日益密切,自然资源的利用已经不仅仅是经济问题,更是一个复杂的社会问题,甚至是政治问题。本章只是从经济学角度简要介绍一些分析方法。本章分为两节,第一节主要分析土地这种特殊的自然资源,第二节对其他自然资源统一作一般性分析。

第一节　土　地　市　场

　　土地是人类赖以存在的物质基础。土地既是人们生活的环境条件,又是社会生产活动的必要的、最基本的生产要素。前者主要关注土地的自然属性,说明土地是人们生产生活的间接影响因素;后者主要关注土地的要素功能,说明土地是社会生产的必要组成部分。"土地是指大自然为了帮助人类,在陆地、海上、空气、光和热各方面所赠与的物质和力量。""经济学上所说的土地,是指未经人的协助而自然存在的一切劳动对象。"因此,土地不同于其他生产要素。

　　土地作为一种生产要素,其特殊性在于:
(1)从总量上来讲,在特定时空内,土地资源是固定不变的,具有一定恒久性。

(2) 从突出特性上讲，土地的肥沃程度和土地位置发挥极为重要的作用。

(3) 从属性上讲，土地的自然属性就是它是天然生成的，不是人类劳动的结果；土地的社会属性是人们赋予的，人类劳动可以增加特定土地经济价值，发挥同资本类似的作用。在人类社会进入到现代经济体系之后，城市化进程促使人们紧密生活在一个狭小的城市空间内，土地资源的价值更加突出地体现了出来。正像威廉·配第所说，劳动是财富之父，土地是财富之母。

1979年诺贝尔经济学奖得主，阿瑟·刘易斯(Arthur Lewis，1915—1991)和西奥多·舒尔茨(Theodore W. Schultz，1902—1998)，在经济发展方面做出开创性研究，深入研究了发展中国家发展经济中应特别考虑的问题。刘易斯提出了二元经济模型，舒尔茨认为现代化的农业是经济增长的原动力。农业现代化需要改变传统的分散式的小农经济模式。现阶段土地规模流转成为农业现代化的基础和前提。土地流转的本质，就是推进土地要素的市场化。良好的土地市场秩序、规范的土地交易行为，是提高土地流转效率的重要保障。在这里，我们主要关注土地的经济属性，研究土地作为一种生产要素，其市场供求及其均衡，以及土地市场均衡的变化。

斯密在《国富论》中论述商品的价格构成要素时指出：在土地共有时代，森林地带的树木、田野的草、大地上各种自然果实，人们只需出些力去采集即可。现如今，除出力外，还须付出代价，这个代价便也构成了土地的地租，即劳动者获准采集这些自然产物权利的成本。

地租即地价，是由土地市场上的供给与需求均衡决定的。

一、土地需求

生产要素的派生性在土地需求上体现得更充分些。人们需要土地，不是仅仅占有这块地或占有这块地产本身，而是在一定时期内能够在这块土地的空间区域里从事自己感兴趣的经济活动，即关注它的生产潜能，通过经济活动能带来巨大经济利益。

1. 土地需求曲线

由于生产要素的需求都是派生需求，因此，对土地的需求主要是从其实际用途来分析的。土地可以当作耕地用于生产粮食，草原用于畜牧，水域用于养殖等，土地还可用于建设居民住房，提供商业娱乐市场，供工矿企业生产场地，建设公路交通、服务设施，建设水库、河流和湖泊堤防等公共工程，等等。各种用途给企业或个人带来不同的收益或利润。因此，每种用途在利用土地时提供的价格高低不同。总体而言，不论哪种用途，其对土地的需求曲线的基本形状仍然是向右下方倾斜的曲线。因为，最终生产要素投入生产过程中的边际递减规律要发挥作用。在一定时空内，"不论农业技术的将来发展怎样，用于土地的资本和劳动的不断增加，最终必然造成因增加一定数量的资本和劳动所能获得的产物增加量的递减"。

土地需求曲线可以分为以下两种情况：

(1) 同一地块，不同行业的土地需求曲线。正是因为土地被用于不同用途，各种用途下土地的需求曲线的倾斜度不同。如图12.1所示，3种不同的土地用途，每种需求曲线倾斜度不同，第1种最平缓，第2种次之，第3种最陡峭。这说明，在同一时空位置里，对于同样的土地(与自然资源的)需求数量，如N^*，第1种用途只愿意出R_1的地租或地价(本节稍后介绍),而第 3 种用途可以出 R_3 的地租或地价量,第 2 种用途居于中间。换句话说,土地在用于图 12.1 中的三种用途时,第 3 种边际报酬递减规律显示得最迅速、明显;第 2 种次之;第 1 种用途边际报酬递减规律显示得较为平缓。

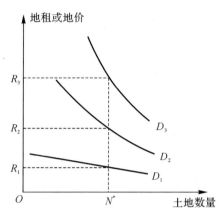

图 12.1　不同用途的土地需求曲线

(2)不同地块,不同行业的土地需求曲线。在一个地区,如果我们将某一点作为商业价值中心,社会各种行业或企业都会寻找机会集中到中心进行经济活动,从而获得更多经济利益。但是,土地在一定地区总量是有限的,一种行业或一个企业占有了某一地块,其他行业或企业就只能退而求其次,依次而向四周环绕该中心。为什么呢?从图 12.1 和行业需求曲线的内在含义中可知,愿意提供较高地租或地价的行业就会最终得到同一地块的土地所有权或使用权,而其他行业只能依次得到环绕中心的地块层层远离中心,如图 12.2 所示。①

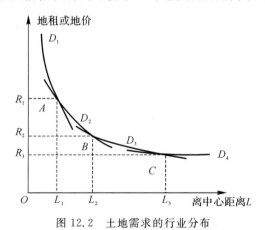

图 12.2　土地需求的行业分布

在图 12.2 中,最靠近中心地块的地租或地价最高。只有那些愿意支付高于 R_1 的第 1

---

① 这种分析思想源于冯·杜能的《孤立国》(1826),经韦伯的《工业区位理论》(1909)、克里斯塔勒的《德国南部中心地原理》(1932)等进一步深化,由威廉·阿朗索在《区位和土地利用》(1959)中具体形成模型,逐渐构成现代城市经济学的重要内容。

类行业或企业才能利用这些土地,选距离中心在 L_1 的范围内的地块;第2类行业或企业可以支付得起在小于 R_1 大于 R_2 之间的地租或地价,土地需求就选择在离中心大于 L_1 小于 L_2 的范围内;第3类行业或企业只能支付小于 R_3 的地租或地价,土地需求就选择在距离中心 L_3 之外的范围内。这正是不同行业或企业在围绕单一中心城市(monocentric city)的土地需求的地域分布状况。因此,土地需求曲线总体而言是一条凸向原点向右下方倾斜的曲线,如图12.3中的 D。

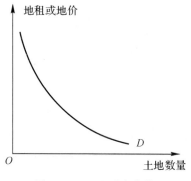

图 12.3　土地需求曲线

2. 土地需求的影响因素

影响土地需求的因素复杂多样,从一般意义上讲,土地需求的影响因素主要有以下几个方面。

(1)人口变化。人口数量的增长增加了食物需求和住房需求等,这对土地需求有直接影响,土地需求相应增加。随着人口的增加,越来越多的土地被用于耕地和房地产。

(2)消费水平或收入水平。消费水平的提高主要来源于收入水平的提高。

(3)行业类别及其生产技术。随着国家经济发展水平的提高,产业结构升级换代,即各个产业在规模增加的同时,产业之间的比例也发生了变化。厂房、道路、管网建设、交通、住房、娱乐设施等方面是否齐全完善已经成为各地区产业发展的基础条件,这些都需要土地资源投入。每种产业对土地需求不同,在各地区产业发展政策影响下,需求也有差别,但总体趋势是增加了土地需求。

(4)社会生产整体技术水平与要素投入的替代性。全社会生产力水平的提高不仅促进生产效率提高,还会带来土地利用集约化,即在同等产出水平下,土地的利用效率大大提升。在其他条件相同情况下,技术水平的提升从整体上对土地需求是反向作用,这种作用的大小还要看其他生产要素投入对土地的替代性。相对来讲,其他要素对土地的替代性较弱,但是,在具有一定土地规模下,这种替代性还是存在的。例如,若某地土地租金或价格较高,企业不会在这一地方建设厂房,或者会投入资本将平面厂房变为立体厂房以提高土地利用效率,这就是一种资本或劳动替代土地的方式。

(5)社会生活方式。人类生活方式的变化是对土地利用方式的巨大影响,包括饮食结构、城市化、娱乐方式、家庭结构发展趋势等等。总结起来,社会生活方式的变化是影响土地需求的最根本因素。

联合国环境规划署的下《全球环境展望 4》(2007)(Global Environment Outlook,GEO)认为:在人口不断增加的情况下,人们从以谷物食品为主向以肉食为主的生活方式转变,加之过度消费和浪费,到 2050 年食品需求将比现在增加 2.5 到 3.5 倍。尽管亩产在增加,但人均谷物产量自 1980 年以来一直在下降,这引起对土地的多种竞争性需求。人类城市化的生活方式也在快速地提升非农土地需求。GEO(2007)认为,尽管城市化提高了土地利用效率和人口密度,但城市往往建立在基本农田上,其肥沃程度没有得到任何回报,城市也成为废物、污染物的来源,这都将影响农村的环境和土地、水源状况。

二、土地供给

土地供给是在一定时空中,社会或企业能够为各种用途提供的土地数量。

1. 土地供给曲线

一般认为,土地是有限的,土地供给是固定的。因此,土地供给曲线就是一条垂线,即土地供给完全缺乏弹性,如图 12.4 中的 S_0。但是,我们不能忽视土地的多种用途和土地利用技术。如果我们认为同一地块可以用于多种用途并能相互转换的话(实际也是如此),那么,土地供给曲线就如一般供给曲线一样具有弹性。只是土地供给在即将达到有限的固定数量时,土地变得极为稀缺,其供给曲线才变得越来越缺乏弹性,直至供给弹性为 0,如图 12.4 中的 S^*。

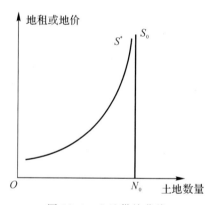

图 12.4 土地供给曲线

2. 土地供给与法律制度和政策

增加土地供给大概有四种途径:

(1)新开辟的自然资源的投入使用,即土地利用的扩张;

(2)对现有土地增加劳动力和资本,即土地集约利用;

(3)减少或消除妨碍现有土地充分利用的障碍,即土地经济利用;

(4)消极的控制消费的方法,即促使人们消费限于土地易产的东西。

提到土地供给必然谈到谁在提供土地,或谁拥有土地,显然这与土地财产权利或土地产权(land property rights)紧密联系。土地产权是土地的基本制度,也是全社会的基本财产制度。目前,在全世界范围内,从数量上讲,土地产权私有制的土地占较大比例。我国及其他社会主义国家通过土地革命都实行了土地国家所有制,即土地国有制,不承认土地私有制。但是,并不是说西方国家的土地都是私有的。例如,美国土地有联邦政府拥有的土地,也有各州政府拥有的土地,英国、法国也都有属于国家所有的土地,等等。这些都说明土地产权在世界各地的多样性。土地产权决定了谁才有权利从源头上供给土地。

土地制度由国家的宪法或法律界定。但是,具体如何供给土地由政府政策规定操作程序和内容。由于土地产权制度对于土地供给具有基础性影响,因此,我们这里特别提到法律制度和政府政策。

我们在这里主要关注国家法律和政府政策对土地市场供给数量和价格的影响。比如,在我国宪法和《土地管理法》框架下,国务院及各级政府代表国家行使国有土地权利,地方政府确定在一定时期内如何规划可开发的土地数量,以及以何种形式供给市场,都影响土地供给数量,进一步影响供给价格。根据我国政策规定,中央政府以下各级政府只有很小的土地供给权利即只有很小的土地供给审批权,许多土地供给权利归国务院。因此,国家土地政策对土地供给具有较大影响,从而影响土地最后成交价格。

三、土地市场均衡与地租

1. 地租与地价

根据土地需求曲线和供给曲线,我们可以得到土地市场均衡。

在图 12.5 中,如果土地需求曲线为 D,那么:

(1)当我们将固定时空的土地供给量看作一个定量 N_0,即将土地供给曲线视为 S_0 时,该地区土地市场均衡土地量即为 N_0,均衡地租或地价为 R_0。但当考虑土地位置和用途替代变换情况下,土地供给曲线应为 S^*。

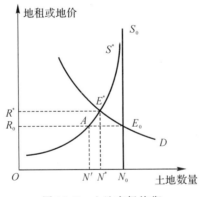

图 12.5 土地市场均衡

(2)在土地供给曲线为 S^* 时,土地市场均衡量为 N^*,均衡地租或地价为 R^*。

因此,在将土地供给曲线看作零弹性时,土地供给价格或地租要比实际的低,即 $R_0 < R^*$;而供给量比实际均衡时的多,即在地租或地价为 R_0 时,实际土地供给量为 N',远小于 N_0。

那么,上述提到的地租和地价是什么?它们之间又是什么关系呢?

地租是土地使用者为获取一定时期内土地使用权付给土地所有者的报酬。"作为使用土地的代价的地租,自然是租地人按照土地实际情况所支付的最高价格。"当然,地租也是土地所有者为在一定时期内出售土地使用权愿意接受的最低价格。由于土地位置不同和土地肥沃程度不同从而产生同等面积的土地地租量不同,我们称之为级差地租(differential rent)。图12.2表明,土地位置不同促使土地所有者要求不同的级差地租。因此,不同的行业只有支付这样不同的地租才能获得土地(或使用权)。土地在被用于农业用途时,最能体现不同土地肥沃程度带来的级差地租的差异。

地价是指土地能够给土地所有者带来的市场价值(market value),即土地能够给土地所有者带来连续不断的租金收入的总现值(present value, PV)。根据第十一章关于现值的定义,如果每年的租金为 R_i,租金收入可以持续 n 年,则该地块的地价(price of land) $p_{土地}$ 就为

$$p_{土地} = \text{PV} = \sum_{i=0}^{n} \frac{R_i}{(1+r)^i}$$

如果 n 持续永久,且每年的租金收入都相等的话,则:

$$p_{土地} = \text{PV} = \lim_{r \to \infty} \sum_{i=0}^{n} \frac{R_i}{(1+r)^i} = \frac{R}{r} \tag{12.1}$$

式(12.1)中的 r 为市场利率水平,R_i、R 为每年的租金收入。因此,地租与地价的关系就是:

$$p_{土地} = \frac{R}{r} \tag{12.2}$$

因此,地租与地价是有差异的(一般在 5~30 倍)。但是,由于地租与地价之间仅仅区别于 r,我们通常可以将地租和地价放到同一纵坐标轴。为简化分析,在本书内容叙述中,我们一般都以地租为主,或将地租视同地价。

2. 土地市场交易的实现

均衡的地租水平 R^* 和均衡的土地交易量 N^* 是整个土地市场的情况。土地市场上,由于土地制度的不同,卖方垄断或买方垄断都可能存在。在土地公有制条件下,土地实质拥有者的个人委托政府代为管理,可能形成卖方垄断;土地地理位置固定的特征,又可能出现土地的买方垄断。土地私有的条件下,土地地理位置的固定,也可能形成土地拥有者个人的卖方垄断,也可能形成土地购买者个人的买方垄断。土地市场价格的接受者也是可能出现的,即土地拥有者个人面对的土地需求曲线可能是一条水平线。

依据厂商的需求,如果土地拥有者个人不具有市场势力,即土地市场是竞争性的,则存在着有规律的个人土地供给曲线,进而可以形成土地市场的供给曲线。如果土地拥有者个人具有一定的市场势力,即土地市场上含有垄断成分,依据厂商的需求,只要符合效用、幸福最大化原则,土地拥有者个人就会有土地供给,只是不存在有规律性的、土地地租与土地量一一对应的土地供给曲线而已。

无论如何,土地拥有者个人与厂商达成交易时,就确定出土地拥有者个人与其厂商交易的个别土地的市场价格(公平价格)与交易量。就是说,土地拥有者个人通过为厂商提供土地,在为厂商实现利润最大化做出贡献的同时,因为与厂商交换,最终获得了实现自己效用、

幸福最大化的财富收入——地租。

3. 土地市场均衡的影响因素

土地市场均衡变化受到土地供给与需求两方面的影响。凡是影响土地需求与供给的因素都会影响到土地市场均衡,包括自然的、经济的和社会的。这些因素实际通过影响土地的利用或土地利用限制来影响土地市场均衡。

(1)自然的影响。对土地最大的自然限制是气候、水分、地势和土壤的肥力。这方面对土地的农业用途影响极为重要。自然因素决定了该土地的基本条件是否适合种植某种粮食或经济作物。

(2)经济的影响。任何经济活动的目的在于获得最大化的经济利润。土地市场的供求双方也是如此。在自然条件等其他情况相同的情况下,距离市场越近,交通条件越好,该块土地就越具有经济价值。这与上述决定各行业愿意为利用不同土地付出的成本密切相关。

(3)社会的影响。人口增长和家庭结构因素是土地供求受社会影响的主要方面。而人口增加带来的对土地环境的破坏又减少了可利用土地总量,地球上原始自然的环境已经越来越少了。

人们的生产和消费的习惯、风俗,对土地市场供求尽管不是直接影响因素,但也是强有力的间接影响因素。如上述提到的食物结构的变化、城市化进程等。

社会法律制度和政府政策都是社会因素的重要组成部分。这方面的影响在我国尤其突出。在我国,只有政府才具有最终的土地买卖权利。宪法规定,"任何组织或者个人不得侵占、买卖或者以其他形式非法转让土地。"农村或城市土地利用规划是又一大影响因素,不列入规划的土地是不能改变用途的。《土地管理法》第四条规定,"国家实行土地用途管制制度","使用土地的单位和个人必须严格按照土地利用总体规划确定的用途使用土地。"

第二节 其他自然资源市场

除土地资源之外的其他自然资源,如矿产资源、水资源、生物资源、气候资源等都是人类生产生活环境的组成部分。其中,矿产资源、水资源的许多内容还可以被包括在广义的土地资源范围内。在分析这些自然资源时,它们可以统一归为环境问题。当然,这不仅仅是自然科学问题,同时也是社会科学问题。利用经济学基本原理来分析自然资源市场是本教材的任务。本节只是简要介绍其中最基本的内容。

一、经济租金与经济剩余

1. 经济租金

租金是指在使用不拥有其所有权的资产时向所有人支付的价值,其概念来源于地租。一般而言,租金就是利用供给固定的生产要素所支付的报酬。这样,租金的含义就进行了一般化。那么,如果某种要素收入发生变化并不减少其供给量,我们就将为得到某种经济要素或经济资源的服务或使用而支付的报酬都称作经济租金(economic rent)。它等于要素收入与其机会成本之差。显然,从该资源或要素全部收入中减去这一部分并不会影响其供给。

那么,在图 12.5 中,当土地供给曲线为 S_0 时,地租和经济租金都是 $OR_0E_0N_0$。但是,地租并不总是等于经济租金,如果土地供给曲线为 S^*,那么,总地租就为供给曲线 S^* 与 E^*N^* 和横坐标轴围成的面积,而经济租金为供给曲线 S^* 与 R^*E^* 和纵坐标轴围成的面积。

如图 12.6 所示,对于一般的生产要素市场供求而言,均衡点为 E,要素供求均衡价格为 w^*,均衡量为 N^*。那么,该要素供给的机会成本就是 $OAEN^*$,是该要素使用者使用要素量为 N^* 时愿意支付的最高总价值,也是要素所有者供给要素量为 N^* 时愿意接受的最低总价值;经济租金即为 Aw^*E,Ow^*EN^* 为该要素的总收入。因此,从图上看,经济租金的大小与要素供给曲线的倾斜度的关系极为密切:供给曲线越陡峭,经济租金越大;反之就越小。当供给曲线为一条垂线时,即要素供给量为一个常量,所有要素收入都成为经济租金。如果这种要素为土地,那经济租金就是地租。从这方面看,地租仅是经济租金的特例。同时,从图上也可看到,经济租金与生产者剩余极为类似。

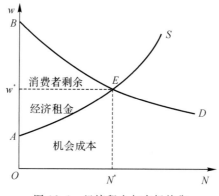

图 12.6 经济租金与市场均衡

2. 经济剩余

在第二章里,我们介绍了经济剩余、消费者剩余、生产者剩余的概念。这里,我们来看它们与经济租金之间的关系。

我们可以从上述分析联系一般产品市场均衡和消费者剩余。如果图 12.6 为一般的完全竞争的产品市场,产品市场均衡点为 E,均衡价格为 w^*,均衡量为 N^*,那么,根据第二章我们知道,消费者剩余为 BEw^*。相对于要素市场,在产品市场均衡中,我们知道,供给曲线 S 为该产品边际成本曲线的一部分,$OAEN^*$ 即生产厂商愿意提供产量 N^* 的最低总要价,或总机会成本;而 AEw^* 为厂商总收入的一部分,即经济租金。相对于消费者剩余,AEw^* 是产品市场中的经济租金,通常又称生产者剩余(producer surplus)。

从图 12.6 可看出,不论是产品市场还是要素市场,通过市场交易,供求双方的意愿得到了实现或满足,整个社会总效用或社会福利得以提升。通过交易,要素或产品需求者愿意支付总价值 $OBEN^*$ 获得要素或产品量 N^*,但实际只支付了 Ow^*EN^*,得到了消费者剩余 BEw^*。要素或产品供给者愿意以最低总价值为 $OAEN^*$ 提供要素或产品量 N^*,但实际获得了 Ow^*EN^*,得到了经济租金或生产者剩余 AEw^*。

因此,通过市场活动,社会各方效用都得到提高,从而整个社会得到了经济剩余(economic surplus)。经济剩余等于消费者剩余和生产者剩余之和,在市场达到均衡时,经济剩余达到最大值,即

$$经济剩余 = 消费者剩余 + 生产者剩余(或经济租金) \qquad (12.3)$$

二、可再生与不可再生资源

自然资源可以根据效用是否能循环利用或恢复,分为可再生资源(renewable resources)和不可再生资源(nonrenewable resources)。可再生资源是指依靠自然力而不以人力可以恢复和保持储藏量的资源,如阳光、风力、植物、雨雪、土地、江河湖海、大气等等。如果不进行破坏性使用,这类资源可以永久持续保持供人们开发使用。不可再生资源是指不能靠自然力恢复保持储藏量,一旦被消耗就必定减少的资源,如各种金属、石油、天然气等各类矿产资源。因此,从自然储量是否可耗竭讲,不可再生资源又叫可耗竭资源(exhaustible resources)。

区分可再生资源和不可再生资源的重要目的在于:如何利用我们已经学过的市场供求规律、成本函数、利润最大化等方法来区别分析各类自然资源。

必须说明,对于可再生资源和不可再生资源的区分并不是绝对的,并且也是在一定技术水平下而言的。因为,各种要素投入在一定范围内具有替代性。在技术水平达到一定水平后,原来不可能利用的资源就可以利用或被替代,原有要素的利用量就应当重新界定。因此,对于自然资源就有地质学上的储藏量与经济储藏量之分。不论对于可再生资源还是不可再生资源,如果在一定技术水平下,开发利用时经济成本投入很高或市场价格较低,那这种资源的经济储藏量就很低。因此,我们通常所讲的资源储藏量都是指经济储藏量。

基于此,对于可耗竭资源而言,尽管其总存量是一定的,但还有当前储量和潜在储量之分。当前储量指在当前技术和价格水平下可以开发利用获得利润的储量,潜在储量指在可能的技术水平和价格水平下能够开采的储量。显然,在其他条件一定情况下,技术水平越高,资源价格越高,当前储量就越大,市场供给量就越大。例如,金矿或稀有金属矿等,在开采技术水平一定时,金价的提升可以促使原来含量较低的矿山具有开发潜力,可以投入开发获得利润;反之,可能就使得一些企业在开采纯度较低的金矿时亏损严重,此金矿就失去了开发价值。

三、可再生资源的市场均衡

总体而言,人类社会生存与发展都绝对地依赖于可再生资源。但是,在20世纪中叶之前,人们一直没有试图对可再生资源做过详细的经济分析。可再生资源只是被简单地归类为对土地的经济地租这一概念中进行分析。自19世纪以来,人口的增长和技术的发展使曾经非常丰富的可再生资源日益枯竭,甚至接近完全消失。许多事实清楚地说明了土地的原始肥力并不是不可耗竭的。在对可再生资源的经济分析中,必须要分析资源开发如何受到时间因素的制约。这样,在分析可再生资源的市场供求时,需要先分析这类资源供给者是如何向市场提供资源量的,而这种分析与时间因素紧密相关。

树木生长符合生物生长规律,自然界生物有机体的生长过程大体符合生长曲线或逻辑

斯特曲线(logistic curve,或 Pearl-Reed 曲线)。图 12.7(a)为森林的生长曲线 $N(t)$。我们看到,随着时间的推移,树木先以较快速度生长,即森林存量以较快速度增长;经过一段时间生长速度转慢,森林存量 N 也达到一个最大量 N_0。对应图 12.7(b)中,森林存量 $N(t)$ 的增长速度可以表示为 $v(t)$,其数值等于森林的生长曲线 $N(t)$ 各点对应的切线斜率,即 $v(t)=N'(t)$。显然,在森林存量 $N(t)$ 为 N_m 时,森林生长速度 $v(t)$ 达到最大,森林存量 $N(t)$ 的增长速度达到最大;在 N_0 时,森林存量 $N(t)$ 的增长速度为 0。

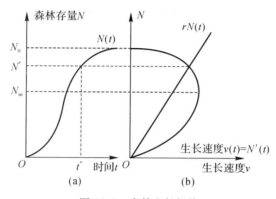

图 12.7 森林生长规律
(a)森林生长曲线; (b)最优砍伐时间

我们知道,随着时间的推移,任何资产的价值都会变化,货币资产会以资本市场利率 r 的速度增值。对于图 12.7 中的森林资源而言,所要寻求的最优砍伐时间是在这个时间点上,能够最大化在每一时期增长的森林资源的总现值(当然,为分析方便,在这里我们忽略了种植成本和砍伐成本)。

如果砍伐森林资源换成货币资产,那么,从资产价值增长看,森林资源增长速度 $v(t)$ 就换成了其货币资产增值速度。当森林存量随着时间增长时,到底按照哪个速度增值需要进行比较。在图 12.7(b)中,砍伐森林资源换成货币资产后的价值增值速度 $rN(t)$,与森林资源增长速度 $v(t)$ 相比,在森林存量为 N^* 时相等,此时才为森林资源最优砍伐时间或树木最优生长时间(或树龄)t^*,最优森林存量即为 N^*。当树龄小于 t^* 时,森林在地上生长的价值增加比砍伐后换成货币存入银行的价值增加要快;在 t^* 之后,情况刚好相反。因此,市场利率(或贴现率)就决定了两种速度相等的时间点。即森林资源最优砍伐时间点:市场利率(或贴现率)越高,其倾斜度越大,最优砍伐时间就越早;反之,就越迟。

上述例子说明,可再生能源市场供求受到时间、利率等因素影响。在一定市场利率水平下和一定时间内,市场供给也并不总是无限的;在一定的最优供给量下,市场均衡也不同于一般市场均衡。当我们将最优供给量看作一个定量,或者将资源供给量看作随着供给量增加,其供给弹性也会逐渐减小时,其市场均衡就与图 12.5 中的土地市场均衡类似,这里不再详述。

四、不可再生资源的市场价格

不可再生资源即可耗竭资源,这类资源随着人类的开发利用其总量不断减少。因此,相对于人类无限生产、生活的前景而言,根据人口和资源消耗量的不断增长趋势,不可再生资源似乎为人类设定了生活的前景界限。1972年,美国麻省理工学院教授丹尼斯·梅多斯(Dennis Meadows)带领的一个研究小组出具了一个关于世界未来图景的报告。该报告以《增长的极限》(Limits to Growth)为名发表,由德内拉·梅多斯(Donella Meadows)、乔根·兰德斯(Jorgen Randers)、丹尼斯·梅多斯共同撰写。该报告声称:地球正在面临着"人口爆炸"危机,政府若不采取有力措施,人类的灾难就会降临。报告预测,许多不可再生的资源将在很短的时间内枯竭。从1972年算起,黄金在9年内就将用尽,汞和白银在13年内将用尽,锡在15年内将用尽,锌在18年内将用尽,石油在20年内将用尽,铜、铅、天然气在23年内将用尽,等等。当然,事实证明,诸如"梅多斯报告"一样的研究与预测没有成为现实。但是,这让社会对不可再生资源有了比以往更为广泛和深入的关注。

类似"梅多斯报告"一样的预测之所以失败,主要在于忽视了以下几点:①稀缺性的变化;②资源之间的替代效应;③时间和技术等因素的影响。总之,自然资源的利用不仅仅是自然科学、技术问题,更是全球社会问题。

1.资源稀缺性的变化

在第一章我们就已经知道,任何经济资源都是具有稀缺性的。那么,不可再生资源随着消耗量的增加,其现存量必将减少,其稀缺性必定增强。不可再生资源的这种不断增强的稀缺性如何反映在其市场供求状况上呢?

在一般商品或要素市场上,没有考虑产品或要素的数量限制,供求曲线决定市场均衡价格与产量。这时,市场均衡价格既是需求者愿意接受的最高价格,也是生产者或供给者愿意提供的最低价格,或者是生产者在均衡产量的边际成本(因为供给曲线就是其边际成本的一部分)。

对于不可再生资源的供给就不一样了。供给者因为注意到不可再生资源稀缺性不断增强,他们不会仅仅满足于要求在该资源的实际生产开发边际成本上供给资源,而是要求在高于资源的开发生产成本的价格上供给资源。因此,对于不可再生资源供给而言,开发厂商要求的高于不可再生资源每一开发量对应的实际开发成本的价格部分,我们称之为稀缺性成本。既然不可再生资源的实际售价里包含了开发成本和稀缺性成本两部分,那么,在市场需求不变的情况下,市场均衡的开发量就会降低。

但是,还应当注意到,不可再生资源的稀缺性的增强是以市场需求不变或增强为前提的。如果出现了其他替代资源或产品(如性能更优越,更具有效率等),市场对这类资源的需求就可能会减弱,甚至不再利用这种资源。因此,随着社会发展和技术进步,某一资源的稀缺性在理论上也可能降低。

2.不可再生资源的价格决定

不可再生资源供给者(或开发者)在考虑到稀缺性成本后向市场提供资源,其最终的价格如何决定的呢?这需要综合其他因素共同分析。

在考虑到不可再生资源稀缺性变化时,主要因素是时间的影响。对于资源开发厂商而言,考虑时间因素就是如何面对现在市场与未来市场需求,即在当前市场供求情况下供给资源还是在未来市场供求状况下供给资源。为分析简便,我们假定其他情况不变或变化不大,厂商开发资源的成本忽略不计(在一定开发技术下,单位资源开发成本稳定),厂商现在就将资源供给市场还是保存资源未来供给市场的关键是市场利率水平的变化带动资源在不同时期货币价值变化,以此平衡市场价格的波动。

为分析简便,我们将某种不可再生资源(如石油、天然气、金矿、银矿等)的开发厂商进行市场供给选择,分为当期(t期)与未来期($t+1$期),则当期市场价格为p_t,未来期市场价格为p_{t+1}。

若市场利率水平一定为r,那么,该资源开发厂商要实现最优的资源开采计划,应遵循霍特林法则,即在任何时期开采的边际吨数应当产生以现值计算的相同的租金。否则,在开始时就应调整开采顺序以便从储量中得到以现值计算的较高的总租金。如果开采程序是最优的(利润最大化),那么,在任何时期所开采的边际吨数应产生以现值计算的同样的利润。也就是说,该资源开发厂商的最优开发计划必将满足:

$$p_{t+1} = (1+r)p_t \tag{12.4}$$

(1)当$p_{t+1} > (1+r)p_t$时,开发厂商将在t期保存储量,而到$t+1$期进行开发以获得更多利润。一旦厂商减少t期供给量,p_t就会上升;$t+1$期供给量增加了,p_{t+1}就会下降,直到实现式(12.4)。

(2)当$p_{t+1} < (1+r)p_t$时,开发厂商将增加t期市场供给量获得更多利润,而相应地$t+1$期资源开发量就减少了。一旦厂商增加t期供给量,p_t就会下降;$t+1$期供给量减少会导致p_{t+1}上升。最终,同样实现式(12.4)。

由于社会的发展和技术的进步,随着资源价格的提升,人们会逐渐寻找替代资源(如生物能源替代石油、天然气等)。如何替代呢? 应当在该资源经济开发完时,其价格p_T等于替代资源或产品的生产成本C,即

$$p_T = C \tag{12.5}$$

式(12.5)中的T为该资源进行经济开发的年数。若该资源每年需求量为N_D吨,其总储量为N_T吨,那么,$T = \dfrac{N_T}{N_D}$,到第$T+1$年就必须使用替代资源或产品。若市场利率水平为r,该资源在当期的价格P_0如何决定呢? 根据式(12.4),应当满足:

$$p_0(1+r)^T = p_T = C$$

即

$$p_0 = \dfrac{C}{(1+r)^T} \tag{12.6}$$

因此,不可再生资源的当期市场价格等于替代资源或产品价格的贴现值。

不论是不可再生资源选择不同时期进行供给,还是其替代资源或产品的投入利用,都有市场交易机制的作用,即资源稀缺性反映到资源市场价格上,从而调整市场供求,实现供求双方通过交易提高效用水平或福利水平。

思 考 题

一、名词解释

土地需求多样性　地租与地价　经济剩余　经济租金　可再生资源　不可再生资源

二、简答题

1. 什么是再生资源市场和不可再生资源？对它们进行划分有何意义？
2. 如何看待土地供给曲线，请分析说明。
3. 分析地租与地价之间的关系，为什么会产生级差地租？
4. 经济租金的含义说明了什么？地租与经济租金的区别是什么？
5. 什么是经济剩余？为什么在完全竞争市场均衡时，经济剩余达到了最大化？
6. 什么是稀缺性成本？请举例说明。
7. 在分析自然资源市场价格时，如何体现时间因素的影响？
8. "由于可耗竭性资源是有限的，因此，当这些资源在不久用尽后，人类将难以生存下去。"这种说法合适不合适？为什么？
9. "自然资源的市场价格与其存量成反比关系。"这句话正确吗？为什么？

三、计算题

1. 某城市周边在最近 5 年内可供城市开发利用的土地面积 E 为 50 000 亩，这些土地可以根据需要用于住房、商铺、厂区、道路等等各种行业用途。某行业利用土地可以看作是连续增加的，现在，该市的房地产业要利用这些土地。

(1) 如果该市的土地供给函数可以描述为 $N_S = 100E_2 - 20E + 500$，该市的房地产业对土地需求函数可以描述为 $N_D = 6\,000 - 20E$，那么，该市房地产业利用土地的均衡地价和数量各是多少？

(2) 如果所有利用这些土地的行业用途都由该市房地产业开发，该市的房地产业面对的土地需求函数可以描述为：$N_D = 40\,000 - 10E$，那么，该市房地产业利用土地的均衡地价和数量各是多少？

2. 某国石油短缺，因而要开发石油替代品 G，该国石油储藏可开采量为 400 单位，每年的全国需求量为 50 单位，石油当前价格为每单位 4，石油替代品 G 的开发总成本为 25，开发这种替代品是否可行？

> **扩展阅读**

从资源环境约束看，过去，能源资源和生态环境空间相对较大，可以放开手脚大开发、快发展。现在，环境承载能力已经达到或接近上限，难以承载高消耗、粗放型的发展了。人民群众对清新空气、清澈水质、清洁环境等生态产品的需求越来越迫切，生态环境越来越珍贵。

我们必须顺应人民群众对良好生态环境的期待,推动形成绿色低碳循环发展新方式,并从中创造新的增长点。

——在中央经济工作会议上的讲话(2014年12月9日)

尊重自然、顺应自然、保护自然,促进人与自然和谐共生,是中国式现代化的鲜明特点。近代以来,西方国家的现代化大都经历了对自然资源肆意掠夺和生态环境恶性破坏的阶段,在创造巨大物质财富的同时,往往造成环境污染、资源枯竭等严重问题。我国人均能源资源禀赋严重不足,加快发展面临更多的能源资源和环境约束,这决定了我国不可能走西方现代化的老路。

——《中国式现代化是强国建设、民族复兴的康庄大道》(2023年《求是》第16期)

第十三章 企业家市场

第三章介绍了人们的整体五需要。事实上，只有打开（企业）组织的黑箱，进入（企业）组织这个小社会里，才能真正谈及关于人们整体五需要的满足或实现，特别是关于人们安全、交流、友谊、尊重、职位、自我价值实现等这些社会性需要的满足。企业组织中的企业家，可以类推出消费者个体组织中的大脑，以及国家组织中的政府。

本章共分三节。第一节介绍企业组织的发生机制与组织机制。第二节介绍企业组织的资源配置机制，包括企业家市场、内部劳动市场与内部资本市场机制等。企业以利润最大化为目标，利润从根本上是由企业家创造的。因此，本教材把企业（组织）、企业家、企业家市场、利润放在同一章里，既符合逻辑的展开顺序，又使企业利润因为利润由企业家创造而符合斯密体系的个体理性观。第三节介绍企业组织的双向拓展，向宏观层面拓展到企业集团乃至国家（组织）；向微观层面拓展到生理经济学所研究的消费者个人。

第一节 企业组织

一、打开企业组织黑箱的必要性

马歇尔将经济体系与企业比作森林与树木的关系。罗伯逊（Dennish Roberson）将其比作"装有黄油或牛奶的木桶里凝结的黄油块"，称"市场好比没有观念意识的相互协调的海洋，企业则是这种海洋里形成的有观念和意识并有着自己权利的岛屿"。然而，这些比喻都不是一种渗透到企业组织内部的理论分析。

当然，这并不是说主流经济学把消费者个人（见第三章）和厂商或企业（见第四章）当作黑箱是脱离现实的。事实上，现代经济学的特点是抓住经济现象的"边际"进行分析，比如关注的是边际成本而非平均成本，因此不是把观察问题的注意力集中在企业内部工作的所有员工身上，而是放在企业新雇用的员工或辞去原来工作的员工的身上。因为，在边际点上凝结着准确理解经济现象的动态所必需的有关信息。如果我们用这种思考问题的方法来观察经济现象，对待企业这样的组织时，看问题的着眼点就要放在它的投入与产出上。如此，第三章把消费者个人作为一个效用函数，第四章把企业组织作为一个生产函数来看待，就是合理的。

不过，当企业组织的结构进一步扩大，以至于其内部组织所包括的活动领域逐渐扩大，切断来自市场的压力以使企业组织内部的自律性增大时，那就有必要抛开企业组织与市场的联系,把企业组织内部的资源配置情况作为一个独立的问题来分析。这是因为,关于市场的资源配置效率,查看处于企业组织边际的投入与产出就可知道,但对于组织内部的资源配置效率则需要另作研究。

罗纳德·科斯(Ronald H. Coase,1910—2013)于1937年发表了《企业的性质》一文,揭示并澄清了经济制度结构和函数中交易费用和产权的重要性,打开了企业组织这个传统理论假设成的黑箱,并因此获得了1991年诺贝尔经济学奖。科斯也因此被认为是企业理论或组织理论的开创者,新制度经济学的鼻祖。

受科斯的启发,学者陆续打开了(消费者)个体黑箱、组织黑箱、国家黑箱,分别建立了生理经济学、非营利组织经济学、政府经济学等等。

同样是受科斯的启发,日本学者今井贤一等人发表的《内部组织的经济学》(*Economics of Internal Organization*)是对企业理论的新发展。所谓内部组织,在经济机制中,如果经济组织(企业、研究机构等)存在将其分为内部与外部的边界的话,就是指其内部一侧。假如把经济机制分成企业和市场这两个组织部分,则作为内部组织对立面的市场,就是外部组织。企业的内部组织就是把研究的着眼点放在企业的内部。《内部组织的经济学》具有经济学(包括制度经济学)、社会学、管理学的理论支持,以及劳动经济学领域里内部市场重要作用日益凸显的现实依托。

在企业理论中,之所以重视"内部组织"这一概念,原因就在于这一概念能够为我们提供一个新的分析的着眼点,进而能够把企业的内部与外部统一起来进行研究。企业相当于市场大海里的岛屿,尽管这些岛屿有大小之别,但它们都有自己的领域,都有自己的内部组织。在其组织内部,也进行着劳动与资本的配置,产品的生产和流通。内部组织不是独立存在的。内部组织的运作在很大程度上受市场这个内部组织的外部环境的制约。正因为如此,我们必须有一个把企业的内部组织机构与外部市场环境统一起来进行研究的分析框架。

二、企业组织的发生机制

企业组织的发生机制就是关于企业组织作为个人的集合体而发生的原因,即作为人与人之间劳动合作形态的科层组织存在的原因。

1. 市场与组织都是一种交换机制

社会学的交换理论认为,如果承认人们在进行广义的交换过程中产生组织,那么组织也可以视为是交换机制的辅助机制,那就没有必要把组织和市场分割开来看作两种性质不同的东西。也就是说,在广义的交换机制中,存在着特征略有不同的市场与组织这两个辅助机制。

市场的特征是经济交换,(社会)组织的特征是社会交换,然而经济交换与社会交换之间具有密切的关系。社会交换与经济交换之间的不同点表现在:第一,在经济交易中,对交易双方应尽的义务或做明文规定或有暗中指定,并且存在明确的交换价格;在社会交换中,对交换双方没有规定特定的义务,而且并不存在明确的交换价格。第二,在社会交换中,如何回礼由要回礼的一方确定,并且回礼成为一方的长期性义务,而立即回礼往往被视为是一种失礼行为。第三,在社会交换中,不存在规定强制性义务的相关合同,交换双方应具备很强的相互信赖关系。

社会交换与经济交换的共同点表现在:第一,正如商人在对他人提供经济上的服务时要求对方支付与此相适应的代价一样,在这两种交换中,提供他人某种好意或利益的一方,可以指望某种形式的回礼(至少要有表示感谢之意),也就是参与交换的每一方都有"支付"与接受来自另一方"支付"的关系。第二,这两种交换都具有边际效用递减规律。

对于物品与服务来说,多数情况下,市场只能确定近似的交换价格,市场对价格的调整工作也需要经过长期的运作过程才能完成。结合上述关于经济交换与社会交换的区别与联系可知:经济交换行为在一定程度上也带有社会交换行为的性质。也就是说,市场已经不是将纯粹经济交换制度化了的东西,市场的形成过程中也同时包含了社会交换制度。

现代组织理论的著名学者巴纳德(Barnard)认为:组织是两个人以上的多数人参加的协作机制。没有必要事先认定谁是组织的成员。对某个企业组织来说,构成组织的成员不是诸如从业人员这样固定的。无论是承包企业还是那些不断更换的股东,因为他们也以各种形式参与协作机制,所以也可以把他们视为组织的成员。换言之,组织的边界是不断变化的。

依据巴纳德的观点重新给市场和组织下定义的话,市场与组织的区别就会逐渐消失。市场也是一种协作机制因而它也是组织,只不过它有两种不同的情况:一是加入市场这一组织的成员在不断更换;二是参加市场的成员具有一定的稳定性。

企业作为一种组织,也并不是按照完全不同于市场的行为原理运作的。事实上,企业存在于市场的延续线上,可以被视为是进行社会交换的一种交换机制。因此,可以从另一种角度去理解市场和组织这两个似乎迥然不同的事物,即:市场是一种交换机制,只是它以经济交换为中心,参与者可以自由地进入或退出;组织也是一种交换机制,只是它以社会交换为中心,参与者的进入或退出受到某种限制。可见,市场与组织并非性质根本不同,以市场为中心的企业理论与组织理论这两者的结合是可能的。

同时,本教材认为:组织有宏观(如大到一个国家或地区)与微观(如小到一个企业)之分,以至于市场的经济交换与组织社会交换可谓是"你中有我,我中有你"。布劳(Blau)认为的"社会交换是介于纯粹的商业性计算与表达纯粹的爱之间的中间状况"说明,社会交换是兼具商业交换与人际交往或友爱交流的"连续统"。无论如何,市场的经济交换与组织的社会交换之间具有良性的相辅相成、相互促进作用,即市场的经济交换可使组织的社会交换中的人们常怀感恩之心,组织的社会交换可使市场的经济交换中的人们多作仁爱之为。

2. 市场与组织的选择:交易费用理论

如上所述,市场与组织都是一种交换机制,是实现交易的不同手段。因此,像企业组织这样一个科层组织,如何在市场的海洋中产生,这个问题就是要研究,是通过市场进行交易还是把交易引入组织之中。选择市场或组织的原则,是比较两者的资源配置效率。关于资源配置效率的比较,最终落脚在交易费用上。

(1)交易费用及其影响因素。旧制度学派的康芒斯早把"交易"这一概念作为制度学派的基本概念了。康芒斯重视从经济过程的单位"交换"向作为一种制度的"交易"的转移,并把这种交易分为三种形态,即契约性交易(bargaining transaction)、管理性交易(managerial transaction)和分摊性交易(rationing transaction)。用现代词汇来代替,那就是市场、内部组织和计划。

第十三章 企业家市场

日常生活中,菜肴最终摆到餐桌之前要经过无数道交易程序。市场经济正是通过产业的分化而提高其运作效率。市场分工越细,商品的交易环节就会随之增加,其间要做许许多多的相互联系工作。通过市场完成某些联系工作的,称作市场交易。

然而,上述联系工作也需要通过企业和政府完成。例如,杜邦这样的大型化学公司里,其内部组织处理着各种交易业务,从国外进口石油起直至向消费者销售服装、日常生活品等。公司里,在购买、生产及销售的每个阶段都有它相应的具体业务分工,而且它们相互之间密切联系。在公司内部虽然也有内部转账即商品或服务用价格的形式在企业内转移,但不涉及所有权的转移,不能称之为市场交易。为了将同样完成联系工作的两者区分开来,可以把市场上完成的交易叫作市场交易,在企业组织内部完成的交易称为组织内交易或内部交易。

无论是市场交易还是内部交易,都需要付出一定的成本即交易费用(transaction costs,也译作交易成本)。用科斯的话说就是:"谈判要进行,契约要签订,监督要实行,解决纠纷的安排要设立,等等。这些费用后来被称为交易费用。"值得注意,交易费用并不是指单纯地用货币计算的钱款的具体数额,而是指参加交易时广义上所需"管理资源"的总称。

无论是市场交易还是组织内交易,其交易费用基本上由以下两个因素决定。第一,参加交易的物品或服务的特点,以及进行交易的场所的客观特征。例如,如果参加交易的物品或服务的性质复杂,交易是在讨价还价比较激烈的情况下进行的话,交易费用就高。正因为是一种讨价还价的行为,所以就要在收集信息、确认交易合同的履行、承担风险等方面付出更多的成本。第二,参加交易的主体以及决策者的人格特征。现实生活中,实际参与交易的决策者并非掌握所有信息,并非完全按照合理的原则去行动。而且,多数情况下交易双方都会采取适合自己的、带有战略性的(讨价还价式的)行动。因此,双方的交易行为难免会有机会主义、见风使舵、讨价还价等因素的介入。而这些必然会左右所有的交易状况,进而影响到交易费用。

(2)企业组织的发生与退化。一旦市场的交易费用有上升趋势,企业就会想方设法寻找可以替代的交易手段。也就是说,为了节省市场交易费用,企业要采取相应的措施,把涉及市场交易的经济活动纳入企业的内部组织之中,就是寻求通过组织来替代市场。例如,汽车制造商可能把钢材的生产纳入到本企业内进行,同时也有可能把过去一直从外面购买的某些零部件直接在企业内部进行生产。出于同样的考虑,为了使生产所需要的铁矿石等原料得到稳定的供应,有可能向海外的矿山进行直接投资,以便做到自给自足。企业组织便因为(市场)交易费用过高而发生,即市场这种外部交换机制被企业组织这个内部交换机制所替代。

由组织内交易替代市场交易可以节省交易成本。原因在于,首先,在企业的组织内进行交易,就没有必要通过双方的交涉找到合适的商品交易价格,即使参加交易的物品或服务具有极为复杂的特性,也不会因此给定价带来困难。与此同时,某些少数企业有意阻碍形成市场交易价格的现象也会随之消失。尽管在企业组织内交易中也会有部门间的业务洽谈,并在洽谈中同样会出现讨价还价现象,但这些毕竟是在同一组织内进行的,那些市场交易中常见的商业性信息操作或商业欺骗行为,在这里就会得到很大程度上的抑制。其次,从人的因素方面看,即便是在有限的信息条件下,追求有限的商业合理性这一决策者的特性不会发生变化,但它同商业中的机会主义做法结合起来的可能性并不大。相反,由于各部门的决策者的意向几乎是相同的,因而有可能减少交易中的不确定性因素。

值得注意,企业的内部交易也会产生与市场交易费用类似的交易费用。假如没有把组织内部间的相互协调与连接的工作做好,以致组织本身未能正常运转,那么,把外部交易转化为内部交易,反而会导致交易费用的进一步提高。比如,有些企业把研究与开发新产品的工作转到企业内部中来,雇用研究人员,新设研究开发机构。但由于企业内从事研究与开发新产品工作的技术人员同从事生产与产品销售的人员之间,双方的激励机制和行为模式不尽相同,双方之间的协调与沟通不尽如人意,从而导致整个企业组织的工作效率降低。更重要的是,企业内一旦建立这些机构,它的工作会有一个固定的模式,而且会产生维持与发展这种固定模式的倾向,会拘泥于已经陈旧了的生产方式和技术。企业因此就很难适应外部环境的变化。企业缩小某一部门的生产规模或撤销这些部门,会遇到巨大的阻碍,也会使组织内的交易费用增加。此外,随着企业组织规模的扩大,企业内各部门的官僚主义倾向和狭隘性将进一步加剧,而这一点也会使组织内的交易费用变得昂贵。企业组织便因为(内部)交易费用过高而退化,企业组织这种内部交换机制被外部的市场交换机制所替代。组织内部的交易费用,实际上就是组织的管理成本。

3. 企业组织发生的原动力

交易费用理论是从对市场与组织的选择角度上分析的。从"欲利己先利他"的角度分析,科层组织即企业组织的发生可能最先源于一些外在的力量。这些外在的力量可能是市场的"支配力",也可能是资本的"支配力",也可能是技术的"支配力"。不难想象,企业组织发生的支配力者相应的是具有创新精神,敢于冒险,善于捕捉市场供求"短缺"等市场机会的信息,擅长协调资本、技术、人力等稀缺资源的"市场缔造者"——企业家,提供资金的股东,掌握重要技术的专利所有者,因为专利所有者只要拥有市场价值高的技术产品,便可以轻而易举地找到资本的提供者。

三、企业组织的组织机制

企业组织的组织机制是,建立在互相紧密相连的多层代理关系之上的复合机制。为了便于理解这一界说,先要学习一些基本概念。

1. 概念准备

(1)雇佣关系。所谓雇佣关系,是指决定人们参加某一组织或隶属某一组织。雇佣关系一旦成立,对被雇佣者来说,意味着在一定范围内服从雇佣者根据他所取得的权限发出的指令;对雇佣者来说,意味着在一定范围内有权行使自己的权利。

一旦雇佣关系成立,被雇佣者所提供的劳动量是可变的,也就是说根据需要可以多工作若干小时。不仅如此,被雇佣者的劳动强度也会有所不同。西蒙曾经指出,就其性质而言,市场上的交易和雇佣关系中的交易是有区别的。前者的交易只涉及商品价格和交易量,因而是一种性质单一的交易;后者即雇佣关系中的交易,是在一定范围内进行的、比较有伸缩性的交易。

这样一种雇佣关系的成立,是形成内部组织的出发点。如果雇佣关系和市场上的合同是同一事物，那么，很显然就没有必要特意将内部组织与市场区别开来了。以企业为例，内部组织之所以产生，是因为从作为雇佣者的企业角度看，与其采取市场合同的方式不如采取结成雇佣关系的方式有利，因为结成一定程度上较为长期的雇佣关系可以减少交易费用；从被雇佣者的角度来说，他也希望建立雇佣关系，因为在被雇佣者看来，有了雇佣关系就可给他带来找到生活来源的安全感。

(2)权限。权限和雇佣关系是一个事物的两个侧面，密不可分。"权限"(authority)又译"权威"，是影响内部组织的基本变量。

企业组织中的权限，属于对该企业组织具有战略意义、既重要又稀少的资源所有者。企业刚成立时，作为雇佣者的管理权限，可能属于提供资金的股东，也可能属于掌握重要技术的专利所有者（因为专利所有者只要拥有市场价值高的技术产品，便可以轻而易举地找到资本的提供者，成为掌握实权的雇佣者），也可能属于具有创新精神、敢于冒险、善于捕捉市场供求缺口信息、能够协调并配置资源的企业家。因此，对企业来说，明确什么是本企业的稀缺资源与确定本企业的战略，其含义是一样的。因为正是这种稀缺资源会成为该企业增强竞争力的源泉，从而成为战胜其他企业的主要武器。拥有这种资源的人有权建立该企业的发展战略，有权组织相应的企业内部组织。通俗地讲，那些无论是在现在还是在将来，可能对企业组织做出实质性贡献的人，才能够掌握对企业的管理权，并掌握决定本企业战略和内部组织结构的实质性权限。

(3)信息交换。一旦通过雇佣关系及行使权限的范围确立了企业之后，接着就是在其内部组织中如何行使权限、推动工作进行的问题了。具体讲，接下来的问题就是，在企业组织内如何进行业务分工，如何向下逐级委托权限，或者，就是在实行科层组织条件下如何推动企业运行。

在企业组织内进行业务分工的方式可以有两种形式。一是，根据该企业的行业种类进行业务分工，主要采取按产品种类或按地区进行业务分工。这种分工形式被称为按产品种类分工的事业部组织或按地区分工的事业部组织。二是，按工作的职能，即按生产、销售及财务等的职能进行业务分工。它被称为按不同的职能组成的组织。这两种业务分工是对工作的横向水平分工。实行这种横向水平分工的情况下，通常把基本单位称为"部"，而"部"下面再分割成更小的单位。这种从上而下形成的企业组织是垂直型业务分工，它是和工作内容的垂直型流向相适应的。

市场分工是按照实行专业化以追求更大的利益的原则进行的。企业组织内的业务分工原则是，提高信息交换乃至信息传递的效率。传递信息要求人们为此消耗一定的时间，从而需要花费一定的成本。为了减少时间消耗，有必要在企业组织内设置一个传递信息的连接点，组成各层次的单位组织，从而完成企业内的业务分工。巴纳德将此称作企业组织内的交流，阿罗称之为企业组织内的信息交换。

2.代理理论

从经济学角度阐明代理关系的结构及影响的理论，称作代理理论。

(1)代理关系。从广义上说，信息传递中的业务分工意味着决策过程中的分工。如果用通常的习惯用语表述，在决策过程中的分工不外乎就是把权限委托给另一个人。为了说明这个问题，除了雇用关系等概念以外，我们还有必要引入"代理关系"这一概念。

"代理关系"一词来自罗马法典,是指将一定范围内的行为由他人来执行的委托关系,与通常使用的代理人的含义一样。当一个人同他人签订合同,委托他人去完成自己要做的事情时,这两个人之间就产生代理关系(agency)或委托-代理关系。委托一方叫作委托人(principal),接受委托一方叫作代理人(agent)。在代理关系中,我们所关注的是其中涉及决策权的那一方面,也就是委托方向代理方委托某种权限的代理关系。

从性质上说,雇用关系是承认代理关系的一种关系,也可以把它视为代理关系的一种形态。但是,为了便于说明,最好还是把两者区分开来。

(2)组织机制。雇用关系多数都是一种代理关系。企业组织雇用从业人员,给他以若干决策权限(或者给予自由裁决的余地),同时要求他完成某项工作或发挥某种作用。

企业里,上司和部下的关系也是一种代理关系。只是在这种代理关系中,并不是某上司自己直接雇用部下,也不是上司和部下出于自愿建立上下级关系;他们是根据企业组织的人事政策或人事变动,偶然在特定的两个人之间形成的上下级关系。即便是如此,毫无疑问,上述两个人间的工作关系是代理关系。部下代替上司做某种决策并具体行动,而这些行为从理论上说,就是一种代理人行为。

我们必须从广义上去理解上面所说的决策权限的委托与转移问题。例如,通常情况下,作为企业组织最底层的工人,在完成自己所负担的工作任务时,也有一定程度的自主决定权,如工作与否或速度的快慢,以及专心程度等。在这种情况下,可以认为企业组织已经把广义的决策权限委托给了工人。

如此,企业组织各层次的决策者之间最基本的关系,就是体现在决策权利的委托与转移。那么,企业组织的组织机制就是,建立在互相紧密相连的多层代理关系之上的复合机制。

(3)内部交易关系。我们要进一步弄清组织机制中构成各层代理关系的两者之间交易的"媒介物"。

一般认为,市场交易是根据双方的自由意志,在双方之间平等地进行的。参与交易的任何一方,如果交易条件对自己不利,则有不参加交易的自由,任何一方都没有强迫对方参加交易的权利。形象地比喻的话,A、B两个"交易对象"之间的市场交易是横向或水平交易关系,如图 13.1 所示。

企业内部(组织内部)的资源配置分析是对企业组织交易关系的纵向分析,如图 13.2 所示。在这种情况下,分析问题的基本出发点是,分析用"权限的存在"作为纽带连接起来的两个"交易对象"之间进行的交易关系。

图 13.1　市场平等交易关系　　图 13.2　企业组织内科层组织交易关系

不难想象,企业组织内部除了存在垂直方向权限关系的结构以外,也存在水平方向平等协作关系的结构。而且,不论是垂直方向还是水平方向,都既存在正式的组织也存在非正式的组织。水平方向的正式组织及其成员之间是平等的相互协作的团队,水平方向非正式组织及其相关人员之间是平等的相互帮助。两者都是一种平等的交换或交易。

在一般的理论模型中,代理人进行代理行为以后,就会产生某种获利关系。这种获利关系是通过分配利润或工资的形式得到解决的。那么,在企业的内部组织出现代理关系时,获利究竟是指什么呢?

可以设想一下,假如有一位科长作为他的上司如处长的代理人而行动时,通过执行代理行为而取得的"获利"便以该科的工作成绩的形式显现出来。很显然,有了成绩,作为代理关系一方的科长便分享这个"获利"。而且,在正常薪酬之外还可能拿到奖金,科长也可能是取得将来职务晋升的有利条件,从而满足他整体五需要中的生理的需要和自尊、职位的需要;处长的"收获"也是如此,依此类推。不过,代理人与其上司两者之间的关系并不是一次性交易,而是长期的"多角账"的关系。

前已述及,对被雇用者来说,有了雇用关系就可给他带来生活来源有保障的安全感,满足其整体五需要中的安全的需要;非正式组织及其相关参与者之间是平等的相互帮助关系,能够满足其整体五需要中的交往、友谊的需要。

美国社会学家霍曼斯1961年在其《社会行为:它的基本形式》一书中指出:人们以年龄、教育、训练、经历、年龄、性别和宗教背景等为投入,获得了酬金以及工作中的情感、爱、正规礼节和友谊等报酬。因此,尽管第一章表明,市场得以建立的基本规律就是人们之间的相互帮助、互惠互利,市场既是社会文明的工具也是体验真实人际关系的场所,然而,人们整体五需要的对应物,尤其是五需要中的社会性需要的对应物,更多的是在企业组织内部这个小社会里通过交换获得的。

(4) 代理理论的基本问题。传统理论里,一般假定存在完整的劳动细则(specification),雇用关系被视为劳动与工资的交换关系。代理关系也是以委托方向代理人支付钱款来作为使两者结合在一起的代价。这样一种形式是成立的。从这个意义上说,代理关系中也存在着通常的物与财的交换关系。不仅如此,现代企业理论里,以不存在固定的、机械性的劳动细则为前提,并认为劳动之中留有自由裁决的余地;委托方通过交换得到的不是带有机械性的固定服务,而是给代理人留下了很大的自主裁决的可能性。就是说,从现代企业理论的观点分析,对于委托方来说,通过交换得到的是一种具有不确定性成分的劳动服务。

代理关系中,代理人是作为委托方的代理人,可以做出营业决策并把它付诸实施。但是,这时代理人所采取的决策和行为,未必能完全符合委托方的期望和满足委托方的要求。既然代理人在营业中拥有自主裁决的权限,代理人便理所当然地从自己的利害得失考虑,采取对自己有利的行动。代理人的这种行为被称为代理人的"道德风险"。因此,对代理关系中的委托方来说,最重要的问题是,要想方设法促使代理人按照符合委托方的利益行事。

代理人所采取的行为带来相应的结果,是代理人所采取的行为和所处的市场环境条件这两个因素的综合产物。市场环境中有不确定性因素,因此,要了解代理人的行为,通常情况下需要花费信息成本,此乃监督成本,属于企业组织内的交易费用;建立一种能直接观察代理人行为的监督机制要花费监督成本;而且,先观察市场交易环境的状况,而后由此推断代理人的行为如何,也要花费监督成本。现实生活中,监督成本的数额非同小可,甚至往往要花费巨额成本。因此,对于极为复杂的整个管理活动做很详细的监督,几乎是不可能的。

为了促使代理人按委托方的意思行事,可以采取第二个方案:建立激励机制。詹姆斯·莫利斯(James Mirrlees)和威廉·维克瑞(William Vickrey,1914—1996)在不对称信息条件下的经济激励理论等方面都做出了重大贡献,获得1996年诺贝尔经济学奖;莱昂尼德·赫维奇(Leonid Hurwicz)、罗杰·迈尔森(Roger B. Myerson)和埃里克·马斯金(Eric S. Maskin)这三位经济学家也因为他们为机制设计理论(即不对称信息条件下的激励问题)奠定了基础而共同分享2007年诺贝尔经济学奖。

由于信息不对称,委托方通过向代理方提供这种激励机制,代理人虽然要按照自己的利害关系行事,但这种行为很大一部分将会受为他而设立的激励机制的影响,代理人要做到其交易行为也要满足委托方的期望值。例如,推销员按推销额的百分比来领取的工资就是其中最典型的一例,按本人工作业绩来领取奖金的制度也是运用激励机制的事例。这些各式各样的用金钱支付报酬的薪酬制度都属于激励机制。尽管如此,我们不能把激励机制仅仅局限在用直接支付金钱的薪酬制度上。企业组织内实行的职务晋升制度,会给代理人带来心理上的好处,因而它也是激励机制的一种。事实上,激励是针对人的需要而言的,因此,员工五需要的对应物便是激励机制中的激励物。

正确制定监督机制和激励机制是促使代理人按照代理关系中委托方的要求行事的两个基本问题。利用经济分析的工具去分析,包括如何将这两种机制相互连接起来,并为此建立一套相关的理论,则是目前代理理论所要完成的研究课题。这些理论的基本框架有以下几个要点:代理关系中,由委托方向代理方委托决策和行为;委托方与代理方之间个人利害关系的不一致;所处市场环境的不确定性;对代理人的行为和市场环境状况进行观察的成本等。

第二节 企业组织的资源配置机制

一、企业组织资源配置机制的基本问题

企业组织的资源配置机制实为科层组织的决策机制,也称科层组织的运作机制。赫伯特·西蒙(Herbert A. Simon,1916—2001),对经济组织内的决策程序进行了研究,提出了有关决策程序的基本理论,并因此获得1978年诺贝尔经济学奖。

企业组织的资源配置机制所要分析的有两个问题:

(1)关于决策阶层网络的划分方法。

(2)关于如何发挥经过划分的网络机制的作用。①关于什么人拥有什么样的决策权限的问题,这属于企业组织权限体系的设计问题,也可以说是企业组织的组织结构问题。②关于企业组织的管理机构问题,或者说是企业组织的管理控制问题。

1. 企业组织的组织机构

关于社会学机制的组织行为学,其研究方法大体可以分为两种。一种是深入研究所要分析的对象一直到构成组织的个人,旨在研究怎样把组织目标和个人目标协调一致。这种研究方法称作是对组织的微观分析,重点是对个人在组织中的行为及其动机进行分析。阐

明的是个人如何在一个组织里相互协作、共同劳动的运行机制,是用非正式组织这样一个概念代替了带有科层组织制性质的正式组织的框架。

另一种方法是对组织的宏观分析。研究的重点不是个人,而是组织本身,尤其是组织的结构。组织的宏观分析对象即组织结构,是指组织中的权力分配,分权组织还是集权组织,垂直组织还是水平组织,事业部组织还是职能制组织等,涉及分析科层的数量与组织统治力强弱之间的关系。

2. 企业组织的管理控制

1982年诺贝尔经济学奖得主乔治·斯蒂格勒(George J. Stigler,1911—1991)在工业结构、市场的作用和公共经济法规的作用与影响方面,做出了创造性重大贡献,被誉为信息经济学和管制经济学的创始人。

为了便于分析企业组织的管理控制问题,可以把企业组织的内部机制分成这样四种:计划机制、信息机制、为各科层决策者设立的激励机制、雇用与配置人力资源的选拔机制。其中,选拔机制不仅具有选拔这样一个行为的含义,也具有为选拔而收集信息的含义,就是说,可以把它理解为信息机制的另一种表现形式。尽管如此,为了便于理解,我们仍将按照四种机制进行分类。

企业内部资源配置机制中的计划机制属于康芒斯提出的"分摊性交易"。计划机制就是论证和分析科层内部各种计划的过程,比如通过什么样的途径达到企业组织所制定的管理目标。

关于企业内部资源配置机制中的信息机制,需要注意,人们可能面对两方面的信息不对称。第一个信息不对称是这些决策者所处的外部市场环境(对企业组织来说是局部市场环境)所带来的预测信息的不对称性;第二个信息不对称是企业组织中其他成员对于局部环境及其决策所拥有的交流信息的不对称性,就是说,通过企业组织内的信息机制传出的信息,在一定概率范围内需要修正。

激励机制有着极为重要的意义,因为它不仅对科层组织成员本身完成其担当的工作能起到激励作用,而且也会促进科层组织实现其目标。其中激励物的形态各种各样,可能是金钱上的报酬,也可能是科层组织内由于被提拔而产生的地位提高,等等。但归根结底,从性质上看,它和雇主对被雇用者支付相应的工资没有什么两样。

选拔机制中,通过科层组织进行的人员选拔,主要是围绕人力资源的特点(如能力、态度等)和工作的特点(如难易度)而进行的。

人力资源的选拔一般有两条途径:一是从科层组织外边招募,二是从科层组织内部通过人员重新配置或提拔的形式进行。但是,从科层组织外边招募时,有关招聘的信息明显缺乏。因此,对企业来说,一般更希望同被选聘人签订长期的雇用合同,以给企业在内部进行选聘带来方便。

科层组织内部的选拔工作是一个复杂的人岗匹配过程。选拔机制中,通过人员招聘、岗位应聘、人岗匹配,使人员流动到更符合其才能的岗位之上[①],实际上就是价格机制的体现。

---

① 岗位平调也是因为新岗位更适合被平调者,从而也是一个人岗匹配优化的过程。

事实上,埃尔文·罗斯(Alvin E. Roth)和罗伊德·沙普利(Lloyd S. Shapley)正因为"稳定配置"理论及市场设计实践获得了2012年诺贝尔经济学奖。"稳定配置"如学生须与学校相匹配、人体器官的捐献者必须同需要器官移植的患者相匹配。人岗匹配自然也是如此。

人员选拔时,企业组织先是对各个岗位设定了相应的职、责、权、利这些需求价格,然后通过各种形式对应聘者的绩效进行考评。从被选拔人的角度看,可以理解为,他是用自己的工作业绩向选拔机制提供(供给价格)信息的。除工作业绩外,与工作业绩没有太多直接关系的工龄、资历和学历等,也可算作招聘时的(供给价格)信息。根据对这些信息的不同排列方法,即可编制出各式各样的选拔机制。例如,年薪制度是一种选拔机制,计件工资制度是一种激励机制同时也是一种选拔机制。假如一个应聘者从前拿到的计件工资额度高,就相当于他提供了(包括在供给价格之中)良好的个人素质信号,因为企业组织由此可以预测出此人出色的工作业绩和高超的工作能力。

3. 企业组织里的三种内部交易关系

企业组织存在以下三种内部交易关系与相应的媒介物。

(1)横向交易——企业组织的生产由产品市场后向牵引,把产品市场的需求反向由产品总装工序传递到各组部件工序,以致传递到企业组织的其他各个生产流程或岗位,并最终反向传递到该企业组织外部的要素供给市场,实现了生产要素供给到产品市场需求的转化。在企业组织内部实行"交换":后道工序是前道工序所生产"产品"的顾客,后道工序根据"必要的物料、在必要的时间、仅有必要的数量"的原则,持金钱到前道工序"购买产品";前、后工序产品"交易"实现时,后道工序经检验获得前道工序的合格产品,前道工序在自己的账户中得到了货款和"报酬"。在实现自然资源交易的企业组织内部化的同时,也实现了产品市场交易的企业组织内部化。大型集团企业所属各企业之间的交易看得更为直观。比如,我国中航工业所属各企业是一些主机厂与配套厂,它们都是独立核算的,各自生产的的确就是本企业的产品,从而存在名副其实的产品的企业内部交易。

(2)纵向交易——出于对横向交易组织的需要而产生了企业组织的纵向交易。纵向交易强调,领导就是服务,上司(领导)的决策、命令、服务就是上司(领导)自己的"产品"。上司(领导)的决策、命令得到下级的执行,就获得了报酬与升迁的业绩;下级执行上司的决策、命令,完成了工作任务,也就得到了报酬与升迁的业绩。

(3)综合交易——纵向,企业组织成员之间纵向非正式组织的互助①。横向,正式组织交易是同级成员之间齐心协力、互相帮助,能更好地完成正式组织设定的工作任务并获得相应的"报酬";横向非正式组织式的互助是同级人员私人间的互相帮助,相关人员因此还在企业组织这个小社会里获得了情感、爱、正规礼节和友谊等社会性需要的满足。

二、企业家市场

企业组织是由一伙企业家合伙建立并且共享利益、共担风险的组织。但是,什么样的人才可以称作企业家,企业家与职业经理有什么区别,企业家的报酬是什么,企业家的报酬如

---

① 上述的纵向交易即纵向正式组织交易。纵向非正式组织的互助交易,有如上司与部下关系融洽如同兄弟姐妹们之间的相互支持。

何决定,这些问题,尤其是后三者,目前尚无定论。尽管如此,本教材还是尽力做出一些较为合理的论述。

1. 企业家及其地位

(1) 企业家的含义。"企业家"(entrepreneur)这一术语是由法国古典政治经济学家坎梯隆(Cantillon)引入经济学理论中的,但最早赋予企业家突出重要性的是萨伊(Say)。从字面上说,它的含义是"某项事业的实施者"。该词的译法多种多样,有"商人""冒险家""雇主"。令人联想到一个商业冒险家,一个将资本、知识和劳动等投入要素组合起来建立或管理赢利企业者的形象。科斯在《企业的性质》一文中认为:管理一个企业、在企业内配置资源的人才可以称作企业家。企业家的管理水平如何或企业家的才能如何,对该企业的组织成本有巨大影响。

熊彼特对企业家是从创新的角度进行分析的,这也是当今最广为人接受的。在其经典著作《经济发展理论》和《资本主义、社会主义与民主》两本书中,他认为,经济发展就是创新过程。创新是不断地破坏旧结构,创造新结构。这种"创造性破坏"的过程就是这个社会的本质性事实,是企业赖以生存的事实。这种实现生产手段的新组合就是经济发展的根本现象,各种新组合的实现就是企业,执行实现新组合职能的人就是企业家。有"现代管理学之父"之称的美国管理学者彼得·德鲁克(Peter F. Drucker),从企业管理角度对创新与企业家精神进行了论述。他认为企业管理与创新密不可分,企业的唯一目的就是创造顾客。因此企业只有两个基本功能:市场营销和创新。创新是管理的核心。德鲁克关于创新的概念与熊彼特趋同。他认为,企业创新可分产品创新、社会创新(如分期付款方法)和管理创新,企业家就是勇于承担风险责任寻找创新机会的人。

因此,企业家是组织各种生产要素、承担企业生产经营风险、富有创新精神的企业管理者。企业经理或职业经理人并不等于企业家。企业经理或职业经理人只是将企业经营管理工作当作自己的长期职业、具备一定职业素养和能力、能够掌握企业经营权的人。

企业家与资本家也是不同的。从理论上讲,企业家本身就是资本家,资本家也可以直接成为企业家。在古典企业理论分析中,经常将二者看作是同一的。但是,由于现代企业的发展,社会分工越加细化,企业家常常成为独立群体,以企业家精神为显著特征。虽然资本家也分化为不同职能的资本家,但其本质仍是资本所有者。企业既可以由资本家投入资本而建立起来,也可以通过公募方式向社会发行股票,聚集社会资金从事生产经营活动。本质上讲,资本家是企业资本的提供者。

(2) 企业家的地位。"今天,如同过去对这一社会进程的源头尚不认识的时代一样,企业家的作用不仅是经济体系不断改组的运转工具,而且也是包含社会上层在内的各种要素发生连续变化的传递手段。"熊彼特显然将企业家在社会经济发展中的作用放在了核心位置,因为社会发展的本质是一个创新过程,企业家就是富有创新精神、实现创新的人。从经济学角度讲,企业家的职能或作用主要有以下几点。

1) 企业家为社会提供创新精神。创新是企业家的生命。缺乏创新精神就不是真正的企业家,而只能算一个企业的一般管理者。创新推动了社会经济发展,转换了经济结构。企业家的创新精神为社会经济发展提供了原始动力,是经济充满活力的源泉。正如熊彼特所讲的五种创新方式一样,企业家指挥或承担了每种创新活动,也给社会带来了新的创新文化,推动社会不断进步。

2)企业家是社会资源的有效组织者。企业家为了实现各种创新活动,组织各种生产要素,从而带动市场供求状况变化,进一步推动了社会资源实现最优配置。从这一方面讲,企业家是具有高超管理水平的企业管理者,是社会资源最优配置的引导者。在管理过程中,企业家又是各种有利于资源最优配置的制度或规定的制定者。因此,企业家在一定程度上也是社会规则的创新者。

3)企业家是降低经济不确定性、规避或减少企业风险的人。正是由于人们的有限理性,未来经济活动充满了不确定性,企业生产经营就面临着损失的可能性。企业家是具有远大目标、深邃眼光、无畏胆量的开拓者。企业家能准确把握社会经济发展趋势,为企业发展制定切实可行的战略,为未来发展指明方向。企业家利用自身的创新性工作化解风险,或减少风险损失。这也是企业家完成要素高效配置而始终如一地不懈努力的具体体现。

4)企业家的果敢、善断提高了经济运转效率。企业家是一群具有准确决断能力的人。在纷繁复杂的经济竞争中,对许许多多的信息,人们难以辨别清楚是否有利于企业的长远发展。企业家却能够凭借自身素养、知识、经验,多谋善断,及时准确地决策,牢牢把握时机,为企业最终赚取最大化的利润。这样的决策过程就避免了社会资源的浪费,提高了整个社会市场经济体制的效率。实际上,通过企业家准确及时的决策,避免了社会资源到底是应当通过市场交易完成还是在企业内完成的疑问。

从管理学角度讲,企业家对于企业的决定作用毋庸置疑。他就是企业的灵魂和核心。从经济学角度讲,企业家是富有创新意义的资源优化配置的组织者角色。

2. 企业家的报酬

(1)企业家是风险的承担者。萨伊在其《政治经济学概要》里介绍了与地主、工人,甚至资本家相区别的经济行为人——企业家,他指出:"不是说他必须很有钱,因为他可以靠借来的钱经营。"为了成功,企业家必须有"判断力、坚毅、节俭和专业知识……他需要相当准确地估量某一商品的重要性及其需求的可能数量与生产方法。在一个时间,他必须雇用很多工人;在另一个时间,他必须购买或订购原材料,集中工人,寻找顾客并随时严密注意组织和节约。总而言之,他必须掌握监督与管理的技术。"他必须愿意承担"一定程度的风险",并总是有"失败的可能性"。

奥地利经济学家庞巴维克(Eugen Bohm - Bawerk,1851—1914)是较早分析企业家利润获取与风险之间关系的经济学家。他提出了"等待论"与"风险论",认为:首先,企业家获取利润是其等待的报酬,必须等待其产品加工并销售给客户后才能获得收入。这不同于工人,他们付出一定量的劳动而获得工资或报酬,每月或每半个月就获得支付,不用等到产品被销售出去后才得到支付。其次,企业家必须承担工人不必要承担的风险。

在现代经济学家中,富兰克·H.奈特(Frank H. Knight,1885—1972)是对企业家与风险、利润间的关系进行理论研究中最著名的一位了。奈特对经济学发展和经济分析方法的创新,曾做出过多方面的杰出贡献。他的《风险、不确定性与利润》一书就谈到了企业所有权与经营权的分离问题。对于风险,他认为,在现代企业制度下,企业家通过承担风险获得剩余,而工人通过转嫁风险获得工资。未来是具有不确定性的,"风险"就是可度量的不确定性,风险可以概率估计其可靠性,并以此进行可保风险成本的计算处理。"不确定性"指不可度量的风险,即人们缺乏对事件的基本了解,不知事件的可能结果,因此难以进行预见和定量分析。

德鲁克从管理的角度分析,认为:"虽然企业家需要资本从事经济(和大多数非经济)活动。但他们不是资本家,也不是投资者。他们当然要承担风险,这是任何从事经济活动者都要面临的事情。经济活动的本质是将现在的资源交给未来的期望。这就意味着交给不确定性和风险。"

因此,在一切经济中,企业家面对风险是其固有的特性,是其天经地义的职责。在现代经济中,企业家的创新精神对于企业的生存和发展更加重要。企业家如何正确处理风险,为企业创造或争取更多、更大的获利机会,增加企业利润,这对企业乃至社会经济进步,都起着显著的激励和促进作用。

(2) 企业家利润是其所承担风险的报酬。萨伊在其《政治经济学概要》里指出:企业家总是有"失败的风险",但成功时,"这一类生产者将积累最大数量的财富"。企业家是寻找超过平均机会、承担风险的利润最大化者。

庞巴维克指出:企业家将土地、劳动和资本等生产要素结合起来,为市场生产产品。但这些产品是否有利可图的风险,就必须由企业家承担。市场将如何回报这一附加风险呢?那就是通过利润把产品价值中的一部分补偿给企业家。

奈特指出:企业家就是要利用自己的能力进行决断,通过识别不确定性中蕴含的机会,并将各种资源整合来把握和利用这些机会以获得利润。

熊彼特在其《经济发展理论》中指出:企业家通过推出一种新产品或一种新技术等进行创新。一旦创新出现于市场,企业家就能赚得垄断利润。但最终垄断利润会由于竞争者的争夺而消失。经济就是这样处于由创新造成的循环之中。而一旦创新作用耗尽,经济又趋向利润为零的均衡状态。因此,在熊彼特看来,利润的源泉就是由创新实现的优越的生产率,而变革、创新的代表则是企业家。

综合以上论述,结合第一章里"基于商品价格组成部分的回归",本教材得出结论:利润,即经济利润,是企业家不断创新、承担风险、甘心等待的报酬。

(3) 企业家利润的决定。企业家市场均衡的概念是一个有用的分析工具,但却面临"基本上是分析性的虚构"这样的尴尬局面,因为把企业家市场调整到均衡状态正是企业家自身的任务。[①] 况且,不同于其他投入要素,并不存在企业家(才能)的需求函数(曲线)。

事实上,上述尴尬可以避免。本教材认为:与职业经理市场所属的劳动市场不同,企业家市场是企业内部市场。企业家通过他们高超的辨识能力,寻找市场机会,发挥市场供给与市场需求的纽带作用。商业企业家是生产者与消费者之间直接的联系纽带;生产企业家,或者根据市场需求开发产品、创造市场供给,或者为已开发的产品供给创造市场需求。不过,企业家这种市场供求纽带作用的发挥,都需要企业家雇用土地、资本、劳动等生产要素并将其在企业内部进行科学合理的组织。正如萨伊指出的:企业家"将经济资源从生产力较低的领域转移到生产力更高、收益更多的领域"。科斯也指出:"在企业内配置资源的人才可以称作企业家……企业家是在一个竞争性体制中替代价格机制指挥资源的人或人们"。不过,在

---

① 这种尴尬可能是造成目前教材中一般没有关于企业家市场内容的原因之一。

企业组织内部配置资源，一是通过如上所述的"三种内部交易"（包括垂直交易的企业家市场这个内部市场在内），二是通过内部劳动市场与内部资本市场。员工的岗位流动等等最终的确是由企业家决策并通过颁布命令实施的。但是，主观服从客观，主观是客观的反映。企业家的主观决策、命令不应该是"拍脑袋"，而应该是客观市场规律的反映。企业家拥有阅历，掌握着信息（包括掌握的员工个人素质的信号），站位高远，知人善用，能弥补客观市场信息的不充分，但所做的主观决策应该是员工岗位上职、责、权、利正方形的市场规律的客观反映。也只有这样，企业家的决策、命令才能得到有效执行，部下才能有执行力。更一般地，我们学习科学知识，遵循文化传统，目的都是为了掌握并运用客观规律。

2009年诺贝尔经济学奖得主奥利弗·威廉姆森（Oliver Williamson）指出：市场和公司等科层组织代表着不同的治理结构，行政主管能够有效地协调利益冲突。本教材认为，如果行政主管不遵循利益分配的客观规律与标准，只能是暂时在表面上掩盖利益冲突。如果无视经济生活中的自然规律，任何政治（组织）都难以建立起来。

企业家位于企业垂直交易的组织机制的最顶端。企业家充分发挥自己的卓越才能，实现企业组织内部各种资源的最优配置，促进企业组织内部的水平交易、综合交易的顺利实现，通过垂直的逐级内部交易，在劳动者、资本家、自然资源所有者获得报酬之后，企业家最终获得自己的报酬——利润或经济利润。

三、内部劳动市场

企业家在企业组织内部进行的资源配置，最重要的是人力资源和资本的配置。归根结底，是关于人与钱的配置问题，就是关于企业组织的内部劳动市场与内部资本市场的问题。此处先介绍关于人力资源配置的内部劳动市场。

第十章讲的劳动市场是外部劳动市场。前面谈及的信息交换及其效率是关于企业组织内的业务分工，实际上就是关于为什么会产生内部劳动市场的问题，是关于人力资源的组织内交易或内部交易。这里，将着重从企业组织里员工经验与技能积累的角度，对内部劳动市场进行分析。

1. 内部劳动市场理论的必要性

即便是人们完全按照经济原理行事，也就是即使丝毫没有把公司的利益放在第一位，分析结果也将表明，任何一个内部劳动市场均有如下特征：终身雇用制、年薪制，以及以企业组织为单位成立的工会。

（1）终身雇用制与年薪制是企业组织内部劳动市场的共同特点。既然是市场，它本来就是确定参加交易的商品的分配及其价格的场所。因此，内部劳动市场就是指在企业内部进行劳动力分配并决定工资额的机构。也就是说，各企业自己决定本企业的工资水平，并且由于转到其他企业多数是得不偿失的，因此很少有企业间的劳动力转移。劳动技能主要是在企业内形成的。刚到企业参加工作时，任何一个员工在技能方面的经验都是很肤浅的。到企业后随着工龄的增加技能水准也会逐渐提高，所从事的工作内容也由低层次转到技术难度较大的高层次，工资也随之提高。在这种情况下，建立长期的雇用关系对劳资双方都是有利的。因为，假如人们中途转到其他企业，则什么事都要从头开始，或者是从较为低级的工作开始。再从企业的角度看，假如劳动合同是短期的，那么，因为企业之间多多少少都有员工技能上的差别,就很难立即从其他企业调来具备相应技能的工人,因而新员工上任后不得不花费时间去培训他们。建立长期的雇用关系既然对劳资双方都有利,任何一个国家的企业里的雇用关系,就都带有类似终身雇用的性质。同理,在同一个企业里工作的时间越长,工资也就越高,从而,不管是哪个国家的企业,其工资制度或者岗位津贴制度,都将带有年薪制度的色彩。

可见,只要有内部劳动市场,终身雇用制或年薪制等劳务制度实际上是普遍存在的。这既是所有发达国家普遍存在的内部劳动市场的共同特点,也是企业内部劳动市场论的第一个理由。

(2)技能与报酬随着经验积累而提高乃市场机制的体现。企业内部劳动市场论的第二个理由是,随着经验的增加,人们所掌握的技能水平就会不断得到提高。进行某项工作或某种生产活动的过程,同时是为完成这些工作或生产活动所必需的技能的提高过程,工作或进行生产活动的过程就是培训的过程,即"在职培训"(on the job training,OJT)。我们知道,任何一种培训都要花费成本。实施 OJT 制度的成本表现为由于不熟练而带来的工作能力即劳动生产率的降低。如果要降低成本,在事前做一些培训即可,通过 OJT 也可以做这种事前培训。假如从事某项工作,不仅是对这项工作的一种培训过程,同时也是对下一阶段工作的培训过程,那么对下一阶段工作的 OJT 的成本就会减少。依此类推,一连串的、相互密切关联的一整套工作或生产活动,就会形成一个从业人员职务晋升的有效途径。我们可把这种晋升途径称为"阅历"(career)。阅历一旦形成,在企业与企业之间多多少少会出现一种特殊性或企业间差异。但是,尽管企业间存在着这种差异,只要是按技能的高低来支付工资,对从业人员尤其是长期在同一企业工作的从业人员来说,继续在本企业工作就有利了。从业人员要转到其他企业工作,除工资报酬外,也会有其他一些问题值得考虑,如在现企业的友情、地位,有可能要搬家,他同未来企业上司的关系是否会协调,新工作难易度如何,等等。因此,在这种情况下,即便本企业的工资低一些,他们还是会愿意在本企业继续工作。只要把人的技能随着经验积累而提高这样一个最起码的常识作为前提,就可以引出内部劳动市场论的诸多原理。

(3)工会促进了劳动市场完全竞争模型的现实性。既然工作分配及劳动报酬等重要事项均在本企业内进行,也就是职务晋级及调动工作乃至解雇,以及确定每个员工的工资等,所有对员工本人极为重要、有切身利益的事情都在本企业内解决,那么,在本企业内部就有必要建立一个相应的组织,以便同厂方进行交涉,维护员工利益。这个组织就是企业工会。

在一般的经济学教科书里,都会提到完全竞争模型。在完全竞争的世界里,工人如果发现有的企业的工资水平比现在企业的高,他就会转到那些企业工作。这方面的信息容易拿到手,因而工人换个企业没有任何障碍。因此,完全竞争模型并非脱离了现实,甚至它在很大程度上如实地反映了现实。19 世纪中叶全盛时期工会会员的状况,恰恰符合标准教科书所阐述的内容。当时,至少在工会组织比率较高的大工业国家里,除了按企业成立工会组织,还会按地区并最终形成全国性的工会组织,按区域、工种形成了相应的工资市场价。如果目前得到的工资水平比市场价低,工人就会离开本企业到其他企业谋职。正是工会给工会会员提供就业信息和工资信息,起到了职业介绍所的作用,对劳动市场的不确定风险做了补充,从而促进了劳动力的转移,经济模型也由此靠近了完全竞争模型。

虽然如此，企业家的作用仍然不可替代，因为：企业家代表的创新，在产品市场上面临着决策的不确定性和需要等待回报的风险；在企业组织内部，代理人拥有自主决定权即存在着道德风险而需要激励与监督；企业内部各部门、各个人之间的利益冲突需要协调。当然，其中的创新、决策、激励、监督、协调仍然是以客观规律为指导原则的。

2. 发现企业组织内部劳动市场的历史

马克斯·韦伯夫妇在其1887年出版的《论产业民主制》中最早提出了内部劳动市场问题。书中，他们几乎是第一次着重阐述了19世纪后半期的工会组织即职业工会及其所发挥的功能以及它对经济所产生的影响，并且对工会在整个国民经济中起了哪些积极的和消极的作用的问题做了详细的分析和探讨。他们发现：支撑职业工会最重要的因素，是徒工制的实施，产生了类似万能工的手工业熟练工人。后来出现了各种半自动机器和新的掌握技术的渠道，任何工人都可以使用容易操作的半自动机器并提高自身的技术水平，以便逐步掌握技术难度较大的旋床操作技术。结果，在工人面前出现了不经过徒工制的培养也可以掌握高水平的技术成为熟练工人的新途径。它意味着工人劳动经验的积累成为一种技能，它同时也意味着通过OJT，逐步形成了内部劳动市场。

美国的克尔（Clark Kerr）把韦伯的理论向前推进了一步。克尔在20世纪50年代的一篇论文中创造性地使用了两个引人注目的词汇，一个是"进口港"（port of entry），另一个是劳动市场的"巴尔干半岛化"（balkanization of labor markets）。在现代大企业中，工作的种类多达数百种乃至数千种，既有工资高的工作，也有权限大的工作。这些工作很少是直接从企业外部雇人去做的。企业通常雇人的做法是，先从外部招募工资低、不太需要熟练技术的工人。他们到企业以后，逐渐积累经验，随着技术的提高，在本企业内逐步转到工资高、权限大的工作岗位。克尔把这种雇用工人的窗口叫作"进口港"。他就是用这种方法表述了在各企业内已经形成内部劳动市场。所谓的"巴尔干半岛化"是指众多小国家林立的状态。拿劳动市场来说，它是指尽管工种是一样的，但它们的劳动市场却是按各个企业分别形成的状态。例如，同样一个旋工，但工作却有多种，既有低工资的也有高工资的，而且企业不同，具体的工作内容也不一样。

哈佛大学的丹罗普（John T. Dunlop）创造出有关内部劳动市场的流行词汇，即所谓的"岗位群"（job cluster）。他认为：现代大企业里，一个个岗位并不是独立的，而是由互为密切的各种岗位聚合成一个岗位群。工作的每一项也都是彼此相互有关联的。工人的职务晋升就是连接它们的中间媒介。

多林杰和皮奥列早在20世纪50年代就开始使用"内部劳动市场"这一概念。他们在仔细调查美国大约70家企业的基础上发现，劳动力价格即工资的决定和劳动力的安排及配置，主要是在本企业内进行的。他们将之称为内部劳动市场，并提出了内部劳动市场形成的三个前提条件：施行OJT制度；要具备带有企业特点的特殊技能[①]；要有任职优先权，即根据企业的惯用做法，对工会的蓝领工人实行按工龄长短向更高的职务晋升的制度，解雇时则按与此相反的顺序先解雇在该企业工作时间短的工人。书中又指出，企业里的工作大体上

---

① 即企业的不同工人所掌握的技能的多少有些区别。

以团体为单位进行,而长期在同一个团体里工作,会增强彼此间的信任、协作、互助,所以就能提高工作效率。

3. 被"内部化"的阅历

内部劳动市场论还必须从分析员工技能的性质说起。

市场的结构及广度在很大程度上也都受所交易商品的性质的影响。劳动市场也是一样的。首先在那里进行交易的商品是劳动力,也就是劳动的能力,而其特点即能力的大小则根据他的技能水平的高低而定。其次,内部劳动市场把市场的作用引入自己的内部,以至于那些最基本的技能,也都是在这里形成的。在古典式教科书里所说的劳动市场里,也就是在外部劳动市场中,工人是在企业外部的某处经过培训掌握技术的。他们或是在培训站、学校,或成为他人的徒弟,在掌握技术以后,作为一个技术工人进入市场。因此,在教科书模型中,只要把技能作为前提条件来假定就可以了。但在内部劳动市场里,就连一个工人到底掌握什么样的技能这样的事情都是通过市场的作用完成的。这里所谓的市场作用是指,确定每个人的劳动力价格即工资以及进行人员安排和工作分配。在内部劳动市场里,实行 OJT 制度便是培养技能的重要方法。也就是说,在内部劳动市场里,你做什么样的工作就意味着你有什么样的熟练技术。换言之,工人所掌握的最基本的熟练技术都是在内部劳动市场里逐步形成的。

员工技能的第一个性质是具有企业特殊性。我们知道,OJT 是一边工作一边掌握技术的制度。但这不是说不需要花费成本。工作不熟练时的低效率和不合格产品增加都会产生成本。为了降低这种成本,就有必要连续承担彼此关联密切、性质比较接近的工作,从而取得相应的经验。譬如,有一个掌管进货价格的处长职位,如果想立即安排一个人就任这一处长职务,那么势必要做一番认真的培训工作。如果在此之前,给他安排为管理进货价格的副处长或科长的工作,那么,做副处长或科长的工作,不仅成为对副处长或科长职务进行 OJT 的过程,而且它还可以成为对处长职务的培训过程。因为这些职务是同一个处室内,互相有密切联系的职务。这样,一个人通过依次连续承担互相有密切关联的一套工作,并得到逐级的职务晋升。为了减少培养承担高级职务的人而产生的 OJT 成本,在企业内就会形成一个很长的阅历培养过程。

技能的第二个性质是具有形成过程的长期性。如上所述,为了降低 OJT 的成本,在需要高水平的技能时,办法就是增加阅历。对工人来说,自己一旦进入升迁跑道,在本企业工作的时间越长就越有利于自身的升迁。假如工人认为有可能继续工作下去,那么,在那里工作的人对本企业盛衰的关心度就会提高。企业有了发展,自己的职务晋升也会加快,能更快地担任高级职务,从而掌握更高的技能。在内部劳动市场里,工人即便转到其他企业工作,会失去将来掌握更高技能也就是就任更高职务的可能性。转到其他企业工作既然会蒙受如此大的损失,为防止这种情况发生,工人对企业管理,对本企业的盛衰就不能不寄予很大的关注了。对工人来说,关心企业的盛衰并不是企业本身有多么重要,而是因为它涉及自身的雇用关系和他所掌握的技能能否有效得到发挥的问题。照此,我们就不难在企业内提取出一个资深劳动力形态出来。据此,我们不仅可以画出工资的所谓工龄曲线,而且也可以找到采取长期雇用制的必然性。反过来讲,就是我们能够从中得到内部劳动市场的形成条件,尤其是得到劳动力深层内部化的形成条件的启示。同时,重要的是,是否具备了劳动力的买主和卖主双方便于做长期打算并行动的各项条件。

4.企业组织内部劳动市场的实证

如果用工人阅历的广度和深度测定劳动市场的内部化程度,可能分为以下三种:①深度比较浅的内部化。西欧各国大企业的男性蓝领工人大体属于这一类型。在这些企业里,作为惯例一直严格遵守着内部晋升和内部优先的制度。②深浅度一般的内部化。美国大型企业中多数男性蓝领工人就属于这种类型。按百分比计算,长期工作的工人在工人总数中所占的比重比日本还要大。③内部化程度很深的企业。日本大型企业的工人属于这种类型,所有发达国家的白领男性员工均属于这种类型。

调查发现,尽管有程度上的差别,但在西欧、美国和日本的企业里,劳动市场的内部化是一个共同的现象。不管程度如何,只要存在劳动市场的内部化,那么,对在这些企业里工作的人来说,最具有切身利益的重要事项,就是解雇、晋升问题,是工作调动、工资问题。由于以上这些问题是在各自不同的企业和工厂里分别发生的,所以,它必须在本企业和工厂的内部劳动市场里得到解决。

高度的劳动市场内部化对工人的劳动积极性会产生什么样的影响呢?最能衡量工人劳动积极性的标志,是工人有没有积极动脑筋改进生产的方式和方法。工人在满足自我价值实现需要的同时,也为企业组织的发展做出了贡献。

四、内部资本市场

1.资本交易的内部化

第十一章讲的资本市场是外部资本市场。此处介绍的是内部资本市场。从信息和市场环境的不确定性,引发了资金和商品市场交易的内部化。

劳动服务内部组织化的基本原因,简而言之,就是因为劳动服务的交易是极为复杂且有很多不确定因素的交易。对这种服务的购买者一方来说,工人的素质、能力及积极性是个未知数,有很多不确定因素。而且,购买者一方所要求的服务的种类又极为复杂而多样化。劳动交易内部化的基本逻辑关系是这样的:如果通过劳动市场上的个别交易,来解决如此复杂而有很多不确定性因素的商品(即服务)的交易问题,其交易成本就会过高,便会出现作为协作体的企业组织。

资本则不同,在市场上所提供的作为商品的资本的特性,和劳动服务相比是非常单纯的。比如,100万元的货币本身,不管这笔钱是由谁提供,它都可以发挥作为100万元的货币功能。关于这一点,在进行交易之前,参加交易的交易双方都明白。在这一点上,它和一般的产品不同,其性能和品质等并没有微妙而复杂的差别。尽管在向资本的供应一方采取什么样的形式支付相应的报酬,以及返还这些资金的条件等问题上会有许多差别,但是,资本作为特殊商品的特性是不会改变的。它是均一的,这是资本的特点。尽管如此,实际上还是产生了资本交易的内部化过程。除了企业的内部组织以外,如果把带有中间机构性质的组织也包括进去的话,那么,资本的内部交易所占的比重就相当大了。因为我们从各式各样的金融市场中可以看到,由于和其他商品的交易相比,资本的市场交易难度要小。因此,它的市场交易占很大的比重就是理所当然的了。

资本交易的内部化具体表现为：由企业所有者进行的资本筹集，用企业的内部备用金进行新的投资等。关于后者，如果在企业的外部，也就是通过市场也可以筹集到用于新投资的资金的话，那么，企业往往同时利用内部金融和市场金融。此类投资，由于资金的分配并不是直接通过资本市场进行的，因此这种资金分配也可以视为内部资本市场中的分配。就日本而言，通过企业内部金融所筹集的企业设备资金，一般约占总额的90%。

2. 内部组织的形成模式

可以假设，在资本交易中，资本的供应者为资本家，资本的需求者为企业家。它表明资本家和企业家双方签订了一项交易合同，内容包括在特定的前提条件下，由资本家向企业家提供一笔资本，并从企业家那里得到相应的报酬。提供资本的条件（如返还条件）和支付报酬的方式（如采取借款形式时则为支付一定的利息）尽管会有各种各样形式，但有一点是共同的，也就是说无论采取什么样形式资本的市场交易，都是按不同的资金需求，分项目一笔一笔地进行交易的。

形成内部组织意味着，在一般情况下，资本家和企业家之间形成一种超越市场交易、比较长期的合作关系，也意味着资本家和企业家相互承诺要在共同的意愿的基础上开展活动。

资本交易的内部化中，首先是由企业所有者直接提供全部资金的做法，资本家和企业家是同一个人的特殊情形；其次，由银行向企业提供资本并向该企业派遣金融监管；最后，企业通过用自己的内部备用金解决大部分资金需求的做法，也同样可以视为是资本交易内部化的一个形成过程。实际上，很少会有企业所有者单独拿出所需全部资金的情况，由金融机构百分之百完全控制企业管理的情况也绝无仅有。大多数企业的资本交易一般混合使用以上两种交易形式。

在资本交易中形成内部组织的另一种模式，与其说是内部组织的形成模式，不如说是资本交易的中间组织模式。资本的交易在资本家和两个人以上企业的企业家之间，采取直接交易的方式分别进行。大型制造业企业向下面的承包企业提供企业间金融信用并产生中间性组织，就是属于这一类型。汽车制造企业向中间销售公司（譬如特约店）提供金融的方式，也属于这种类型。很显然，这种交易并不是纯粹意义上的资本交易，因为和汽车这样一个具体的商品的交易配合进行。但是，我们又不能否认其中也带有资本交易的因素。

3. 企业家的资本交易内部化动机

现代企业中的管理权和所有权已被分离。基于此，我们可以认为企业内部备用金的实际使用权掌握在企业家手里。

当企业家从资本家那里引进外部资金，进行营业活动时，可以认定在资本家和企业家之间成立一种代理关系。在这种情况下，企业家则按约定对引进资金的使用拥有决策权，并根据这一决策权进行营业活动。对委托这种权限的委托方来说，他所关心的是，由他提供的资金能否如数得到确保（包括返还）的问题，以及能否得到相应的报酬等问题。

每当企业家根据资金需要通过市场交易引进外商资金时，他都要签订代理关系。签订代理关系，对资本家而言，当然要承担各种各样的风险。这种风险包括不能如数收回资金，以及作为提供资金的报酬究竟能得到多大程度的回报等问题。为使资本家冒着这些风险仍能提供所需资金，企业家就要付出各式各样的代价。这个代价是，企业家为了使资本家答应建立代理关系而付出的,可以把它叫作代理成本。通过对这些代理成本的大小和引进外部资金所能带来的各种收益(例如,资金的有效程度及计算利息损失而得到的税金优惠程度等)进行权衡和比较,判断内部金融和外部金融各自的相对优势和利弊得失,以便正确地确定内部金融和外部金融混合使用的合理比例。

显然企业家动用内部资金不需要花费代理成本,而且它不受因为建立代理关系而给企业家带来的种种限制。因此,对企业家而言,实行资本交易内部化的动机无疑是经常存在的。

第三节 企业组织的拓展

受科斯的启发,经济学家随后进一步研究了企业组织的拓展。本节主要介绍企业组织的双向拓展:向宏观层面拓展到企业集团、准政府、政府;向微观层面拓展到消费者个人。

一、企业组织的宏观层面拓展

1. 企业组织的扩大方式

企业组织的发展方向分为横向的、垂直的和多角的三个方向。

企业组织向横向扩展,意味着在一个市场里,企业与企业间进行竞争和垄断。当一个企业在市场里建立工厂,并在管理工厂中获得成功时,就等于这家企业已经掌握了继续建立第二、第三个工厂的相关技能,因而与尚未参加市场潜在竞争者相比,在信息方面占有明显的优势。在这种形势下,假如市场上的竞争企业对它并不构成大的压力,这家企业就会产生向水平方向继续扩张势力、扩大市场份额的强烈愿望。当然,随着企业向水平方向扩张,达到一定程度后,通过内部组织进行的资源配置就很难比市场有更高的效率。

企业扩张的第二个方向是企业的垂直兼并。为了向原材料生产的方向扩展而实行企业兼并时,从技术上看,大体有以下几个原因:在生产的各个环节里适当调整成本;不间断地按计划供应原材料以保证生产的稳定性;可以消除过剩的生产能力;能消减中间的库存量,以及消除或节减中间运输费等。其实,企业实行垂直型兼并不只是由于技术上的原因。如果仅从生产过程的技术上考虑,通常情况下,除了特定的由于兼并而带来更多经济效益的产业外,企业一般采取从市场上采购所需原材料的方法。这是因为,企业兼并后用于原材料生产的成本,多半会成为企业的固定成本。如果从市场上购买原材料,这些成本即成为可变量,根据原材料的供需状况可以随时自由调节采购量。也就是说,假如市场交易的成本小,那么通过市场机构进行交易就十分方便,与其直接参与原材料生产与销售,不如在需要时随时到市场采购更为方便。

当然,在为数不少的制造业部门中,尽管在程度上有所差别,多数企业都实行某种形式的垂直兼并。究其原因,除生产工程中的技术原因外,由于通过市场进行交易有一定的难度,而代之以内部组织效率更高。例如,在产品的制造流程中,位于上游的原材料生产者向位于下游的产品制造业者,按后者对质量和大小规格的具体要求提供原材料时,在多数情况下,供需双方就会成为这种被固定化的原材料的唯一供应者和唯一需求者,它们的关系也会成为彼此垄断的关系。也就是说,尽管在最初阶段里要投标的企业很多,但一旦有个企业中标而双方长期地进行交易的话,那么,从中就会产生取得技术信息和专业知识的有利条件,往往使其他潜在的竞争企业很难打进去。换句话说,在当代具备高度技术和信息的市场里,尽管初期会有企业间竞争的一面,但在多数情况下,没过多久就会变成一种垄断状态。众所周知,交易的双方互为垄断的情况下,双方在交易中的利益分配及进行交易的条件,是根据双方的力量对比来决定的。因此,双方会展开复杂的战略较量,致使交易得不到稳定,市场交易成本也随之会显著提高。而且,即便导致市场不稳定的因素并不突出,但由于掌握信息并不均等,因而多数情况下很难签订针对不确定因素采取对应措施的相关交易合同。在这种情况下,企业就要通过兼并解决交易上的难题。

企业向多角方向扩展的一个原因是,企业所积累的管理资源在企业的成长过程中不是消耗殆尽而是留下部分备用资源来谋取利润的潜在机会。在这种情况下,企业有两种做法可供选择:一是横向扩展,利用备用资源建立另一个公司(系列公司或子公司);二是垂直兼并扩大内部组织。企业向多角方向扩展的另一个原因是要扩大内部资本市场。企业通过多角化扩展,扩大投资对象,增加投资种类,因而,这些投资对象间的资金分配无须经过市场,而是通过企业内部的决策自由支配。当投资市场环境发生激烈的变化,不确定因素突出,因而有必要迅速地采取相应对策时,或在资本市场中无法确切地评估风险程度的项目增多时,上面所说的内部资本市场所起的作用将会更为突出。

2. 企业集团

随着企业的发展,其组织形式并不完全只有市场和内部组织这两个形式。可以采取中间性组织,实行企业与企业间的协调、配合、业务合作、组成系列及集团化等松散的企业关系。它们介于企业的内部组织与市场的中间位置,既可作为企业的内部组织亦可作为企业的外部组织的所谓中间组织。

水平方向的企业集团如卡特尔,这是生产同一种产品的、彼此有竞争关系的企业,暂时停止竞争而在产品产量及价格等方面签订协定的组织形式。只是卡特尔这一组织形式介于市场和组织之间,很难发挥其中任何一个机构的优点,以致参加卡特尔的企业或产业本身的实力会被削弱,只剩下垄断的弊病,理所当然地成了被禁止的对象。

垂直方向的企业集团里,企业之间具有彼此协调的关系。在流通过程的一体化中,制造厂商和流通业者的关系并不是相互竞争的关系,而是彼此协调的关系。从生产到流通的纵向联系即垂直型的经济关系中有它的优点,这个优点就是在交换技术和信息的过程中,可以加强企业与企业间的联系,而且,在彼此沟通与协作的情况下,制造厂商或流通业者中有一方企业就会处于主动地位。当处于主动地位的企业进行流通革新时,对于其他与此有关联的企业来讲,与之相呼应采取同样的步骤就有利。于是,由此自然而然地产生一种权限,有了产生高效率的中间组织的可能性。当然,由此形成的某一方企业的领导地位也有可能成为控制和支配另一方企业的手段,从而产生商品交易的固定的模型,也会产生弊病,阻碍其他企业参加流通一体化。

3. 政府与企业之间的中间组织

美国卡耐基(Carnegie)财团组织的一次讨论会上,用相应的术语表述了以下的介于政府与企业之间的中间组织:G 表示政府,QC(Quasi-Government)表示公社(或国有企业)、公团(为了经营公共事业而设置的特殊法人之一)、公库(为了公共目的,向中小企业等进行融资的政府金融机构)等准政府,NG 表示非政府组织即民间团体。

除此之外,还有其他根据政府的指令或同政府签订的合同,从事公共事业的民间事业团体,被称为准民间机构(Quasi‐Non‐Government,QNG)。这就意味着采取二分法把组织分成 G(政府)和 NG(民间)时,在它们中间产生介于两个组织之间的中间组织:一个是靠近政府的 QG(准政府),另一个是靠近民间的 QNG(准民间)。

二、企业组织的微观层面拓展

第三章里,主流经济学把消费者个人假设为黑箱,以幸福、效用为始点,建立了适用于所有人的效用函数,并最终推导出适用于所有人的商品需求曲线。

受科斯打开企业组织黑箱的启发,依据诺贝尔奖获得者罗伯特·福格尔(Robert Fogel)在其 1993 年获奖典礼上提出的"在长期经济增长和物理学与生理学原理之间可能存在着某种联系"的观点,帕克(Philip M. Parker) 2000 年出版了《生理经济学》(Physioeconomics),打开了消费者个人黑箱,把企业组织向微观层面拓展到消费者个人。他在书中指出:生理学模型表明,个人效用随着国家或文化的不同而不同;人是恒温动物(homeotherms),热力学定律可能支持作为经济学基础之一的效用和消费,据此可建立自平衡的效用函数;自平衡效用函数隐含着弯折形状的总量消费函数,而这种消费函数依国家不同而不同,从而可以解释不同的国家为什么会有不同的长期经济增长趋势和不同的经济行为,并为长期经济增长奠定了个人主义基础。

生理经济学主要包括效用物理学、效用生理学、内稳偏好与内稳消费。效用物理学和效用生理学主要为内稳效用概念的建立提供坚实的物理学和生理学理论支持;内稳偏好主要解释,为什么物理学和生理学定律表明的效用函数形式不同于传统微观经济学中所描绘的形式;内稳消费主要描述,内稳效用函数意味着弯折形状的消费函数,而且这种消费函数随着国家的不同而不同,结果,无论从理论上讲还是通过实证分析都表明,经济增长与地域相关,即使是相邻的国家或地区,其经济增长效果也会相当的不同。

1. 效用物理学

经过相当长时间的研究,生理学家已经发现了基本的物理学原理在解释人们生理行为方面的重要地位。效用物理学(utility physics)就是要论述物理学、生理学与经济学的联系,以普适的物理学原理为桥梁将相关的自然科学原理融入经济学之中。在介绍物理学基本概念的基础上,分析了能量守恒定律(尤其是热转换)是如何影响地球上的所有生命的,并重点描述了能量守恒定律对于人类影响的数学模型。

(1)物理学定律的普适性。物理学成为最普遍科学的原因是,它有一些绝对可靠的公理支撑,而正是这些公理能够把物理学定律与经济学联系起来。既然是公理,就无须再证明,因为它们早已被实验多次重复地证明过了,并且无法用任何经验观测数据来反证。在大量的物理学定律中,久经考验的是守恒定律。牛顿提出了动量和角动量守恒定律;法国化学家拉瓦锡(Antoine Lavoisier)提出了物质不灭定律;18 世纪后期和 19 世纪,整个科学运动发现的所有物理学原理中最为重大的是(热力学)能量守恒定律。

经济学的发展与物理学的发展可以说是形影不离的。物理学以三种途径为经济学提供了科学思想。首先,物理学定律对所有学科的所有可能情况限定了范围,从而扫清了人们解释任何能够观察到的现象的许多障碍。其次,物理学定律有经济学上的诉求。经济学中,"天下没有免费的午餐"就是热力学第二定律的推论;"绝对的收支平衡是不可能实现的",对应着"永动机是根本不存在的"。再次,物理学定律表明,在任何分析层面上,无论是亚原子过程、人类的体力劳动、太阳系的运动、宇宙结构等等,没有任何经验观察与这些定律有冲突。而且已经发现,物理学定律在许多学术研究领域里都有着直接的应用,比如天文、农业、工程、医疗领域等等。经济学原理也必然没有表现出与物理学定律的冲突。

(2)热力学定律。此处研究的系统包括人及太阳系环境。因为只有把我们研究的系统定义为包括太阳、月亮,以及宇宙里的其他事物,才符合我们人类目前所处的境况。

1)能量守恒定律即热力学第一定律。适用于对人类进行行为分析的物理定律中,最为直接的是热力学定律。热力学第一定律,即能量守恒定律,表明在一个封闭系统中,能量可以转换,但既不可能创造也不可能消灭。因此有:

$$\Delta U = \Delta W + \Delta Q \tag{13.1}$$

其中,ΔU 是系统内能的变化,ΔW 是系统所做的功,ΔQ 是系统增加的热量。系统内能是系统中原子和分子所具有的全部形式的能量的总和,包括它们的化学能、机械能、电能、热能、光能和核能。热量可以理解为能量的转换。

2)熵与热力学第二定律。物理系统中的熵与相应于宏观态中微观态的数量的对数成比例。热量是熵 S 和绝对温度 T 的函数。熵被定义为以固定进入系统温度里的热量,即有:

$$\Delta S = \frac{\Delta Q}{T} \tag{13.2}$$

与第一定律相关,热力学第二定律可以表述为:热量总是从温度高的物体向温度低的物体传播,并且逆过程是不可能的;任何热力机器都不可能把自己的热量全部转化为有用功;系统的熵会增加,或者最多保持不变;在一个孤立的不可逆过程中,总有一些热量会以废物排出(从而熵增加)(正如凯恩斯所说的"长期内我们都死了")。

3)热力学第零定律和热力学第三定律。热力学第零定律表明,如果两个物体与第三个物体处于热平衡之中,那么这两个物体也相互处于热平衡之中。当表征系统的所有变量在整个系统中相同时,热平衡就会存在。这个概念可以更为准确地定义为"温度";当两个物体相互处于热平衡之中,它们就具有相同的温度。

热力学第三定律表明:绝对零度是不可能达到的。

(3)人体能量守恒。热力学定律适用于所有有生命的和无生命的事物。此处只限于讨论在人体上的应用。

把能量守恒定律应用于人体,可以发现如下基本定律:人体是恒温体,并且必须把人体内的中心温度保持在 37 ℃ 附近相对狭小的范围之内。守恒定律拓展到人类行为方面的应用是,发现了人体中心温度和人体的热调节机制。

人体温度调节的突破性概念,或者物理学与人类行为的明显联系,可以追溯到本杰明·富兰克林(Benjamin Franklin)1758 年给加利福尼亚州一位医生的一封信。本杰明·富兰克林在信中报告了自己的实验结果:出汗是人体减少多余热量的一种行为。结合法国化学家拉瓦锡关于新陈代谢和物质守恒的发现,以及法国生理学家贝尔纳(Vlaude Bernard)

1876年提出的"内环境稳定"的概念,"人体内稳"的概念便因此产生了。如今作为普遍诊断手段的是人的"体温"。世界已经认同:对于人来说,能量守恒定律就表现为人体热稳态。

蒙蒂思(Montheith)在他的《环境物理学原理》一书中,运用物理学中的现代数学方法规范了对人体能量守恒的描述,表明:人可以运用自身一系列复杂的自律与行为反应来适应外部环境。其中,这些反应有的是人为的或者本质上是经济范畴的。他也论述了人保持热量(能量)平衡(能量守恒)的物理学途径,并用方程式表述如下:

$$M=W+(R+E+C_v+C_d)+S \tag{13.3}$$

式中: M——新陈代谢速度,体现的是人体中产生的热量;

W——人体通过机械功(比如抖动)损失或获得的热量;

R——人体通过热辐射而损失或获得的热量;

E——人体的热量蒸发速度;

C_v——人体因为对流而损失或获得的热量;

C_d——人体通过热传导而损失或获得的热量;

S——热量在人体组织中储存的速度。

式(13.3)所示的热交换方程式,是依据式(13.1)所示的能量守恒定律推导出来的,表明:人体与其环境进行着能量交换,以保持中心体温为37 ℃的内稳态。

2. 效用生理学

效用生理学(utility physiology),论述了经济学的生理学基础,是经济学的物理学基础的深入,中心论点是人体是个恒温体,以及人体保持恒温的生理学基础。

物理学告诉我们人体能量平衡方面的知识,对于详细了解人体器官在实现人体能量守恒方面的作用十分重要。然而,人们是如何被激励去工作以获得各种物品和服务,尤其是获得满足其基本需要的各种物品和服务(比如,食物、住所、衣着等等)的?我们就必须聚焦于人的大脑功能,最好的研究起点是人的下丘脑。

(1)人体稳态与下丘脑的生理调节作用。帕克论述了人们实现能量守恒的生理机制,认为应该重点研究大脑的功能,而对下丘脑(hypothalamus)的研究是一个最好的研究起点。我们知道,当下丘脑控制和操纵荷尔蒙、神经递质以及其他化学物质时,就会改变人的行为。研究发现,下丘脑连接部分与情感、动机及其他各种记忆有关的大脑区域有直接的关联。

1995年,学者提供了一个关于下丘脑在温度调节方面的关键作用及其进行温度调节过程的大致描述。下丘脑内的毛细血管和脑部其他的血管不同,它有一种可渗透的血管壁,使下丘脑的细胞核可以随时从血管外界对细胞外的体液取样。之后,下丘脑开始一项必要的调节机制,从而通过调节把人体里的各种成分维持在一个允许微小变动的定点左右,最终达到对温度调节的目的。下丘脑的这种温度调节功能,被称为内稳功能。它涉及对人体温度、水与电解质的平衡和血糖的调节。

从经济学角度讲,荷尔蒙或神经传导物质的变化会改变人的偏好结构。比如,上瘾、饱食(餍足)这些为人们所熟悉的现象,在血样里和脑化学物质里都可以找到踪迹。动物实验表明:下丘脑功能的改变可能严重地改变实验动物的食物偏好,以至于面对可以自由获取的无限供给的食物,实验动物也会饿死。不同地区的人由于温度、湿度等的不同,人们的内稳点也不同。以人为例,帕克对内稳效应做了说明:离内稳点越远,所需要的补偿(能量)就越多;如果人类无法直接获取达到内稳点所需的供给,那么他们就必须移居或者自我发明一种可消耗可使用的商品。

(2) 从人体稳态到经济行为。人体内稳态影响经济变量的程度可由两个关键概念来解释:人是热带动物;人体自动调节机制会自动调节非热带环境,或者,从某种意义上讲,经济行为会做出反应,以达到人体内稳态,即舒适(comfort)。

1) 人是热带动物。著名生物学家舒兰德(Peter Scholander)指出:人是热带动物。另一个表述方式是,所有的人都是赤道非洲人。

人的汗腺比任何其他动物的都发达;人体温很容易在高温环境中以很高的速度排汗并保持正常体温。当然,对于排汗速度很高的动物,是不适合具有较厚毛皮的。如果人赤身生活并要保持体温接近37 ℃,他生活的气候温度应该在28～30 ℃。否则,他就必须用人工手段使自己与环境隔离,不然的话就会感觉身体不适。

2) 生理经济行为前沿面。为了理解受内稳态推动的发明和技术,我们需要考虑人体对不适所作出反应的点。式(13.3)所示的能量平衡可以直接转换为关于商品的最优消费模型。这些商品可以包括氧气、食物、衣物、住房以及由环境生理学家描述成的能量。借助热调节,要解释观察到的各种变化还需要更为精确的热舒适概念,当人体处于热中立状态就可测量出热舒适的精确值。

假定所有其他因素不变,在同质空气环境之中,一位处于休息状态中的赤身男性,其热中立值为28～30 ℃。在此情境中,人体处于热稳态,没有热调节(不出汗不抖动)。以基本的新陈代谢速度产生的热量等于环境吸收的热量,人体处于舒适状态。在这个环境中,人体稳定在一个中心温度为37 ℃的内稳态。在湿度相对较低的普通生活条件下,生理舒适温度范围受这样的事实影响:人们倾向于穿衣服,整天处于活动当中,不能充分休息。在这样的条件下,热中立的经验值为22～24 ℃。热中立值会随着环境的变化而变化。在基本的生存条件达到了以后,人们就会努力追求舒适。热舒适被定义为"对热环境感到满意的精神状态"。

没有行为上的适应,热舒适取决于是否水土不服。如图13.3所示,人们感觉舒适温度的范围随着热带气候和温带气候中温度和相对湿度的不同组合而变化。两种气候随着相对湿度的降低,热舒适增加。在比较低的温度上,温带的平均温度为23 ℃,而热带的为28 ℃。

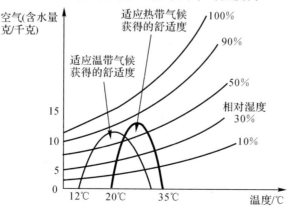

图13.3 不同气候中居民的热舒适曲线

随着湿度上升,相对湿度曲线上翘,从而温度范围变窄。对于适应温带气候的人,在相对湿度为50%以上温度为25℃以上的气候中是无法忍受的。对于适应热带气候的人,相对湿度为50%,温度30℃而无不适。同样,温度在18℃以下时,对于任何水平的湿度,热带居民都会感觉不适;温度在12℃以下时,对于任何水平的湿度,温带居民也都会感觉不适。温度较高时(比如70%),热带居民的舒适温度上升到25℃,温带居民的舒适温度上升到18℃。介于热带与温带之间,对应于所有气候区域(带),存在着人们的热舒适"连续统"(continuum)即热舒适曲线,也即人体舒适的"内稳曲线",就是图13.3中的弓形形状的灾变曲线。按照物理学概念,这些曲线称作生理经济行为前沿面。

3. 内稳偏好

如上所述的效用物理学与效用生理学,为建立内稳偏好奠定了物理学与生理学概念基础。关于内稳偏好,主要解释的是为什么物理学与生理学定律都要求经济学建立特殊形式的不同于传统微观经济学中的效用函数。

通过前面描述的人的生理机制与能量守恒定律的关系,人们发现:人体会努力趋于内稳态或舒适的状态(比如热平衡状态、生理平衡状态)。这也符合边沁的观点:人类通过增加快乐减少痛苦而最大化自己的效用。快乐和痛苦,根本的是生物学和生理学概念。因此,人们更多的是由下丘脑活动调节人体化学过程,并因此受到激励而对外部的和内部的刺激做出反应。不管是下丘脑本身不是通过其调节的地方,所有内稳过程的共同之处是都有一个"定点"①,消费均衡从四周收敛于此。此处介绍内稳效用、内稳偏好,因此把"内稳态"定义成特定种类的物品和服务所具有的效用,并把这些商品称为"内稳商品"。

(1)效用函数。效用函数是经济分析的核心。从广义角度上讲,收入内生于效用、满足或幸福这样一些概念。因此,即使没有货币性收入,仅凭效用理论也能解释大量的经济选择行为。

人们还不很清楚,偏好结构和效用函数是如何随着国家的不同而变化的。传统上,人们假定,在效用中根本不存在跨国变量。然而,森提倡基于效用的福利观令人信服,福利是依不同的人、不同的文化而不同的。

西尔伯伯格(Silberberg)强调了其中所隐含的困难,认为:消费者拥有效用函数的主张表明,人们事实上拥有偏好。然而,人们的偏好是如何形成的,人们的偏好为什么依国家或种族不同而不同,这些内容却超出了经济学的范畴。

的确,几乎没有关于效用创造或变化的因果模型或严格的理论。人们经常给出的是文化解释:文化对于人们的偏好和个体行为具有很大的影响。然而,行为反过来对文化的影响却是较慢的。文化差异导致人们的偏好有很大的不同。经济学家传统上假定,人们的偏好是"既定的"或稳定的,这似乎与文化对偏好的影响相当的一致,但与个人资本和其他社会资本对文化的影响却不一致。

用文化作为解释变量的主要困难在于,缺乏普适的理论诉求和基本原理。除了无法辨别文化的驱动力,这样的理论也许还容易导致每个国家、每种文化都声称自己拥有独特的遗

---

① 如同第三章里的"餍足点",从而内稳偏好如同第三章里的"餍足偏好"。

产,具有特殊的效用函数。

(2)内稳效用。基于物理学和生理学定律的支持,我们现在可以认为:人们购买商品所获得的效用旨在追求内稳状态或舒适状态。这样的效用超越了所有关于消费者群的限定,包括国家的、种族的或文化的。就内稳商品而言,人们能够预知效用函数的形状,在任一消费水平上效用变化的方向,各均衡状态消费水平极限的绝对值,消费的物品与服务总量的类型,延伸到所有国家的均衡模式的动态变化情况。

内稳状态可以定义为,通过动态平衡,把人体常态保持在一个比较狭小的范围之内。热调节就是人们为了达到生理内稳态的一个例子。其他方面的内稳态还包括:身体中的水、pH值、离子平衡、血压及体重等等。依据式(13.3)隐含的生理内稳态和行为可知,人们特定瞬间和一生的效用曲线必定具有特定的函数形式。人们遵循的总量模型部分地具有补偿性。就是说,一个变量可以用来替代其他任何一个,人们总是追求总体上的内稳态。就极端情况而言,过多或过少消费任何一种商品或多种内稳商品的组合,都可能加速熵的增加,使效用下降。生理学家把对定点的偏离不称作"无效用",而称作不舒服、精神不振、贫穷、生病,甚至当偏离得足够远时称作死亡(比如,中毒、自杀,或者丧失生理机能)等等。

图13.4所示的内稳效用曲线,具有前述物理学定律和生理学定律这些自然定律的支持。这个曲线的原始形式被称作"灾变曲线"。图中,q表示内稳商品的人均消费水平,$U(q)$表示对应各消费水平人们获得的满足或者效用(生理学中称"舒适",心理学中称"情感"或"情绪")。效用在q到达某一水平之前是增加的,之后肯定就会衰减(有时也称作"回转")。若人们处于真实的生理环境之中,则少量的消费也会既影响内部的感觉器官也影响外部的感觉器官。在生理学中,消费经常被看作是时间与数量的结合(比如说服药,一般说一天一剂,或者几天时间服完等)。需要注意,此处的消费不包括为了将来消费、套利、储蓄而表现出的占有和储存。当然,有些商品,如画作,既可以被看作是消费又可以被看作是储存,但我们只关心其作为消费的部分。

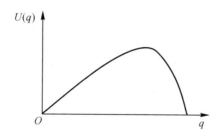

图13.4　内稳效用曲线

那么这个效用函数怎样与新古典理论相吻合？事实上,内稳态效用函数本身与理性决策并不矛盾。只要强迫消费者最大化这个函数,他们就是理性的。只是新古典效用函数具有不满足(non-satiation)、替代和边际效用递减假设。这些假设辩护的是这样的信条:"否认这些假定,就是主张怪异行为。"内稳态与这些假设不同,因为对于大多数商品和人类行为而言,那些新古典假设与物理定律相矛盾。那些假设甚至对非人类的哺乳动物也不适用,因为它们的生存仅仅依靠捕猎或采果。内稳效用曲线支持餍足,商品之间可能低水平替代或零水平替代(比如,人们不可能无限地用衣物替代食物,而且在气候寒冷的国家里衣物和食物还会成为互补品)。而且,在某些点,边际效用会趋于零,过度满足以后还会变成负值。

新古典效用函数一般足以解释微观经济行为,因为它关心的是效用下降之前的区域。然而,不同的国家,这种效用的下降不会发生在相同的消费水平上,这对于宏观经济学是重要的。抛开与新古典传统的这些基本冲突之外,明显地,很多新古典概念对内稳效用都适用。

(3)直觉知识。我们还可以借助直觉知识补充说明前述的物理学定律和生理学定律,来为内稳效用曲线作进一步的辩护。设想一下,我们一次消费一种食物。比如,消费 1 g 糖能够获得效用,但是如果消费过少,身体就会表现出生理不适。直至消费到某个数量时,身体感觉饱和。但是,超过这个消费量(即过度消费点)却会导致灾变(无效用),超过得再多,甚至会导致死亡(永远的零效用)。

实际上,人们几乎不可能到达过度点,因为脑子会发出生理中毒信号(比如头晕)或生理应激信号(比如昏睡)。在某些情况下,即消费量达到"头晕点"时,下丘脑就会立即关掉许多动机中心,使人头晕或昏睡,以便让身体集中精力进行恢复。典型的是,就在头晕点之前,人们会对神经递质和荷尔蒙的变化做出反应,比如人们"感觉不舒服",消费就会自动停止。所以有专家发现:人们大都不会注意这样的机制或动机,正好比"最复杂的心理过程有时是在人们全然不觉中进行的。"

内稳效用要求考察或直觉体验影响人们感官或生理的全部事物,包括食物、衣物、体温等等。但是,这些事物与许多形式的生理消费有关联,因为它们要受到一些生理因素的限制,这些因素依次又受到物理学定律的限制。例如,人们常会面临在睡眠与娱乐之间进行选择。当娱乐达到较高水平时,通过下丘脑的规律性变化和作为结果的荷尔蒙与神经递质的变化,自然定律表明:人们最终会偏好并消费睡眠。的确,由于任何形式的消费都受时间的限制,内稳效用因此总是存在的。正如贝克尔所言:"经济发展和医学进步极大地延长了人们的寿命,但并没有增加时间本身的物理流量,时间总是把每个人限制在每天 24 小时里。因此,当富裕的国家物品和服务大量增加时,能够用于消费的总时间却不会随之增加。"在同样的每天 24 小时里,我们不得不把 30%~50% 的时间用于吃喝、睡觉,以及完成其他基本的生理功能。因此,其他所有需要时间的消费形式,包括娱乐在内,也都是内稳的。

为了避免只是列举了一些特例,我们有必要回过头来,讨论如何依据物理学定律推导出偏好。

(4)内稳偏好。假设消费者消费两种商品 q_1 和 q_2,则由图 13.4 所暗含的两商品的内稳效用曲线就有如图 13.5、图 13.6 所示的内稳等效用曲线。图 13.5 所示的是两商品为替代品时的内稳等效用曲线,图 13.6 所示的是两商品为互补品时的内稳等效用曲线。不过,消费很可能发生在每条等效用曲线的西南象限。因为"过多"地消费其中的任何一种商品,在增加较多总费用的同时,而且都会造成无效用。

在图 13.5、图 13.6 中,人们可以考虑的消费区域分别标注为 A、B、C、D。可以看出,$U(D)<U(C)<U(B)<U(A)$。以食物消费为例,D 表示死亡(要么是饿死,要么是撑死),C 表示有病,B 表示不适,A 表示舒适。只有在感觉舒适的比较狭小的消费范围内才是内稳的,尽管图中描绘的这个内稳范围可能较大,因为毕竟是示意图。

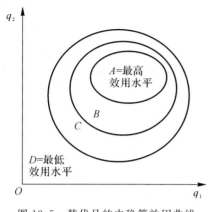 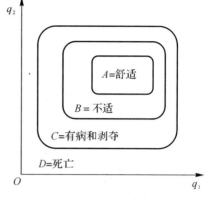

图 13.5 替代品的内稳等效用曲线　　　图 13.6 互补品的内稳等效用曲线

(5) 个量消费函数。第三章作为消费者的个人选择理论介绍过,依据效用理论推得偏好曲线,并最终推导出个人需求曲线与市场需求曲线。类似地,此处就是要在内稳偏好的基础上推导出个人需求函数曲线或个人消费函数曲线。

内稳偏好与神经生理学中的"动机梯度"概念一致。基于一种能够感知的需要,动机梯度就会像黄页一样,指导身体的运动方向。一般认为,这些动机梯度或"动机地图"包含在人脑中主要负责学习和记忆的海马体里。因此,正是作为血液中葡萄糖浓度、温度以及循环荷尔蒙等生理状态控制中心的下丘脑,反映出人们需要的状态。也正是在下丘脑中,会由电刺激引起像吃、喝这样主要的满足反应。对需要的动态控制会使消费趋于稳定状态。在生物学中,"向性梯度"与内稳等效用曲线十分相似。向性增长被定义为,植物器官(如根、茎)响应外部刺激(如光、水、重力、触摸、摩擦、自由空气)的定向增长。接近刺激的增长称作正向性,远离的称作负向性。向地性是重力作用的结果,类似向水性(水)、向光性(光)、向触性(物理接触)等等。向性是由内外部机构来调节的。对于植物来说,选择增长路径的动机是为了长期生存或争夺稀缺资源。不考虑起始位置,稳定状态增长的路径总是朝着远离由刺激标明的定点方向。

在这种情况下,图 13.5、图 13.6 也许可以认为是动机向性地图,所有的行为都收敛于区域 A 中的某个点,而与该行为在区域 B 或 C 中的起始位置无关。如果一个人目前关于两种商品的消费水平高于感觉舒适的消费水平,那么减少两种商品中任何一种的消费量都会使效用增加,直至达到稳定状态。如果像区域 A 这样的舒适区域在不同的国家里是系统地、整体地变化的,那么,按绝对值计算,即使两个国家的边际舒适感可能是相等的,但稳定状态却位于不同的内稳消费水平上。

生物学和生理学一直在广泛地研究内稳消费的跨时性质,虽然并没有使用效用这个概念。教科书中经常以肺对空气的消费作例子,称其是一种内稳态现象。肺有固定的容量,吸入新鲜空气,呼出"使用过的"含有不同化学成分的气体。外界空气与肺之间的交换,表现出特定化学平衡的内稳态。这个过程可以用一个线性差分方程来描述,即:

$$C_{t+1} = \alpha + \beta C_t \tag{13.4}$$

其中,C_t 为时间 t 时的化学浓度(或消费),C_{t+1} 为 $(t+1)$ 时的化学浓度(或消费),α 和 β 是常

数。均衡的稳定状态 C^* 可以通过如图 13.7 所示的更新过程来达到。如图 13.8 所示,对于 C^* 以上的所有起始位置,蛛网会通向浓度(或消费)随时间减少的方向;对于所有 C^* 以下的起始位置,蛛网会通向浓度(或消费)随时间增加的方向。当然,差分方程本身可能随着时间而平移,或者会因人而异(比如,由于人的年龄、精力不同而不同)。我们感兴趣的是,随着国家的不同(以每个国家居民的平均数量为依据),这个差分方程是否会系统地、整体地发生变化,并出现不同的稳定状态消费水平 C^*。

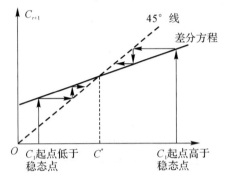

图 13.7　内稳消费动态

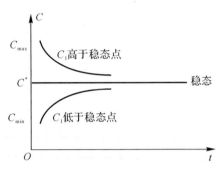

图 13.8　内稳消费的稳态

图 13.5 所示的等效用曲线和图 13.7 所示的内稳消费动态,都是很难达到的,尤其是当它们与收入和商品间的相对价格发生相互作用的时候。对于内稳消费,因为收入或商品间相对价格的变化会引起函数平移,会导致恩格尔曲线、供给曲线、需求函数和消费函数等极限形式的不连续。例如,在极限情况下,所有内稳商品都会变成"准次品",或者具有被切去了顶端的恩格尔曲线。斯勒茨基方程及其需求函数和消费函数也会被切去顶端,或者,在相应区域中,它们要么没有定义,要么是"平顶"的。就是说,个人需求函数和个人消费函数都是"内稳的"。

4. 内稳消费

内稳消费主要解释的是内稳效用函数为什么暗示着因国家不同而出现不同的弯折消费函数。

(1)总量消费函数。上述微观现象的确是有趣的。不过,聚焦在关于内稳产品的总量消费函数之上的时候,却可以更好地服务于民众。

例如,图 13.9 所示的是内稳商品比如食物的消费函数。因为消费为零时意味着死亡,因此消费函数的截距为正。若机械功的所有形式都包含在收入(比如狩猎者的收入)之中,则曲线可以从原点画出。随着可支配收入 Y 的增加,对于一个给定的商品和消费者而言,消费会达到一个绝对的消费平台或消费极限。这个"消费平台"的高度,不仅会随着消费者的年龄、新陈代谢速度等等的变化而升降,而且会随着时间、季节或国家的不同而升降。

对于许多生理消费而言,即使在很短时间内,人们也总是能够观察到"消费平台";而且,对于一些商品的消费而言,运用生理学概念,还能计算出"消费平台"的外形。如果观察个人一生的消费,相同的"消费平台"在长期内也是存在的。需要明确的是,对于"消费平台"之外的内稳商品的消费会带来不适,或者最终出现灾变。对于那些具有明确价格的商品,获得最

大舒适的消费 C^* 所需要的收入为 Y^*。C^* 之外的边际消费倾向为零;在较高收入($Y^*<Y$)处,平均消费倾向迅速下降。这两个条件都能够被观察到的位置是在消费达到其无约束的稳定状态点之后,比如,收入或相对价格不再约束向稳定状态运动的点之后。

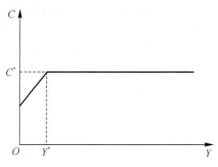

图 13.9　内稳消费函数

如果收入正好在 C^* 点,用以增加或减少消费储蓄的短期政策(比如改变利率)对于内稳商品几乎不会甚至根本不会产生影响。总体消费中这部分越多,用于消费内稳商品的收入就越多,影响总体消费的政策效果就越小,甚至没有效果。显然,"消费平台"相当于经济处于长期稳定状态,此前的则相当于经济处于短期状态。

假设有这样一个世界,其中,人们仅仅消费氧气这个免费的公共产品,那么根本不存在政策能够改变稳定状态的消费水平。在这样的世界里,因为氧气成本很高,人们就会生活在稳定状态的消费水平以下,就会被调动起来,去赚取收入获得 C^* 表明的消费水平。如此,其他商品就都成了氧气的补足品或互补品,消费中的跨时转移也就因为商品之间的互补关系而受到了限制。

(2)影响稳定状态总量消费水平的跨国变量。基于人类机体的生理极限和心理极限,突出了由于内稳偏好结构和消费动态所体现的不连续性。接着就要讨论,这些偏好结构和稳态消费水平为什么短期内一定随着国家的不同而不同,而长期来看,却越过了相似的环境条件,趋于相同的偏好结构和相同的稳态消费水平。因为气候区域本身是以非对称的方式与空间相互关联,所以,关于这些商品的消费行为也会均衡。如果价格是国际市场的,那么达到相同生理舒适水平所需的必要收入,就会随着国家的不同而不同。从更为广泛的意义上讲,这种结论适用于各种各样的食物、衣着、住房和家庭能源。用于购买内稳商品的收入被消费在其他物品和服务之上,也许是受这样一些变量的影响,比如,受教育的程度和交通运输情况等等。既然在发达国家里直接内稳消费(食物、衣着、住所和家庭能源)占到了总消费的 50%,而在低收入国家里却占到了 90%,我们就必须把注意力集中于此。

(3)实证分析。环境生理学家、医学气候学家,以及生物物理学家并没有回避对于各种物品和服务的稳态消费水平(即最优消费水平)的精确表述。事实上,以此为目标的实际调查和实验研究进行了 60 多年,也提出了各种各样的从众多消费品中获得舒适的稳态消费水平,即最优消费水平。

通过实验、实际调查研究和横截面数据序列证实:内稳效用函数和"消费平台"是存在的。食物、衣着、住房,以及其他某些仅仅能够带来心理好处的商品(如娱乐、治疗以及相关的心理健康保护等等),在总量上也都存在着"消费平台"。尽管"消费平台"即舒适区域会随着空间位置或热带的不同而不同,但是,在不同的消费水平上,人们可能得到相等的边际效用,即相同的单位支出会得到相同的利益。

事实上,只要地球是球状地接收太阳的能量,物理定律就能表明:作为总量上太阳能量的补足品,各个国家内稳商品的长期效用和消费类型就绝对不会出现趋同现象。下丘脑的心理学原理一再表明:在个人层面上和社会层面上,热力学定律的作用是一致的。通过科学实验(比如,运用人工气候室)和实际调查研究(比如,军事研究),不同国家关于人类和其他恒温动物的统计研究(比如,食物摄取)都证明了上述结论。截至目前,还没有一项研究与此发现相矛盾。

你若怀疑这些结果的真实性,很简单便可得知:只要夏天把家里的空调模式设置成制热模式,同时穿上冬天的衣服,或者相反。然而,式(13.3)表明,这种实验的结果是否会发生变化,取决于地理位置上你是否居住在离赤道较近的地方,或者,你居住地的气候与环境温度是否基本恒定并接近我们基因进化所需要的定点温度即 25~30 ℃。

因此,与第三篇的思路类似,基于内稳的个人需求函数和个人消费函数,就可以推得内稳的社会需求函数和社会消费函数。

思 考 题

一、名词解释

市场　企业　组织　经济交换　市场交换　交易费用　雇用关系　权限　代理关系　企业家　企业家才能　委托-代理问题

二、简答题

1. 简述经济交换与社会交换的异同点。
2. 作为交换机制,市场与组织有何异同?
3. 交易费用的影响因素有哪些?
4. 简述企业的发生机制与退化机制。
5. 简述企业组织的原动力。
6. 企业组织里的内部交易关系有哪些?
7. 简述企业组织的选拔机制。
8. 企业家报酬如何确定?可以制定一个统一标准吗?企业家的报酬与企业一般劳动者工资如何比较?
9. 简述企业组织的发生机制。
10. 简述企业组织的组织机制。
11. 简述企业组织的资源配置机制。
12. 生理经济学的主要观点。

扩展阅读

我们全面深化改革，就要激发市场蕴藏的活力。市场活力来自于人，特别是来自于企业家，来自于企业家精神。激发市场活力，就是要把该放的权放到位，该营造的环境营造好，该制定的规则制定好，让企业家有用武之地。我们强调要更好发挥政府作用，更多从管理者转向服务者，为企业服务，为推动经济社会发展服务。

——《谋求持久发展，共筑亚太梦想》（2014年11月9日）

民营经济是我们党长期执政、团结带领全国人民实现"两个一百年"奋斗目标和中华民族伟大复兴中国梦的重要力量。我们始终把民营企业和民营企业家当作自己人，在民营企业遇到困难的时候给予支持，在民营企业遇到困惑的时候给予指导。要优化民营企业发展环境，破除制约民营企业公平参与市场竞争的制度障碍，依法维护民营企业产权和企业家权益，从制度和法律上把对国企民企平等对待的要求落下来，鼓励和支持民营经济和民营企业发展壮大，提振市场预期和信心。

——看望参加全国政协十四届一次会议的民建、工商联界委员时的讲话（2023年3月6日）

参 考 文 献

[1] 色诺芬.经济论.张伯健,陆大年,译.北京:商务印书馆,1961.
[2] 布坎.真实的亚当·斯密.葛文聪,满海霞,郑坚,译.上海:中信出版社,2007.
[3] 斯密.道德情操论.蒋自强,钦北愚,朱钟棣,译.北京:商务印书馆,1997.
[4] 斯密.国民财富的性质和原因的研究.郭大力,王亚南,译.北京:商务印书馆,1972.
[5] 苗力田.亚里士多德全集:第八卷.北京:中国人民大学出版社,1992.
[6] 尼科尔森.微观经济理论:基本原理与扩展.9版.朱幼为,等译.北京:北京大学出版社,2008.
[7] 栾文莲.交往与市场.北京:社会科学文献出版社,2000.
[8] 埃思里奇.应用经济学研究方法论.朱钢,译.北京:经济科学出版社,1998.
[9] 温特劳布.经济数学.王宇,王文玉,译.北京:经济科学出版社,1999.
[10] 海约克.物价与生产.滕维藻,朱宗风,译.上海:上海人民出版社,1958.
[11] 麦克米兰.市场演进的故事.余江,译.北京:中信出版社,2006.
[12] 伊利,莫尔豪斯.土地经济学原理.滕维藻,译.北京:商务印书馆,1982.
[13] 杜拉克.创新与企业家精神.彭志华,译.海口:海南出版社,2000.
[14] 萨缪尔森,诺德豪斯.经济学.19版.萧琛,译.北京:人民邮电出版社,2012.
[15] 曼昆.经济学原理:微观经济学分册.4版.梁小民,译.北京:北京大学出版社,2006.
[16] 克鲁格曼,韦尔斯.微观经济学.黄卫平,丁凯,王晓畅,译.北京:中国人民大学出版社,2009.
[17] 巴洛维.土地资源经济学:不动产经济学.北京:北京农业大学出版社,1989.
[18] 史库森.经济逻辑:微观经济学视角.上海:上海财经大学出版社,2005.
[19] 弗里德曼.自由选择.胡骑,译.北京:商务印书馆,1998.
[20] 阿朗索.区位和土地利用.北京:商务印书馆,2007.
[21] 贺川昭夫.微观经济学家基础.孔晓霞,王霞娟,译.北京:中国经济出版社,1997.
[22] 今井贤一,伊丹敬之,小池和男.内部组织的经济学.金洪云,译.北京:生活·读书·新知三联书店,2004.
[23] 凯恩斯.货币论:上卷.何瑞英,译.北京:商务印书馆,1986.
[24] 高鸿业.西方经济学.北京:中国人民大学出版社,2007.
[25] 黄有光.经济与快乐.大连:东北财经大学出版社,2000.
[26] 王秋实.微观经济学原理.北京:经济管理出版社,2000.
[27] 俞文钊,鲁直,唐为民.经济心理学.大连:东北财经大学出版社,2000.
[28] SKOUSEN M. The Making of Modern Economics: The Lives and Ideas of the Great Thinkers. London: Routledge Press,2000.
[30] KOTLER P. Marketing Management. 12th ed. New Jersey: Prentice Hall,2006.

参考文献

[29] DANIEL R F. The Age of the Economist. 9th ed. New Jersey:Prentice Hall,2001.

[30] HICKS J. Value and Capital. 2nd ed. Oxford:Oxford University Press,1946.

[31] WILLIAMSON J G. Regional Inequality and the Progress of National Development:A Description of the Pat-terns. Economic Development and Cultural Change,1965,13(4):1-84.

[32] PHILIP M. More Heat than Light, Economics as Social Physics:Physics as Nature's Economics. Cambridge:Cambridge University Press,1989.

[33] JEREMY B. An Introduction to the Principles of Morals and Legislation. London:Oxford Press,1823.

[34] LUIGINO B. Civil Happiness:Economics and Human Flourishing in Historical Perspective. New York:Routledge Press,2006.